本论丛受到下列基金资助：

2015年度国家社科基金艺术学项目：南亚文化对南北朝隋唐艺术的影响

（立项批准号15BA014，结项证书号2017—144）

2018年度国家社科基金艺术学项目：南欧与西亚文化对南北朝隋唐艺术的影响

（立项批准号18BA011，结项证书号2020—379）

2021年度清华大学文科振兴基金后期资助项目：中古中西物质文化交流研究

中古中西物质文化交流论丛

李静杰　著

科学出版社

北京

内 容 简 介

本论丛阐述了中古中国与古希腊罗马、古波斯、古印度物质文化交流情况，着眼于中国境内所见附着诸西方文化因素的各种遗存，就 12 个子课题进行了具体阐释，一方面厘清各种遗存在中国的发展脉络，另一方面探索其西方来源问题。

西来的文化因素不仅常见于日常生活，还被用于丧葬事务，更广泛地出现在佛教文化之中，渗透到当时社会生活的诸多层面，涉及饮食器、服饰、家具、葬具、地面建筑、石窟、单体造像等类别。基于学界披露和笔者实地调查资料，采用考古类型学与美术史图像学结合方法分析。

论丛涵盖中古千余年中西物质文化交流内容，既有新问题，也有老问题的新思考，800 余幅插图之多数来自实地拍摄。本书可供考古学、艺术学、历史学等领域的研究者和爱好者参考阅读。

审图号：GS京（2023）1864号

图书在版编目（CIP）数据

中古中西物质文化交流论丛 / 李静杰著. —北京：科学出版社，2023.10
ISBN 978-7-03-076612-0

Ⅰ.①中⋯　Ⅱ.①李⋯　Ⅲ.①文化交流－文化史－中国、西方国家－古代　Ⅳ.① K203

中国国家版本馆CIP数据核字（2023）第193141号

责任编辑：董　苗 / 责任校对：张亚丹
责任印制：赵　博 / 封面设计：金舵手世纪

科学出版社 出版
北京东黄城根北街 16 号
邮政编码：100717
http://www.sciencep.com
北京厚诚则铭印刷科技有限公司印刷
科学出版社发行　各地新华书店经销

＊

2023年10月第　一　版　开本：889×1194　1/16
2024年10月第二次印刷　印张：24 3/4
字数：713 000
定价：228.00元
（如有印装质量问题，我社负责调换）

Abstract

The papers in the book discuss the material and cultural exchanges between medieval China and ancient Greece and Rome, ancient Persia and ancient India. Focusing on various relics of these western cultural factors found in China, the papers make specific explanations on 12 sub topics,on the one hand, the development context of various relics in China is clarified, and on the other hand, their western origin is explored.

The cultural factors from the west were not only used in daily life, but also used in funeral things, and they were more widely used in Buddhist culture and penetrated into many aspects of social life at that time, involving eating utensils, clothing, furniture, burial tools, ground buildings, grottoes, single statues and other categories. Based on the academic disclosure and the writer's field survey over the years, the method of combining archeology typology with art history iconography is adopted for the analysis.

The papers cover the material and cultural exchanges between China and the west for more than a thousand years in the Middle Ages. There are both new problems and new thoughts on old problems. Most of the more than 800 illustrations were taken on the spot, which can be used for reference by researchers and enthusiasts in archaeology, art, history and other fields.

目 录

Catalogue

引　子

Introduction

　　中国中古文化比较上古文化之大不同处，在于中土传统文化之外，增加了不少西方文化成分，而且两者日益融合发展，乃至难以识别何者为中、何者为西，这种势头从中古延续到近古，以至于今。

　　古代中西文化交流探索，亦可笼统地视为丝绸之路研究，已经持续了一个多世纪，随着学科发展和人们知识视野的拓展，从历史学扩展到考古学、生物学、矿物学等诸多学科。空间区域在张骞凿空西域之路基础上，增加了草原丝绸之路、海上陶瓷之路，而且向东延伸到朝鲜半岛、日本列岛，向西直达东欧、地中海，向南覆盖南亚、东南亚广袤地域。时间范围从中古上伸至上古，下延到近古，几乎贯穿历史时期古代社会。这门年轻又庞杂的学问，日益发展成囊括古代东西方经济、文化交流，涉及众多学科、领域的大范围、大规模、大体量之综合研究。

　　中古时期东、西方文化交流内涵十分丰富，外延极其广泛，涉及问题难以穷尽，这里引述一些标志性事件，谈论几个一般化、常识性问题，试图让读者感受当时的自然和社会氛围，理解中古中西物质文化交流的环境，以此作为本论丛之引子。

一、关联地域及其文化

　　所谓中古中西文化交流，泛指汉唐时期（约前3—10世纪）中国与西方之间发生的文化西传与东渐的事物和现象。西方中古时间范围相对提前一些，约略在公元前后各五六百年间。此西方概念相对于中国地理位置而言，交流的主要文化区域有古希腊罗马文化、古波斯文化和古印度文化（图一）。

1. 古希腊罗马文化

　　古希腊、古罗马文化相继传承发展，形成跨越公元前后千余年的中古地中海文化体系。古希腊文化经历古风、古典和希腊化时期。古风时期（前8—前6世纪）产生雅典、斯巴达等不同政体的共和国，形成奥林匹亚山众神体系，开创以希腊神话为基本内容的古希腊艺术。流行柱廊式建筑，出现多立克式、爱奥尼亚式立柱，雅典、科林斯成为陶瓶生产中心，相继产生东方、黑绘、红绘风格陶器，人体雕塑稚拙而古朴。古典时期（前5世纪—前334年）经过前5世纪上半叶希波战争，东西方文化从隔阂走向互通。柱廊式建筑趋向简练、合理，产生科林斯式立柱，人体雕塑向写实和理想化方向发展。希腊化时期（前334—前30）经过亚历山大东征（前334—前323），古希腊文化规模化地传播至西亚、中亚，并间接影响中国和印度。

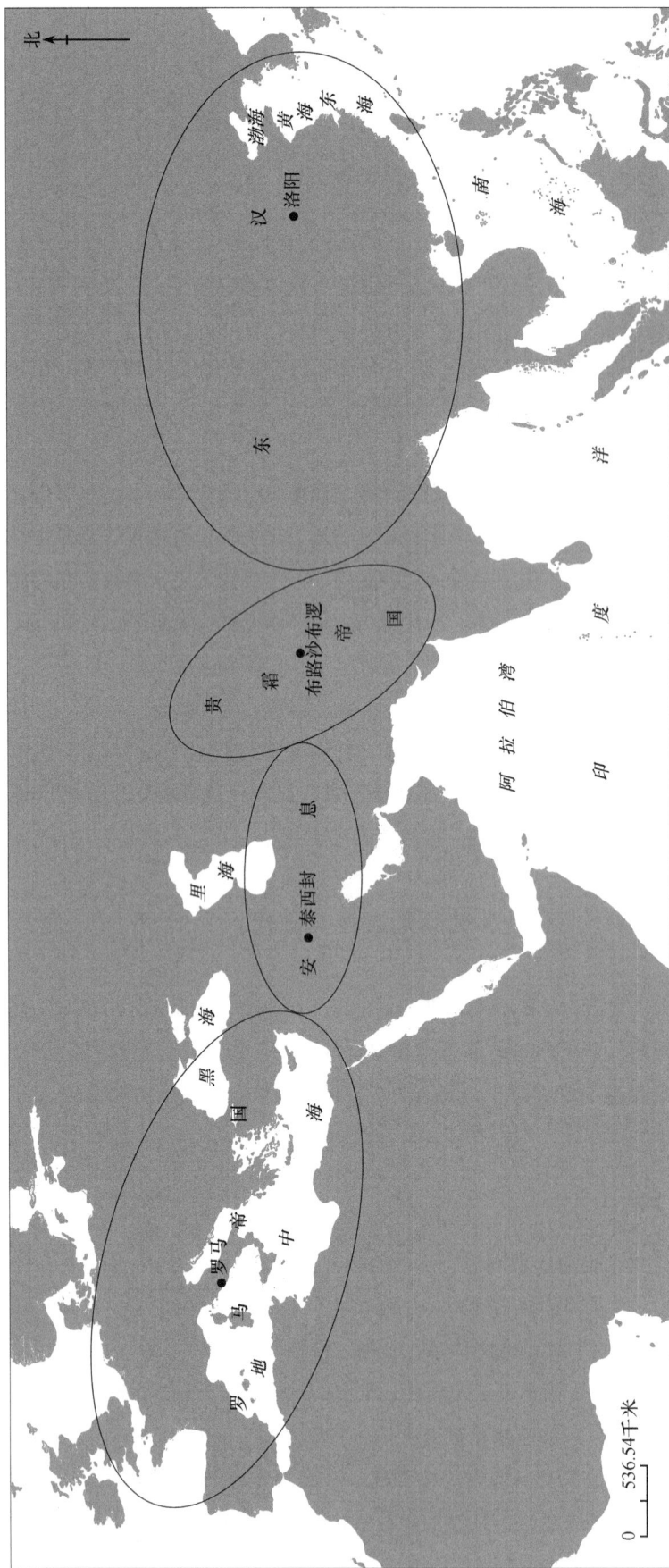

图一 2世纪亚欧四大帝国约略势力范围

审图号：GS京(2023)1864号

古罗马文化经历罗马共和国、罗马帝国和东罗马帝国早期阶段。罗马共和国时期（前509—前27）在前3世纪中叶至前2世纪中叶扩张海外，通过布匿战争、马其顿战争、叙利亚战争，确立地中海霸主地位。罗马帝国时期（前27—476）在2世纪初，形成东起幼发拉底河，西抵不列颠，北及多瑙河，南达北非的大帝国。古罗马文化继承古希腊文化并发扬光大，发展出拱券与柱壁式建筑，取得人物肖像雕塑新成就，继续向东方施加影响。东罗马帝国时期（即拜占庭帝国，330—1453），早期基督教文化大发展并东传波斯，继而间接地影响到中国。

2. 古波斯文化

古波斯文化纵跨公元前后千有余年，形成独具特色的中古西亚文化体系。古波斯文化经历阿契美尼德朝、安息帕提亚朝和萨珊朝三个阶段。阿契美尼德朝（前550—前330），建立起包括西亚、埃及乃至部分希腊领土的大帝国。形成以都城波斯波利斯、苏萨为代表的建筑、雕塑艺术中心，高大的网格式列柱建筑充溢着力量和征服感，大体量石刻写实又细腻，金属工艺达到难以企及之高度。安息帕提亚朝（前247—224）早中期推行古希腊文化，晚期波斯本土文化复兴。安息成为当时东西方贸易的中间环节。萨珊朝（224—651）威震西亚、中亚，古波斯文化再度辉煌，创造出四角券砌式穹隆顶建筑形式，形成写实性与装饰性相融合的赋予国际意义的新艺术，尔后沿丝绸之路对东亚艺术产生巨大影响。

3. 古印度文化

古印度文化构筑起南亚、东南亚文化的基础，其佛教文化则对西亚以外的亚洲大部分地区产生深远影响。前6世纪末叶佛教创立，孔雀朝（前321—前185）阿育王统治时期（前273—前232）佛教传播到印度周边地区，同时创造出阿育王石柱等最早的佛教艺术品。公元前后产生以巴尔胡特（Bharhut）、桑奇（Sanchi）窣堵波为代表的大规模佛教建筑雕刻群，佛教艺术开始成为一种规模化且有巨大影响力的艺术门类，进而从印度扩展到周边区域。贵霜朝（1—3世纪）中印度秣菟罗佛教艺术中心出现，佛陀偶像流行开来。笈多朝（320年—6世纪上半叶）文化艺术高度发达，形成鹿野苑、秣菟罗两个佛教艺术中心。伟大的笈多风范，对后笈多朝（6世纪下半叶—8世纪上半叶），以及中亚、东南亚、东亚，产生莫大影响。在南亚次大陆西北部印度河中游及其支流斯瓦特河、喀布尔河交汇区域，即今巴基斯坦西北部与阿富汗东部地区，1—5世纪兴起的犍陀罗文化，主要采用希腊、罗马雕塑技术创造的佛教艺术盛极一时，对中国佛教物质文化产生了直接又深远的影响。

二、陆路与海路交通

中古时期经过河西走廊和西域的陆路交通，成为东西方经贸往来和文化交流的基本途径，一时间沿线绿洲城市欣欣向荣。中原北方涌现大量关联西方的物质文化现象，就是这一背景的产物。海路交通方面，秦汉时期已经开辟，南北朝时期通过东南亚与南亚联系有所发展，唐五代时期以陶瓷为主体的贸易活动远达印度洋沿岸地区。以陆路交通为主、海路交通

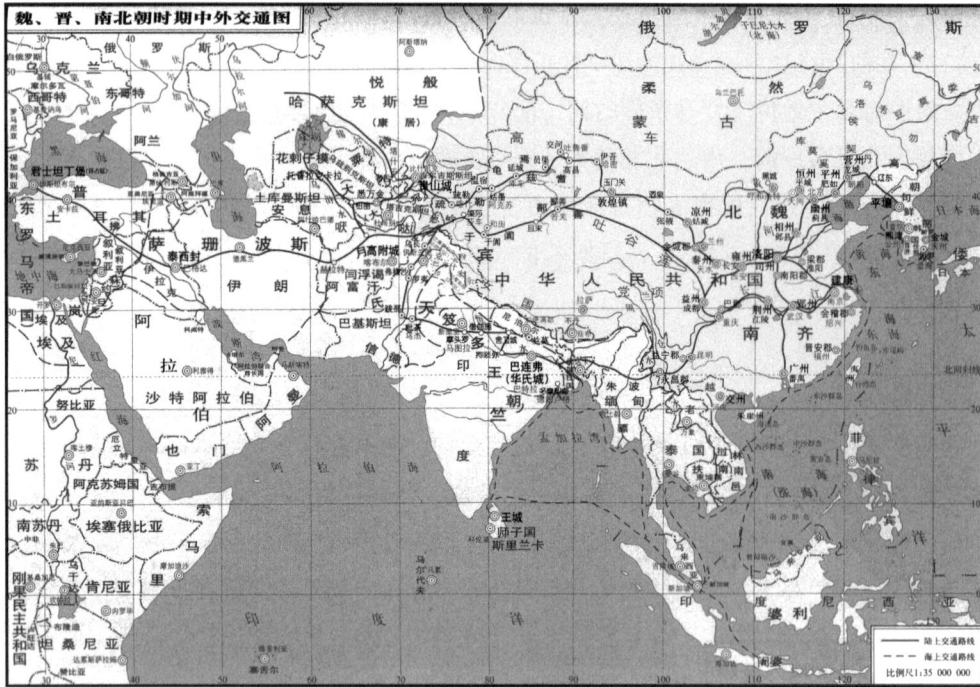

图二　魏晋南北朝时期中外交通图
（出自《中国古代史地图集》121页）

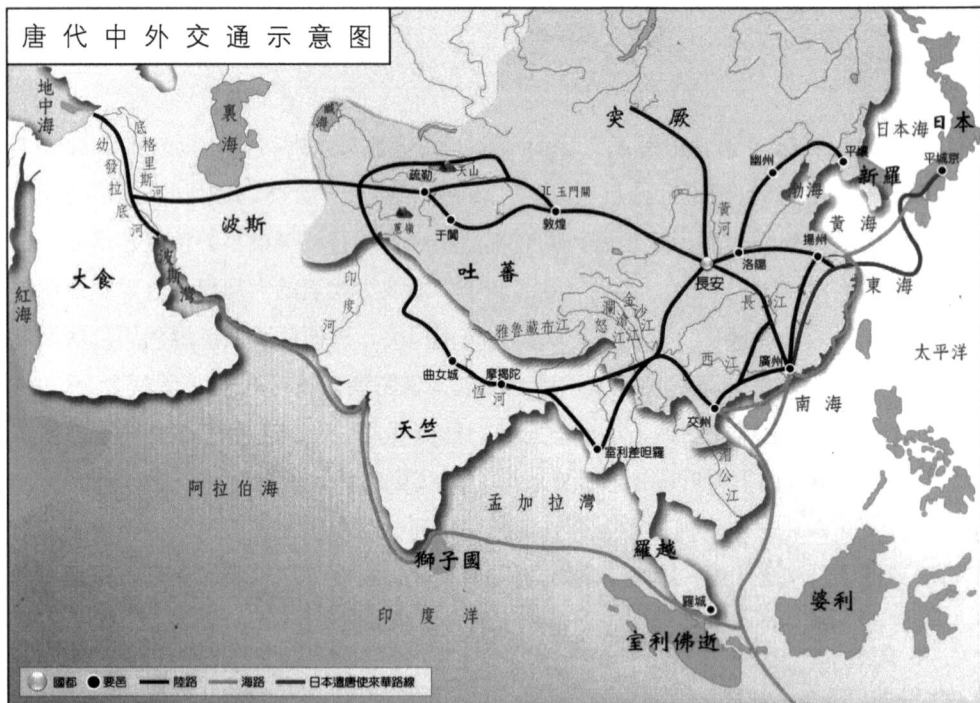

图三　唐代中外交通示意图
（出自《中国历史地图大图鉴》）

为辅，形成当时中外交通的基本格局（图二、图三）①。

---

① 郭利民：《中国古代史地图集》，星球地图出版社，2017年；陈卫平：《中国历史地图大图鉴》（上册），
　台北：天卫文化出版社，2009年。

1. 陆路交通

陆路交通伴随着汉王朝经营西域活动展开，西域有广义、狭义之分。狭义西域汉代指玉门关、阳关以西，葱岭以东，天山以南，昆仑山以北，即南疆塔里木盆地、吐鲁番盆地等地区，唐代北疆准噶尔盆地也纳入其中。广义西域则指通过狭义西域所到达的地方，包括中亚、西亚、南亚、南欧地域，如《大唐西域记》，初唐玄奘基于通行的狭义西域和中亚、南亚见闻，描述了这些地方的佛教与风土、人文、社会情况。

张骞出使西域（第一次，前139—前126；第二次，前119—前115），开通丝绸之路，其后西汉政府频繁地遣使西域，一批多者数百人，少者百余人，使者相望于道，抵达安息、罗马、印度等国[①]。再后，东西方互派使节，亦有因各地政治、军事情势变化而中断者，相互沟通并没有完全断绝。北魏王朝（386—534）崛起后，于太延五年（439）统一黄河流域，进而拥有河西走廊，再次打通直达西方之路，使节往来不绝于道[②]，新一轮东西方文化交流更加强劲地发展起来，这种势头一直持续到唐五代时期。

2. 海路交通

据东汉文献《汉书》（1世纪末叶）记述，中国与东南亚、南亚间海上航路西汉时期已经开通[③]，同时期西方文献则记述商船从红海沿西亚东海岸、南亚海岸航行，通往马六甲之行程[④]，海上东西方贸易得以连通。南北朝时期获得进一步发展，尤其南朝梁时期，与南海诸国交通变得十分频繁[⑤]，以佛教文化为主体的印度笈多文化因素批量级传播汉地，为古老的中国文化注入新的生机。

---

① （汉）司马迁：《史记》卷123《大宛列传》："而汉始筑令居以西，初置酒泉郡以通西北国。因益发使抵安息、奄蔡、黎轩、条枝、身毒国。而天子好宛马，使者相望于道。诸使外国一辈大者数百，少者百余人，人所赍操大放博望侯时。"（中华书局，1985年，3170页）

② （北齐）魏收：《魏书》卷102《西域传》："太延中（435—440），魏德益以远闻，西域……诸国王始遣使来献。……遣散骑侍郎董琬、高明等多赍锦帛，出鄯善，招抚九国……与琬俱来贡献者十有六国。自后相继而来，不间于岁，国使亦数十辈矣。"（中华书局，1987年，2259、2260页）北魏太安元年（455）以后，波斯先后派遣10个使团来北魏，并有3个使团到南梁。

③ （汉）班固撰、（唐）颜师古注：《汉书》卷28《地理志》："自日南障塞、徐闻、合浦船行可五月，有都元国。又船行可四月，有邑卢没国。又船行可二十余日，有谌离国。步行可十余日，有夫甘都卢国。自夫甘都卢国船行可二月余，有黄支，民俗略与珠崖相类。其州广大，户口多，多异物，自武帝以来皆献见。"（中华书局，1987年，1671页）学界普遍认为此黄支在印度东南海岸。

④ 一位寄居北非的匿名希腊商人，于1世纪著述《厄立特里亚海回航记》（*Periplus of the Erythraean Sea*），描述其商船从东非的红海沿岸港口出发，沿着阿拉伯半岛向东北航行，到达波斯湾入口处，然后向东沿着印度半岛航行，抵达恒河出海口，进而向东到达马六甲海峡的行程。参见吴长春：《〈厄立特里亚海回航记〉与西亚东非文明史研究》，《西亚非洲》1990年第3期。

⑤ （唐）姚思廉：《梁书》卷54《诸夷列传·海南》："海南诸国，大抵在交州南及西南大海洲上。……汉元鼎中（前116—前111），遣伏波将军路博德开百越，置日南郡（今越南中部），其徼外诸国，自武帝以来皆朝贡。后汉桓帝世（147—167），大秦、天竺皆由此道遣使贡献。及吴孙权时（222—252），遣宣化从事朱应、中郎康泰通焉。……晋代通中国者盖鲜，故不载史官。及宋、齐，至者有十余国，始为之传。自梁革运，其奉正朔，修贡职，航海岁至，逾于前代矣。"（中华书局，1987年，783页）

三、蚕种西传与移民东来

中古东西方文化交流伴随着移民潮、商人贸易、使节往来，以及僧侣东来传法和西行求法等多种活动，自发或自觉地进行着。蚕种西传系中国文化影响西方最重要的话题之一，移民来华则是促使西方文化东渐的重要力量，可以藉此片段地了解当时的文化交流情况。

1. 蚕种西传

19世纪末叶，德国地理学家李希霍芬提出丝绸之路概念，之后迅速为各国学界和大众所接受，又被推而广之。之所以出现这种情形，根本原因在于丝绸物产具有强烈地域性，以及高商业附加值特性，使之成为当时东西方最大宗贸易货物。已而，当年西域（指狭义西域，下同）古国直至地中海古罗马，竭尽全力获取汉地养蚕丝织技术，也因此留下时人不少有趣的记述，值得我们回顾、怀恋那些往事。

初唐玄奘赴印度求法，回国途经西域于阗时（7世纪中叶），发现那里有一座纪念桑蚕之寺院[①]。云其国王听闻汉地养蚕丝织技术，遂遣使求之，然汉地国王藏而不与，禁令蚕种出关。于阗国王心生一计，藉助求婚汉地公主事宜，密告公主为了以后能够穿着丝绸，希望她偷运蚕种来此。公主便将蚕种置于冠帽之中，通过关防之时关吏遍查其身，而未敢查验其帽，蚕种因此得以传入于阗国，并于到达之地建寺纪念。阳春之日以桑养蚕，复刻碑立制，不令伤之，蚕蛾飞尽，乃得治茧，否则神灵不祐。和田丹丹乌里克遗址出土6世纪前后木板彩绘图像，再现了此故事的精彩片段（图四）[②]。

实际三国文献《魏略》（3世纪中叶）已经记述，古罗马长期以来试图通使中国，中间的安息为了垄断贸易使其愿望落空。古罗马人喜爱中国生产的蚕丝，用以织造胡绫，已而多次与安息等国在海上交易。古罗马既能通过西亚、中亚陆路交通中国，又可东渡印度洋、

---

① （唐）玄奘、辩机：《大唐西域记》卷12："瞿萨旦那国（即于阗）……王城东南五六里有麻射僧伽蓝，此国先王妃所立也。昔者，此国未知桑蚕，闻东国有也，命使以求。时东国君秘而不赐，严敕关防，无令桑蚕种出也。瞿萨旦那王乃卑辞下礼，求婚东国，国君有怀远之志，遂允其请。瞿萨旦那王命使迎妇，而诫曰，'尔致辞东国君女，我国素无丝绵桑蚕之种，可以持来，自为裳服'。女闻其言，密求其种，以桑蚕之子置帽絮中，既至关防，主者遍索，唯王女帽不敢以验。遂入瞿萨旦那国，止麻射伽蓝故地，方备仪礼，奉迎入宫，以桑蚕种留于此地。阳春告始，乃植其桑，蚕月既临，复事采养。初至也，尚以杂叶饲之，自时厥后，桑树连阴。王妃乃刻石为制，不令伤杀，蚕蛾飞尽，乃得治茧。敢有犯违，明神不祐。遂为先蚕建此伽蓝。数株枯桑，云是本种之树也。故于此国有蚕不杀，窃有取丝者，来年辄不宜蚕。"参见季羡林校注：《大唐西域记校注》，中华书局，1995年，1001、1021、1022页。
② 〔日〕田边胜美、前田耕作：《世界美术大全集·東洋編·第15卷·中央アジア》，东京：小学馆，1999年，图版256。

图四　大英博物馆藏和田丹丹乌里克遗址出土6世纪前后木板彩绘蚕种西传故事图像
（出自《世界美術大全集・東洋編・第15卷・中央アジア》图版256）

南海到达北部湾，进而抵达大理、成都等地方①。南朝宋时期文献《后汉书》（5世纪中叶）也有类似记述②。

另据拜占庭早期史料（6世纪末叶）记载，罗马曾将野生蚕丝用于丝织，但不懂得养蚕事情，约到6世纪汉地养蚕术传往拜占庭③。

2. 移民东来

自两汉以来，来华西方民众日益增多，他们往往在交通线节点城市，特别是繁华的通都大邑落脚，诸如敦煌、武威、天水、固原、西安、洛阳、邺都（今临漳）、太原、大同、朝阳、青州等地，在所到一些城市形成有规模的移民聚集区。在都城甚至有政府专门为之规划的居住区，据东魏文献《洛阳伽蓝记》（6世纪中叶）记述④，北魏晚期（494—534）都城洛阳面积达东西20里、南北15里之广大，居民区达220座里坊（各方300步）之多，寺有1367所，人口近11万户（推测不少于50万人）。南郊设置移民居住地，安置南、北、东、西四方

---

① （三国・魏）鱼豢：《魏略》之《西戎传》："大秦国一号犁靬……常欲通使于中国，而安息图其利，不能得过。……又常利得中国丝，解以为胡绫，故数与安息诸国交市于海中。……大秦道既从海北陆通，又循海而南，与交趾七郡外夷比，又有水道通益州、永昌。"原书久佚，据（西晋）陈寿撰、陈乃乾校点：《三国志・魏书》卷30《乌丸鲜卑东夷传》所载，东晋、南朝之际裴松之注释引用《魏略》之《西戎传》（中华书局，1987年，860、861页）；（唐）姚思廉：《梁书》卷54《诸夷列传・海南》："扶南国（今柬埔寨）……南界三千余里有顿逊国……羁属扶南。顿逊之东界通交州，其西界接天竺、安息徼外诸国，往还交市。……其市东西交会，日有万余人，珍物宝货，无所不有。"（中华书局，1987年，787页）可以此佐证《魏略》记述所言不虚。

② （南朝・宋）范晔撰、（唐）李贤等注：《后汉书》卷88《西域传》："大秦国……其王常欲通使于汉，而安息欲以汉缯彩与之交市，故遮阂不得自达。"（中华书局，1987年，2919、2920页）该记述内容和语句明显有承袭《魏略》痕迹。

③ 拜占庭6世纪末叶Theophanes记述，某一波斯人用手杖藏匿蚕卵，带出赛里斯国（Seres），携至拜占庭，春来时以桑叶养蚕，使之吐丝成茧，此前罗马人对此事一无所知。参见余太山：《古代地中海和中国关系史研究》，商务印书馆，2012年，157—163页。

④ （东魏）杨衒之：《洛阳伽蓝记》卷5《城北附记》："京师东西二十里，南北十五里。户十万九千余。庙社、宫室、府曹以外，方三百步为一里……合有二百二十里。寺有一千三百六十七所。"参见范祥雍：《洛阳伽蓝记校注》，上海古籍出版社，1999年，349页。

来众，其初到洛阳者，入住四夷馆，3年过后移居四夷里，成为正式国民。自帕米尔高原以西，直至罗马帝国，民众听闻洛阳之富庶、繁华，不数商旅络绎而来，天下难得货物汇集于此[1]。在当时世界，这是一座超级规模的国际化大都会，让无数域外之人心向往之，他们企盼能够在这里落户、生根。

那些来华的西方民众不仅贩运异域物产，还带来故乡的工艺技术。以琉璃制造术为例，初唐正史文献记述，北魏太武帝时（424—452年在位），大月氏商人来到魏都平城（今大同），采矿制造琉璃，所成制品光泽华美，不逊于西方输入琉璃。太武帝又敕令其人制造可容纳百余人的移动式宫殿，所装配琉璃晶莹透彻，观者以为神明所为。从此，汉地琉璃大贱，不再像以前那样被视为宝物[2]，大同出土多件北魏中期生产的玻璃器，即其明证（图五）。至隋开皇（581—600）年间，琉璃制造术已经失传许久，粟特移民后代、权贵何稠以绿色瓷替代之，样貌无异于真实琉璃[3]。

图五　大同市博物馆藏大同迎宾街北魏中期墓葬出土玻璃瓶

四、西 行 求 法

自从曹魏朱士行赴于阗求法（3世纪中叶）以来，难计其数的僧侣为了取得印度真经，完善汉地佛教知识、理论体系，在西行路上前赴后继。求法活动的意义还不止于此，求法僧的见闻记述大大拓展了汉地民众的知识视野，他们超乎寻常的西行事迹，激励着人们为理想拼搏，活出有价值的人生，甚至融入中华民族品格之塑造。法显、昙无竭、玄奘西行，见证了那个时代的世界、社会与佛教，其记述让人们如临其境般感受西行求法之艰辛乃至悲壮。

---

① （东魏）杨衒之：《洛阳伽蓝记》卷3《城南附记》："永桥以南，圜丘以北，伊洛之间，夹御道有四夷馆。道东有四馆，一名金陵，二名燕然，三名扶桑，四名崦嵫。道西有四馆（应作里），一曰归正，二曰归德，三曰慕化，四曰慕义。吴人投国者处金陵馆，三年已后，赐宅归正里。……自葱岭已西至于大秦，百国千城莫不欢附，商胡贩客日奔塞下，所谓尽天地之区已。乐中国土风，因而宅者不可胜数，是以附化之民万有余家。门巷修整，阊阖填列，青槐荫陌，绿树垂庭，天下难得之货咸悉在焉。"参见范祥雍校注：《洛阳伽蓝记校注》，上海古籍出版社，160、161页。

② （唐）李延寿：《北史》卷97《西域传》："大月氏国……太武时，其国人商贩京师，自云能铸石为五色琉璃。于是采矿山中，于京师铸之，既成，光泽乃美于西方来者。乃诏为行殿，容百余人，光色映彻，观者见之莫不惊骇，以为神明所作。自此，中国琉璃遂贱，人不复珍之。"（中华书局，1987年，3226、3227页）

③ （唐）魏徵、令狐德棻：《隋书》卷68《何稠传》："稠性绝巧，有智思，用意精微……开皇初，授都督，累迁御府监，历太府丞。……时中国久绝琉璃之作，匠人无敢厝意，稠以绿瓷为之，与真不异。"（中华书局，1987年，1596页）

1. 法显与昙无竭西行

汉地赴印度求法第一者法显，感慨律藏残缺，于后秦弘始元年（399）起程长安，经河西走廊、西域、喀喇昆仑走廊，进入西北印度（今巴基斯坦）、印度本土（今印度），又在恒河口乘船至狮子国（今斯里兰卡），继而东渡到耶婆提（今印度尼西亚），然后北渡，于东晋义熙八年（412）抵达青岛崂山。他还是经由陆路前往印度，从海路返回的第一人（图六）①。

法显之旅程始终伴随着艰难和恐惧，所幸一次次化险为夷。其人经过敦煌至鄯善间流沙路段时，以死人枯骨为路标前行，险些遇上沙尘暴。从焉耆到于阗（今和田），花费35天穿越塔克拉玛干沙漠无人区，路途之艰苦几乎难以形容。经历千仞之高的喀喇昆仑山，攀援险象环生的崎岖栈道，又通过让人惊恐不已的悬索桥，终于到达西北印度。从狮子国到耶婆提之海路，值大风天气，舶漏水入，船主为减轻载重，险些将法显历经千辛取到的佛经、佛像投入海中。从耶婆提回国途中遭遇暴风雨，船上婆罗门以为乘坐有异教徒而违背天神使然，盘算将法显丢弃于海岛，得其供养人从中说和而幸免于难。航船原准备到达广州，带着50天食粮、淡水，却逢连阴天气，结果花费80多天来到青岛崂山地界。九死一生形容法显事迹，绝非虚言，可追者千载难有。

---

① （东晋）释法显：《法显传》："法显昔在长安，慨律藏残缺，于是遂以弘始元年（399）岁在己亥，与慧景、道整、慧应、慧嵬等同契，至天竺寻求戒律。初发迹长安……度沙河。沙河中多有恶鬼、热风，遇则皆死，无一全者。上无飞鸟，下无走兽，遍望极目，欲求度处则莫知所拟，唯以死人枯骨为标识耳。……（从焉耆）遂得直进。西南行，路中无居民，沙行艰难，所经之苦，人理莫比。在道一月五日得到于阗。……从此西行向北天竺，在道一月，得度葱岭。葱岭冬夏有雪，又有毒龙，若失其意则吐毒风、雨雪、飞沙砾石，遇此难者万无一全。……顺岭西南行十五日，其道艰岨，崖岸崄绝，其山唯石，壁立千仞，临之目眩，欲进则投足无所，下有水，名新头河。昔人有凿石通路施傍梯者，凡度七百，度梯已，蹑悬组过河，河两岸相去减八十步。

……（从师子国）即载商人大船，上可有二百余人。后系一小船，海行艰崄，以备大船毁坏。得好信风，东下二日，便值大风。船漏水入，商人欲趣小船，小船上人恐人来多，即斫组断，商人大怖，命在须臾，恐船水漏，即取粗财货掷着水中。法显亦以君墀及澡罐并余物弃掷海中，但恐商人掷去经像，唯一心念观世音及归命汉地众僧，'我远行求法，愿威神归流，得到所止'。如是大风昼夜十三日，到一岛边，潮退之后，见船漏处即补塞之，于是复前。海中多有抄贼，遇辄无全。大海弥漫无边，不识东西，唯望日月星宿而进，若阴雨时为逐风去，亦无所准。

……（从耶婆提）复随他商人大船，上亦二百许人，赍五十日粮……东北行趣广州。一月余日，夜鼓二时，遇黑风暴雨，商人贾客皆悉惶怖，法显尔时亦一心念观世音及汉地众僧，蒙威神祐，得至天晓。晓已，诸婆罗门议言，'坐载此沙门，使我不利，遭此大苦。当下比丘置海岛边，不可为一人令我等危崄'。法显本檀越言，'汝若下此比丘亦并下我，不尔便当杀我，汝其下此沙门，吾到汉地当向国王言汝也，汉地王亦敬信佛法，重比丘僧'。诸商人踌躇，不敢便下。于时天多连阴，海师相望僻误，遂经七十余日。粮食水浆欲尽，取海咸水作食，分水，人可得二升，遂便欲尽。商人议言，'常行时正可五十日便到广州，尔今已过期多日，将无僻耶？'即便西北行求岸，昼夜十二日到长广郡界牢山南岸。"参见章巽：《法显传校注》，中华书局，2008年。

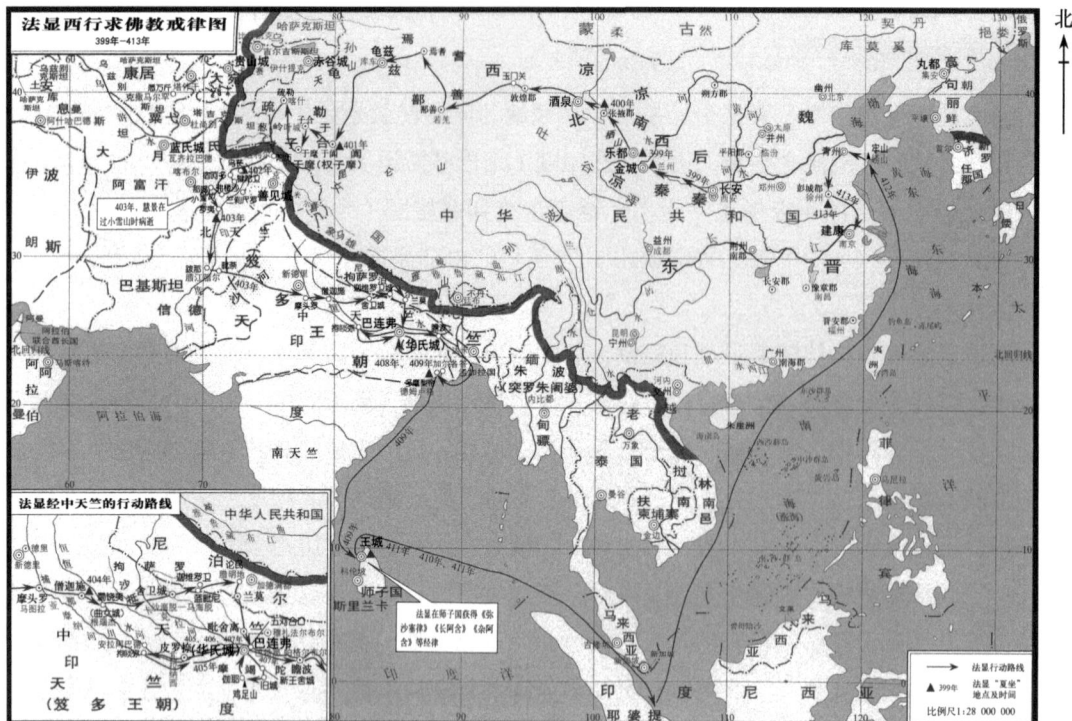

图六　法显历游天竺行程全图
（出自《中国古代史地图集》107页）

仰慕法显而赴印求法的同时期人昙无竭事迹，更让人毛骨悚然[①]。其人于南朝宋永初元年
（420），召集志同道合比丘25人，从中原北方经西域前行，穿越喀喇昆仑山，强行悬索桥。
过雪山之时，沿着前人在陡峭崖壁上凿刻的两排上下相对的孔穴，人各执4根木楔，依次拔去
两后木楔再移入前方上下孔穴，手攀脚踩辗转挪步，一整天时间方才得过，其间12人坠崖身
亡。从西北印度到中印度途中又8人亡故，25人队伍剩下区区5人。尔后他们从南印度乘船抵
达广州。昙无竭一行人事迹之悲壮，今日读来仍旧让人心动汗流。

2. 玄奘西行

玄奘为了究竟佛教各派学说之分歧，于贞观三年（629）西出长安，经历西域，沿帕米尔
高原北缘进入中亚，之后东进西北印度、中印度，继而游历南印度、西印度，沿西域南道，

---

① （南梁）释慧皎：《高僧传》卷3《昙无竭传》："释昙无竭，此云法勇。姓李，幽州黄龙人也。……尝闻
法显等躬践佛国，乃慨然有忘身之誓。遂以宋永初元年（420），招集同志沙门僧猛、昙朗之徒二十五人，
共赍幡盖供养之具，发迹北土，远适西方。初至河南国，仍出海西郡，进入流沙到高昌郡。经历龟兹、沙
勒诸国，登葱岭，度雪山，障气千重，层冰万里，下有大江，流急若箭。于东西两山之胁，系索为桥。十人
一过，到彼岸已，举烟为帜，后人见烟，知前已度，方得更进。若久不见烟，则知暴风吹索，人堕江中。行
经三日，复过大雪山，悬崖壁立，无安足处，石壁皆有故杙孔，处处相对，人各执四杙，先拔下杙，手攀上
杙，展转相攀，经日方过。及到平地相待，料检同侣，失十二人。进至罽宾国礼拜佛钵……复行向中天竺
界。路既空旷，唯赍石蜜为粮，同侣尚有十三人，八人于路并化，余五人同行。……后于南天竺随船泛海达
广州。"参见汤用彤校注、汤一玄整理：《高僧传》，中华书局，1992年，93、94页。

于贞观十九年（645）返回京城。玄奘之旅虽有艰辛、惊险，然途中两次得到王者之助，让旅途多了几分轻松、自在①。

　　唐初政治未稳，禁令百姓出境，玄奘求法心切，不得已偷渡出关。其人昼伏夜行，在敦煌地界取水之时，险些被守关士卒射杀。自敦煌至伊吾（今哈密），途中茫茫流沙，玄奘难以识别道路，无法找到水源，情急之中又失手倒掉囊中之水，接下来四五天滴水未沾，命悬一线，又经两日挣扎走出流沙。其西行路经高昌（今吐鲁番）之时，国王麹文泰全力资助，不仅给予充足的物资、金钱、马匹和人手，还写书信24封，托付沿途诸国通力协助，为之后行程路费和安全提供巨大保障。继续西行至焉耆国境，其时一同旅行的商胡数十人，为了争先贸易而赶夜前行，结果悉数遭抢劫杀害，玄奘赶到后见尸骸遍地，无复财物。从龟兹（今库车）西行后，又逢突厥贼寇二千余骑，因分赃不均内斗而散。行经帕米尔高原北缘雪山，悬釜而炊，席冰而寝，历时七天方才通过，同行者十之三四冻饿而死，牛马损失愈加惨重。1959年，就在帕米尔高原北缘的乌恰县，人们在山谷岩隙间发现数量可观的金条、银币，约埋藏于7世纪后半叶②，应是商人路遇劫匪，情急之下藏匿于此。事情发生在玄奘西行稍后时

① （唐）慧立、彦悰：《大慈恩寺三藏法师传》卷1："贞观三年（629）秋八月……时国政尚新，疆场未远，禁约百姓不许出蕃。……（玄奘）乃昼伏夜行，遂至瓜州。……见第一烽，恐候者见，乃隐伏沙沟，至夜方发。到烽西见水，下饮盥手讫，欲取皮囊盛水，有一箭飒来，几中于膝，须臾更一箭来，知为他见。……（校尉王）祥使人盛水及麨饼自送至十余里。……从此（即敦煌）已去，即莫贺延碛，长八百余里，古曰沙河，上无飞鸟，下无走兽，复无水草。是时，顾影唯一，心但念观音菩萨及般若心经。……失道，觅野马泉不得，下水欲饮，袋重，失手覆之，千里之资一朝斯罄。……但苦水尽，渴不能前，是时四夜五日无一滴沾喉，口腹干燋，几将殒绝，不复能进。……更经两日，方出流沙到伊吾矣。此等危难，百千不能备叙。

　　……时高昌王麹文泰……为法师度四沙弥以充给侍。制法服三十具。以西土多寒，又造面衣、手衣、靴、袜等各数事。黄金一百两，银钱三万，绫及绢等五百匹，充法师往返二十年所用之资。给马三十匹，手力二十五人。遣殿中侍御史欢信送至叶护可汗衙。又作二十四封书，通屈支等二十四国。每一封书附大绫一匹为信。又以绫绢五百匹、果味两车献叶护可汗。"参见孙毓棠、谢方点校：《大慈恩寺三藏法师传》，中华书局，2000年，10、12、15—18、21页。

　　卷2："（玄奘）西行至阿耆尼国（即焉耆国）阿父师泉……法师与众宿于泉侧。明发，又经银山，山其高广……山西又逢群贼，众与物而去。遂至王城（约在今焉耆县城南40里旧城附近）所处川崖而宿。时同侣商胡数十，贪先贸易，夜中私发，前去十余里，遇贼劫杀，无一脱者。比法师等到，见其遗骸，无复财产，深伤叹焉。……从此（龟兹国都，今库车县城）西行二日，逢突厥贼寇二千余骑，其贼乃预共分张行众资财，悬诤不平，自斗而散。……（从跋禄迦国，今温宿左近）至凌山，即葱岭北隅也。其山险峭，峻极于天……冰雪所聚，积而为凌，春夏不解。……由是蹊径崎岖，登涉艰阻，加以风雪杂飞，虽复履重裘不免寒战。将欲眠食，复无燥处可停，唯知悬釜而炊，席冰而寝。七日之后方始出山，徒侣之中馁冻死者十有三四，牛马逾甚。"参见孙毓棠、谢方点校：《大慈恩寺三藏法师传》，中华书局，2000年，24、25、27页。

　　卷5："（羯若鞠阇国）戒日王更附乌地王大象一头、金钱三千、银钱一万，供法师行费。……仍遣达官四人名摩诃怛罗（类此散官也）。王以素氎作书，红泥封印，使达官奉书送法师所经诸国，令发乘递送，终至汉境。"参见孙毓棠、谢方点校：《大慈恩寺三藏法师传》，中华书局，2000年，113页。

② 1959年5月，筑路工人在葱岭北缘山谷间石缝中发现金条13根，重1330克，完整银币878枚，残碎银币63枚，两者相加941枚，重3800克，再后又清理6枚，总计947枚，其中6世纪中叶库思老Ⅰ世2枚、6世纪末叶至7世纪初叶库思老Ⅱ世567枚、7世纪60年代至8世纪初叶阿拉伯翁米亚朝281枚，推测埋藏于七、八世纪之际。参见李遇春：《新疆乌恰县发现金条和大批波斯银币》，《考古》1959年第9期。

间，再次印证此时此地交通环境之险恶。玄奘在中印度羯若鞠阇国得到戒日王大力资助，乃至赠送一头青象载负行囊，得以平安返程。

上述文字以点带面、以偏概全，对于少数专注于该领域的学界中人和爱好者而言，近乎一般化描述，而对于不曾接触或无暇专注于此的读者来说，可以藉此了解一些当时文化交流的环境，期待有兴趣的读者走进本论丛，一探究竟。

上篇
Part I

与古希腊罗马文化交流

Cultural Exchange with
Ancient Greece and Rome

中原北方出土古希腊罗马器物

内容提要： 本稿就中原北方出土的一些西方器物进行了重新辨识，认为其并非学界推断的西亚波斯、中亚制品，而是来自地中海世界的古希腊罗马物品。指出临潼庆山寺唐塔地宫出土铜壶，颇为接近古希腊和罗马共和国人物头面形器物，也不排除罗马帝国早期遗物之可能。大同和正镶白旗北魏遗址及墓葬出土银杯、银碗，器形与装饰特征无不契合罗马帝国遗存，有别于波斯萨珊器物。这些器物成为说明中古中国与地中海世界文化交流的重要物证。

　　20世纪70年代以来，在北魏遗址、墓葬和唐代佛塔地宫中，出土一些带有地中海风貌的银器和铜器（图一）。在这些器物的原产地已经难以找到完全一样的遗物，同时地中海文化与西亚波斯、中亚文化有着密切联系，这些地方器物存在某些相似性，在波斯和粟特文化备受我国学界关注的背景下，相关研究者比较一致地推定其为来自西亚波斯、中亚的物品。

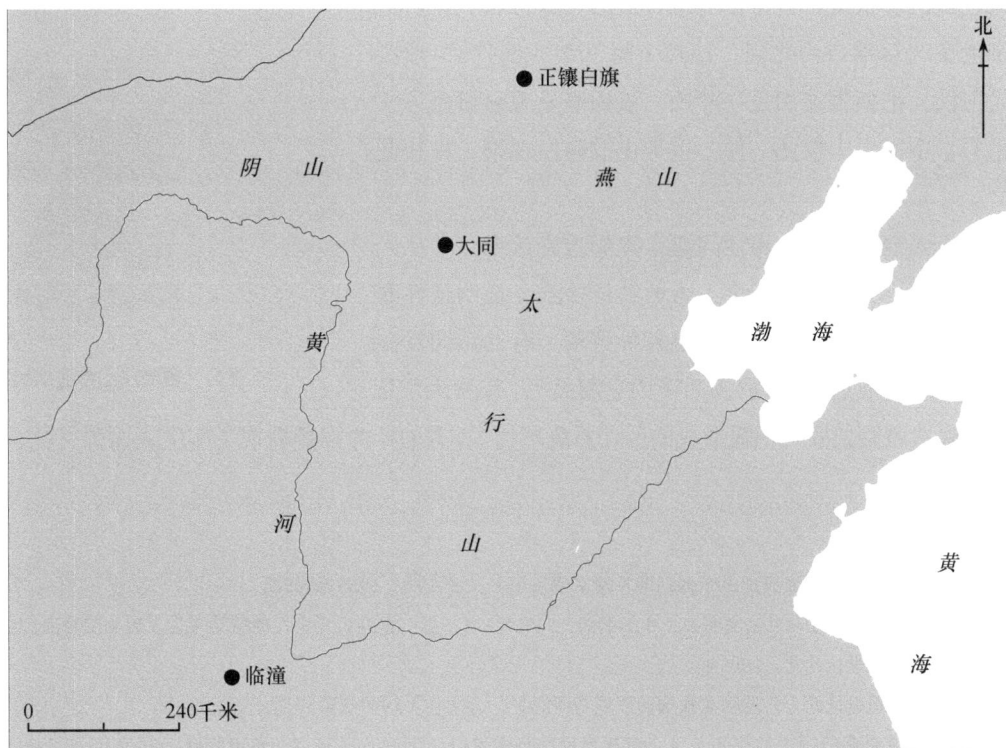

审图号：GS京(2023)1864号

图一　中原北方出土古希腊罗马器物分布图

目前已有4篇专文讨论这些器物，涉及中古中西物质文化交流的相关研究也多有述及。以往研究往往在假定这些器物文化属性的前提下展开，侧重于西亚波斯、中亚和西北印度历史背景分析，少有注意可能关联的地中海文化，用作参照器物的可比性不强，论述过程缺乏具体的、有说服力的依据支撑，所得结论难以让人信以为是。这是一批历史文化价值极高、深受学界关注的文化遗产，厘清其文化属性成为迫切任务。有鉴于此，本稿基于学界披露的有关资料，以及多年来实地调查资料，着眼于器物的形制和装饰，阐述中国出土器物与地中海类似遗存的内在联系，从而判断其文化属性和来源地。

一、临潼出土铜壶

1985年，陕西临潼庆山寺唐开元二十九年（741）地宫出土一件铜壶，通高29.5、腹外径13.2厘米（图二）。壶底经过修补，说明曾长时间使用[1]。该铜壶分圈足、壶腹、颈口和把柄四部分，分铸后焊接在一起。高圈足呈喇叭形，周缘凸起。壶腹浮雕左右邻接的6个女子头面，前后各一、左右各二均匀排列（以器物为基准确定左右方位，下同）。各头面额间垂下"人"字形披发，相邻二者披发衔接处垂下三个珠饰。诸女子相貌一致，小口大眼，鼻子尖直连通眉弓，显得年轻且富有活力。壶颈呈喇叭形，中间装饰三圈凸起弦纹，口沿作前端外侈的三叶形状。在后部女子额头与后端口沿之间，连接上粗下细的倒"S"形圆棍状把柄，把柄顶端加设一叶饰。该铜壶呈现显著西方文化色彩，中国出土仅此一件，世界也没有发现第二件相同器物。

关于该铜壶的文化属性问题，发掘报告认为："从人物的形象看，天竺（今印度）人的特征极强，证明这件壶来自天竺。"其后的研究者提出种种猜测，有的认同发掘报告来自印度观点[2]，有的倾向于中亚制品[3]，有的认为是模仿与改造希腊或罗马铜壶形成的另外系统器物[4]，有的认为铜壶表现了印度人面部特征，产

图二　临潼庆山寺唐塔地宫出土铜壶

---

[1]　临潼县博物馆：《临潼唐庆山寺舍利塔基精室清理记》，《文博》1985年第5期。

[2]　葛承雍：《唐韵胡音与外来文明》，中华书局，2006年，117页；赵晶：《唐代胡瓶的考古发现与综合研究》，西北大学硕士学位论文，2008年。

[3]　孙机：《建国以来西方古器物在我国的发现与研究》，《文物》1999年第10期。

[4]　杨瑾：《说唐墓壁画中的胡瓶》，《唐墓壁画国际学术研讨会论文集》，三秦出版社，2006年，251—266页。著者认为该铜壶"不论属于哪一种风格，它们都有相同的源处即希腊或罗马银壶，在流传过程中不断地被地方工匠所模仿所改造，从而演变为原型相同的不同系统"。

地则有多种可能①，这些在相关研究中顺便提及的看法，没有经过细致论证。近年学界刊行两篇专文讨论庆山寺铜壶，一篇认为铜壶的6个头面为印度教六头神塞健陀的表现，又结合萨珊与粟特胡瓶流行范围，推测为罽宾国制品②。另一篇视角和观点颇受前者影响，同样主张铜壶的6个头面与塞健陀关联，进而认为铜壶的口沿与把柄受到萨珊晚期与伊斯兰早期器物影响，铜壶人面摹写斯瓦特与克什米尔人面貌，最有可能制作于克什米尔③。这两篇文章还述及庆山寺铜壶原料关联西亚、中亚黄铜问题。上述认识可大体归纳为四点，其一为铜壶人面表现了印度或克什米尔人特征，然比较实例缺乏可比性，此二地没有发现过类似铜壶人面的物象，基本出于臆想。其二为铜壶6个人面模仿印度教六头神塞健陀，事实上除六头数目以外没有任何塞健陀特征。其三为诸研究者比较一致地将铜壶纳入萨珊与粟特胡瓶系统，极少考虑与地中海器物的关联性，可能存在方向性认识偏差。其四所谓铜壶为西亚或中亚黄铜制品，虽说经过简单成分检测，由于没有可资比较的大范围铜矿与铜器成分参数，难以看出有多少说服力。笔者以为，以往的研究者视此铜壶为胡瓶类器物，就其形体特征和功能而言，无疑属于广义西域的饮料盛器，列入胡瓶有一定道理，而器体作高浮雕人物头面形，大不同于波斯萨珊朝与中亚粟特流行的胡瓶。诸如，德黑兰瑞匝-阿巴斯博物馆藏萨珊朝银瓶（图三）、俄罗斯邻近中亚彼尔姆（Perm）地区马尔塞瓦（Mal tseva）出土粟特银瓶（图四）④，其腹部作梨形或椭圆形状，显现这片地域的造型特征。以人物头面为器体形态的做法，实际反映了某一特定的文化传统，在梳理头面形器物发展脉络的基础上，方有可能说明此铜壶的文化属性。

　　器体作人物头面形器物，亦即做成人物头形（或头前部）且带有面形的器物，主要存在于古希腊罗马世界⑤（图五），大体可以分为两个阶段。前一阶段为古希腊（含前8—前6世

---

① 葛嶷、齐东方：《异宝西来：考古发现的丝绸之路舶来品研究》，上海古籍出版社，2017年，206—208页。著者认为："人头……特征似都在表现印度人的面部形象。……铜壶的形状是唐代中亚地区广泛流行的凤首壶，弯曲优雅的把柄则反映出萨珊和早期伊斯兰造型的影响。很可能是中亚、伊朗或者印度的外来品……可能是由印度入华的佛教朝圣者或旅行者带回。"

② 林梅村：《庆山寺地宫出土高浮雕人头胡瓶考——兼论印度教神像对粟特火祆教艺术的影响》，《文博》2017年第5期。著者认为："塞健陀像起源于南印度，往往采用六头造型。大乘佛教传入中亚地区后，这位印度教战神被引入犍陀罗佛教艺术，由此成为佛教护法神。不过，犍陀罗佛教艺术迄今未见六头塞健陀像，那么，庆山寺地宫高浮雕人头胡瓶当为印度教艺术品。……用中亚传统黄铜工艺打造……产地很可能在粟特与印度之间的罽宾国（今阿富汗贝格拉姆遗址）。"

③ 李雨生、李建西、牛江涛：《陕西临潼唐庆山寺上方舍利塔基出土铜壶研究》，《考古》2018年第11期。著者认为："铜壶的器形应为不同时代和文化元素的综合体。如流状口可能继承自萨珊金属器，渊源可以追溯到罗马时代。柄部上端接于口部，整体呈'S'形，弧曲处装饰叶子等跟同时期伊斯兰铜壶柄部非常相似。……铜壶人面……与西北印度斯瓦特、克什米尔等地金铜佛像的面部特征极为类似，是当地居民体貌特征的如实摹写。……腹部铸出六个人面……可能受了印度教中的多首多臂神尤其是室建陀神话的启发。……克什米尔……是铜壶最有可能的制作地点。……很可能由本地或印度其他地区的僧人带入中土……可能跟活跃于武周时期的胡僧密切相关。"

④ 〔日〕田边胜美、前田耕作：《世界美术大全集·東洋編·第15卷·中央アジア》，东京：小学馆，1999年，图版198。

⑤ 已知人物头面形器物最早实例，见于卢浮宫藏叙利亚北部出土前3千纪陶杯、叙利亚乌加里特（Ugarit）出土前13世纪陶杯，可能即是古希腊人物头面形陶壶的源头。这些初期人物头面形器物与本稿内容关系疏远，不做具体讨论。

图三　德黑兰瑞匝-阿巴斯博物馆藏萨珊朝银瓶

图四　艾尔米塔什博物馆藏俄罗斯马尔塞瓦出土粟特鎏金银瓶
（出自《世界美術大全集・東洋編・第15巻・中央アジア》图版198）

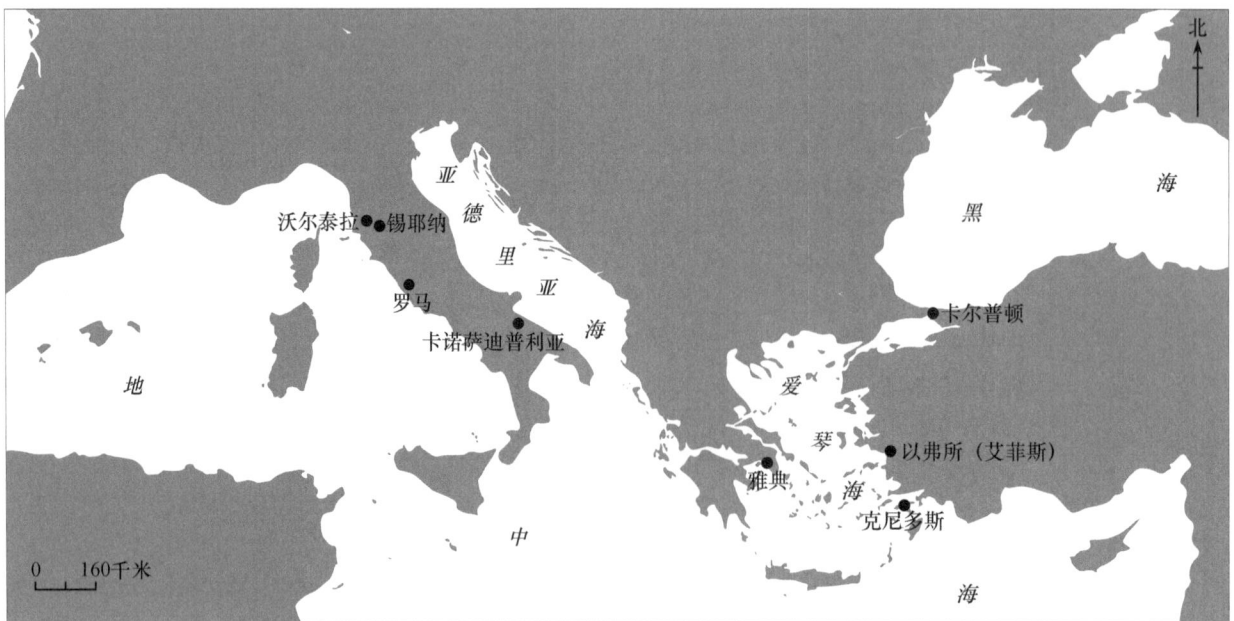

审图号：GS京(2023)1864号

图五　古希腊罗马人物头面形器物分布图

纪古风，前5世纪—前334年古典，前334—前30年希腊化）时期，与罗马共和国（前509—前27）时期，实例相对较多，分布在希腊和意大利，见有众多陶壶与个别铜壶。它们都具有人物脖颈形圈足和头面形壶腹组合而成的立体人物肖像，上方加设敞开的颈口部，形态比较统一。在以雅典为中心的希腊阿提卡地区，古风与古典时期之际，即前6世纪末叶至前5世纪初叶，创造出人物头面形黑绘陶壶，不久更替为红绘陶壶并流行于古典时期，分相背二头面形、前向一头面形两种。作相背二头面形者多数男女各一，在前后二头面连接处的两侧耳朵上方与壶颈之间，加设一对弧形把柄，如大英博物馆藏雅典附近制作约前5世纪初叶陶壶（表一，1）、卢浮宫藏希腊约前4世纪中叶陶壶（表一，2），均作中年男女形象。作前向一头面形者或男或女，在头后与壶颈之间加设一只把柄，如大英博物馆藏雅典附近出土约前5世纪末叶陶壶（表一，3），作老年男子形象。

表一　古希腊与罗马共和国人物头面形陶壶与铜壶

1. 大英博物馆藏雅典附近制作约前5世纪初叶陶壶	2. 卢浮宫藏希腊约前4世纪中叶陶壶	3. 大英博物馆藏雅典附近出土约前5世纪末叶陶壶
4. 大英博物馆藏卡诺萨迪普利亚制作约前3世纪中叶陶壶	5. 佛罗伦萨国立考古博物馆藏沃尔泰拉（Volterra）出土约前4世纪陶壶（李秋红摄）	6. 卢浮宫藏罗马附近出土约前4世纪铜壶

　　在罗马共和国地域，意大利东南部卡诺萨迪普利亚（Canosa di Puglia）仿制希腊阿提卡红绘陶壶，已知实例有相背二头面形、前向一头面形两种，如大英博物馆藏约前3世纪中叶陶壶，作青年男子形象（表一，4）。意大利中北部出土约前4世纪人物头面形黑釉陶器，如佛罗伦萨国立考古博物馆藏沃尔泰拉（Volterra）出土陶壶，作相背的二相同面貌青年男子形象（表一，5），同样为仿效希腊阿提卡陶壶制品，把柄上端连接口沿作法则不同于希腊陶壶。卢浮宫藏罗马附近出土约前4世纪铜壶，作青年男子形象（表一，6），在头后部与口沿之间

图六　卢浮宫藏意大利锡耶纳出土约前4世纪陶盆

加设高出壶身的弧形扁平把柄，其把柄形状与安装部位近似庆山寺铜壶。上述沃尔泰拉出土黑釉陶壶、罗马附近出土铜壶，口沿均作前端外侈的三叶形，与庆山寺铜壶相近。

　　值得注意的是，卢浮宫藏意大利西北部锡耶纳（Siena）出土约前4世纪高足陶盆，腹部浮雕5个中年女子头面，各头面之间以草丛隔开（图六），其头面的数量、配置部位和高挺鼻梁造型，最为接近庆山寺铜壶。同类器物实际在罗马王政时代（前753—前509）已经出现，如罗马维拉·朱丽亚国立博物馆藏意大利中部帕莱斯特里纳（Palestrina）出土，约前7世纪头面形仿金属器黑釉陶盆[①]，下腹部高浮雕一周13个秃顶人物头面，与前者设计意趣相似。由此看来，意大利中北部地区在器物腹部雕塑诸多人物头面的做法由来已久，与雅典附近流行的一、二头面形器物似乎有着相近文化理念，又呈现不同的造型特征。庆山寺铜壶一方面采用了一、二头面壶形器的器形因素，另一方面应用了多头面盆形器的头面因素，可以说与意大利中北部地域关系密切。

　　后一阶段为罗马帝国（前27—476）时期，实例相对较少，多分布在地中海东岸的土耳其和叙利亚地区，见有陶器、玻璃器。器物足部与颈口部形式多样，呈现多样化发展态势。陶器均为红陶制品，诸如艾菲斯博物馆藏约1世纪陶壶（表二，1）、大英博物馆藏土耳其克尼多斯（Cnidus）制作约2世纪陶壶（表二，2）、大英博物馆藏可能出自小亚细亚约2世纪陶壶（表二，3），前者口部倒置用作圈足，人物头面作中年男子形象，头戴无沿圆帽，后二者均作鼻子高大的中年男子形象，颈口部呈帽子形状，造型多少带有夸张色彩。

　　作头面形玻璃器采用模具并吹制而成，约制作于二、三世纪。诸如伊兹密尔考古博物馆藏黄绿玻璃瓶（表二，4）、伊斯坦布尔考古博物馆藏土耳其卡尔开顿（Calchedon）出土蓝色玻璃瓶、贝纳基博物馆藏可能出自叙利亚的蓝色玻璃瓶（表二，5）、宾夕法尼亚大学博物

---

① 〔日〕青柳正规：《世界美术大全集·西洋编·第5卷·古代地中海とローマ》，东京：小学馆，1997年，77页插图51。

馆藏叙利亚出土淡绿玻璃瓶（表二，6），这些玻璃瓶受材料和工艺制约，人物面形刻画比较具体形象，而头发作密集的小半球形凸起，写实性相对前一阶段有所减弱。

表二　罗马帝国人物头面形陶壶与玻璃瓶

 1. 艾菲斯博物馆藏约1世纪陶壶	 2. 大英博物馆藏克尼多斯（Cnidus）制作约2世纪陶壶	 3. 大英博物馆藏可能出自小亚细亚约2世纪陶壶
 4. 伊兹密尔考古博物馆藏黄绿玻璃瓶	 5. 贝纳基博物馆藏可能出自叙利亚蓝色玻璃瓶	 6. 宾夕法尼亚大学博物馆藏叙利亚出土淡绿玻璃瓶

　　地处中亚的阿富汗伯格拉姆（Begram）1世纪窖藏，出土了作为商品转运至此的批量青铜器、玻璃器和石膏器，反映了地中海文化属性[①]。如喀布尔国家博物馆藏铜壶，写实的罗马人物头面形腹部和喇叭形颈口部造型，保留着公元前地中海地区同类器物特征。又如巴黎集美博物馆藏铜壶（图七），把柄上段形状，以及把柄连接口沿和顶端加设叶饰做法与庆山寺铜壶一致，类似实例还见于罗马意大利国家东方艺术博物馆藏罗马帝国铜壶。把柄加设叶饰意在模仿藤蔓，尤其庆山寺铜壶把柄作纤秀的上粗下细倒"S"形，类似古希腊至罗马

---

① Hackin, J.Recherches archéologiques à Begram. Mémoires de la Délégation Archéologique Française en Afghanistan 9, Paris, 1939; Hackin, J.Nouvelles recherches archéologiques à Begram. Mémoires de la Délégation Archéologique Française en Afghanistan 11, Paris, 1954.

帝国时期流行的缠枝藤蔓。如雅典希腊国家博物馆藏推测出自阿提卡约前4世纪中叶石雕瓶（图八），以及佛罗伦萨国立考古博物馆藏意大利北部伊特鲁里亚出土前3—前2世纪石棺浮雕瓶（图九），颈部两侧手柄作希腊双颈桃形忍冬纹形状，又如贝尔伽马博物馆藏贝尔伽马卫城阿斯克勒庇俄斯（Asklepieion）医神庙出土罗马帝国石刻浮雕饰件（图一〇），表现形式酷似前述希腊国家博物馆藏石雕瓶，这些实例在"S"形或倒"S"形骨架上滋长叶片，宛如自然生长的蔓草，创作意趣近似于加设叶饰的庆山寺铜壶把柄。

图七　集美博物馆藏阿富汗伯格拉姆窖藏　　图八　希腊国家博物馆藏推测出　　图九　佛罗伦萨国立考古博物馆藏伊特鲁里亚出土
　　　　　出土罗马帝国铜壶　　　　　　　　自阿提卡约前4世纪中叶石雕瓶　　　前3—前2世纪石棺浮雕
　　　　　　　　　　　　　　　　　　　　　　　　（王德路摄）　　　　　　　　　　　　（王德路摄）

　　罗马帝国之后的波斯萨珊（224—651）又现人物头面形壶类器物，波斯自身没有制作这种器物传统，应受到西邻古希腊罗马影响。如艾尔米塔什博物馆藏萨珊晚期鎏金银壶（图一一），相背两面浅浮雕装饰华丽的图案化人面，从属于壶形器体的头形已经变得抽象，暗示地中海起源的人物头面形器物发展到尾声。

　　就整体人物头面形器物而言，古希腊和罗马共和国时期数量众多，器形比较一致，人物造型形象写实，进入罗马帝国时期数量减少，形制多样，人物造型趋于夸张或形式化。萨珊银壶忽略头形因素，侧重于装饰表现。庆山寺铜壶器身造型意蕴明显类似于古希腊和罗马共和国时期人物头面形器物，尤其接近意大利中北部黑釉陶器，其三叶形口沿与把柄连接口沿作法，亦接近意大利中北部陶壶和铜壶，有别于萨珊和粟特胡瓶常见的鸟喙形口沿。庆山寺铜壶的倒"S"形把柄则与罗马帝国时期器物相仿，大不同于萨珊晚期和伊斯兰早期胡瓶所见瘤节状把柄。至于庆山寺铜壶人面造型，观察其挺秀的鼻梁，与其比定为印度或克什米尔人，毋宁说更接近地中海人物雕塑。以此推测该铜壶源于古希腊和罗马共和国可能性较大，也不排除罗马帝国早期遗物之可能。

图一○　贝尔伽马博物馆藏阿斯
克勒庇俄斯医神庙出土罗马帝国
浮雕饰件

图一一　艾尔米塔什博物馆藏萨珊朝鎏金银壶

　　庆山寺铜壶造型灵巧，利用复杂的铸造、焊接和打制工艺成形，为极具个性特征的作坊手工艺品，迄今没有发现另一件相同器物。铜壶具有显著古希腊罗马器物特征，传入中土时间应该不会太晚，作为遥远外域的输入品，初来时应好无缺，修补作业当发生在汉地。据《太平御览》引述《西域记》与《前凉录》，三国时期疏勒（今喀什）王遣送魏文帝金银胡瓶，西晋时期西域胡人奉送凉州刺史张轨罗马帝国高大金胡瓶[①]，表明西域金银胡瓶早在魏晋时期已经输入汉地，当时仅用于高级贵族。庆山寺铜壶材质不比金银胡瓶，造型则小巧可爱，万里之遥输入汉地，持有者当非寻常之人。总体来说，庆山寺铜壶可以归入古希腊罗马人物头面形器物群，与印度塞健陀神没有必然联系，也不应该纳入萨珊与粟特胡瓶体系，当初可能作为贸易、朝贡物品或礼品传入汉地，又几经辗转，在盛唐被用作供养舍利的物品封藏于地宫之中。

二、大同出土银杯

　　已知4件西方风格高足银杯，均出土于山西大同，根据器身形态可分为三种形式。

---

① （北宋）李昉：《太平御览》卷758《器物》："《前凉录》曰，张轨（255—314）时，西胡致金胡瓶，皆拂菻作，奇状，并人高，二枚。……《西域记》曰，疏勒王致魏文帝金胡瓶二枚、银胡瓶二枚。"参见夏剑钦、王巽斋、王晓天等点校：《太平御览》，河北教育出版社，2000年，第7册111页。

1. 收腹式高足银杯

银杯腹部呈弧线形内收。见于1970年大同南郊工农路北魏遗址窖藏出土高足鎏金银杯，高11.5厘米（图一二）[①]。杯腹周壁浮雕缠枝葡萄，藤蔓绕成5个近圆圈形空间，其中各有裸体童子等采摘葡萄。腹壁上下均有一圈六瓣花饰条纹带，银杯底部和圈足上面分别有一周叶饰带，柄部上端加粗。一篇专论文章认为系来自伊朗东北部的萨珊制品[②]，也有学者认为是希腊风格的西亚或中亚制品[③]，都指向西亚或中亚，实际情况可能未必如此。

收腹式高足杯系古希腊和罗马共和国典型器物，有诸多陶杯实例[④]，这种器物延续到罗马帝国时代。诸如意大利国家博物馆藏罗马帝国高足石杯（图一三），沿用了以往的陶杯形制，表面刻画呈"X"形交叉的葡萄藤蔓，则不同于希腊陶杯彩绘人物和卷草图像，该石杯器形十分接近上述工农路窖藏银杯，区别在于后者没有把柄而已。柏林博物馆藏德国希尔德斯海姆（Hildesheim）窖藏出土，意大利制作罗马帝国公元前后银杯（图一四），与上述古希

图一二　大同南郊工农路北魏窖藏出土缠枝葡萄纹
高足鎏金银杯

图一三　意大利国家博物馆藏罗马帝国高足石杯

---

① 《无产阶级文化大革命期间出土文物展览简介》，《文物》1972年第1期。

② 孙培良：《略谈大同市郊出土的几件银器和铜器》，《文物》1977年第9期。著者认为窖藏出土"三件高足铜杯和刻花银碗都是属于同一流派的制作……其形制和纹饰具有传世萨珊金银器的特征……是从伊朗东北部的呼罗珊传入的"。

③ 夏鼐：《近年中国出土的萨珊朝文物》，《考古》1978年第2期。著者认为窖藏出土"三件鎏金高足铜杯和一件部分鎏金银碗，也是输入的西亚或中亚的产品，带有强烈的希腊化的风格，但不是萨珊式的"。

④ 如卢浮宫藏希腊古典时期陶杯。〔日〕水田彻：《世界美術大全集・西洋編・第4卷・ギリシア・クラシックとヘレニズム》，东京：小学馆，1995年，图版28。

图一四　柏林博物馆藏希尔德斯海姆窖藏出土罗马帝国公元前后银杯
（李秋红摄）

腊罗马陶杯和石杯的器形相仿，杯腹前后左右各有一组呈"X"形交叉的葡萄藤蔓，四隅各有胡须浓密的酒神狄奥尼索斯（Dionysos）头像，一对"S"形把柄被打制成葡萄藤蔓形状，葡萄成为器物图像的主题，暗示银杯可能用作葡萄酒杯。该银杯形制类似工农路窖藏银杯，只是杯腹略矮且有把柄差异。再者，上述实例在杯腹与杯底之间都有明显分界线，示意采用相似模具铸造所成。在萨珊和粟特器物群中迄今没有发现此类收腹式高足杯，这对于判断工农路窖藏银杯的文化属性具有重要意义。

　　缠枝葡萄系罗马帝国十分流行的纹样，上述罗马帝国石杯和银杯之外还见于多种遗物。诸如梵蒂冈博物馆藏罗马诺门塔纳（Nomentana）街道出土4世纪中叶康斯坦丁（Constantina）石棺（图一五）、伊斯坦布尔博物馆藏约4世纪石棺残片，均利用名贵的紫色斑岩石料制作，浮雕缠枝葡萄和有翼裸体童子采摘葡萄情景，与工农路窖藏银杯比较，两者图像内容和构图十分相像，差异仅在于后者童子无翼，一概采用写实手法表现人物和场景。德黑兰瑞匝-阿巴斯博物馆藏萨珊银瓶（图一六），浮雕肆意伸展的葡萄藤蔓，以及裸体男子采

图一五　梵蒂冈博物馆藏罗马诺门塔纳街道出土4世纪中叶康斯坦丁（Constantina）石棺

图一六　德黑兰瑞匝-阿巴斯博物馆藏萨珊银瓶

摘葡萄和狩猎等场面，裸体人物采摘葡萄题材显然来自罗马帝国，又增添了富有萨珊色彩的狩猎内容，其人物和场景表现变得形式化、刻板化，已经没有罗马帝国那种形象、鲜活的气韵，其余表现缠枝葡萄纹样的萨珊银器也大略如此。可以说大同工农路窖藏银杯的形制和装饰，无不契合罗马帝国相关文物特征，迥然有别于萨珊器物。

2. 束颈式高足银杯

银杯颈部呈弧线形内收，腹部与底部连成没有界限的半球状，已知出土2件。其一，1970年大同南郊工农路北魏遗址窖藏出土高足鎏金银杯（图一七）[1]。腹部四身高浮雕人物立像与四簇浅浮雕卷草等距离相间排列，各卷草顶端高浮雕一人物头像，束颈四方与卷草对应处各高浮雕一对牛形卧兽，圈足作喇叭形，柄部一周圆棱状凸起。前述研究者认为该银杯来自西亚或中亚[2]。

图一七　大同南郊工农路北魏遗址窖藏出土高足鎏金银杯

其二，1988年大同南郊张女坟北魏中期109号墓出土高足鎏金银杯，口径9.3、高6.2厘米（图一八）[3]。腹部四束莨苕叶片与四个圆圈中人物头像等距离相间排列，其莨苕叶片顶端向外翻卷，四人中二男二女相间配置，作侧面观两两相对表现，颈部上下各有一圈连续长方块条纹带，低矮圈足上饰忍冬叶片，柄部一周圆棱状凸起。发掘报告著者认为该银杯为萨珊银器[4]。

以往关于上述两件银杯产地的认识，难以看出有何切实依据。这两件银杯形制相仿，装饰各有不同。就形制而言，束颈式高足杯为古希腊罗马器形，如大英博物馆藏意大利东南部阿普利亚（Apulia）前4世纪末叶制作陶杯，为罗马共和国器物，腹部与底部一体呈漏斗状，颈部高度与腹部相近，有一对把手。又如意大利国家博物馆藏罗马帝国高足石杯（图一九），腹部与底部连成没有界限的半球状，颈部分上下两段，高度大于腹部。尚未发现罗马帝国束颈式高足银杯。犍陀罗流行腹部与底部一体呈漏斗状的束颈式高足陶杯和铜杯，系地中海同类器物影响的结果，未见有腹部与底部一体呈半球状束颈式高足杯。相对而言，大同南郊两件束颈式高足银杯形制更为接近罗马帝国高足石杯，只是没有后者颈部上段而已。

就装饰图像来说，大同工农路银杯腹部卷草顶端浮雕人物头像表现，十分接近上述罗马帝国束颈式高足石杯卷草纹侧上方浮雕人物头像作法。类似表现还见于意大利国家博物馆藏罗马多穆斯（Domus）遗址E10室2世纪上半叶壁画，在双茎桃形忍冬之间描绘人物头像

① 《无产阶级文化大革命期间出土文物展览简介》，《文物》1972年第1期。
② 孙培良：《略谈大同市南郊出土的几件银器和铜器》，《文物》1977年第9期。
③ 山西省考古研究所、大同市博物馆：《大同南郊北魏墓群发掘简报》，《文物》1992年第8期；山西大学历史文化学院、山西省考古研究所、大同市博物馆：《大同南郊北魏墓群》，科学出版社，2006年，241页图107C。
④ 山西大学历史文化学院、山西省考古研究所、大同市博物馆：《大同南郊北魏墓群》，科学出版社，2006年，505页。

（图二〇）[①]，以及前述柏林博物馆藏罗马帝国收腹式高足银杯（图一四），在葡萄藤蔓间表现人物头像的情况，这种表现另有多个实例。在植物纹样中表现人物头像作法延续了古希腊传统，又成为极具罗马帝国文化色彩的现象，在萨珊遗存中难以见到这种情况。工农路银杯腹部高浮雕人物立像表现，在罗马帝国文物中时有所见。那么，该银杯纳入罗马帝国器物群应该合乎情理。

图一八　山西博物院藏大同南郊张女坟北魏109号墓出土高足鎏金银杯及其线图
（线图出自《大同南郊北魏墓群》241页图107C）

图一九　意大利国家博物馆藏罗马帝国高足深腹石杯

图二〇　意大利国家博物馆藏多穆斯（Domus）遗址E10室2世纪上半叶壁画

---

① 罗马帝国双茎桃形忍冬纹样延续了古希腊同类纹样。参见李秋红：《南北朝隋代双茎桃形忍冬纹样分析》，《石窟寺研究》（第8辑），科学出版社，2018年。

大同张女坟银杯在莨苕叶中表现人物头像，人物头像又处在圆圈中，莨苕叶被扎束起来，叶片顶端向外翻卷，这些因素都可以在罗马帝国遗存中找到相应表现。诸如，艾菲斯城址2世纪上半叶哈德良之门，拱券顶端浮雕莨苕叶之上加人物胸像（图二一），构图形式与张女坟银杯相近。伊兹密尔考古博物馆藏托尔巴赫（Torbah）出土罗马帝国铜罐，莨苕叶片之上联珠纹圆圈中有侧面观人物头像（图二二），设计思想和表现方式更加近似大同张女坟银杯。艾菲斯城址2世纪初叶塞尔苏斯（Celsus）图书馆像龛柱头（图二三），同城址东区罗马帝国柱头（图二四），其莨苕叶或被扎束或顶端翻卷，可以比较张女坟银杯莨苕叶表现。张女坟银杯与托儿巴赫铜罐的圆圈中男子肖像，不仅视角类似，高鼻梁和带有胡须尖下颌表现也比较相近，似乎不是偶然。

图二一　艾菲斯城址2世纪上半叶哈德良之门浮雕

图二二　伊兹密尔考古博物馆藏托尔巴赫
（Torbah）出土罗马帝国铜罐

3. 敞腹式高足银杯

银杯腹壁呈流线型外敞。见于1981年大同西郊小站村北魏正始元年（504）封和突墓出土高足银杯，口径12.7、足底径6厘米（图二五）[1]。在杯腹周壁，四片莨苕叶与四个圆拱尖楣龛相间排列，莨苕叶片上端向外翻卷，一个龛中尚存高浮雕人物立像。颈部浮雕蔓草纹样带，颈部上下各有一圈联珠纹。颈部与腹部上方叶片中镶嵌圆形、水滴形宝石（多已脱落），喇叭形圈足上镂刻植物纹样。学界笼统地认为此银杯来自西方或受西方因素影响制作[2]。

浮雕莨苕叶和人物立像，已出现在大同窖藏和墓葬出土北魏银杯，在原地罗马帝国遗物中也多有所见，翻卷的莨苕叶片则是模仿科林斯式柱头装饰所为，颈部蔓草纹样带也见于托尔巴赫青铜罐，这些都是罗马帝国典型文化因素。然而，在确凿罗马帝国器物中尚未找到一

---

① 马玉基：《大同市小站村花圪塔台北魏墓清理简报》，《文物》1983年第8期。

② 张景明：《金银器与草原丝绸之路研究》，兰州大学出版社，2017年，166、167页。

图二三　艾菲斯城址2世纪初叶塞尔苏斯（Celsus）图书馆像龛柱头及其局部

图二四　艾菲斯城址东区罗马帝国柱头

图二五　大同西郊小站村北魏正始元年（504）
封和突墓出土高足银杯

致器形，尤其嵌宝石作法流行于中亚，而鲜见于罗马帝国器物，已而该银杯不完全排除制作于中亚的可能。

三、大同与正镶白旗出土银碗

已知3件西方风格银碗，出土于大同及其邻近地区。器形相似，碗腹作半球状，颈部略呈弧线形内收，装饰内容也比较接近。

其一，1970年大同南郊工农路北魏遗址窖藏出土鎏金银碗，口径8.5、高5厘米（图二六）[①]。底部饰两重同心圆圈带，腹部四束莨苕与四个圆圈中人物胸像相间排列，四人为相貌相同的中年男性，头顶小圆帽，作侧面观两两相对表现，碗颈部饰橄榄枝纹样带，颈部上下各一圈连续方块条纹带。前述专论文章以为伊朗东北部萨珊制品[②]，另有研究者推断为中亚嚈哒制品[③]。

图二六　大同南郊工农路北魏窖藏出土鎏金银碗侧面与底面
（侧面出自《文物》2017年第1期51页图1）

其二，1988年大同南郊张女坟北魏中期107号墓出土鎏金银碗，口径10.2、高4.6厘米（图二七）[④]。底部两重同心圆的外重刻画莨苕叶饰，腹部四束莨苕叶片与四个圆圈中人物胸像相间排列，人物似为三女一男，作侧面观两两相对表现，碗颈部上下各有一圈连续方块条纹带。发掘报告著者认为系萨珊器物[⑤]，或认为有关嚈哒的中亚制品[⑥]。

---

① 《无产阶级文化大革命期间出土文物展览简介》，《文物》1972年第1期。

② 孙培良：《略谈大同市南郊出土的几件银器和铜器》，《文物》1977年第9期。

③ 孙机：《固原北魏漆棺画研究》，《文物》1989年第9期。

④ 山西省考古研究所、大同市博物馆：《大同南郊北魏墓群发掘简报》，《文物》1992年第8期；山西大学历史文化学院、山西省考古研究所、大同市博物馆：《大同南郊北魏墓群》，科学出版社，2006年，229页图105D。

⑤ 山西大学历史文化学院、山西省考古研究所、大同市博物馆：《大同南郊北魏墓群》，科学出版社，2006年，505页。

⑥ 张景明认为："大同市南郊墓葬出土的鎏金錾花银碗……叶饰和圆形环饰是波斯萨珊和中亚艺术中常见的纹样，但圆形帽的人物特征属中亚样式，在嚈哒货币上常有装饰，故其产地应在中亚，可能与嚈哒人有关。"（《金银器与草原丝绸之路研究》，兰州大学出版社，2017年，152页）

图二七　大同南郊张女坟北魏107号墓出土鎏金银碗底面与线图
（线图出自《大同南郊北魏墓群》229页图105D）

图二八　内蒙古正镶白旗伊和淖尔北魏1号墓出土
鎏金银碗底面
（出自《文物》2017年第1期24页图36）

其三，2010年内蒙古正镶白旗伊和淖尔北魏中期1号墓出土鎏金银碗，口径14.2、高4厘米（图二八）[1]。底部为四重同心圆，腹部四束莨苕叶片与四个圆圈中人物胸像相间排列，人物三女一男，作3/4侧面观两两相对表现，碗颈部相对以上二实例显得低矮，下缘有一圈连续方块条纹带。有的研究者认为此银碗具有希腊风格[2]，一篇专论文章认为此银碗以及大同南郊窖藏与墓葬出土银杯、银碗，都是萨珊附属地巴克特里亚地区物品[3]。

关于上述三件银碗的制作地，学界大多指向中亚或西亚，更倾向于邻近波斯的中亚地区，这些认识缺乏有说服力依据。就器形而言，三件银碗形体与束颈式高足银杯上半相仿，应出于相近的设计理念。柏林博物馆藏德国希尔德斯海姆（Hildesheim）窖藏出土，公元前后意大利制作罗马帝国银碗形制与上述银碗的腹部一致（图二九），艾菲斯博物馆藏陶碗则整体器形接近上述银碗（图三〇）。就装饰来说，三件银碗主体图像均为莨苕叶丛和圆圈中人物胸像组合，与大同张女坟银杯一致，表明它们拥有共同的罗马帝国文化属性。圆圈中头部扭向侧面或侧前方，以及波状发髻、高挺鼻梁表现，系典型古希腊

---

[1]　中国人民大学历史学院考古文博系、锡林郭勒盟文物保护管理站、正镶白旗文物管理所：《内蒙古正镶白旗伊和淖尔M1发掘简报》，《文物》2017年第1期。

[2]　葛承雍：《从出土汉至唐文物看欧亚文化交流遗痕》，《故宫博物院院刊》2015年第3期。著者认为伊和淖尔墓出土银碗"装饰艺术母题应为希腊罗马式的神话人物……这件希腊风格银碗与大同北魏城址出土波斯鎏金圜形錾花银碗并不相同"。

[3]　王晓琨：《试析伊和淖尔M1出土人物银碗》，《文物》2017年第1期。

图二九　柏林博物馆藏希尔德斯海姆（Hildesheim）
窖藏出土罗马帝国早期银碗底面
（李秋红摄）

图三〇　艾菲斯博物馆藏陶碗底面

罗马人物造型特征。如艾菲斯博物馆藏罗马帝国涅尔瓦皇帝（Nerva，96—98年在位）银币（图三一），其肖像与上述银器圆圈中人物相像，类似实例不可胜数。大同工农路窖藏银碗的莨苕叶丛表现像树木一样，形式有别于另两件银碗，在两片莨苕叶之间刻画桃形忍冬，类似表现见于艾菲斯城址市场遗址出土罗马帝国早期柱头（图三二），这一微小特征仅见于罗马帝国和后继的拜占庭早期遗存，对于推断银碗文化属性有着不同寻常的意义。

图三一　艾菲斯博物馆藏罗马帝国涅尔瓦皇帝银币

图三二　艾菲斯城址市场遗址出土罗马帝国早期柱头

　　大同张女坟银杯、银碗与正镶白旗伊和淖尔银碗，三者莨苕叶丛、人物形象和表现形式极其接近，艺术设计和制作工艺几乎相同，可能参照相近样本，由同一或关系密切作坊制作，又作为同一批次商品或贡品，输入当时中原北方政治文化中心平城（今大同），之后转入贵族之手并成为随葬品，或出于某种原因封存于遗址窖藏。

　　特别提及，纽约大都会艺术博物馆藏萨珊早期银碗（图三三），器形和装饰基本承袭了罗马帝国同类器物因素，但细部表现已经发生变化，系典型仿效罗马帝国又波斯化制品。主

图三三　纽约大都会艺术博物馆藏波斯萨珊朝银碗
（出自该博物馆网站）

要体现在装饰图像方面，腹壁四束植物与四个圆圈中人物胸像相间排列，人物作侧面观两两相对表现，有些类似大同工农路束颈式银杯，明显借用了罗马帝国表现内容和形式。不过，原初罗马帝国银碗四束莨苕，被改变为四束蔓草，蔓草从一棵粗壮根干两侧对称生出，完全脱离真实植物形态。圆圈中人物胸像全然波斯王者风貌，罗马帝国表现在圆圈外下方的莨苕叶片被转移到圆圈之内，圆圈变成罗马帝国不见的光芒环带。在碗底中间圆圈中表现人物胸像的现象，也存在于其他萨珊银器，但不见于罗马帝国器物。可以说，该银碗装饰图像已经十分形式化、图案化了，罗马帝国那种写实性消失殆尽，恐不能与罗马帝国银碗混为一谈。

综上所述，庆山寺地宫出土铜壶，颇为接近古希腊和罗马共和国器物，也不排除罗马帝国早期遗物之可能。大同与正镶白旗北魏遗址及墓葬出土银杯、银碗，其器形与装饰特征无不契合罗马帝国遗存，有别于波斯萨珊器物。除大同北魏封和突墓银杯存疑之外，这些器物基本可以归入古希腊罗马文化范畴，将来随着不断的考古新发现，这一推断可能会得到进一步印证。从已知资料观察，学界以往所谓西亚波斯、中亚物品云云，与实际情况出入甚多，延续半个世纪的观点应该予以调整。

作为贵金属和手工艺制品的银器，以及某些小巧精致的铜器，具有较高的使用和观赏价值，且便于携带，成为贸易、贡献和馈赠的上佳物品，已而传布异域他方，在其原产地没有留下多少可资参照的遗物，诸博物馆收藏的相关传世器物又往往缺乏出土地和年代信息，致使西方此类器物研究自身存在诸多不明之处，此诸因素为辨识中国出土西方器物的文化属性带来莫大困难。再者，大同工农路窖藏伴出萨珊八曲银盘、大同南郊张女坟107号墓伴出萨珊淡绿玻璃碗、大同封和突墓伴出萨珊圆形银盘，在国内学界长期以来少有接触地中海文化遗存的情况下，产生混淆西亚波斯与地中海器物的现象也在所难免。

大同南郊窖藏与墓葬出土银杯、银碗，以及正镶白旗伊和淖尔墓葬出土银碗，基本可以推断埋藏于北魏中期（439—493）。当时大同系北魏国都平城所在，乃多种文化因素汇聚之地，是为此地出土诸多西方器物的根本原因，正镶白旗则处在平城外围的荒凉地方，其墓葬出土银碗应自平城携带而来。大同出土西方器物，无疑是北魏广开疆土，积极开展与西域方面经济、文化交流的结果。

北魏太武帝据有河西走廊，再次打通西域交通线，一时间北魏与西域诸国频繁往来[1]，与中亚、西亚乃至地中海的交往也获得空前发展[2]。然而，当时波斯萨珊帝国处在魏晋南北朝与

---

① （北齐）魏收：《魏书》卷102《西域传》："太延中（435—440），魏德益以远闻，西域……诸国王始遣使来献。……遣散骑侍郎董琬、高明等多赍锦帛，出鄯善，招抚九国……与琬俱来贡献者十有六国。自后相继而来，不间于岁，国使亦数十辈矣。"（中华书局，1987年，2259、2260页）

② 石云涛：《北魏中西交通的开展》，《社会科学辑刊》2007年第1期。

罗马帝国及拜占庭帝国（395—1453）之间，况且北方柔然（402—555）、中亚嚈哒（5世纪中叶—567年）游牧强国，势力伸展到塔里木盆地，西域诸国亦时常彼此攻伐，可以说这条交通线危机重重，东西方经济、文化交流之艰难可想而知。由此而言，当时大同及其周围出土的地中海器物，基于什么动机、经由哪些人、通过何种途径而来，实难稽考。至于庆山寺铜壶，考虑其所属文化的早期性，隋唐之前传来东土的可能性似乎更大。

（原文见李静杰：《中国出土古希腊罗马器物辨析》，《艺术设计研究》2019年第4期。本稿略有改动，基本保持原文面貌）

Ancient Greek and Roman Artifacts Unearthed in the North of the Central Plains

Abstract: This paper re-identifies some western artifacts unearthed in the north of the Central Plains and believes that they were not West Asia Persian and Central Asian artifacts inferred by scholars, but ancient Greek and Roman artifacts from the Mediterranean world. The writer points out that the bronze pot unearthed in the underground palace of Buddhist pagoda in Qingshan Temple of the Tang Dynasty in Lintong resembles the human head-shaped artifacts in Ancient Greece and Rome Republic, and does not rule out the possibility of early relics of the Roman Empire. The silver cups and bowls unearthed in the Northern Wei Dynasty ruins and tombs of Datong and Zhengxiang Bai Qi are all consistent with the remains of the Roman Empire and are different from Persian Sassanian artifacts. These artifacts have become important material evidence of cultural exchanges between medieval China and the Mediterranean world.

枣形腹、石榴形腹细颈瓶与梨形腹束颈瓶的谱系

内容提要： 中国枣形腹、石榴形腹细颈瓶，以及梨形腹束颈瓶有着清晰的发展脉络，以往没有受到学界重视。中国枣形腹、石榴形腹细颈瓶，南北朝后期至唐前期为基本发展期，由铜瓶、青瓷瓶、白瓷瓶到釉陶瓶，发展脉络十分清晰。尤其北朝后期与隋代，以石家庄为中心的河北南部成为细颈铜瓶发展中心，之后相继影响到太原周围和关中地区，进而在唐前期形成关中地区细颈铜瓶制作中心。而且，河北南部细颈铜瓶制作，直接影响到隋代邢窑细颈瓷瓶，以及初唐巩县窑细颈釉陶瓶的制作。数量有限的梨形腹束颈瓶，分布在中原北方地区，流行于北朝晚期至唐代。随葬枣形腹、石榴形腹细颈瓶与梨形腹束颈瓶的墓主，一种为皇亲国戚，一种为刺史级地方大员或其家属，说明这些器物深受上流社会人士喜爱，寄托着他们的生活情趣。另有少许同类器物用于供养佛教。

枣形腹、石榴形腹细颈瓶最早出现在南欧，原为前5—前4世纪希腊、意大利居民的盛油陶瓶，梨形腹束颈瓶的源头则是波斯萨珊朝银瓶，这些西方器物东传以后，促成中国本土化同类器物。日本6—8世纪流行的枣形腹、石榴形腹细颈铜瓶，或出土于贵族墓葬，或保存在古老寺院，同样是服务于上流社会及佛教的贵重物品。在交通和信息不发达的时代，这些器物之所以能够横贯欧亚大陆，大概就在于其造型有可人之处。

20世纪后半叶至今，在南北朝后期（494—581）、隋代与唐前期墓葬和窑址中，发掘诸多椭圆形腹、圆鼓腹两种特殊形态的细颈瓶，另有一定数量此类传世遗物，长期以来学界没有在意这些细颈瓶的独特性，也不清楚其发展脉络。近年来，日本学者加岛胜在研究日本飞鸟时代（593—710）、奈良时代（710—794）铜瓶过程中，注意到与中国细颈瓶的源流关系，并指出在奈良平城京奈良朝天平十九年（747）《大安寺伽蓝缘起并资财账》中，将这两种细颈瓶分别名为枣瓶、石榴瓶[1]，为研究中国同类器物提供了线索和借鉴。不过，其人研究重心在日本，没有仔细梳理中国同类细颈瓶的脉络，也未发现其西方来源问题。笔者以为，大安寺资财账所述名称生动、形象，本稿加以改造并应用，分别命名为枣形腹细颈瓶、石榴形腹细颈瓶。在南北朝后期至唐前期，还零星存在一种垂腹束颈瓶，为协调上述细颈瓶名称起见，本稿名之为梨形腹束颈瓶，已有学者提及它与波斯萨珊朝银瓶的源流关系[2]。

中国枣形腹、石榴形腹细颈瓶和梨形腹束颈瓶，大多分布在中原北方地区，少许散布在南方，基本集中在南北朝后期至唐前期时间段（图一）。枣形腹、石榴形腹细颈瓶获得比较

---

① 〔日〕加岛胜：《柄香炉と水瓶》，《日本の美術》（第540号），2011年；〔日〕加岛胜著、杨洁译：《〈柄香炉及水瓶〉之水瓶篇》，《碑林集刊》（第18辑），2012年。

② 董波：《试论早期白瓷中的西域要素》，《中原文物》2010年第6期。

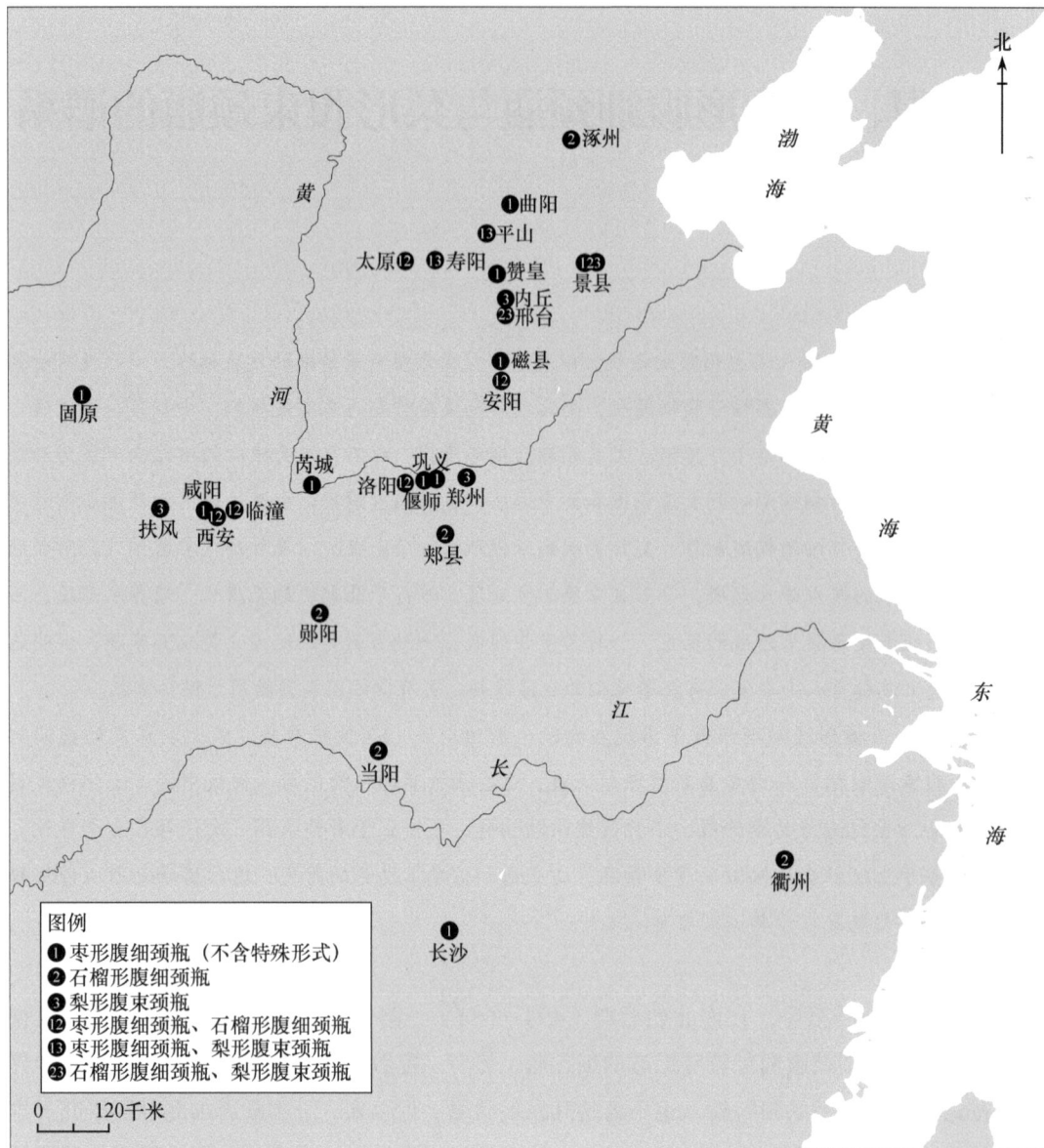

图例
❶ 枣形腹细颈瓶（不含特殊形式）
❷ 石榴形腹细颈瓶
❸ 梨形腹束颈瓶
⓬ 枣形腹细颈瓶、石榴形腹细颈瓶
⓭ 枣形腹细颈瓶、梨形腹束颈瓶
㉓ 石榴形腹细颈瓶、梨形腹束颈瓶

0　　120千米

审图号：GS京(2023)1864号

图一　中国枣形腹、石榴形腹细颈瓶与梨形腹束颈瓶分布图

充分发展，各有金属瓶、陶瓷瓶之分，枣形腹细颈瓶数量又多于石榴形腹细颈瓶。

容器造型万变不离其宗，在不同时空可能创造出相近或相同的器形，但容器造型在微观差异方面，又敏感地体现不同文化属性，看似简单的器物，实际隐藏着不一般的内涵。在南北朝前期及其以前，汉文化地区不曾有过枣形腹、石榴形腹细颈瓶和梨形腹束颈瓶，这些器物突然出现，审美情趣有别于传统器物，应该不是偶然所为，自然让人联想来自异域文化之可能。放开眼界，这些器物不仅在中国具有完整发展谱系，在日本有其流变，而且西方存在时间更早的类似器物群。

本稿着重于谱系梳理且重心放在中国，本着先中国，后西方，再日本的次序进行。以枣形腹、石榴形腹细颈瓶以及梨形腹束颈瓶的纵向发展为经，以这些器物在中国、西方、日本的横向发展为纬，进行通盘脉络梳理，试图厘清它们各自的发展谱系，进而探讨其相互关系。

一、枣形腹细颈瓶

图二 寿阳贾家庄北齐河清元年（562）
库狄迴洛墓出土鎏金铜瓶

枣形腹细颈瓶，即腹部近纵椭圆形、颈部细长、口沿多呈喇叭状、底有小圈足的瓶体。这种器物分布在中国、南欧和西亚、日本三大区域，各有其发展脉络。

1. 中国枣形腹细颈瓶

中国枣形腹细颈瓶获得比较充分发展，数量较多，分布在广阔地域，延续几个世纪，分金属瓶、陶瓷瓶两类。

（1）枣形腹细颈金属瓶

枣形腹细颈金属瓶可细分为铜瓶、银瓶两种，铜瓶占大多数，银瓶仅有少许。

① 枣形腹细颈铜瓶

已知17件，分别是景县前村乡北魏正光二年（521）封魔奴墓出土铜瓶（表一，1）[①]、曲阳嘉峪村北魏正光五年（524）高氏墓出土铜瓶（表一，2）[②]、赞皇西高村北魏永熙三年（534）李翼夫妇墓出土铜瓶（表一，3）[③]、赞皇西高村北魏永熙三年（534）李仲胤夫妇墓出土铜瓶（表一，4）[④]、赞皇南邢郭村东魏武定二年（544）李希宗墓出土鎏金铜瓶（表一，5）[⑤]、寿阳贾家庄北齐河清元年（562）库狄迴洛墓出土鎏金铜瓶（图二）[⑥]、太原大井峪村北齐天统四年（568）韩祖念墓出土铜瓶（表一，6）[⑦]、韩祖念

---

① 高15.7厘米。张季：《河北景县封氏墓群调查记》，《考古通讯》1957年第3期。封魔奴北魏太和七年（483）卒于代京（今大同），次年葬于代京，北魏正光二年（521）迁葬景县。

② 高14厘米。河北省博物馆、河北省文物管理处：《河北曲阳发现北魏墓》，《考古》1972年第5期。高氏北魏正光四年（523）卒于洛阳，次年埋葬曲阳。

③ 高17厘米。中国社会科学院考古研究所河北工作队：《河北赞皇县北魏李翼夫妇墓》，《考古》2015年第12期。李翼北魏武泰元年（528）卒于洛阳，永熙三年（534）与妻子徽华迁葬赞皇。

④ 高11.6厘米。中国社会科学院考古研究所河北工作队：《河北赞皇县北魏李仲胤夫妇墓发掘简报》，《考古》2015年第8期。李仲胤北魏正始三年（506）卒于洛阳，次年埋葬赞皇，永熙三年（534）妻子邢僧兰合葬其中。

⑤ 高13厘米。石家庄地区革委会文化局文物发掘组：《河北赞皇东魏李希宗墓》，《考古》1977年第6期。李希宗卒于东魏兴和二年（540），武定二年（544）埋葬在此，北齐武平六年（575）妻子崔氏合葬其中，铜瓶放在李希宗一侧，故视为后者遗物。

⑥ 连盖通高18.2厘米，山西博物院藏。王克林：《北齐库狄迴洛墓》，《考古学报》1979年第3期。库狄迴洛卒于北齐太宁二年（562），河清元年（562）与妻斛律氏、妾尉氏合葬在此。

⑦ 高20.6厘米。太原市文物考古研究所编著，周富年、彭娟英、龙真主编：《太原北齐韩祖念墓》，科学出版社，2020年，图版68-2。韩祖念北齐天统四年（568）卒于云州（今大同），同年埋葬太原五泉山。

表一　中国枣形腹细颈铜瓶

1. 景县前村乡北魏正光二年（521）
封魔奴墓出土铜瓶
（出自《考古通讯》1957年第3期
图版8-1）

2. 曲阳嘉峪村北魏正光五年（524）
高氏墓出土铜瓶
（出自《考古》1972年第5期
图版8-1）

3. 赞皇西高村北魏永熙三年（534）
李翼夫妇墓出土铜瓶
（出自《考古》2015年第12期74页图26）

4. 赞皇西高村北魏永熙三年（534）
李仲胤夫妇墓出土铜瓶
（出自《考古》2015年第8期84页图28）

5. 赞皇南邢郭村东魏武定二年
（544）李希宗墓出土鎏金铜瓶
（出自《考古》1977年第6期图版6-6）

6. 太原大井峪村北齐天统四年
（568）韩祖念墓出土铜瓶
（出自《太原北齐韩祖念墓》图版68-2）

7. 太原大井峪村北齐天统四年
（568）韩祖念墓出土鎏金铜瓶
（出自《太原北齐韩祖念墓》图版66-5）

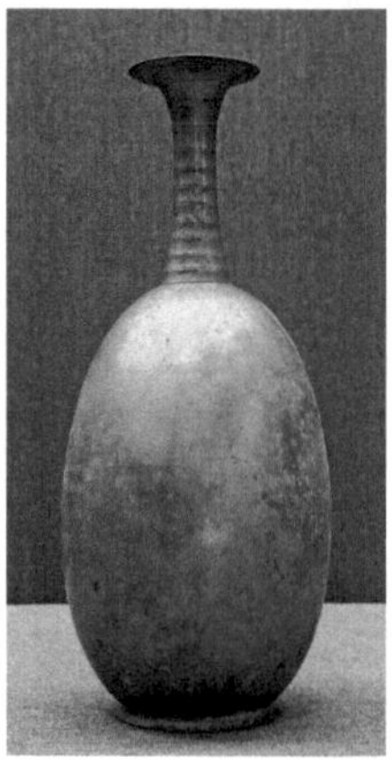

8. 潼关县博物馆藏约北朝晚期铜瓶

9. 巴黎塞努齐博物馆藏约北朝晚期
铜瓶

10. 西安郭庄村西魏北周之际乞伏
孝达与库罗伏夫妇墓出土铜瓶
（出自《考古与文物》2019年第4期
59页图62）

11. 西安羊村出土北周前后
铜瓶
（出自《西安文物精华·金银器》图版94）

12. 咸阳靳里村北周建德五年
（576）王德衡墓出土铜瓶
（出自《中国北周珍贵文物》）

13. 平山上三汲村隋开皇八年
（588）崔昂夫妇墓出土铜瓶
（出自《文物》1973年第11期
37页图21）

14. 临潼博物馆藏约唐前期铜瓶

15. 临潼庆山寺唐开元二十九年
（741）舍利塔地宫出土鎏银铜瓶
（出自《宫廷の荣华: 唐の女帝·则
天武后とその时代展》图版43）

墓出土鎏金铜瓶（表一，7）①、潼关县博物馆藏约北朝晚期铜瓶（表一，8）、巴黎塞努齐博物馆藏约北朝晚期铜瓶（表一，9）、西安郭庄村西魏北周之际乞伏孝达与库罗伏夫妇墓出土铜瓶（表一，10）②、西安羊村出土北周前后铜瓶（表一，11）③、咸阳靳里村北周建德五年

① 高13.9厘米。太原市文物考古研究所编著，周富年、彭娟英、龙真主编：《太原北齐韩祖念墓》，科学出版社，2020年，图版66-5。

② 高13.2厘米。陕西省考古研究院、陕西历史博物馆、长安区旅游民族宗教文物局：《陕西西安西魏吐谷浑公主与茹茹大将军合葬墓发掘简报》，《考古与文物》2019年第4期。库罗伏公主西魏大统七年（541）去世并葬于此地，墓葬发掘者依据公主墓志铭和随葬品特征推测，乞伏孝达约北周早期合葬其中。

③ 高10.6厘米。西安市文物保护考古所：《西安文物精华·金银器》，世界图书出版西安有限公司，2012年，图版94。

（576）王德衡墓出土铜瓶（表一，12）[①]、大阪和泉市久保惣纪念美术馆藏北朝晚期铜瓶[②]、平山上三汲村隋开皇八年（588）崔昂夫妇墓出土铜瓶（表一，13）[③]、临潼博物馆藏约唐前期铜瓶（表一，14）、临潼庆山寺唐开元二十九年（741）舍利塔地宫出土鎏银铜瓶（表一，15）[④]。这些铜瓶多有纪年，少许无纪年实例可以根据出土环境和自身形态推定其年代。

在17件铜瓶中13件有明确尺寸，其中多数高约11—16厘米，少许高约17—21厘米。15件为北朝、隋代实例，表明这段时间为铜瓶主要发展期，2件为唐前期实例，说明这段时间略有延续发展。北魏晚期4件、东魏1件集中在石家庄周围二三百公里范围，示意此地应是最先发展区域，北齐、北周、隋代扩展到太原周围和关中地区，唐前期则仅见于关中地区。在呈现诸多共性的同时，也见有一些特性，可以概括为几个方面。

其一，多数铜瓶属于纯铜质，只有赞皇武定二年（544）李希宗墓铜瓶、寿阳河清元年（562）库狄迴洛墓铜瓶、太原天统四年（568）韩祖念墓铜瓶鎏金，临潼庆山寺唐开元二十九年（741）铜瓶鎏银。

其二，寿阳河清元年（562）库狄迴洛墓铜瓶、咸阳建德五年（576）王德衡墓铜瓶、临潼博物馆藏约唐前期铜瓶、临潼开元二十九年（741）铜瓶，还保存着近乎相同的塔式瓶盖，以此推测所有枣形腹细颈铜瓶原初应该都有类似瓶盖。

其三，从腹部形态观察，大部分铜瓶并非正椭圆形体，多数有些削肩、垂腹，瓶体重心下移。另有寿阳河清元年（562）库狄迴洛墓铜瓶、太原天统四年（568）韩祖念墓鎏金铜瓶、西安羊村北周前后铜瓶，以及平山开皇八年（588）崔昂夫妇墓铜瓶，腹部呈标准纵椭圆形，瓶体显得十分匀称，在已知实例中此种铜瓶流行于北齐、北周和隋代，有一定的时间指向性。

其四，北朝后期与隋代铜瓶矮圈足，圈足或竖直或略微外撇，临潼唐前期两件铜瓶高圈足，圈足显著外撇，呈现鲜明的时代差异。

其五，铜瓶颈部多数无纹饰，而曲阳正光五年（524）高氏墓铜瓶、赞皇永熙三年（534）李仲胤夫妇墓铜瓶、潼关县博物馆藏约北朝晚期铜瓶、大阪久保惣纪念美术馆藏北朝晚期铜瓶，颈部有类竹节状弦纹，具有一定装饰效果。

其六，临潼庆山寺唐开元二十九年（741）铜瓶腹部前后，各饰两条交叉装饰带，铜瓶因此变得更加大方、美观。

其七，从铜瓶颈部与腹部衔接痕迹观察，两者应是分铸后焊接所成。铜瓶多数颈腹部平

---

① 负安志：《北周王德衡墓》，《中国北周珍贵文物》，陕西人民出版社，1993年。王德衡北周建德五年（576）卒于长安（今西安），同年葬于咸阳靳里村。

② 高11.5厘米。〔日〕曾布川宽、冈田健：《世界美术大全集·東洋編·第3卷·三国、南北朝》，东京：小学馆，2000年，图版143。

③ 高14.5厘米。河北省博物馆、河北省文物管理处：《河北平山北齐崔昂墓调查报告》，《文物》1973年第11期。崔昂卒于北齐天统元年（565），天统二年（566）埋葬在此，卒于天保二年（551）并埋葬鄴县的前妻卢修娥也同时迁葬其中，卒于隋开皇七年（587）后妻郑仲华又于次年合葬其中。

④ 高18.2厘米，西安市临潼区博物馆藏。临潼县博物馆：《临潼唐庆山寺舍利塔基精室清理记》，《文博》1985年第5期；东京国立博物馆：《宫廷の栄華：唐の女帝·則天武后とその時代展》，东京：NHK、NHK　プロモーション发行，1998年，图版43。

缓过渡，少许有折角。两件西安北周前后铜瓶颈部下端有宽阔底盘，扣合在瓶腹上，显得与众不同，可能是地方性体现。

从枣形腹细颈铜瓶大体相近面貌来看，应在相互影响、制作过程中发展。再从各个铜瓶大小不一、微观形态互异，以及呈现某些地方性特征的情形推断，可能在石家庄周围、太原周围、关中地区相继出现过枣形腹细颈铜瓶制作中心。

② 枣形腹细颈银瓶

已知4件，根据整体形态可以分为两种。一种腹部略显细长，小喇叭形口沿。见于河南博物院藏唐前期缠枝葡萄纹银瓶（表二，1）[①]，刻画形象写实的葡萄纹。另一种腹部圆鼓、平沿。见于震旦艺术博物馆藏唐前期鸟兽缠枝葡萄纹银瓶（表二，2）[②]、俄亥俄州戴·托恩（Dayton）艺术学院藏唐前期狮子缠枝纹银瓶[③]、布鲁克莱特博物馆藏唐前期海狸鼠缠枝纹银瓶[④]，此三者高约9—21厘米。这些银瓶纹饰刻画细腻、生动，大不同于素面铜瓶，银瓶流行成为唐代枣形腹细颈瓶的重要变化。

表二　中国枣形腹细颈银瓶

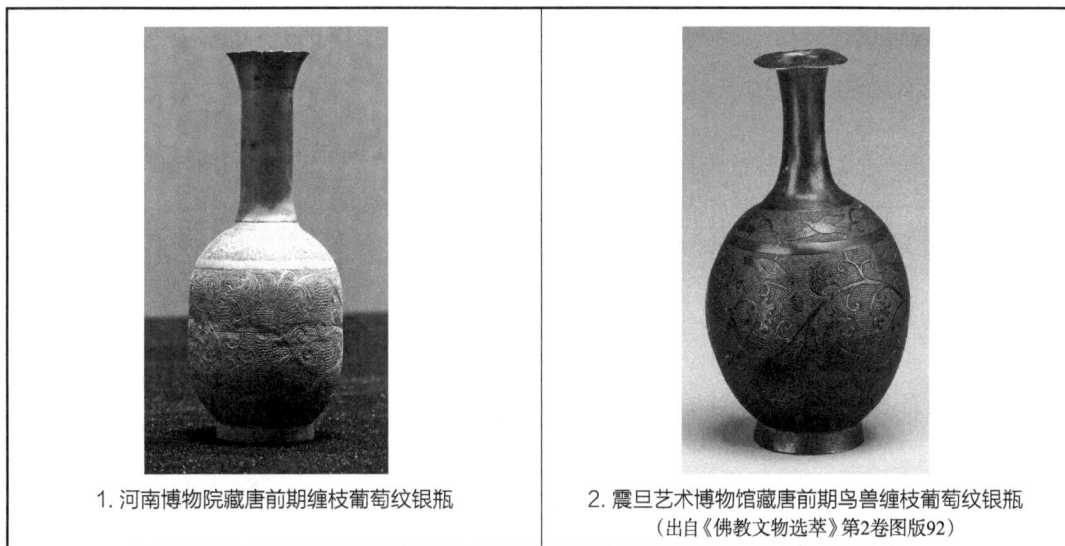

| 1. 河南博物院藏唐前期缠枝葡萄纹银瓶 | 2. 震旦艺术博物馆藏唐前期鸟兽缠枝葡萄纹银瓶
（出自《佛教文物选萃》第2卷图版92） |

（2）枣形腹细颈陶瓷瓶

枣形腹细颈陶瓷瓶可细分为青瓷瓶与陶瓶、白瓷瓶、釉陶瓶三种。

① 枣形腹细颈青瓷瓶与陶瓶

已知青瓷瓶5件、陶瓶2件。长沙烂泥冲南齐永元元年（499）墓出土青瓷瓶（表三，1）[⑤]，不仅是率先出现的枣形腹细颈陶瓷瓶，也是中国枣形腹细颈瓶中已知最早实例，与中原北方

① 郑州市公安局缉私物品。
② 高8.7厘米。震旦艺术博物馆：《佛教文物选萃》第2卷，台北：震旦艺术博物馆，2003年，图版92。
③ 高19.1厘米。齐东方：《唐代金银器研究》，中国社会科学出版社，1999年，图版49，106页图1-299。
④ 高20.5厘米。齐东方：《唐代金银器研究》，中国社会科学出版社，1999年，图版86，106页图1-298。
⑤ 高30厘米。湖南省文物管理委员会：《长沙烂泥冲齐代砖室墓清理简报》，《文物参考资料》1957年第12期；湖南省博物馆：《长沙两晋南朝隋墓发掘报告》，《考古学报》1959年第3期。

地区枣形腹细颈铜瓶的关系尚不清楚。磁县东陈村东魏武定五年（547）赵胡仁墓出土青瓷瓶（表三，2）[①]、安阳固岸村34号北齐墓出土青瓷瓶[②]，此二实例邻近石家庄周围枣形腹细颈铜瓶发展区域，推测受到铜瓶影响。另外4件，即长沙城南隋墓出土青瓷瓶（表三，3）[③]、沧州市博物馆藏隋代青瓷瓶（表三，4）[④]、临沂市博物馆藏隋代陶瓶（表三，5）、固原西郊乡

表三　中国枣形腹细颈青瓷瓶与陶瓶

1. 长沙烂泥冲南齐永元元年
（499）墓出土青瓷瓶
（出自《文物参考资料》1957年
第12期）

2. 磁县东陈村东魏武定五年
（547）赵胡仁墓出土青瓷瓶

3. 长沙城南隋墓出土青瓷瓶
（出自《岳州窑》135页图3-138）

4. 沧州市博物馆藏隋代青瓷瓶
（出自《沧州文物古迹》152页）

5. 临沂市博物馆藏隋代陶瓶

6. 固原西郊乡出土隋代陶瓶
（出自《固原文物精品图集》
中册232页）

---

① 高13.7厘米，磁县北朝考古博物馆藏。磁县文化馆：《河北磁县东陈村东魏墓》，《考古》1977年第6期。赵胡仁卒于东魏武定三年（545），武定五年（547）埋葬在此。

② 高26.6厘米。安阳市文物考古研究所、濮阳市戚城文物景区管理处、安阳师范学院：《2018年安阳固岸村北齐墓发掘简报》，《中原文物》2021年第4期。

③ 高25.7厘米。湖南省文物考古研究所主编，周世荣、周晓赤：《岳州窑》，湖南美术出版社，2011年，135页图3-138。

④ 沧州市文物局：《沧州文物古迹》，科学出版社，2008年，152页。

出土隋代陶瓶（表三，6）①。5件有尺寸者高约14—30厘米，略高于枣形腹细颈铜瓶。这些陶瓷瓶集中在南北朝后期与隋代，与铜瓶主要发展时间平行，长沙永元元年（499）墓青瓷瓶之外实例，推测在铜瓶影响下制作。诸实例一概矮圈足，圈足竖直或略微外撇，与同时期枣形腹细颈铜瓶一致，其中北齐青瓷瓶与2件隋代陶瓶的瓶体近标准纵椭圆形，出现时间也与同种形态铜瓶一致，应该不是偶然现象。这些陶瓷瓶极其分散，材质、形态和面貌各有不同，应是所在地域分别制作而成。

②枣形腹细颈白瓷瓶

已知6件，分别是安阳桥村隋墓出土白瓷瓶（表四，1）②、西安长安区出土隋代白瓷瓶（表四，2）③、芮城沟渠头村出土隋代白瓷瓶（表四，3）④、西安长安区隋唐之际（610—634）丰宁公主与韦圆照合葬墓出土白瓷瓶（表四，4）⑤、洛阳龙门东山唐景龙三年（709）安菩夫妇墓出土白瓷瓶（表四，5）⑥、洛阳龙门啤酒厂出土唐前期白瓷瓶（表四，6）⑦，5件有尺寸者高约16—25厘米，与枣形腹细颈铜瓶相近。这些白瓷瓶学界认作邢窑制品，集中在隋代与唐前期，产生及流行时间恰好与铜瓶衔接并部分重叠，两者影响关系显而易见。上述列举实例中后4件瓶体近标准纵椭圆形，也与铜瓶情况相近。这些实例不仅分布在地近邢窑的安阳，远及西安和洛阳隋唐两都之地，可见其影响之大。

③枣形腹细颈釉陶瓶

已知3件，即偃师景山恭陵唐开元六年（718）李弘太子妃哀皇后裴氏墓出土蓝釉陶瓶（表五，1）⑧、巩义夹津口镇采集三彩陶瓶（表五，2）⑨、巩义芝田唐开元二十年（732）郭神鼎墓出土绿釉陶瓶（表五，3）⑩，2件有尺寸者分别高14、25厘米。这些釉陶瓶集中在唐前期，又出土在巩县窑附近，学界以为巩县窑制品。枣形腹细颈釉陶瓶的产生，应关联此前

① 高23.5厘米，宁夏回族自治区固原博物馆藏。宁夏固原博物馆：《固原文物精品图集》（中册），宁夏人民出版社，2012年，232页。

② 高16厘米。安阳市文物工作队：《河南安阳市两座隋墓发掘报告》，《考古》1992年第1期。

③ 高17厘米，陕西省考古研究院藏。赵庆钢、张志忠：《千年邢窑》，文物出版社，2011年，67页。

④ 高24厘米，芮城县博物馆藏。张柏主编：《中国出土瓷器全集·5·山西》，科学出版社，2008年，图22。

⑤ 高25厘米，陕西省考古研究院藏。赵庆钢、张志忠：《千年邢窑》，文物出版社，2011年，60页。丰宁公主杨静徽系隋文帝孙女，卒于大业六年（610）。韦圆照袭封河南郡公，武德六年（623）坐罪赐死，贞观八年（634）葬入丰宁公主旧茔。

⑥ 高23厘米。王军花：《梦回布哈拉：唐定远将军安菩夫妇墓出土文物特展》，中州古籍出版社，2020年，105页。唐麟德元年（664）安菩卒于长安（今西安），葬在长安龙首原，景龙三年（709）被迁移洛阳龙门与妻子何氏合葬。

⑦ 洛阳博物馆藏。

⑧ 高25厘米，洛阳博物馆藏。郭洪涛：《唐恭陵哀皇后墓部分出土文物》，《考古与文物》2002年第4期。恭陵为唐高宗李治第五子、武则天长子李弘之墓，上元二年（675）暴死于洛阳，同年葬于偃师景山恭陵。数年后皇后裴氏逝去，约在开元六年（718）陪葬恭陵。

⑨ 巩义市博物馆藏。

⑩ 高14厘米，洛阳博物馆藏。郑州市文物考古研究所：《巩义芝田晋唐墓葬》，科学出版社，2003年，图版21-4。

表四　中国枣形腹细颈白瓷瓶

1. 安阳桥村隋墓出土白瓷瓶
（出自《考古》1992年第1期图版4-1）

2. 西安长安区出土隋代白瓷瓶
（出自《千年邢窑》67页）

3. 芮城沟渠头村出土隋代白瓷瓶
（出自《中国出土瓷器全集·5·山西》
图22）

4. 西安长安区隋唐之际
（610—634）丰宁公主与
韦圆照合葬墓出土白瓷瓶
（出自《千年邢窑》60页）

5. 洛阳龙门东山唐景龙三年
（709）安菩夫妇墓出土白瓷瓶
（出自《梦回布哈拉：唐定远将军安菩夫妇
墓出土文物特展》105页）

6. 洛阳龙门啤酒厂出土唐前期
白瓷瓶

表五　中国枣形腹细颈釉陶瓶

1. 偃师景山恭陵唐开元六年
（718）李弘太子妃哀皇后裴氏墓
出土蓝釉陶瓶

2. 巩义夹津口镇采集初唐三彩陶瓶

3. 巩义芝田唐开元二十年（732）
郭神鼎墓出土绿釉陶瓶

和当时流行的同类铜瓶、白瓷瓶。

④ 特殊枣形腹细颈瓶

特殊枣形腹细颈瓶已知5件，分白瓷、釉陶和银瓶三种。分别是洛阳龙门东山唐景龙三年（709）安菩夫妇墓出土白瓷净瓶（表六，1）[①]、波士顿美术馆藏唐前期喙口白瓷瓶[②]、曲阳涧磁村晚唐五代墓出土凤首白瓷瓶（表六，2）[③]、曲阳涧磁村出土唐代三彩陶瓶（表六，3）[④]，以及南京大报恩寺塔北宋地宫出土鎏金银瓶（表六，4）[⑤]，这些器物的腹部和颈部形态，与普通枣形腹细颈瓶比较没有明显差异，影响关系清晰可见。不同之处在于有些附加凤首或龙首把柄，有些改造为束腰高足，洛阳景龙三年（709）安菩夫妇墓净瓶腹部加流，南京大报恩寺塔银瓶则变成莲台足及荷叶盖形状，都是基于需求和审美加以改造所为。

2. 西方枣形腹细颈瓶

最早的枣形腹细颈瓶产生在南欧，流行于古希腊（约前800—前146）和罗马共和国时期（前509—前27），继而在西亚安息帕提亚朝（前247—224）获得再发展。

（1）南欧枣形腹细颈瓶

在希腊和意大利境内，流行一种枣形腹、细颈、敞口，并在肩与颈之间加设把柄的釉陶瓶，西方学界称之为Squat Lekythos，用于盛放橄榄油。基于腹部微观形态的差异，可分为削肩鼓腹型、标准型枣形腹细颈瓶。

削肩鼓腹型枣形腹细颈瓶，大多出土于希腊南部，流行于前420—前380年前后，少许出土于意大利南部，流行于前350—前320年前后。高约10—25厘米之间，形体粗壮，腹部图画各种神祇及生活场景。典型实例如希腊Peloponnese半岛Corinth地区出土陶瓶（表七，1）[⑥]、希腊Athens出土陶瓶（表七，2）[⑦]、意大利Campanian区出土陶瓶（表七，3）[⑧]。

标准型枣形腹细颈瓶，基于腹部形态的微观差异，可细分为粗型、细型枣形腹细颈瓶，主要流行于意大利南部。粗型枣形腹细颈瓶实例较少，流行于前5世纪前后，高度多在10—15厘米之间，有的低于8厘米，一般绘制菱格纹样。典型实例如意大利Sicily区Akragas废墟出土陶瓶（表七，4）[⑨]、意大利Puglian区出土陶瓶（表七，5）[⑩]、意大利Basilicata区Anzi镇出

---

① 高25厘米。王军花：《梦回布哈拉：唐定远将军安菩夫妇墓出土文物特展》，中州古籍出版社，2020年，104页。

② 高34.1厘米，编号50.1944。〔日〕ヤン・フォテイン：《東洋陶磁·11·ボストン美術館》，东京：讲谈社，1980年，黑白图版53。

③ 河北博物院藏。

④ 河北博物院藏。

⑤ 通高16.3厘米。南京市考古研究所：《南京大报恩寺遗址塔基与地宫发掘简报》，《文物》2015年第5期。据一并出土"金陵长干寺真身塔藏舍利石函记"，该地宫封闭于大中祥符四年（1011）。

⑥ 高13.3厘米，约前400年，大英博物馆藏，编号：1873，0915.1。

⑦ 高8.9厘米，约前400—前380年，大英博物馆藏，编号：1875，0309.30。

⑧ 高13.5厘米，约前350—前325年，大英博物馆藏，编号：1772，0320.457。

⑨ 约前400—前350年，哈佛大学艺术博物馆藏。

⑩ 高13.8厘米，约前350—前300年，纽约大都会艺术博物馆藏，编号：76.12.4。

表六　中国特殊枣形腹细颈瓶

1. 洛阳龙门东山唐景龙三年（709）安菩夫妇墓
出土白瓷净瓶
（出自《梦回布哈拉：唐定远将军安菩夫妇墓出土
文物特展》104页）

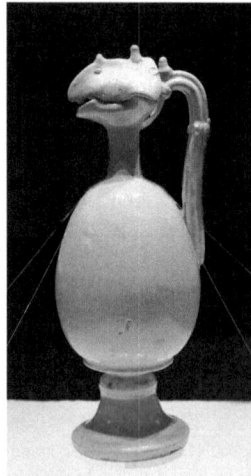

2. 曲阳涧磁村晚唐五代墓出土凤首白瓷瓶

3. 曲阳涧磁村出土唐代三彩陶瓶

4. 南京大报恩寺塔北宋地宫出土鎏金银瓶
（出自《文物》2015年第5期32页图58）

土陶瓶（表七，6）①。细型枣形腹细颈瓶出自意大利Puglian、Campanian、Basilicata和Sicily
区，流行于前360—前320年前后，高度多在20—25厘米之间，个别高于30厘米，多为黑釉瓶
和黑底彩绘瓶。典型实例如意大利Puglian区Bari市出土陶瓶之一（表七，7）②、意大利Puglian
区Bari市出土陶瓶之二（表七，8）③、意大利Campanian区出土陶瓶之二（表七，9）④。

---

① 高10.3厘米，大英博物馆藏，编号：1856，1226.204。

② 高14.3厘米，约前340—前320年，纽约大都会艺术博物馆藏，编号：28.57.10。

③ 高20.3厘米，约前320年，大英博物馆藏，编号：1873，0820.313。

④ 高18.8厘米，约前4世纪，纽约大都会艺术博物馆藏，编号：41.162.237。

表七 南欧枣形腹细颈釉陶瓶

1. 希腊Peloponnese半岛Corinth
地区出土陶瓶
（出自大英博物馆网站，编号：1873,0915.1）

2. 希腊Athens出土陶瓶
（出自大英博物馆网站，
编号：1875,0309.30）

3. 意大利Campanian区出土陶瓶之一
（出自大英博物馆网站，
编号：1772,0320.457）

4. 意大利Sicily区Akragas废墟出土
陶瓶
（出自哈佛大学艺术博物馆网站）

5. 意大利Puglian区出土陶瓶
（出自纽约大都会艺术博物馆网站，
编号：76.12.4）

6. 意大利Basilicata区Anzi镇出土
陶瓶
（出自大英博物馆网站，
编号：1856,1226.204）

7. 意大利Puglian区Bari市出土陶瓶
之一
（出自纽约大都会艺术博物馆网站，
编号：28.57.10）

8. 意大利Puglian区Bari市出土陶瓶
之二
（出自大英博物馆网站，
编号：1873,0820.313）

9. 意大利Campanian区出土陶瓶
之二
（出自纽约大都会艺术博物馆网站，
编号：41.162.237）

　　大多实例口部为类郁金香花朵状，明显粗于颈部。少数实例颈部与口部没有明显分界，呈流畅的喇叭状，这种实例除上述意大利南部枣形腹细颈瓶外（表七，6），还见于雅典贝纳基博物馆藏希腊西北部约前4世纪中叶制作枣形腹细颈瓶（图三）。喇叭状口枣形腹细颈瓶更加接近中国同类器物。

　　（2）西亚枣形腹细颈瓶

　　在西亚两河流域安息帕提亚朝（前247—224），也曾流行类似于南欧的枣形腹细颈陶瓶。如伊拉克南部的Seleucia遗址出土青釉陶瓶（表八，1）[①]、Warka遗址出土约1世纪青绿釉陶瓶（表八，2）[②]。西亚此种陶瓶腹部颇显粗壮，口沿浅平，器物表面涂青釉或青绿釉。其腹部形态类似希腊南部、意大利南部削肩鼓腹型枣形腹细颈瓶，两者可能具有传承发展关系。

　　2009年，广西合浦寮尾东汉墓出土1件青绿釉陶瓶（表八，3）[③]，高34.4厘米，同属枣形腹细颈瓶，口部捏成小流，发掘者基于墓葬形制及出土物推定该墓年代为东汉晚期。同墓还伴出玻璃珠、玻璃串饰等舶来品。研究认为这件陶瓶釉面含有大量氧化钠，以铜为呈色元素，与伊拉克Seleucia遗址出土陶器釉料成分一致，有别于中国本土以含铅化合物为助溶剂、以铜和铁为呈色元素的制作工艺[④]。

图三　雅典贝纳基博物馆藏希腊西北部约前4世纪中叶彩绘陶瓶

　　合浦地处北部湾沿岸，汉武帝以来这里便是通向东南亚和南亚的海上门户[⑤]。两汉时期中国东南沿海直通西亚的航线还没有开通，然可到达印度东海岸，当时西亚连通印度东海岸的航线已经畅行[⑥]，大概基于这样的航运背景，西亚青绿釉陶瓶输入合浦之地。这是已知最早输入中国的枣形腹细颈瓶实例，把柄、带流口沿与釉料等，明显有别于其后中国枣形腹细颈瓶，而且与中国制作已知最早的长沙烂泥冲南齐墓出土青瓷枣形腹细颈瓶之间，存在约3个世纪的年代空白。

---

① 密歇根大学博物馆藏。黄珊、熊昭明、赵春燕：《广西合浦县寮尾东汉墓出土青绿釉陶壶研究》，《考古》2013年第8期。

② 高21厘米，大英博物馆藏，编号：92008。

③ 广西文物考古研究所、合浦县博物馆、广西师范大学文旅学院：《广西合浦寮尾东汉三国墓发掘报告》，《考古学报》2012年第4期。

④ 黄珊、熊昭明、赵春燕：《广西合浦县寮尾东汉墓出土青绿釉陶壶研究》，《考古》2013年第8期。

⑤ （汉）班固：《汉书》卷28《地理志》："自日南障塞、徐闻、合浦船行可五月，有都元国。又船行可四月，有邑卢没国。又船行可二十余日，有谌离国。步行可十余日，有夫甘都卢国。自夫甘都卢国船行可二月余，有黄支国，民俗略与珠崖相类。其州广大，户口多，多异物，自武帝以来皆献见。"（中华书局，1987年，1671页）学界普遍认为此黄支国在印度东南海岸。

⑥ 一位寄居北非的匿名希腊商人，于1世纪著述《厄立特里亚海回航记》（*Periplus of the Erythraean Sea*），描述其商船从东非的红海沿岸港口出发，沿着阿拉伯半岛向东北航行，到达波斯湾入口处，然后向东沿着印度半岛航行，抵达恒河出海口，进而向东到达马六甲海峡的行程。参见吴长春：《〈厄立特里亚海回航记〉与西亚东非文明史研究》，《西亚非洲》1990年第3期。

表八　中外出土西亚枣形腹细颈釉陶瓶

1. 伊拉克Seleucia遗址出土安息帕
提亚朝青釉陶瓶
（出自《考古》2013年第8期91页图11）

2. 伊拉克Warka遗址出土安息帕提
亚朝青绿釉陶瓶
（出自大英博物馆网站，编号：92008）

3. 合浦寮尾M13b东汉晚期墓出土安
息帕提亚朝青绿釉陶瓶

3. 日本枣形腹细颈瓶

日本枣形腹细颈瓶见有铜瓶和陶瓶两种，以铜瓶为主流。铜瓶形体类似于中国标准型枣形腹细颈瓶，实例不少于10件，高度多在25—33厘米之间，个别者高约18厘米。

各铜瓶实例形态比较接近，微观差异体现在圈足高矮方面。已知矮圈足实例，有群马绵贯观音山古坟时代墓葬出土约6世纪后半叶鎏金铜瓶（表九，1）[①]，传日本近畿地区出土约6世纪后半叶鎏金铜瓶（表九，2）[②]。此二者形态接近中国北朝同类器物，学界认为是来自中国的输入品，说明这种器物在中国流行后不久便东传日本。传世品有法隆寺献纳250号铜瓶[③]、法隆寺献纳251号铜瓶[④]，参考中国相似实例推断，约为六、七世纪之际的遗物，制作地不明。已知高圈足实例，有法隆寺献纳252号鎏金铜瓶[⑤]、法隆寺献纳253号鎏金铜瓶（表九，3）[⑥]、东京国立博物馆TE-956号铜瓶[⑦]，其圈足形制与临潼庆山寺唐开元二十九年（741）舍利塔地宫出土铜瓶一致，据此推测应为七、八世纪遗物，制作地问题还没有定论。

---

① 高31.2厘米，东京都文化厅藏。〔日〕曾布川宽、冈田健：《世界美术大全集·東洋編·第3卷·三国、南北朝》，东京：小学馆，2000年，图版146。

② 高25.4厘米，东京国立博物馆藏，编号：J-38400。

③ 连盖通高32.5厘米，东京国立博物馆藏，编号：N-250。

④ 连盖通高25.3厘米，东京国立博物馆藏，编号：N-251。

⑤ 连盖通高26.4厘米，东京国立博物馆藏，编号：N-252。

⑥ 连盖通高25厘米，东京国立博物馆藏，编号：N-253。

⑦ 连盖通高19.4厘米，身高17.7厘米。

表九　日本枣形腹细颈铜瓶

| 1. 群马绵贯观音山古坟时代墓葬出土铜瓶
（出自《世界美術大全集·東洋編·第3卷·三国、南北朝》图版146） | 2. 传日本近畿地区出土约6世纪后半叶鎏金铜瓶
（东京国立博物馆，编号：J-38400） | 3. 法隆寺献纳约七、八世纪鎏金铜瓶
（东京国立博物馆，编号：N-253） |

陶瓶见于奈良慈恩寺墓葬出土约6世纪后半叶陶瓶（图四）[①]，应是枣形腹细颈铜瓶的模仿品，说明当时日本社会枣形腹细颈瓶一度受到人们喜爱。

二、石榴形腹细颈瓶

石榴形腹细颈瓶，即鼓腹、细颈，口部近喇叭状，底有圈足的瓶体。这种器物分布在中国、西方、日本三大区域，各有其发展脉络。

1. 中国石榴形腹细颈瓶

中国石榴形腹细颈瓶发展情况与枣形腹细颈瓶相仿，数量较多，分布在广阔地域，延续几个世纪，分铜瓶、陶瓷瓶两类。

（1）石榴形腹细颈铜瓶

已知石榴形腹细颈铜瓶6件，其中3件可知尺寸，高约19—26厘米，5件有出土地，分布在河北、山西、陕西、湖北、浙江，从南北朝后期持续到唐前期。已知最早实例依然出现在石家庄周围，尔后扩展到太原周围和关中地区，南北朝后期为主要发展期，与枣形腹细颈铜瓶情况相近，所不同的是发展区域波及南方。根据腹部形态差异可以分为三种。

其一，腹部较浅，侧面略呈倒梯形，高圈足外撇。见有景县前村乡北魏正光二年（521）

图四　奈良慈恩寺墓葬出土
约6世纪后半叶陶瓶

---

① 高27.6厘米，东京国立博物馆藏，编号：J-32。

封魔奴墓出土铜瓶（表一〇，1）[①]、当阳长坂坡1号南朝墓出土铜瓶（表一〇，2）[②]，就二者形态相似性推测年代可能相近。

其二，腹部呈圆球状，矮圈足。见于太原西郊大井峪村北齐天统四年（568）韩祖念墓出土铜瓶（表一〇，3）[③]。

表一〇　中国石榴形腹细颈铜瓶

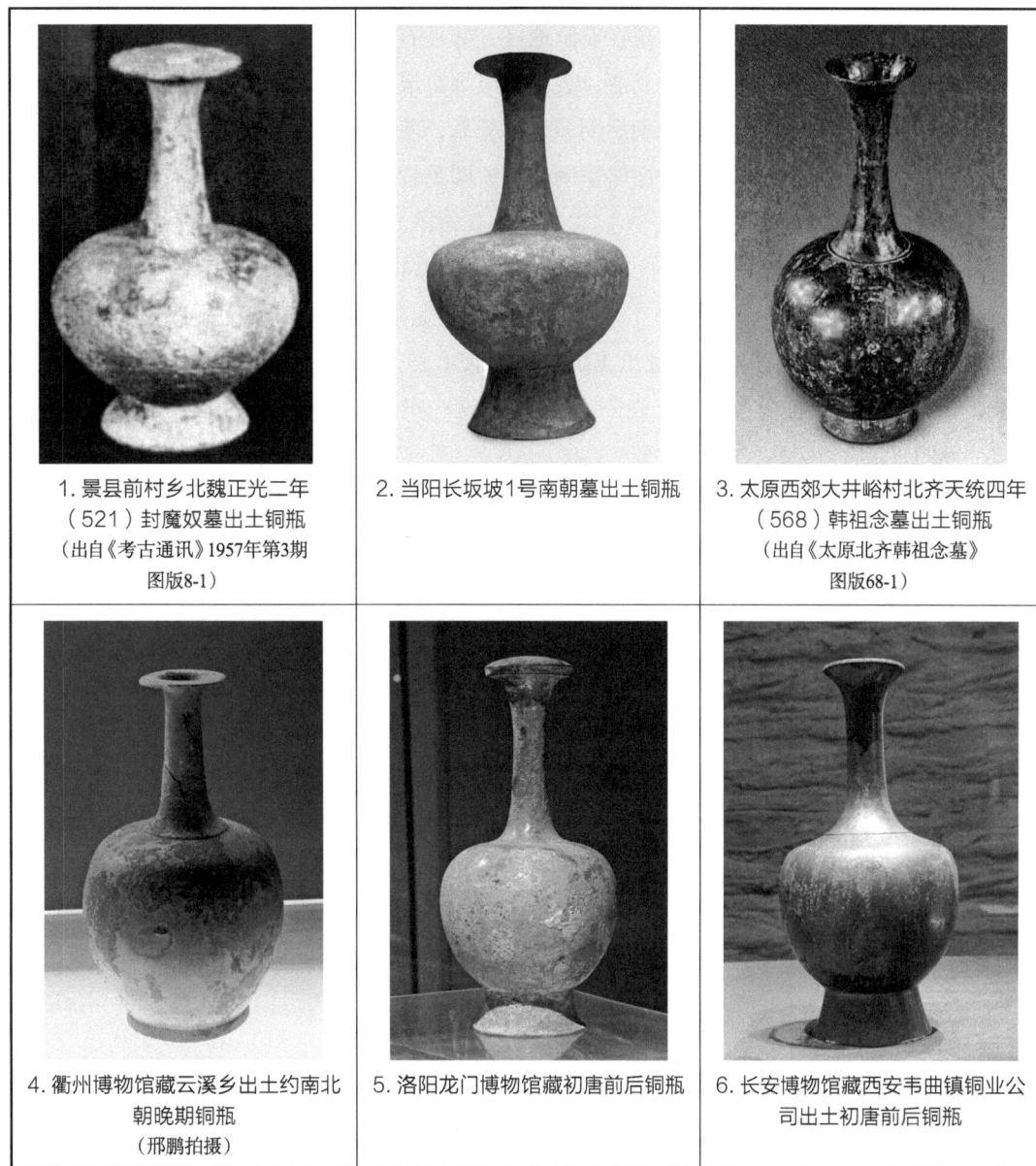

1. 景县前村乡北魏正光二年（521）封魔奴墓出土铜瓶（出自《考古通讯》1957年第3期图版8-1）	2. 当阳长坂坡1号南朝墓出土铜瓶	3. 太原西郊大井峪村北齐天统四年（568）韩祖念墓出土铜瓶（出自《太原北齐韩祖念墓》图版68-1）
4. 衢州博物馆藏云溪乡出土约南北朝晚期铜瓶（邢鹏拍摄）	5. 洛阳龙门博物馆藏初唐前后铜瓶	6. 长安博物馆藏西安韦曲镇铜业公司出土初唐前后铜瓶

---

① 高18.5厘米。张季：《河北景县封氏墓群调查记》，《考古通讯》1957年第3期。

② 高26.3厘米。宜昌地区考古队：《当阳长坂坡一号墓发掘简报》，《江汉考古》1983年第1期。

③ 高20.4厘米。太原市文物考古研究所编著，周富年、彭娟英、龙真主编：《太原北齐韩祖念墓》，科学出版社，2020年，图版68-1。

其三，腹部较深，侧面略呈倒梯形，圈足各有高矮。见于衢州博物馆藏云溪乡出土约南北朝晚期铜瓶（表一〇，4）、洛阳龙门博物馆藏初唐前后铜瓶（表一〇，5）、长安博物馆藏西安韦曲镇铜业公司出土初唐前后铜瓶（表一〇，6），三者均无纪年，参考石榴形腹细颈陶瓷瓶圈足造型变化，大体可以推定其相对年代。

（2）石榴形腹细颈陶瓷瓶

石榴形腹细颈陶瓷瓶数量较多，从北朝后期持续到唐前期，北朝后期、隋代为主要发展期。

时代较早的东魏、北齐实例出现在安阳地区，邻近石榴形腹细颈铜瓶发生地，应存在着影响关系。隋唐邢窑遗址出土多件瓷瓶，表明当时邢窑成为石榴形腹细颈瓷瓶的主产地。石榴形腹细颈陶瓷瓶以瓷瓶为主，北朝后期多为青瓷瓶，隋代青瓷、白瓷瓶并存，唐代多为白瓷瓶。所知瓷瓶实例腹部较深，侧面略呈倒梯形，圈足较矮，有的外撇。诸如安阳施家河23号东魏墓出土青瓷瓶（表一一，1）[①]、青州市博物馆藏北朝晚期青瓷瓶（表一一，2）[②]、安阳洪河屯村北齐武平六年（575）范粹墓出土白釉绿彩瓷瓶（表一一，3）[③]、陕县刘家渠出土唐代白瓷瓶（表一一，4）[④]、西安南郊隋大业四年（608）苏统师墓出土白瓷瓶（表一一，5）[⑤]、邢台顺德路窑址出土隋代白瓷瓶（表一一，6）[⑥]、涿州市博物馆藏卓悦城小区工地出土隋代前后青瓷瓶（表一一，7），这些实例瓶体形态比较接近，主要差异在于施釉不同。

唐前期石榴形腹细颈釉陶瓶，腹部形态与前述瓷瓶一致，只是圈足变高且显著外撇。如郧县城关镇唐嗣圣元年（684）李徽墓出土三彩陶瓶（表一一，8）[⑦]、印度尼西亚苏门答腊巴东高原出土唐前期三彩陶瓶（表一一，9）[⑧]，可能为巩县窑产品。此外，临潼庆山寺唐开元二十九年（741）舍利塔地宫出土2件石榴形腹细颈彩绘陶瓶[⑨]，腹部浑圆，圈足较高，相对于以往的略呈倒梯形石榴形腹细颈陶瓷瓶发生变化。

2. 西方石榴形腹细颈瓶

最早石榴形腹细颈瓶亦出现在南欧，同样存在于古希腊和罗马共和国时期。那里流行一种名为shoulder lekythos的陶瓶，腹部呈石榴形，颈部、口沿、把手及圈足无异于当地枣形腹

① 高26.6厘米，安阳博物馆藏。河南省文物考古研究所：《河南安阳固岸墓地考古发掘收获》，《华夏考古》2009年第3期。

② 高21.3厘米。

③ 高22厘米，河南博物院藏。河南省博物馆：《河南安阳北齐范粹墓发掘简报》，《文物》1972年第1期。范粹北齐武平六年（575）卒于邺都（今临漳），同年葬在安阳洪河屯村。

④ 赵庆钢、张志忠：《千年邢窑》，文物出版社，2011年，图版159。

⑤ 高14.3厘米。陕西省考古研究院：《西安南郊隋苏统师墓发掘简报》，《考古与文物》2010年第3期。

⑥ 赵庆钢、张志忠：《千年邢窑》，文物出版社，2011年，图版64。

⑦ 高21.2厘米。湖北省博物馆、郧县博物馆：《湖北郧县唐李徽、阎婉墓发掘简报》，《文物》1987年第8期。

⑧ 高19.5厘米，发现于印度尼西亚苏门答腊省巴东高原的Limbanan，雅加达博物馆藏，编号：3389。〔日〕アブ・リド：《東洋陶磁・3・ジャカルタ国立博物館》，东京：讲谈社，1981年，黑白图版38。

⑨ 高17.5厘米，西安市临潼区博物馆藏。临潼县博物馆：《临潼唐庆山寺舍利塔基精室清理记》，《文博》1985年第5期。

表一一　中国石榴形腹细颈陶瓷瓶

 1. 安阳施家河23号东魏墓出土青瓷瓶	 2. 青州市博物馆藏北朝晚期青瓷瓶	 3. 安阳洪河屯村北齐武平六年（575）范粹墓出土白釉绿彩瓷瓶（出自《文物》1972年第1期57页图33）
 4. 陕县刘家渠出土唐代白瓷瓶（出自《千年邢窑》图版159）	 5. 西安南郊隋大业四年（608）苏统师墓出土白瓷瓶（出自《考古与文物》2010年第3期图版2-4）	 6. 邢台顺德路窑址出土隋代白瓷瓶（出自《千年邢窑》图版64）
 7. 涿州市博物馆藏卓悦城小区工地出土隋代前后瓷瓶	 8. 郧县城关镇唐嗣圣元年（684）李徽墓出土三彩陶瓶（出自《文物》1987年第8期图版4-3）	 9. 印度尼西亚苏门答腊巴东高原出土唐前期三彩陶瓶（出自《東洋陶磁·3·ジャカルタ国立博物館》黑白图版38）

细颈瓶，遗存数量则比较有限。如大英博物馆藏黑釉瓶（表一二，1）①，风格与前述意大利南部前4世纪流行的枣形腹黑釉瓶相仿佛，两者产地、年代应比较接近。塞浦路斯出土陶瓶（表一二，2）②，施褐釉并绘菱形格纹样，学界推定在前425—前350年间，塞浦路斯当时属于古希腊文化覆盖区。此二者仅就腹部形态而言，与中国深腹、侧面略呈倒梯形石榴形腹细颈瓶相似。考虑中国此类瓶突然出现又没有直接源头，加之当时诸多古希腊文化因素传播汉地的情况，似乎可以将两者联系起来。

表一二　南欧石榴形腹细颈釉陶瓶

1. 大英博物馆藏黑釉陶瓶	2. 塞浦路斯出土陶瓶
（出自大英博物馆网站，编号：1814，0704.597）	（出自大英博物馆网站，编号：1894，1101.474）

3. 日本枣形腹细颈瓶

日本石榴形腹细颈瓶仅见有铜瓶。已知5件皆为法隆寺献纳物，高度多在21—25厘米之间，一概深腹、高圈足。见于法隆寺献纳244号铜瓶（表一三，1）③、246号鎏金铜瓶④、248号鎏金铜瓶（表一三，2）⑤、247号鎏金铜瓶（表一三，3）⑥、249号鎏金铜瓶⑦。这些实例圈足形态比较接近中国唐前期石榴形腹细颈瓶，推测为七、八世纪制品，至于来自中国还是日本仿制品，尚难以断定。有的器表墨书"水瓶"，原初可能用作寺院僧侣的饮水器。

---

① 高15.6厘米，大英博物馆藏，编号：1814，0704.597。

② 高10厘米，大英博物馆藏，编号：1894，1101.474。

③ 高23.4厘米，东京国立博物馆藏，编号：N-244。

④ 通高25.1厘米，东京国立博物馆藏，编号：N-246。

⑤ 通高24.2厘米，东京国立博物馆藏。编号：N-248。

⑥ 通高23.9厘米，东京国立博物馆藏，编号：N-247。

⑦ 通高21.5厘米，东京国立博物馆藏，编号：N-249。

表一三　日本石榴形腹细颈铜瓶

1. 法隆寺献纳244号铜瓶（出自东京国立博物馆网站，编号: N-244）	2. 奈良法隆寺献纳248号鎏金铜瓶（出自东京国立博物馆网站，编号: N-248）	3. 奈良法隆寺献纳247号鎏金铜瓶（出自东京国立博物馆网站，编号: N-247）

图五　传韩国全罗南道出土百济时代青釉
陶瓶
（出自东京国立博物馆网站，编号: TJ-5349）

此外，大阪府八尾市大字山畑字天神山古坟时代墓葬出土褐釉陶瓶[1]、三重县答志町蟹穴飞鸟时代墓葬出土灰釉陶瓶[2]，皆为本土生产的须惠陶器，形体似乎受到石榴形腹细颈铜瓶影响，折肩形态又有所不同。又，传韩国全罗南道出土百济时代石榴形腹细颈青釉陶瓶（图五）[3]，提供了中国石榴形腹细颈瓶传播日本的中间环节例证。

5—7世纪中日间海上交通，船只大多沿着大陆边际，亦即顺着黄海周边的山东半岛、辽东半岛、朝鲜半岛沿岸航行，进入8世纪跨越东海直航发展起来。中国南北朝时期，日本与南朝官方往来频繁，与北朝往来大体属于民间交往。隋唐时期，伴随着遣隋使、遣唐使船舶往来，两国文化交流更加频繁[4]。这些文化交流自然涵盖细颈瓶之东传。

三、梨形腹束颈瓶

梨形腹束颈瓶，即腹部作梨形、束颈、小盘口、多有小圈足的瓶体。这种瓶体大不同于前述两种细颈瓶，仅见于中国和西亚。

---

① 东京国立博物馆藏，编号: J-9424。

② 高55厘米，东京国立博物馆藏，编号: J-9535。

③ 高30厘米，东京国立博物馆藏，编号: TJ-5349。

④ 〔日〕木宫泰彦著、胡锡年译：《日中文化交流史》，商务印书馆，1980年，20—39、49—107页。

1. 中国梨形腹束颈瓶

中国梨形腹束颈瓶，分布在中原北方地区，流行于北朝晚期至唐代。

已知实例10件，包括瓷瓶5件、陶瓶4件、玻璃瓶1件。在瓷瓶中有青瓷瓶2件，分别为寿阳贾家庄北齐太宁二年（562）库狄迴洛墓出土黄釉瓷瓶（表一四，1）[1]、景县前村乡北齐隋代之际封子绘夫妇墓出土酱釉瓷瓶（表一四，2）[2]，此二者颈部较粗。白瓷瓶3件，分别为邢台邢窑出土隋代白瓷瓶[3]、内丘隋墓出土白瓷瓶[4]、郑州中唐墓出土白瓷瓶[5]，此三者颈部较细。这些陶瓷实例大多集中在河北南部，有的分布在太原周围。陶瓶4件出土于平山西岳村隋开皇十五年（595）崔大善墓[6]。玻璃瓶1件，即扶风法门寺唐咸通十五年（874）地宫出土玻璃瓶（表一四，3）[7]，黄色透明，无模吹制成型，非中国所造，瓶身粘丝和贴花工艺流行于罗马帝国晚期，尤其是东罗马地区，研究者推测此瓶为地中海东岸六、七世纪拜占庭或伊斯兰制品。

表一四　中国出土梨形腹束颈瓶

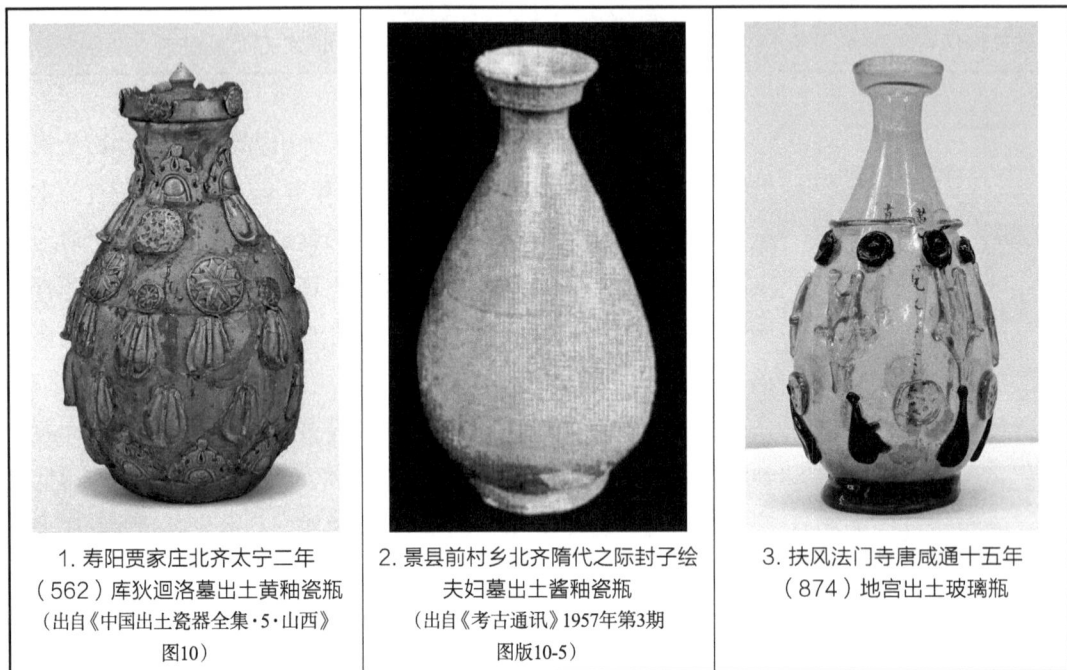

| 1. 寿阳贾家庄北齐太宁二年（562）库狄迴洛墓出土黄釉瓷瓶（出自《中国出土瓷器全集·5·山西》图10） | 2. 景县前村乡北齐隋代之际封子绘夫妇墓出土酱釉瓷瓶（出自《考古通讯》1957年第3期图版10-5） | 3. 扶风法门寺唐咸通十五年（874）地宫出土玻璃瓶 |

---

[1]　高39厘米，山西博物院藏。张柏主编：《中国出土瓷器全集·5·山西》，科学出版社，2008年，图10。

[2]　高20.1厘米。张季：《河北景县封氏墓群调查记》，《考古通讯》1957年第3期。封子绘北齐河清二年（563）卒于邺都，河清四年（565）葬于景县，妻王氏隋开皇三年（583）合葬其中。

[3]　高11.5厘米。河北省邢台市文物管理处编著，石从枝、李军、李恩玮等：《邢台隋代邢窑》，科学出版社，2006年，图版27-2。

[4]　高28厘米。赵庆钢、张志忠：《千年邢窑》，文物出版社，2011年，52页。

[5]　高22厘米。河南省文化局文物工作队第一队：《郑州罗新庄唐墓清理记》，《考古通讯》1957年第6期。

[6]　河北省文物研究所、平山县博物馆：《河北平山县西岳村隋唐崔氏墓》，《考古》2001年第2期。崔大善隋开皇七年（587）卒于陕州，开皇十五年（595）迁葬于此。

[7]　高21.3厘米。陕西省考古研究院、法门寺博物馆、宝鸡市文物局等：《法门寺考古发掘报告》，文物出版社，2007年，213页；任新来：《法门寺地宫出土伊斯兰琉璃器之研究》，《文博》2011年第1期。

图六　沧州第一砖厂出土隋代前后青釉贴花龙柄瓶
（出自《中国出土瓷器全集·3·河北》图16）

除寿阳太宁二年（562）库狄迴洛墓淡黄釉瓶高近40厘米外，余者约在12—28厘米之间。

梨形腹束颈瓶与其他器形相互影响，如沧州第一砖厂出土隋代前后青釉贴花龙柄瓶（图六）[①]，腹部和口颈部形态几乎与梨形腹束颈瓶一致，而且通身贴塑装饰的做法近似于前述寿阳太宁二年（562）库狄迴洛墓瓷瓶，只是添加了高圈足和龙首把柄，可以看作梨形腹束颈瓶与胡瓶结合的产物。

2. 西亚梨形腹束颈瓶

梨形腹束颈瓶为西亚流行器物，已知遗存概为银瓶，少数鎏金。梨形腹、束颈、盘口、小圈足特征，与中国同类器物一致。腹部与颈部结合处往往装饰一周联珠，形成西亚银瓶的独特之处。

已知实例十数件，多数为传世品，少许为出土品。其中，瑞匝-阿巴斯博物馆2件（表一五，1）[②]、艾尔米塔什博物馆5件（表一五，2）[③]、塞克勒考古博物馆3件[④]、克利夫兰博物馆1件[⑤]、卢浮宫1件[⑥]、大英博物馆1件[⑦]。有明确尺寸者7件，高约16—20厘米。银瓶表面多浮雕女神、鸟兽、缠枝与几何纹等。这些银瓶学界比较一致地推断为波斯萨珊朝（224—651）后期制品，原初主要流行于伊朗高原。

西亚梨形腹束颈瓶的腹部和口颈部形态与中国同类器物一致，尽管中国尚未出土萨珊朝银瓶遗物，从中国仿制同种器物的情形推测，当初应存在输入的波斯银瓶样本。中国瓷质梨形腹束颈瓶均缺少腹部与颈部结合处一周凸起，而且有的不具备小圈足，说明仿制过程中有所取舍。唯一的玻璃瓶为西亚制品，依然保留着波斯萨珊朝银瓶的痕迹。

四、雕塑壁画所见枣形腹与石榴形腹细颈瓶

在南北朝隋唐时期雕塑、壁画遗存中，保留着一定数量的枣形腹、石榴形腹细颈瓶图像，直观地反映了其使用情况。

---

① 高39.5厘米，沧州市文物局藏。张柏主编：《中国出土瓷器全集·3·河北》，科学出版社，2008年，图16。
② 即骑狮娜娜女神瓶、狩猎纹瓶。
③ 猛禽捕鹿纹瓶，高18.5厘米。鸟兽纹瓶，高16.8厘米。女神像瓶2件、有翼犬瓶1件，高度不明。
④ 武士像瓶，高17.9厘米，编号：F1965.20。女神像瓶，高19.3厘米，编号：F1966.1。交叉纹瓶，编号：F1964.3。
⑤ 女神像瓶，高18.5厘米，编号：CAMIO：CMA.1962.294。
⑥ 女神像瓶，高18厘米，编号：1966 MAO 426。
⑦ 伊朗Mazandaran省出土鎏金银瓶，高18.5厘米，大英博物馆藏，编号：124094。

表一五　西亚梨形腹束颈银瓶

1. 德黑兰瑞匝-阿巴斯博物馆藏波斯萨珊朝银瓶	2. 艾尔米塔什博物馆藏波斯萨珊朝银瓶

就雕塑来说，不仅存在于石刻造像，还见于金铜造像。如洛阳龙门古阳洞后壁北魏晚期左胁侍菩萨，手提石榴形腹细颈瓶（图七）；邯郸水浴寺北齐石窟中心柱前面左胁侍菩萨，手提枣形腹细颈瓶（图八）；宾夕法尼亚大学博物馆藏隋代金铜菩萨，手提枣形腹细颈瓶（图九）[①]。这些石榴形腹、枣形腹细颈瓶，应是适用于菩萨修行的水瓶。

就壁画来说，分为墓葬与石窟壁画两种情况。墓葬壁画仅见于临朐冶源北齐天保二年（551）崔芬墓[②]，该墓坐北朝南，墓室平面作弧方形，边长3.6米，墓主身为威烈将军、行台府长史（七品）。东、北、西三壁下方绘制屏风人物画15幅，模仿南朝"竹林七贤与荣启期"图像，还有生活图像等。东壁左起第二幅屏风画绘制石榴形腹细颈瓶1件，东壁左起第四幅、西壁右起第一幅（图一〇）、北壁右起第二幅各自绘制枣形腹细颈瓶1件，如果将这些细颈瓶和"竹林七贤与荣启期"的生活习性及人生志趣联系起来考虑，看作盛酒器比较适宜。在南朝前期画像砖墓"竹林七贤与荣启期"图像中，全然不见细颈瓶痕迹，应是该墓绘制南朝"竹林七贤与荣启期"题材过程中，吸收了北朝后期流行的细颈瓶因素。两者原本没有必然联系，或是壁画粉本制作者基于个人所好，将当时北朝贵族所用细颈瓶绘入壁画之中，抑或墓主及

图七　洛阳龙门古阳洞后壁北魏晚期左胁侍菩萨像

---

① 该像具有中原东部造型特征，可能出自山东北部或河北南部地区。

② 徐光冀主编：《中国出土壁画全集·4·山东》，科学出版社，2012年，图55。

图八　邯郸水浴寺北齐石窟中心
柱前面左胁侍菩萨像及其局部

图九　宾夕法尼亚大学博物馆
藏隋代金铜菩萨像及其局部

其家人生活情趣的反映。北齐恰是细颈瓶流行时期，与前述实物细颈瓶多出土于高级墓葬的情况不同，此墓主为当时下层官吏，但细颈瓶毕竟表现在竹林七贤图像之中，而且此墓没有出土实物细颈瓶，并非意味着该墓主人就是细颈瓶持有者。

在敦煌莫高窟隋代、初唐壁画中，诸多菩萨手持枣形腹细颈瓶，少许弟子亦持此物。诸如莫高窟隋代276号窟北壁壁画说法图右胁侍菩萨（图一一）[1]、隋代394号窟西壁壁画胁侍菩萨（图一二）[2]、初唐244号窟东壁壁画说法图右外侧胁侍菩萨[3]、初唐321号窟东壁壁画十一面观音菩萨（图一三）[4]，以及隋代427号窟中心柱北面左胁侍弟子[5]。菩萨、弟子所持细颈

图一〇　临朐冶源北齐天保二年（551）
崔芬墓西壁壁画
（出自《中国出土壁画全集·4·山东》图55）

图一一　敦煌莫高窟隋代276号窟北壁壁画
说法图右胁侍菩萨像
（出自《中国石窟·敦煌莫高窟·第二卷》图版124）

① 敦煌文物研究所：《中国石窟·敦煌莫高窟·第二卷》，北京：文物出版社；东京：株式会社平凡社，1984年，图版124。

② 敦煌文物研究所：《中国石窟·敦煌莫高窟·第二卷》，北京：文物出版社；东京：株式会社平凡社，1984年，图版155。

③ 段文杰、樊锦诗：《中国敦煌壁画全集·5·敦煌初唐》，天津人民美术出版社，2006年，图版189。

④ 敦煌文物研究所：《中国石窟·敦煌莫高窟·第三卷》，北京：文物出版社；东京：株式会社平凡社，1987年，图版55。

⑤ 段文杰：《中国壁画全集·17·敦煌　隋》，天津人民美术出版社，1991年，图版113。

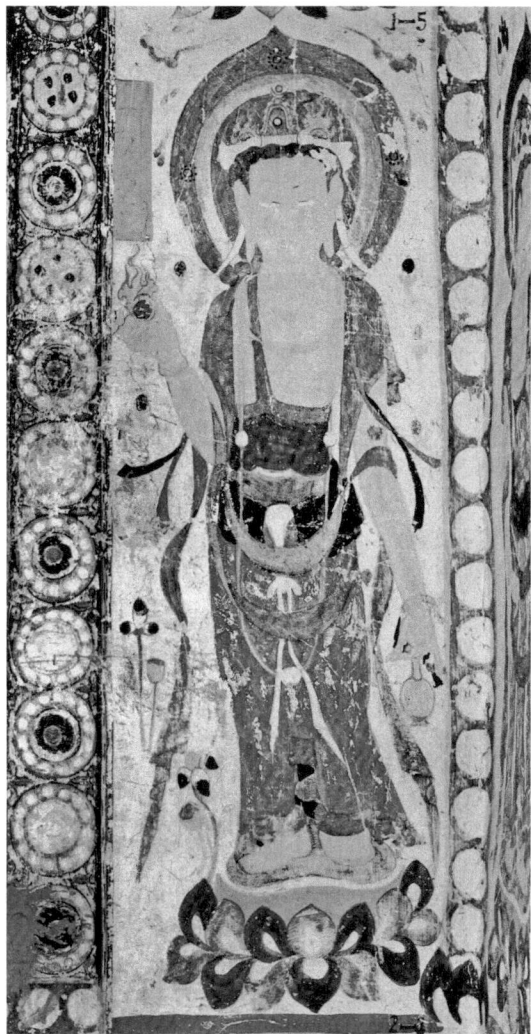

图一二　敦煌莫高窟隋代394窟西壁壁画胁侍菩萨像
（出自《中国石窟·敦煌莫高窟·第二卷》图版155）

图一三　敦煌莫高窟初唐321窟东壁壁画
十一面观音菩萨像
（出自《中国石窟·敦煌莫高窟·第三卷》图版55）

瓶为他们修行所用饮水器，应受到现实生活中同类器物影响。其中，初唐244号窟东壁胁侍菩萨所持枣形腹细颈瓶，肩部、腹部各有横向装饰带，初唐321号窟东壁十一面观音菩萨所持枣形腹细颈瓶，腹部有"十"字形交叉装饰带，类似于临潼庆山寺唐开元二十九年（741）铜瓶腹部有"X"形交叉装饰带的情况，说明图像表现确实模仿实际器物而来。

五、枣形腹、石榴形腹细颈瓶与梨形腹束颈瓶的持有者

在本稿收集的中国实例中，22例可知持有者身份（表一六）。除①⑱外，其余均分布在中原北方地区，从北朝持续到唐代，绝大多数集中在北朝后期至唐前期，又以北朝后期、隋代实例为多。北朝多为铜瓶，隋唐则多为陶瓷瓶。包括墓葬出土20例、佛塔地宫出土2例。大多数实例只出土1件细颈瓶或束颈瓶，少许实例同时出土枣形腹、石榴形腹细颈瓶（或梨形腹束颈瓶）。在墓葬出土实例中18例有官职，只有①⑮⑯例墓主无官职。具体官职实例可以分为三种情况。

表一六　枣形腹、石榴形腹细颈瓶与梨形腹束颈瓶持有者身份统计表

实例	持有者身份
①长沙烂泥冲南齐永元元年（499）墓出土枣形腹细颈青瓷瓶	似为无官职富裕地主
②景县前村乡北魏正光二年（521）封魔奴墓出土枣形腹、石榴形腹细颈铜瓶	平东将军、冀州刺史
③曲阳嘉峪村北魏正光五年（524）高氏墓出土枣形腹细颈铜瓶	高氏为营州刺史韩贿之妻，高氏家族与皇室通婚
④赞皇西高村北魏永熙三年（534）李翼夫妇墓出土枣形腹细颈铜瓶	诏赠李翼平北将军、散骑常侍、定州刺史
⑤赞皇西高村北魏永熙三年（534）李仲胤夫妇墓出土枣形腹细颈铜瓶	诏赠李仲胤镇远将军、光州刺史
⑥赞皇南邢郭村东魏武定二年（544）李希宗墓出土枣形腹细颈鎏金铜瓶	诏赠骠骑大将军、司空公、殷州刺史，其人与大丞相高欢联姻
⑦磁县东陈村东魏武定五年（547）赵胡仁墓出土枣形腹细颈青瓷瓶	南阳太守之女
⑧西安郭庄村西魏北周之际乞伏孝达与库罗伏夫妇墓出土枣形腹细颈铜瓶	乞伏孝达为茹茹骠骑大将军、度支尚书、金城王，库罗伏为吐谷浑王之女
⑨寿阳贾家庄北齐河清元年（562）库狄迴洛墓出土枣形腹细颈鎏金铜瓶、梨形腹束颈青瓷瓶	诏赠定州刺史、太尉
⑩太原大井峪村北齐天统四年（568）韩祖念墓出土枣形腹（含鎏金）、石榴形腹细颈铜瓶	任宁州刺史、司徒公、大将军
⑪安阳洪河屯村北齐武平三年（572）范粹墓出土石榴形腹细颈白釉绿彩瓷瓶	骠骑大将军
⑫咸阳靳里村北周建德五年（576）王德衡墓出土枣形腹细颈铜瓶	使持节、仪同大将军
⑬景县前村乡北齐隋代之际封子绘夫妇墓出土梨形腹束颈青瓷瓶	诏赠冀州刺史、开府仪同三司、录尚书右仆射
⑭平山上三汲村隋开皇八年（588）崔昂夫妇墓出土枣形腹细颈铜瓶	诏赠赵州刺史
⑮河北平山西岳村隋开皇十五年（595）崔大善墓出土梨形腹束颈陶瓶4件	赐爵伯阳县开过男
⑯西安南郊隋大业四年（608）苏统师墓出土石榴形腹细颈白瓷瓶	无官职
⑰西安长安区隋唐之际（610—634）丰宁公主与韦圆照夫妇墓出土枣形腹细颈白瓷瓶	丰宁公主杨静徽系隋文帝孙女，韦圆照袭封河南郡公
⑱郧县城关镇唐嗣圣元年（684）李徽墓出土石榴形腹细颈三彩陶瓶	李徽为唐太宗第四子濮王李泰之次子，封新安郡王
⑲洛阳龙门东山唐景龙三年（709）安菩夫妇墓出土枣形腹细颈白瓷瓶	安菩为定远将军
⑳偃师景山恭陵唐开元六年（718）李弘太子妃哀皇后裴氏墓出土枣形腹细颈蓝釉陶瓶	李弘为唐高宗与武则天之子，哀皇后为右卫将军裴居道之女
㉑巩义芝田唐开元二十年（732）郭神鼎墓出土枣形腹细颈绿釉陶瓶	明威将军
㉒临潼庆山寺唐开元二十九年（741）舍利塔地宫出土枣形腹细颈鎏金铜瓶	当寺供品
㉓扶风法门寺唐咸通十五年（874）地宫出土梨形腹束颈玻璃瓶	咸通十五年（874）《衣物账碑》没有记述该瓶施主，推测可能是懿宗或僖宗等皇室贵族供品

其一，②④⑤⑥⑨⑩⑬⑭例墓主生前任刺史职，或死后诏赠刺史职。刺史（三品一四品）为统领一州军政大权的一级地方长官，无论实职还是诏赠之职，都足以彰显墓主荣耀之至。同时，实例⑥墓主李希宗被诏赠骠骑大将军（二品），其人与东魏政权掌控者大丞相高欢联姻，⑩墓主韩祖念任司徒公、大将军（均正一品），⑬墓主封子绘被诏赠开府仪同三司（从一品）、录尚书右仆射（从二品），更为显耀。此外，实例③墓主高氏为营州刺史韩贿

之妻，况且高氏家族与皇室通婚，⑦例墓主赵胡仁为南阳太守之女，可以比照刺史级别。

其二，⑫例墓主王德衡为仪同大将军（九命，同一品）、⑲例墓主安菩为定远将军（五品）、㉑例墓主郭神鼎为明威将军（从四品），前者官位高于刺史，后二者略低于刺史。

其三，⑰例墓主丰宁公主杨静徽、⑱例墓主李徽、⑳例墓主李弘太子妃哀皇后为皇室边缘成员，属于十分显耀阶层。其中⑱例是南方仅有实例，因皇室身份得以将石榴形腹细颈三彩陶瓶带往湖北郧县。特例⑧墓主乞伏孝达为茹茹骠骑大将军、度支尚书、金城王，库罗伏为吐谷浑王之女，与唐朝诸王、皇室成员相当。

在二佛塔地宫实例中，㉒例为当寺施主，㉓例施主推测为皇帝或其他皇室成员。

以上可见，随葬枣形腹、石榴形腹细颈瓶与梨形腹束颈瓶的墓主，一种为刺史级地方大员或其家属，另一种为皇亲国戚。自北朝后期至唐代前期，这种器物一再出现于高级贵族墓葬的情况表明，这些细颈瓶和束颈瓶是当时上流社会人士喜爱的器物，寄托着他们的生活情趣。唯一一件高品质枣形腹细颈蓝釉陶瓶，出土于⑳偃师景山恭陵唐开元六年（718）李弘太子妃哀皇后裴氏墓，唯一的一件外来梨形腹束颈玻璃瓶，出土于㉓扶风法门寺唐咸通十五年（874）地宫的情况，足以显示其珍贵。

然而，在已发掘的诸多南北朝隋唐低等贵族和平民墓葬中，鲜有出土枣形腹、石榴形腹细颈瓶，示意此类器物几乎没有在平民阶层乃至一般官宦阶层中流行。

当然，铜瓶、陶瓷瓶的情况多少有所不同，铜瓶持有者身份大多比较明确，不少陶瓷瓶出处不明，而且在石榴形腹细颈瓶中占有多数的瓷瓶，约半数出土在邢窑遗址，尚未进入流通领域，推测枣形腹、石榴形腹细颈陶瓷瓶的持有者身份可能相对宽泛一些。

六、余　论

枣形腹细颈瓶、石榴形腹细颈瓶造型存在亲缘关系，已而两者往往伴生或共存。诸如，在这两种细颈瓶的最早发生地南欧，带柄的枣形腹和石榴形腹细颈瓶，流行于同样的时空范围。在中国北朝后期墓葬随葬品和墓室壁画，以及隋代邢窑遗址中均有两者共存实例。如景县正光二年（521）封魔奴墓出土枣形腹、石榴形腹细颈铜瓶各1件，太原天统四年（568）韩祖念墓出土枣形腹细颈铜瓶2件、石榴形腹细颈铜瓶1件。临朐冶源北齐天保二年（551）崔芬墓壁画，绘制枣形腹细颈瓶3件、石榴形腹细颈瓶1件。在邢窑遗址中枣形腹、石榴形腹细颈瓷瓶时常伴生。在日本法隆寺献纳宝物中，具有批量枣形腹、石榴形腹细颈铜瓶，况且，奈良时代寺院账目同时记述"枣瓶、石榴瓶"。上述不同时空中枣形腹、石榴形腹细颈瓶伴生或共存现象，还意味着各地细颈瓶应该不是孤立存在的，传承发展或许是促成这种现象的动因。

南欧枣形腹、石榴形腹细颈瓶本为小型陶瓶，系公元前5—前4世纪希腊、意大利居民的盛油用具，还影响到西亚安息帕提亚朝，甚至见有从西亚输入中国南方沿海地区的枣形腹细颈瓶。南欧流行的枣形腹、石榴形腹细颈瓶，极有可能与中国同类器物存在着渊源关系，但两者之间还不能直接地联系在一起。原因之一，南欧两种细颈瓶均带柄，口部多作郁金香花朵状，比较中国同类器物存在一些差别。之二，南欧枣形腹、石榴形腹细颈瓶发展期，与中国同类器物发展期之间存在七八个世纪年代差。之三，在中国南北方，迄今没有发现以南欧或西亚枣形腹、石榴形腹细颈瓶为样本，制作同类器物的确凿证据。已而，在目前实物发现不充分的情况下，只能提出推测性认识。

其一，枣形腹、石榴形腹细颈瓶非中国原有器形，在东西方文化交流频繁时节突然出现在汉文化地区，而且此两种器物从南欧、汉地到日本一直伴生或共存的情况，示意两者作为特定文化因素，共同传播东方之可能。其二，中国在模仿南欧细颈瓶过程中，或许为适应本地习惯和情趣有意不加把柄，也没有采用南欧常见的郁金香花朵状口部形态，而是沿用南欧不太流行的喇叭口造型。大概因为输入样本为陶器之故，也就不容易保存下来。就中国枣形腹、石榴形腹细颈瓶出土情况推测，最初仿制和改造过程可能发生在石家庄为中心的河北南部。而中原东部早于中原西部流行细颈瓶的现象表明，作为仿制样本的西方细颈瓶似乎不是经由陆路交通，更有可能从海路传播而来。其三，未经盗掘的赞皇东魏武定二年（544）李希宗墓，于北齐武平六年（575）合葬其中的崔氏颅骨旁有3枚东罗马金币，包括1枚为狄奥多西斯二世（408—450）铸币，以及2枚查士丁一世与查士丁尼一世合治东罗马帝国（527）铸币[1]，这些货币恰好来自细颈瓶的故乡。那么，同时带来南欧小巧的细颈瓶并非没有可能。其四，年代差问题有相关例证可援，诸如北票西官营子北燕太平七年（415）冯素弗墓出土鸭形玻璃水注[2]，学界认为产于地中海东岸公元前后，阿富汗伯格拉姆1世纪窖藏出土有类似的鱼形玻璃水注[3]，两者相差三四个世纪。临潼庆山寺唐开元二十九年（741）地宫出土古希腊风格人面铜壶，距离制作年代更加久远。中国较晚时间使用西方较早时间器物，可以说是一种常见现象。

中国枣形腹、石榴形腹细颈瓶，南北朝后期至唐前期为基本发展期。由铜瓶、青瓷瓶、白瓷瓶到釉陶瓶，发展脉络十分清晰。尤其北朝后期与隋代，以石家庄为中心的河北南部成为细颈铜瓶发展中心，之后相继影响到太原周围和关中地区，进而在唐前期促成关中地区细颈铜瓶制作中心。而且，河北南部细颈铜瓶制作，直接影响到隋代邢窑细颈瓷瓶，以及初唐巩县窑细颈釉陶瓶的制作。这些器物除那些出土于窑址未进入流通领域者外，主要出土于高级贵族墓葬，原初多是墓主人日常生活用器，不排除用作酒器使用的可能。值得注意的是，当阳长坂坡1号南朝墓石榴形腹细颈铜瓶与佛教行香用具柄香炉共存，洛阳景龙三年（709）安菩夫妇墓枣形腹细颈白瓷瓶与佛教净瓶组合，暗示细颈铜瓶可能用于佛事活动，但无法推及其他细颈瓶具有同样的功能。临潼庆山寺唐开元二十九年（741）地宫出土枣形腹细颈铜瓶、扶风法门寺咸通十五年（874）地宫出土梨形腹束颈玻璃瓶，则明确用于佛事活动。

在日本，枣形腹、石榴形腹细颈瓶少数出土于六、七世纪贵族墓葬，绝大多数为8世纪奈良法隆寺献纳物，而且奈良大安寺资财账有清晰记录，说明当时日本也是少数贵族或寺院才能拥有，同样被视为贵重物品。

① 夏鼐：《赞皇李希宗墓出土的拜占庭金币》，《考古》1977年第6期。

② 黎瑶渤：《辽宁北票县西官营子北燕冯素弗墓》，《文物》1973年第3期。

③ 阿富汗国家博物馆藏。Fredrik Hiebert, Pierre Cambon, Afghanistan Hidden Treasures from the National Museum, Kabul, Washington, National Geographic Society. 172页图164、166、169。

　　具有西方情调的枣形腹、石榴形腹细颈瓶，以及梨形腹束颈瓶，不管在中国还是日本，成为服务于上流社会或佛教的珍稀器物。在交通和信息不发达的时代，这些器物之所以能够跨越万水千山，横贯欧亚大陆，大概就在于其造型的可人之处。

　　就波斯萨珊朝流行的梨形腹束颈银瓶而言，多为传世品，难以了解其原初持有者和使用情况。中国尽管没有出土波斯银瓶，但仿制陶瓷瓶情况表明，当初一定存在用于制作样本的萨珊朝银瓶。

　　波斯梨形腹束颈瓶传播中国，以及中国枣形腹、石榴形腹细颈瓶传播日本，尽管缺乏传播链条，研究者可能不以为偶然，原因在于地域和时间都比较接近。相反，南欧枣形腹、石榴形腹细颈瓶传播中国，多少有些让人不解，毕竟相隔时空太过遥远，但不应该成为回避这一问题的理由。

　　（原文见李静杰、相宛升：《枣形腹、石榴形腹细颈瓶与梨形腹束颈瓶的谱系》，《故宫博物院院刊》2017年第1期。本稿基于收集新材料进行若干调整，原文结构和观点有所改动）

The Ancestry of Jujube and Pomegranate Round Shape-Slender Neck Bottles and Pear Shape-Contracted Neck Bottles

Abstract: The Chinese jujube and pomegranate round shape-slender neck bottles and pear shape-contracted neck bottles had a clear development venation, which were not paid much attention to in the past. The Chinese jujube and pomegranate round shape-slender neck bottles were basically developed from the late Southern and Northern Dynasties to the early Tang Dynasty, the development venation of bronze bottles, celadon bottles, white porcelain bottles and glazed pottery bottles was very clear. Especially in the late Northern Dynasty and the Sui Dynasty, the southern part of Hebei, with Shijiazhuang as the center, became the center of the development of round shape-slender neck bronze bottles, which later affected the surrounding areas of Taiyuan and the Guanzhong area, and then promoted the production center of round shape-slender neck bronze bottles in the Guanzhong area in the early Tang Dynasty. Moreover, the production of round shape-slender neck bronze bottles in southern Hebei directly influenced the production of round shape-slender neck porcelain bottles in the Sui Dynasty Xing Kiln and the early Tang Dynasty Gongxian Kiln. A limited number of pear shape-contracted neck bottles were distributed in the northern part of the Central Plains and were popular from the late Northern Dynasty to the Tang Dynasty. The tomb owners who buried the jujube and pomegranate round shape-slender neck bottles and the pear shape-contracted neck bottles were either the governor local officials, their family membes, or the royal relatives, which showed that these artifacts were loved by the upper class people, expressed their life interests, and a few similar artiacts were used to support Buddhism.

The jujube and pomegranate round shape-slender neck bottles first appeared in southern Europe. They were originally oil filled pottery bottles used by Greek and Italian residents in the 5th and 4th centuries B.C., while pear shape-contracted neck bottles originated from the silver bottles of the Sassanian Dynasty in Persia. After these western artifacts spread to the east, they contributed to the localization of similar artifacts in China. The jujube and pomegranate round shape-slender neck bronze bottles popular in Japan from the 6th to the 8th century, either unearthed in the noble tombs or preserved in ancient temples, were also valuable articles serving the upper class and Buddhism. In the era of underdeveloped transportation and information, the reason why these artifacts could cross the Eurasian continent was probably because of their attractive shapes.

鄯善古国木雕家具图像所见外来文化因素

内容提要：鄯善古国木雕家具图像受到学界重视，其文化来源却一直不很清楚。本稿认为尼雅与楼兰遗址出土兽腿形椅腿主要受到古希腊罗马文化影响，同时带有波斯文化因素；尼雅出土木桌浮雕图像源于西北印度和中印度；尼雅采集柜门图像兼有印度和汉地文化因素。这些家具图像反映了南欧、西亚、南亚多种文化交汇融合的情况，这一过程应该发生在西域，而不是西北印度犍陀罗。从侧面说明，当时西域成为上述诸文化因素携带者的汇集之地，来自不同地域的人群又成为以多元文化为特征的西域文化建设者。

鄯善本名楼兰，系汉晋时期罗布泊周围绿洲王国，东汉早期据有且末、民丰（精绝故地），5世纪中叶北魏控制其地，国亡[①]。在鄯善国故地楼兰遗址、民丰尼雅遗址（图一），20世纪初叶斯坦因发掘出诸多木雕家具构件，新中国考古工作者也发现少许同类遗物，两地木雕家具能够较好地保存下来，暗示可能为临近遗址废弃之前不久的用物。这些家具上雕刻着种种装饰图像，呈现浓厚外来文化情调，有助于深入了解鄯善文化内涵和文化交流情况。以往研究者初步研究了这些家具图像，说明其大概文化来源，然而，比较分析显得薄弱，图像阐释不够具体，所得结论相对于实际情况有所出入。为了弄清这些家具图像的具体来源，更充分地体现其文化价值，本稿将以木椅为中心，追溯各种家具浮雕图像的前期发展情况。

---

① （汉）班固：《汉书》卷96《西域传》："鄯善国，本名楼兰，王治扜泥城……户千五百七十，口万四千一百，胜兵二千九百十二人。……精绝国，王治精绝城，去长安八千八百二十里，户四百八十，口三千三百六十，胜兵五百人。"（中华书局，1987年，3875、3880页）；（南朝·宋）范晔：《后汉书》卷88《西域传》："王莽篡位……西域怨叛，与中国遂绝。……光武以天下初定，未遑外事……小宛、精绝、戎卢、且末为鄯善所并。……（永平）十六年（73）……西域自绝六十五载，乃复通焉。明年，始置都护。……（永元）三年（91），班超遂定西域，因以超为都护，居龟兹。"（中华书局，1987年，2909、2910页）；（北齐）魏收：《魏书》卷102《西域传》："鄯善国……太延（435—440）初始遣使来献。……（北凉沮渠）安周击鄯善，（鄯善）王比龙……率众西奔且末，其世子乃应安周。……（北魏）万度归乘传发凉州兵讨之……（鄯善）王真达面缚出降。……（北魏以韩拔为）鄯善王以镇之，赋役其人，比之郡县。"（中华书局，1987年，2261、2262页）

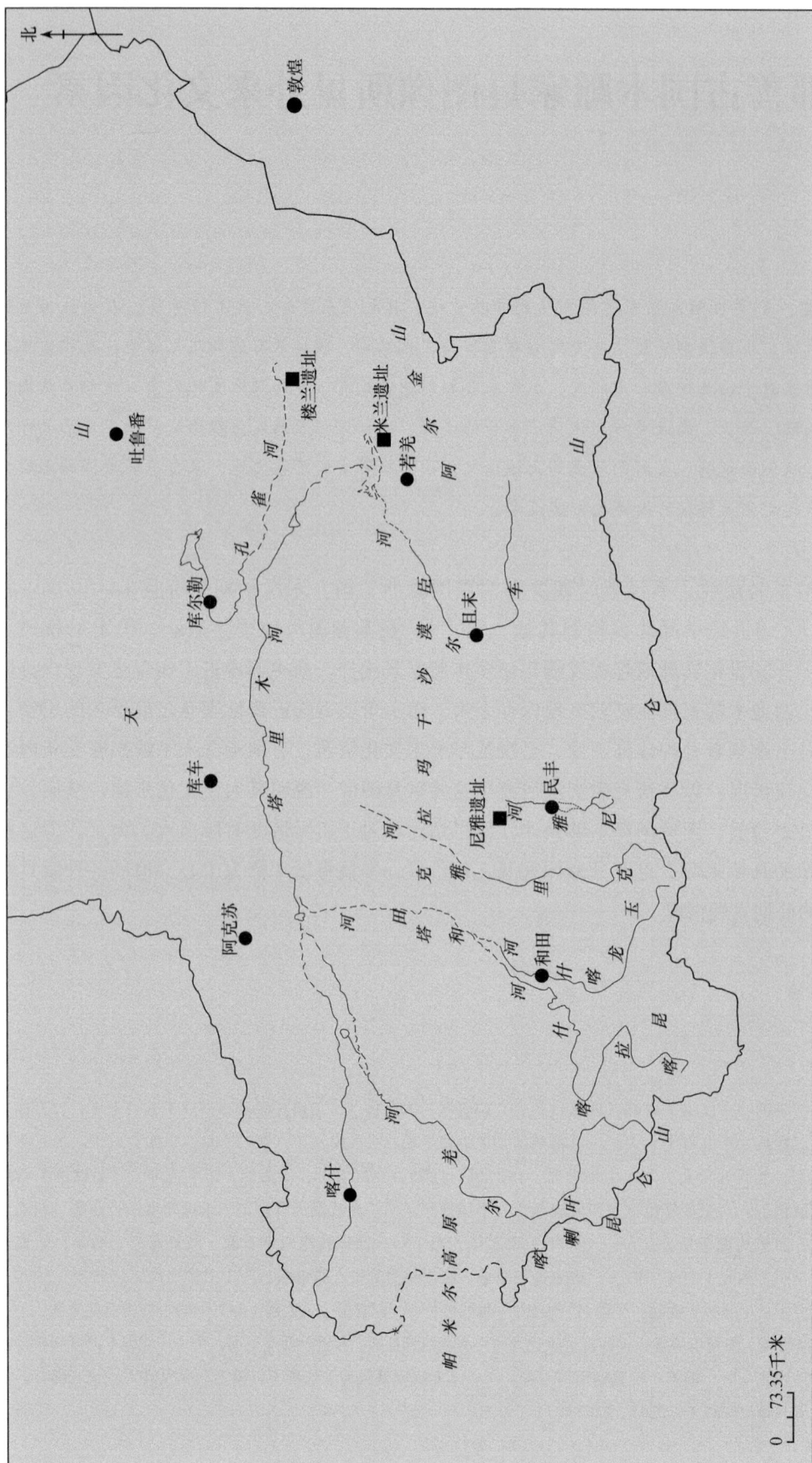

图一　鄯善古国主要遗址分布图

一、木椅雕刻图像

1. 出土兽腿形椅腿情况

1901、1906年，英国探险家斯坦因先后在民丰尼雅遗址、罗布泊楼兰遗址，发掘出一些木雕兽腿形椅腿，可细分为兽首兽腿形、人首兽腿形椅腿。

兽首兽腿形椅腿实例，①尼雅遗址出土一把椅子（编号N.xⅱ.3），残存三条椅腿，雕刻成兽首吐舌、马腿、肩生羽翼形状，在粉红底色上描绘黑色鬃毛（图二）[①]。②楼兰遗址出土（L.B.Ⅳ.v.0013），雕刻成狮首、狮爪形状，髹漆（图三）[②]。此二椅腿形状相近，细部刻画各有特征。

图二　尼雅遗址出土木雕椅腿之一
（出自《古代和田：新疆考古发掘的详细报告》第2册图版LXX）

图三　楼兰遗址出土木雕椅腿之一
（出自《西域考古图记》第4卷图版XXXⅣ）

---

① 〔英〕奥雷尔·斯坦因著，巫新华、肖小勇、方晶等译：《古代和田：中国新疆考古发掘的详细报告》，山东人民出版社，2009年，第1册356页，第2册图版LXX。

② 〔英〕奥雷尔·斯坦因著，巫新华、刘文锁、秦立彦等译：《西域考古图记》，广西师范大学出版社，1998年，第1卷240页，第4卷图版XXXⅣ。

　　人首兽腿形椅腿实例，③尼雅遗址出土另一把椅子（同编号N.ⅹⅱ.3），残存两条椅腿，雕刻成人首、马腿、肩生羽翼形状，马腿上端刻成莲瓣形，在鲜红底色上描绘蓝色羽毛和黑色马蹄（图四）[1]，现藏于大英博物馆。④楼兰遗址出土（编号L.B.Ⅳ.v.0023），雕刻成人首、马腿、肩生羽翼形状，马腿上端刻成莲瓣形，髹漆（图五）[2]。此二椅腿的形状和细部刻画几乎相同。

图四　尼雅遗址出土木雕椅腿之二
（出自《古代和田：新疆考古发掘的详细报告》第2册图版LXX）

图五　楼兰遗址出土木雕椅腿之二
（出自《西域考古图记》第4卷图版XXXⅣ）

　　尼雅与楼兰两地出土兽腿形椅腿的诸多相似性表明，这是基于相同设计理念，应用同样技术制作的，两地遗存座椅的年代应该不会相去太远。汉晋时期汉文化地区还没有坐椅子习

---

① 〔英〕奥雷尔·斯坦因著，巫新华、肖小勇、方晶等译：《古代和田：中国新疆考古发掘的详细报告》，山东人民出版社，2009年，第1册356页，第2册图版LXX。

② 〔英〕奥雷尔·斯坦因著，巫新华、刘文锁、秦立彦等译：《西域考古图记》，广西师范大学出版社，1988年，第1卷240页，第4卷图版XXXⅣ。

惯，鄯善国椅子文化显然来自他方异域。

关于这些木椅腿内含文化因素的来源，斯坦因发掘报告记述直接受到印度佛教艺术影响，间接受到西方古典艺术影响[1]。其后学者加以具体化，以为古埃及艺术→古希腊罗马艺术→犍陀罗艺术→尼雅与楼兰木椅腿造型，已而在受到犍陀罗影响的鄯善艺术中可以发现埃及因素[2]。再后学者基本沿袭了上述观点[3]。这些观点大体陈述了从西方古典艺术到西北印度犍陀罗艺术，再到鄯善古国兽腿形座椅的发展途径，而有关诸地域遗存相互关系的阐述显得草略，已而至今没有形成一种比较清晰的具体认知。为了弄清尼雅与楼兰兽腿形座椅造型因素的具体来源，须在建构此类遗存图像谱系的基础上加以说明。

2. 兽腿形座椅的发展脉络

兽腿形座椅源自双兽形座椅，二者有共同源头和不同发展脉络[4]，如果弄清兽腿形座椅的来龙去脉，须首先了解关联的双兽形座椅情况，通过比较才有可能说明两者的区别与联系。

（1）兽形座椅

双兽形座椅亦即以双兽为两侧椅腿和扶手的座椅，已知最早实例出现于西亚。如安纳托利亚文明博物馆藏，土耳其中南部卡塔尔·郝友科（Catal-Hoyuk）出土公元前6千纪泥塑，倚坐在双兽座椅上丰饶女神像，其双兽似猛兽[5]。埃及国家博物馆藏阿尔·吉匝（al-Giza）河岸神殿遗址出土，古王国第4王朝约前2550年石刻倚坐在双狮座椅上卡夫拉王（Khafra）像（图六）[6]，为已知最早明确的双狮形座椅。此种座椅意在借猛兽的威力彰显坐者的力量和伟大，成为神祇魔力和国王权力的象征。柏林旧博物馆藏意大利马西亚诺（Marciano）出土前5世纪石雕像（图七），双兽作狮身人面形，沿袭了古埃及文化传统。之后，在地中海周围

① 〔英〕奥雷尔·斯坦因著，巫新华、肖小勇、方晶等译：《古代和田：中国新疆考古发掘的详细报告》，山东人民出版社，2009年，第1卷357页。记述："为古代和田艺术作品提供原型的印度佛教艺术形式中，常见有直接借鉴于西方古典艺术的，甚至更加复杂的怪物形象。"〔英〕奥雷尔·斯坦因著，巫新华、刘文锁、秦立彦等译：《西域考古图记》，广西师范大学出版社，1988年，第1卷240页。记述："它们使我们生动地认识到，此地区的当地古代艺术和遥远的西方地区密切而各式各样的关系。"

② 李青：《古楼兰鄯善艺术综论》，中华书局，2005年，448页。认为："古埃及新王国时期制作的四腿靠背木椅……大多数椅腿极力模仿兽腿的形态，连脚爪也刻画得惟妙惟肖。这种木椅腿的形制与楼兰、尼雅出土的木椅腿形制基本一致。埃及艺术曾对希腊罗马艺术的发展产生过重要的作用，犍陀罗佛教艺术也间接地受到了埃及艺术的影响。因而楼兰鄯善艺术中有埃及艺术的因素，一点都不奇怪。"

③ 马晶：《新疆和田维吾尔族民居中的木雕装饰艺术研究》，新疆师范大学硕士学位论文，2011年，15页。认为："在楼兰和尼雅遗址出土的人面纹和怪兽纹椅子腿的造型，无疑凝聚着多种文化因素，而直接的来源则极有可能是犍陀罗艺术外传的结果。"

④ 日本学者关于狮子座的阐述为了解这一课题提供便利，但没有分类梳理双兽形座椅和兽腿形座椅，一些细节问题还不甚明了，其成果难以对接鄯善兽腿形座椅。参见〔日〕前田龙彦：《狮子座》，《世界美术大全集·東洋編·第15卷·中央アジア》，东京：小学馆，1999年，305—310页。

⑤ 〔日〕田边胜美、前田耕作：《世界美术大全集·東洋編·第15卷·中央アジア》，东京：小学馆，1999年，插图242。

⑥ 〔日〕友部直：《世界美术大全集·西洋編·第2卷·エジプト美術》，东京：小学馆，1994年，图版13。

图六　埃及阿尔·吉匝河岸神殿遗址出土古王国第4
王朝石刻卡夫拉王像
（出自《世界美術大全集·西洋編·第2卷·エジプト美術》图版13）

图七　柏林旧博物馆藏意大利马西亚诺（Marciano）出土
前5世纪石雕像右侧面、前面、后面
（王德路摄）

乃至西亚波斯地区，双兽形座椅逐渐被兽腿形座椅取代。在中印度贵霜帝国冬都秣菟罗，出土了2世纪前后双兽形座椅造像。如秣菟罗博物馆藏砍卡利梯拉（kankali Tila）出土石刻，坐在双兽形座椅上太阳神苏利耶（Surya）像，双兽似狮子。又如秣菟罗博物馆藏秣菟罗出土石刻，坐在双狮形座椅上贵霜阎膏珍王像（图八），造型颇为近似埃及古王国实例。双兽形座椅不是南亚固有文化传统，应该受到东地中海文化影响，但距离已知实例相差数百年，被影响的细节一时难以说明。

　　西北印度贵霜帝国中心犍陀罗周围，少许结跏趺坐佛像采用了双狮形台座，基于坐禅或说法场合的需要，仅吸收了双兽形座椅的双狮因素，并不具备靠背和扶手。如柏林印度美术馆藏犍陀罗出土石刻佛像，在台座两侧雕刻一对比较写实的狮子（图九）[①]。哈佛大学福格美术馆藏西晋前后金铜佛像（图一〇），整体造型十分接近上述犍陀罗佛像，系犍陀罗文化因素东传的

① 〔日〕田边胜美、前田耕作：《世界美術大全集·東洋編·第15卷·中央アジア》，东京：小学馆，1999
　年，图版120。

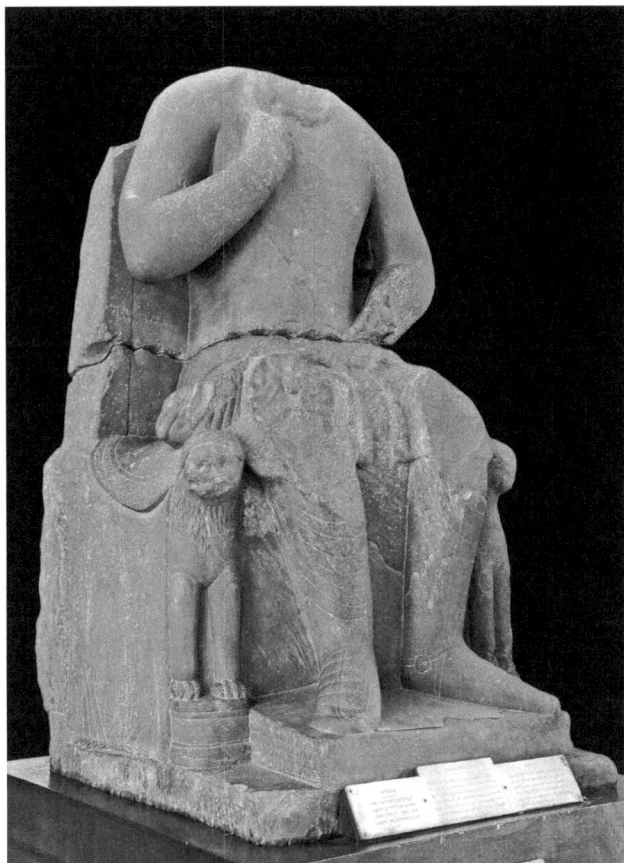

图八　秣菟罗博物馆藏秣菟罗出土贵霜朝石刻阎膏珍王像

结果，又成为十六国北朝金铜佛像基本造型形式。双狮形台座毕竟有别于双狮形座椅，更不同于兽腿形座椅，难以看出与鄯善国兽腿形座椅有何关联。佛教将佛陀比作人间狮子，谓佛说法为师（狮）子吼[①]，云佛坐具为师（狮）子座[②]，示意佛陀能够在精神上训导并教化众生。在西域和汉文化地区，高僧讲经说法坐具亦名为师（狮）子座[③]，这是重视佛法的结果，狮子座的内涵因此变得宽泛。佛教文献名为师子座的坐具，有时或许为双狮形台座，有时可能仅是虚名。

值得注意的是，罗马帝国（前27—476）库伯勒（Kybele）女神雕像，经常在座椅侧前方表现一双或一只狮子，其狮子与该女神属性关联，也没有作为椅腿和扶手表现，这种表现形式可能受到双兽形座椅造型影响。诸如，拿坡里国立考古博物馆藏奥斯蒂亚（Ostia）出土，3世纪中叶大理石刻库伯勒（Kybele）女神像[④]，在座椅两侧前方各雕一只狮子。伊兹密尔考古博物馆藏大理石刻库伯勒女神像，座椅左右两侧前方分别表现一侍者、一雄狮（图一一），用来凸显女神的伟大。

韩国中央博物馆藏和田采集陶塑倚坐王者像，座椅右前方伫立一狮形兽，王者右手搭在兽背上（图一二）[⑤]，该像设计意趣酷似上述库伯勒女神像，两者可能存在造型联系。库伯勒女神像多少带有双狮形座椅意涵，尽管类似造型传播西域，却无法连接鄯善国兽腿形座椅。

---

① （东晋）瞿昙僧伽提婆译：《中阿含经》卷34《大品世间经》："尔时，世尊告诸比丘，'……若说师子者，当如说如来，所以者何？如来在众有所讲说谓师子吼。一切世间天及魔、梵、沙门、梵志，从人至天，如来是梵有'。"（《大正藏》第1册645页中）

② （东晋）佛驮跋陀罗译：《大方广佛华严经》卷2《世间净眼品》："尔时，于佛师子之座……出一佛世界微尘数等大菩萨众。"（《大正藏》第9册404页中）

③ （南梁）慧皎：《高僧传》卷2《译经·鸠摩罗什传》："龟兹王为造金师子座，以大秦锦褥铺之，令什升而说法。"（《大正藏》第50册331页上）；（唐）李延寿：《南史》卷7《梁本纪》："太清元年（547）……三月……乙巳，（梁武）帝升光严殿讲堂，坐师子座，讲金字三慧经，舍身。"（中华书局，1975年，218、219页）；（唐）李百药：《北齐书》卷24《杜弼传》："（杜弼）性好名理，探味玄宗，自在军旅，带经从役。……武定（543—550）中，迁卫尉卿。……六年（548）四月八日，魏帝集名僧于显阳殿讲说佛理，弼与吏部尚书杨愔、中书令邢邵、秘书监魏收等，并侍法筵。敕弼升师子座，当众敷演。昭玄都僧达及僧道顺并缁林之英，问难峰至，往复数十番，莫有能屈。"（中华书局，1987年，348—350页）

④ 〔日〕田边胜美、前田耕作：《世界美術大全集·東洋編·第15卷·中央アジア》，东京：小学馆，1999年，插图246。

⑤ 韩国国立中央博物馆：《中央アジアの美術》，汉城：学生社，1989年，图版28。

图九　柏林印度美术馆藏犍陀罗出土石刻佛像
（出自《世界美術大全集・東洋編・第15卷・中央アジア》
图版120）

图一〇　哈佛大学福格美术馆藏西晋前后金铜佛像

图一一　伊兹密尔考古博物馆藏大理石刻库伯勒
（Kybele）女神像

图一二　韩国中央博物馆藏和田采集陶塑王者像
（出自《中央アジアの美術》图版28）

　　如上所述，双兽形座椅呈现从西亚、埃及到中印度的发展轨迹，又影响了西北印度犍陀罗乃至中国早期佛像台座，双兽形态除模糊者之外，可辨识者均作双狮形，密切关联狮子为兽中之王的意念。双兽的象征性由彰显神祇、王者的威力和伟大，演化出佛陀作为人间狮子教化众生，以及佛法至上的意涵。

　　（2）兽腿形座椅

　　兽腿形座椅亦即四条椅腿被做成四条兽腿形状的椅子，已知最早实例出现于埃及。如埃及国家博物馆藏底比斯马卡塔（Malqata）王宫遗址出土，新王国第18王朝约前1380年萨塔曼王女（Satamen）的描金木椅，四条腿刻成前向狮腿，两前腿顶端刻成人首形状（图一三）[①]。又如埃及国家博物馆藏，底比斯帝王谷新王国第18王朝约前1350年图腾卡蒙王（Tutankbamen）墓出土描金木椅，四条腿刻成前向狮腿，两前腿顶端刻成狮首形状（图一四）[②]。这些椅腿模仿一头狮子的四条腿而来，由形象狮子简化成狮腿、狮首的符号式表现，从而形成一种全新的艺术设计造型。这种兽腿形座椅显然由双兽形座椅发展而来，为适应座椅制作需要加以改变，由于形象的狮子被简化成符号式表现，原初象征威权的意涵显著弱化，但之所以制作成狮腿、狮首形座椅，说明一方面依然在意这些代表威权的意涵，另一方面不知不觉地沿袭了古老的文化传统。至于狮腿、人首形座椅，使人联想起古埃及第四王朝前2560年胡夫金字塔狮身人面形貌，同样渊源于古埃及造型传统。此二实例椅腿作实用的直腿形状，仅表现狮爪形态，没有刻

图一三　埃及底比斯马卡塔（Malqata）王宫遗址出土新王国　　　图一四　埃及底比斯帝王谷新王国第18王朝
　　　　第18王朝萨塔曼王女描金木椅　　　　　　　　　　　　　　　图腾卡蒙王（Tutankbamen）墓出土描金木椅
（出自《世界美术大全集·西洋编·第2卷·エジプト美術》图版209）　　　（出自《世界美术大全集·西洋编·第2卷·エジプト美術》
　　　　　　　　　　　　　　　　　　　　　　　　　　　　　　　　　　　　　　　图版134）

①　〔日〕友部直：《世界美术大全集·西洋编·第2卷·エジプト美術》，东京：小学馆，1994年，图版209。

②　〔日〕友部直：《世界美术大全集·西洋编·第2卷·エジプト美術》，东京：小学馆，1994年，图版134。

画出曲线形腿部形态，亦不具备羽翼，与尼雅和楼兰兽腿
形椅腿相比存在不小差别。

　　波斯阿契美尼德王朝（前550—前330）再现兽腿形座
椅，相对于埃及新王国实例发生较大变化。这一时期椅腿
被刻成形象的狮子小腿，大腿部则刻成连续珠节状，而且
前后腿方向相反，不全是仿生处理，工艺设计成分大为增
加。如伊朗国家博物馆藏波斯波利斯城址（Persepolis）
出土浮雕，大流士一世（Darius I，前522—前485年在
位）或薛西斯一世（Xerxes I，前485—前465年在位）坐
朝像（图一五），当时帝王陵墓浮雕大床也普遍使用这种
狮形腿。尼雅与楼兰遗址出土连续珠节状家具腿，推测为
波斯此种因素东传的结果。不过，尼雅与楼兰遗址没有发
现狮子小腿与珠节状大腿结合的椅腿或床腿，其兽腿形家
具主要因素并非来自波斯阿契美尼德王朝。

　　古希腊罗马兽腿形座椅相对于埃及新王国和波斯阿
契美尼德王朝实例，造型发生新变化。这一时期遗存诸多
石刻荣誉座椅，原初放置在半圆形露天剧场第一排中间位
置，用于高级别人物的座位，座椅两前腿刻成狮腿形，后

图一五　伊朗国家博物馆藏波斯波利斯城址
（Persepolis）出土浮雕大流士一世或薛西斯一世坐朝像

腿不予表现，肩部刻出羽翼，椅腿上端刻成喙嘴狮首，或省略狮首，狮形腿与弧线形胸部连成
圆浑曲线。有翼狮腿形座椅不见于先前的埃及与波斯座椅，应是在西亚、南欧有翼神兽图像传
统基础上形成的造型，喙嘴狮首形貌也是如此。较早实例见于伊兹密尔考古博物馆藏，希腊
化时期（前334—前30）约前2世纪石刻荣誉座椅（图一六）、伊兹密尔历史与艺术博物馆藏

图一六　伊兹密尔考古博物馆藏希腊化时期石刻荣誉座椅右侧面、右前面、后面

图一七　伊兹密尔历史与艺术博物馆藏希
　　　　腊化时期石刻荣誉座椅左前面

希腊化时期石刻荣誉座椅（图一七）。前者为半圆形座椅，两侧外缘雕刻成狮腿、狮首、鹰嘴，并有两翼的复合型动物（即格里芬），后面刻画分别向上下伸展的忍冬叶丛，中间有两支顶端对接的橄榄枝横向交叉，座椅造型灵秀、雅致。后者作前曲后方形座椅，两前腿雕刻成抽象狮腿形，两扶手刻成鸟翼形，两侧面刻画缠枝纹，座椅造型工致、典雅。此二实例体现了古希腊清新隽永的人文意蕴，以及非同寻常的再创造力。罗马帝国早期模仿希腊化时期石雕梅特罗多洛（Metrodorus）像，也见有类似于前述希腊石刻荣誉座椅形象（图一八）。罗马帝国基本沿袭了古希腊造型模式，形体则变得厚重，充溢着力量感。如伊兹密尔考古博物馆藏罗马帝国（前27—476）石刻荣誉座椅（图一九），雕刻狮腿、狮首和羽翼，两前腿粗壮有力，两翼舒展强健。此外，贝尔伽马博物馆藏拜占庭（395—1453）早期大理石刻椅（或桌）腿

图一八　那不勒斯考古博物馆藏1世纪石雕梅特罗多洛像前面与左侧面
（王德路摄）

（图二〇），表现为狮首、狮腿、弧线形胸部，狮足下有托座，基本继承了古希腊罗马造型因素。上述实例所见狮腿实际都是狮子小腿，狮子大腿与胸部融为一体，这是兼顾仿生狮子与制作木椅需要，而进行的折中性艺术设计。

图一九　伊兹密尔考古博物馆藏罗马帝国石刻荣誉座椅

图二〇　贝尔伽马博物馆藏拜占庭早期大理石椅（或桌）腿

（3）尼雅与楼兰兽腿形座椅的文化来源

反观尼雅与楼兰出土兽腿形椅腿，狮爪、狮首、肩生羽翼、弧线形胸腿部诸因素，与古希腊罗马石刻荣誉座椅基本一致，尤其在已知实例中，后二因素几乎不见于埃及、波斯系统的兽腿形座椅。人首、马腿因素尽管不见于古希腊罗马座椅，却是西亚公元前1千纪复合型动物特征，波斯阿契美尼德王朝尤其流行。如伊朗国家博物馆藏伊朗西北部萨盖兹（Saqqez）出土约前8—前7世纪金牌胸饰（图二一），刻画人首（或狮首、狮首喙嘴、牛首、羊首）、狮身、狮腿（或马腿）、有翼的复合型动物。如此说来，尼雅与楼兰兽腿形座椅造型因素，最有可能源于古希腊罗马，同时存在西亚文化成分。引人注意的是，在犍陀罗众多雕刻中不但没有发现兽腿形座椅，也没有发现双兽形座椅，受到犍陀罗文化影响而促成尼雅与楼兰兽腿形座椅的说法，在实际情况中难以得到印证。

在尼雅与楼兰以及古希腊罗马，各自同时流行过人首兽腿、兽首兽腿形座椅，毕竟都出现在椅子造型之中，这种雷同难以简单地看成各自发生的文化现象。然而两地相距数千里之遥，时间相隔数百年之远，又跨越多个文化区，其间还有许多缺环，期待将来发现更多新资料，说明曾经发生的曲折而复杂的文化传递过程。

尽管双兽形座椅与兽腿形座椅各有其发展序列，但二者不仅有共同造型源头，还有比较一致的文化意涵，皆为彰显威权意识的产物，只是被彰显的程度有所不同。从古埃及、古波

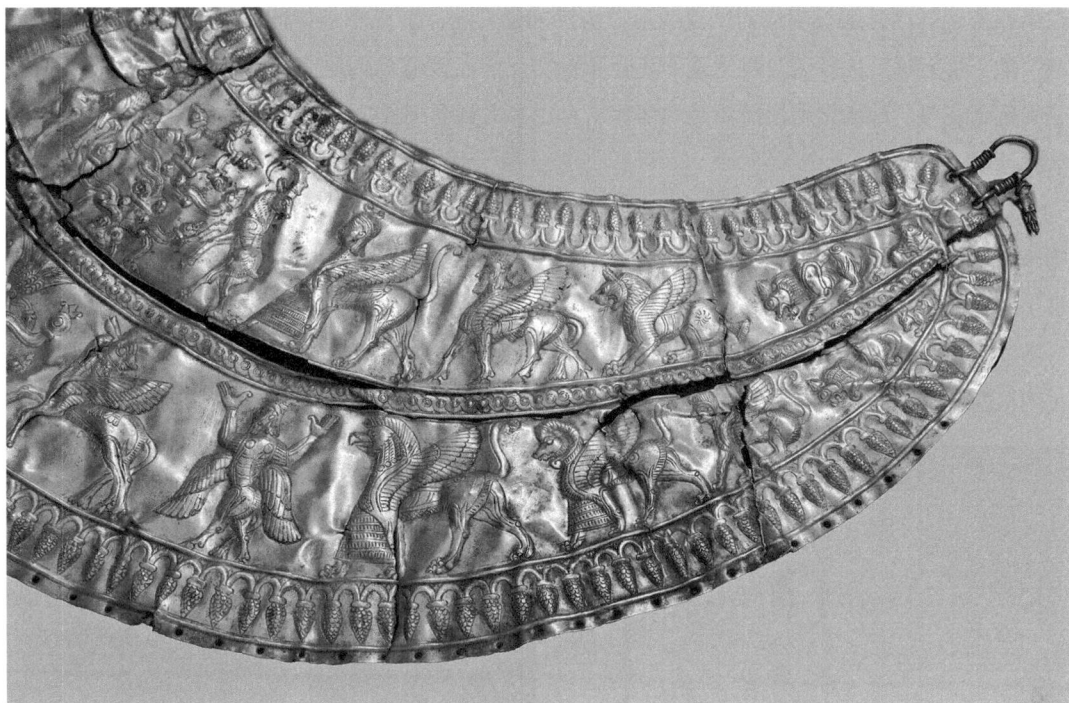

图二一　伊朗国家博物馆藏萨盖兹出土约前8—前7世纪金牌胸饰

图二二　尼雅遗址出土木桌
（出自《世界美術大全集·東洋編·第15卷·中央アジア》图版239）

斯和古希腊罗马兽腿形座椅存在背景观察，多是代表王权的用物或物象，并形成一定的文化传统。尼雅与楼兰的情形不甚清晰，不过，发现兽腿形座椅的房间与其余房间基本一致，伴出遗物也没有特殊之处，可能是当地富裕或有权势人家的家具，王权象征意义已不明显，其兽腿形雕刻可能只是一种普通装饰而已。

二、木桌与橱柜雕刻图像

1. 尼雅遗址出土木桌

长65、宽46、高60厘米，木桌面板与底板不存。1901年斯坦因发现于民丰尼雅遗址，现存大英博物馆（N.ⅶ.4；图二二）[①]。

---

① 〔英〕奥雷尔·斯坦因著，巫新华、肖小勇、方晶等译：《古代和田：新疆考古发掘的详细报告》，山东人民出版社，2009年，第1卷354、355、423页，第2卷图版Ⅷ、LXⅧ；〔日〕田边胜美、前田耕作：《世界美術大全集·東洋編·第15卷·中央アジア》，东京：小学馆，1999年，图版239。在尼雅和楼兰遗址另发现两张木桌，因装饰图像相对简单，不做分析。

木桌四条腿的两外面被削成内凹弧线形，仿佛抽象马腿。前面围板中间雕饰满瓶花卉，满瓶装饰"X"形花绳，从口部向两侧垂下茎叶和果实。满瓶两侧与两腿上部浮雕双层四瓣莲花，花瓣间刻画花萼。前面两腿根部浮雕八瓣莲花。在木桌侧面围板3个三角形区划中，各自浮雕莲瓣承托莲蕾。

斯坦因认为尼雅木椅（应为木桌）浮雕四瓣莲花、莲瓣承托莲蕾源于犍陀罗，八瓣莲花则来自印度本土[①]。四瓣莲花确是犍陀罗普遍性装饰，如白沙瓦大学博物馆藏斯瓦特布特卡拉Ⅲ（Butkara Ⅲ）出土约2世纪佛塔浮雕构件（图二三），两相对比，除单层与双层区别外几乎一致。实际，木桌浮雕八瓣莲花也有犍陀罗先例，如迪尔博物馆藏二、三世纪佛陀立像台座（图二四）。无论四瓣莲花、八瓣莲花，都可以追溯到中印度公元前后佛塔栏楯和塔门浮雕。

图二三　白沙瓦大学博物馆藏斯瓦特布特卡拉Ⅲ出土约2世纪佛塔浮雕构件

图二四　迪尔博物馆藏二、三世纪佛陀立像台座

木桌满瓶莲花表现也见于尼雅居宅厅堂托梁（N.ⅩⅩⅦⅲ，1；图二五）[②]，托梁有足够画面空间，清晰地表现了满瓶莲花的细部特征。中印度公元前后佛塔浮雕满瓶莲花，应该就是尼雅木桌和托梁同类图像的源头，如1世纪初叶桑齐大塔南门里面浮雕满瓶莲花（图二六），两者长茎莲蕾的表现如出一辙，桑齐满瓶上还见有四瓣莲花。满瓶莲花图像鲜见于犍陀罗雕刻，尼雅实例可能直接吸收了中印度造型因素。斯坦因将尼雅木桌满瓶莲花与印度科林斯式柱头联系起来[③]，后者应指印度笈多与后笈多时期（320年—8世纪中叶）柱头，正是由公元前后满瓶莲花图像发展而来的造型，最接近并对尼雅实例产生影响的则是中印度公元前后满瓶莲花图像。

---

①　"那把有装饰木雕的椅子（N.ⅶ.4）……装饰主题与犍陀罗浮雕最为相似……四瓣花是雕刻中最常出现的图案，它也是犍陀罗雕塑中最知名的图案。我们发现，在犍陀罗这种花形图案要么完整地封闭在形成装饰带的方框中，要么就像在这把椅子的镶板和腿上看到的那样，截取一半放在三角形框内，这些半朵花的锯齿形布局也可在那找到完全相应的例子。八瓣莲花显然是印度式的。"参见〔英〕奥雷尔·斯坦因著，巫新华、肖小勇、方晶等译：《古代和田：新疆考古发掘的详细报告》，山东人民出版社，2009年，第1卷354、355页。

②　〔英〕奥雷尔·斯坦因著，巫新华、肖小勇、方晶等译：《西域考古图记》，山东人民出版社，2009年，第1卷145、146页，第4卷图版ⅩⅧ。

③　"前镶板中央的装饰连同它程式化的果实（石榴？）和叶子，令人想起印度科林斯式柱头上的装饰成分。"参见〔英〕奥雷尔·斯坦因著，巫新华、肖小勇、方晶等译：《古代和田：新疆考古发掘的详细报告》，山东人民出版社，2009年，第1卷355页。

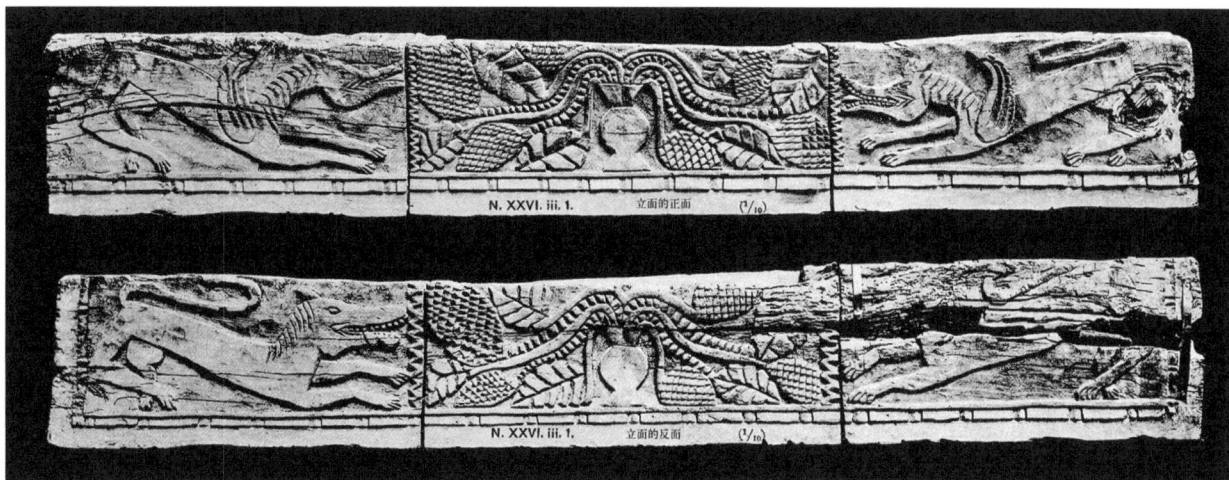

图二五　尼雅遗址出土居宅厅堂托梁前面与后面
（出自《西域考古图记》第4卷图版XⅧ）

2. 尼雅遗址采集木雕柜门

高25、宽17.5、厚1.5厘米。1982年民丰尼雅遗址采集，和田地区博物馆藏（图二七）[①]。柜门主要图像分上下两部分，上方浮雕身披鞍褥大象和男子以手托象鼻图像，下方浮雕长角、有翼神兽。边缘浮雕凹凸相间三角纹、连续"人"字纹、连续"8"字形缠绕绳索纹。

图二六　桑齐大塔南门里面浮雕满瓶莲花图像

图二七　尼雅遗址采集木雕柜门
（出自《天山·古道·东西风: 新疆丝绸之路文物特辑》176页图版）

---

① 中国历史博物馆、新疆维吾尔自治区文物局：《天山·古道·东西风: 新疆丝绸之路文物特辑》，中国社会科学出版社，2002年，176页图版。

　　学界尚未仔细研究此柜门。就主要图像而言，上方大象本非西域动物，手托象鼻更是难以想象的动作，如果没有参照粉本，随机创造的可能性微乎其微。引人注目的是，从中印度巴尔胡特、到西北印度犍陀罗，再到西域若羌，须大拏太子本生图像出现一脉相承的太子手托象鼻表现。诸如，加尔各答印度博物馆藏前2世纪末叶巴尔胡特佛塔栏楯浮雕（图二八），犍陀罗伽马尔·嘎里（Jamal-Garhi）出土2世纪前后浮雕（图二九）[①]，若羌米兰三、四世纪5号遗址佛塔回廊壁画（图三〇）[②]，画面中须大拏太子一手托象鼻，一手执水瓶为前来乞讨战象的婆罗门净手，并将大象施与其人。诸经典都没有明确记述太子手托象鼻的细节，而在

图二八　加尔各答印度博物馆藏巴尔胡特佛塔栏楯浮雕

图二九　大英博物馆藏犍陀罗伽马尔·嘎里出土浮雕
（出自A Catalogue of the Gandhara Sculpture in the British Museum, pl.137）

图三〇　若羌米兰5号遗址佛塔回廊壁画
（出自Serindia I, pl.137, p.138）

①　W.Zwalf, A Catalogue of the Gandhara Sculpture in the British Museum, London, 1996, pl.137.

②　Stein, Serindia I, OXFORD.1921, pl.137, p.138.

绵长地域出现这种近乎相同表现，恐只能理解为这些实例拥有相近的参考粉本。其中犍陀罗与若羌实例所见大象抬起一脚的动作，以及太子下身着裙衣，上身斜挎帔帛的装束也几乎一致，传承关系清晰可见。尼雅木雕柜门浮雕大象，由于材料和画幅所限刻画得比较简略，应该作为有趣的装饰图像表现，然男子手托象鼻表现，或许受到类似上述太子须大挐本生图像影响，西北印度犍陀罗可能为此种因素的来源地。

柜门下方浮雕双角、爪足、有翼神兽，类似造型见于犍陀罗佛塔假门上拱浮雕造像（图三一）[①]，以及江苏睢宁东汉画像石浮雕青龙（图三二）[②]，就柜门神兽另有龙首、长颈特征而言，更为接近画像石图像，有可能受到汉地青龙造型影响。该神兽将犍陀罗、西域、汉地有机地联系起来，其中关系还值得进一步探索。

图三一　犍陀罗佛塔假门上拱浮雕造像

图三二　江苏睢宁东汉画像石
（出自《中国画像石全集·4·江苏、安徽、浙江汉画像石》图版132）

综上所述，鄯善古国木雕家具图像反映了南欧、西亚、南亚多种文化交汇融合情况，不少图像并非西北印度犍陀罗流行的文化因素，已而诸文化交汇融合的过程应该发生在西域。这种情况表明，当时西域不仅有直接源于西北印度文化因素，应该也有直接源于古希腊罗马、波斯、中印度文化因素。进而从侧面说明，当时西域成为上述诸文化携带者的汇集之地，来自不同地域的人群又成为以多元文化为特征的西域文化建设者。当鄯善国人坐椅生活

① 李静杰、何平：《三件新出犍陀罗浮雕造像述论》，《敦煌研究》2021年第5期。
② 睢宁县博物馆藏。中国画像石全集编辑委员会编、汤池主编：《中国画像石全集·4·江苏、安徽、浙江汉画像石》，山东美术出版社、河南美术出版社，2000年，图版132。

之时，东西相望的敦煌百姓坐榻而居，同样为装饰莲花，前者仿照物象原型，后者刻画作柿蒂之形，两地山水相连而人文异域，如此耐人寻味。

（原文见李静杰：《鄯善古国木雕家具图像外来文化因素分析》，《敦煌学辑刊》2019年第3期。本稿在原文基础上略微改动）

Foreign Cultural Factors in the Images of Wood Carved Furniture in Shanshan Ancient Country

Abstract: The images of wood carved furniture in Shanshan ancient country have been attached great importance by the academia, but its cultural origin has not been very clear. This paper believes that the chair legs of the animal leg shaped chair unearthed from the Niya and Loulan sites were mainly influenced by ancient Greece and Rome, and also had Persian cultural factors. The relief images of wooden tables unearthed from Niya originated from northwest India and central India and the images of cabinet doors collected in Niya had both Indian and Chinese cultural factors. These furniture images reflected the convergence of various cultures in Southern Europe, Western Asia and South Asia and this process should take place in Serindia, not in Gandhara, northwest India. From the side, Serindia became the gathering place of the carriers of the above-mentioned cultural factors, and people from different regions became the cultural builders of Serindia characterized by diversity.

民丰尼雅出土蓝印花布丰饶角图像

内容提要：有关民丰尼雅出土蓝印花布的文化属性问题，长期以来学界众说纷纭。本稿以丰饶角图像为线索，在梳理古希腊罗马与拜占庭，以及贵霜同类图像发展脉络的前提下，推断其为来自贵霜的物品。认为从古希腊罗马到贵霜，丰饶角形态及其持有者身份有所变化，象征意涵则始终没有多少改变，贵霜以古希腊罗马手持丰饶角女神为蓝本，吸收当地佛教造像因素，从而形成蓝印花布女神图像。贵霜物品出现在尼雅遗址，意味着两地有着密切的经济文化交流活动。

民丰位于昆仑山之北、塔里木盆地南缘中间位置，地处西域南道交通冲要。尼雅遗址处在民丰县城北约150千米的尼雅河下游尽端，散布于南北长约25千米、东西宽不足10千米的荒漠中。遗址利用时间大约从西汉早期持续到两晋之际，原为西汉精绝国故地，东汉早期并入鄯善国领土，汉朝曾于此地设置都尉、司禾府行使权力[①]。遗址出土大量佉卢文简牍表明，当时尼雅居民与佉卢文母国贵霜有着密切联系。

1959年，民丰尼雅墓葬出土印染蓝地白花棉布[②]，残长89、残宽48厘米（图一）[③]，现收藏于新疆维吾尔自治区博物馆。花布上保存着一幅女子手持长角桶图像，引起学界长时间、多样化讨论，时至今日花布的文化属性依然没有达成一致认识。

[①] （汉）班固：《汉书》卷96《西域传》："精绝国，王治精绝城，去长安八千八百二十里，户四百八十，口三千三百六十，胜兵五百人。精绝都尉、左右将、译长各一人。北至都护治所二千七百二十三里。"（中华书局，1987年，3880页）；（南朝·宋）范晔：《后汉书》卷88《西域传》："王莽篡位……西域怨叛，与中国遂绝。光武以天下初定，未遑外事……小宛、精绝、戎卢、且末为鄯善所并……（永平）十六年（73）……西域自绝六十五载，乃复通焉。明年，始置都护……（永元）三年（91），班超遂定西域，因以超为都护，居龟兹。"（中华书局，1987年，2909、2910页）；斯坦因于1930—1931年第四次探险中，在尼雅遗址发掘出一枚简牍断片（编号：N.Ⅱ.2/T.O.37-X），书写"汉精绝王奉书从……"参见王冀青：《斯坦因第四次中亚考察所获汉文文书》，《敦煌吐鲁番研究·第三卷》，北京大学出版社，1998年；贾应逸：《新疆尼雅遗址出土"司禾府印"》，《文物》1984年第9期。

[②] 新疆维吾尔自治区博物馆：《新疆民丰县北大沙漠中古遗址墓葬区东汉合葬墓清理简报》，《文物》1960年第6期。

[③] 〔日〕田边胜美、前田耕作：《世界美術大全集·東洋編·第15卷·中央アジア》，东京：小学馆，1999年，图版240；中国历史博物馆、新疆维吾尔自治区文物局：《天山·古道·东西风：新疆丝绸之路文物特辑》，中国社会科学出版社，2002年，133页图片。

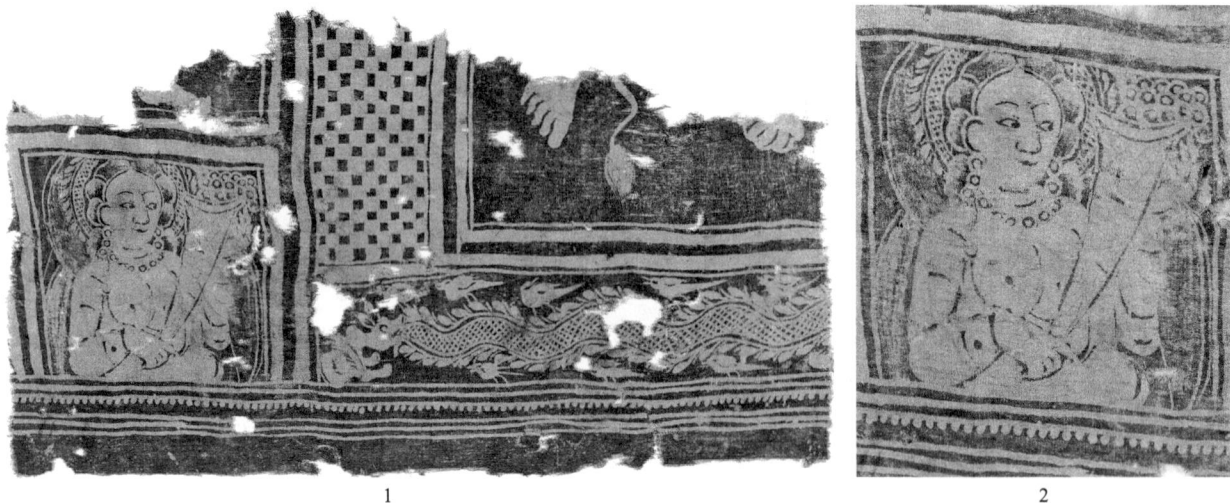

图一　尼雅出土汉晋时期蓝印花布及局部
1. 出自《世界美術大全集·東洋編·第15卷·中央アジア》图版240　2. 出自《天山·古道·东西风: 新疆丝绸之路文物特辑》
133页图片

一、蓝印花布图像及其研究情况

随葬蓝印花布的墓葬处在尼雅遗址西北外围沙坡上，从中出土一具带有四足的长方体白杨木棺，棺中盛放两具男女干尸，并随葬日用陶木器、弓箭与箭筒、君宜高官铭铜镜，以及各种织物等，蓝印花布盖在盛有羊骨的木碗上。关于该墓葬及其出土蓝印花布年代，考古报告著者认为："从彩锦图案和隶书、铜镜形制和铭文等分析，应属于东汉时代。"目前学界倾向于2世纪末叶至4世纪初叶的汉末魏晋时期。

此蓝印花布就残余图像观察，应为一长方形或方形画幅的右下角（以花布自身为基准确定左右方位，下同），残存画幅分为左侧主体和右侧附加条幅两部分。主体部分为边带围成的长方形或方形框架，下方边带残存一条长蛇的后段，蛇身两侧表现花叶饰带，于其上下各有一排逆长蛇飞翔或行走的鸟雀，边带右端一有翼长耳兽似在追咬蛇尾。右方边带表现白蓝相间方格纹。边带之内残存一人右脚和狮子一爪及尾巴，系花布主题图像。

附加条幅部分有上下两段，上段残余长方框或方框的下端，内中残存图像似一人左脚。下段方框边长约32厘米，内中表现半身女子，一簇簇朵状发髻外卷，颈戴串珠项链，胸乳轮廓清晰，仿佛裸露，仔细观察两臂衣服褶皱，并结合后述犍陀罗石刻女神透过薄衣露出乳房形态的情况，可知该女子身着轻薄上衣。其人右手于腹前握角桶下端，左手上举挽角桶上部，角桶外表由上而下饰有菱格纹、圆圈纹和人字纹，内中装满葡萄果物。女子身后附多重圆形头光和椭圆形身光，头光由内而外依次表现菱格纹、花叶纹和弦纹，身光由数层弦纹组成。手持角桶女子作为边饰表现，成为花布的辅助图像。

关于蓝印花布的内容和文化属性，在主体图像几乎消失的情况下，保存比较完整且极具特色的，作为辅助内容表现在方框中女子图像，自然成为关注焦点。现有几种主要观点：①原考古报告倾向于佛教物品，简单记述为"菩萨（？）半体像"。②认为蓝印花布来自贵霜，与西北印度及中亚佛教艺术关联，执角桶者则是希腊丰收女神[①]。③推断为出自鄯善民间画师之手的不规范佛画[②]。④认为蓝印花布来自贵霜，执角桶者为中亚女神[③]。⑤认为蓝印花布来自犍陀罗，执角桶者为兼有希腊和印度文化特点的女神[④]。⑥以为执丰饶角者源于古希腊梯刻（Tyche）女神、罗马帝国福尔图娜（Fortuna）女神，抑或成为中亚阿道克娟（Ardochsho）女神，应来自西亚等地[⑤]。此外，不少研究者在相关研究中顺便述及手持角桶女神身份，分别提出为希腊、罗马、波斯、贵霜女神的可能性。这些认识存在诸多差异，一概没有充分地说明蓝印花布属于古希腊罗马文化，还是波斯文化或贵霜文化。欠乏可供参考的相关图像发展谱系，应该是导致这种局面的主要原因。有鉴于此，笔者基于多年来实地调查资料，以流行于广大地域且最具文化特征的长角桶，即丰饶角为主要线索，梳理其图像的传播发展脉络，以期厘清尼雅蓝印花布的文化属性。

二、丰饶角图像的传播发展脉络

1. 丰饶角图像的由来

尼雅出土蓝印花布表现女子所持角桶，当今学界比较一致地认为由来于古希腊罗马的丰饶角。丰饶角或名聚宝角（Cornucopia），源于希腊神话。传说宇宙之神宙斯的生父克罗诺斯天神，预知自己的神位将被某一子女推翻，每生出一个孩子便吞进肚里。待宙斯出生后，

---

① 吴焯：《从考古遗存看佛教传入西域的时间》，《敦煌学辑刊》1985年第2期。认为："这件蓝印花布是西北印度—中亚地区，或者说是贵霜地区在佛教艺术形成过程中的作品。……人物形象我认为是一个希腊女神，她手中拿着长筒卷状物象征丰收，所以这个女神也应该是丰收女神。……民丰蜡印棉布来源于迦腻色迦时代的贵霜帝国，有可能是艺术移植品，也可能是直接由贵霜贩运的商品，时间当在公元2世纪或3世纪初。……是目前新疆发现的最早的佛教艺术品。"

② 孟凡人：《论尼雅59MNM001号墓的时代》，《西域研究》1992年第4期。认为："这幅佛画应是出自鄯善的民间，而不是从外部直接传入的原画。……尼雅棉布佛画有项光和背光，画的却不是佛像，手中持物也较特殊……似乎有点不伦不类。……应出自并不精通佛教和佛教图像学，在佛教图像变化的潮流之中又很难把握住要领的民间画师之手。"又基于该墓出土的汉地物品分析，认为应在4世纪初叶或中叶。

③ 孙机：《建国以来西方古器物在我国的发现与研究》，《文物》1999年第10期。认为："棉布上表现的应是一位中亚的女神。对照钱币资料，贵霜王朝胡毗色伽王之金币，有的背面有丰收女神阿尔多克洒（Ardochsho）的像，她也有项光，也手捧丰饶角，而且其左手捉住角底部，右手扶住角上部的姿势，更与棉布上的形象完全一致。……而从织物的质量上看，这块棉布又非当时新疆所能生产……我国的棉织品最早应是东汉时自贵霜传来的。"

④ 王华、张伍连：《尼雅遗址出土的东汉蜡染布研究》，《东华大学学报（社会科学版）》2006年第1期。认为："女像偏于主要图案的左下角，面貌具有西方人种特征，所持之角与犍陀罗雕刻中印度化的司农、丰饶神得墨特尔——鬼子神手中之物相近，故应是具有希腊和印度文化特点的丰收之神。……此蜡染布的产地为犍陀罗。"

⑤ 台信佑尔认为，蓝印花布"女神系起源西方并为中亚所崇信的丰饶女神梯刻（Tyche，即Ardochsho）……使人联想持丰饶角者与罗马福尔图娜（Fortuna）女神，花布主体部分残留的人脚及狮爪、狮尾与赫拉克勒斯神话传说关联，其产地也应在西方（埃及或西亚）"。参见〔日〕田边胜美、前田耕作：《世界美术大全集·東洋编·第15卷·中央アジア》，东京：小学馆，1999年，409页；李安宁：《民丰出土东汉时期蓝印花布研究》，《新疆艺术学院学报》2006年第1期。认为："有可能为波斯织造的草棉织品，并由粟特人传来新疆。……中心画面为斗狮或训狮，为波斯习俗。……裸女可能是希腊好运女神提刻或其他。"

其母瑞亚用襁褓包裹一块石头替代新生婴儿，信以为真的克罗诺斯一口吞下，宙斯则被母亲藏在山洞里，自然女神阿玛尔忒亚（Amalthea）用羊乳哺育其长大（一说此山羊即阿玛尔忒亚）。当时山羊摔掉一只角，阿玛尔忒亚就用此羊角盛上药草给予宙斯（或云宙斯自己取下羊角）。哺育宙斯的山羊之角因此具有魔力，演绎成可以生出人们种种所需之物的万能之角，即丰饶角，亦成为希腊幸运女神梯刻、罗马幸运女神福尔图娜的持物[①]。在古希腊罗马世界，人们不仅制作出各种质地的丰饶角，丰饶角还作为一种吉祥物象流行开来。

2. 古希腊罗马与拜占庭时期丰饶角图像

在地中海世界，丰饶角及其图像盛行于古希腊和罗马帝国时期，拜占庭时期延续发展，用作持物也用于装饰，成为具有强烈时空感和文化归属感的一种象征性物象。

已知较早的丰饶角图像实例不晚于希腊古典时期（前5—前4世纪），创始时间或许能够提前到古风时期（前8—前6世纪）。希腊古典时期、希腊化时期（前334—前30），丰饶角图像获得第一次大发展，实例大多分布在希腊，少许分布在周围的意大利和土耳其等地。希腊古典时期表现丰饶角图像的物品，主要制作于以雅典为中心的阿提卡半岛，有些流通到周围区域。诸如大英博物馆藏希腊罗德岛（Rhodes）出土约前470年黑釉陶瓶（图二），应为阿提卡半岛制品，表现行进中的一半裸青年男子右手握丰饶角，左手持杖，其丰饶角作羊角状，角桶中没有果物，反映了丰饶角的原始形态。大英博物馆藏意大利那不勒斯诺拉（Nola）出土约前430年陶瓶（图三），系阿提卡半岛制品，财神普卢托斯（Plutus）老者右

图二　大英博物馆藏罗德岛出土希腊古典时期陶瓶
（来自该馆网站）

图三　大英博物馆藏诺拉出土希腊古典时期陶瓶
（来自该馆网站）

---

① 鲁刚、郑述谱编译：《希腊罗马神话词典》，中国社会科学出版社，1984年，27、111、257、290、291页。

图四　大英博物馆藏埃雷特里亚出土希腊古典时期陶塑
西勒诺斯神像
（来自该馆网站）

手持杖，左手托丰饶角，角桶中盛有果物，是为体现丰饶角功能的较早实例，丰饶角用作财神持物恰如其分。大英博物馆藏希腊埃雷特里亚（Eretria）出土，约前350年西勒诺斯神（Silenus）陶塑像（图四），刻画森林之神西勒诺斯老翁右手持葡萄，左肩托幼小的酒神狄奥尼索斯（Dionysos），酒神手持硕大丰饶角，角桶外表刻划成瓜棱形状，脱离动物角转向植物角形态，其中盛满果物。西勒诺斯本是嗜酒、善歌舞的快活神祇，肩托酒神十分契合其特征，酒神手持丰饶角或许是祈盼葡萄丰收的表现。这些图像似乎反映了从原始羊角到人工制角的发展过程。

　　希腊化时期具丰饶角图像的物品，制作地从希腊蔓延到东地中海沿岸地区。诸如大英博物馆藏希腊哈尔基岛（Halki）出土，前4世纪末叶狄奥尼索斯与恋人阿里阿德涅（Ariadne）青铜浮雕像（图五），半裸的狄奥尼索斯与恋人相依而立，前者右手持丰饶角，角端垂下数串葡萄，恰好符合葡萄酒神狄奥尼索斯特性，丰饶角意在收获更多葡萄。伊兹密尔考古博物馆藏勒比都（Lebedos）出土前2世纪中叶银币背面（图六），一对丰饶角合成"U"字形，

图五　大英博物馆藏哈尔基岛出土希腊化时期青铜浮雕
狄奥尼索斯与恋人像
（来自该馆网站）

图六　伊兹密尔考古博物馆藏勒比都出土希腊化时期
银币（背面）

其间一只猫头鹰立在木棒上①，边缘由左右两支橄榄枝围成圆环。其丰饶角从一棵植物茎干顶端长出，意味着大地给予的恩惠，角桶顶端露出葡萄等丰硕果实，充溢着收获和富足的情调，桶身系着绶带，流露人们赞美幸福生活之情怀。大英博物馆藏土耳其阿比杜斯（Abydus）铸造希腊化初期银币，背面倚坐女神前方浮雕一只丰饶角，是为丰饶角与女神组合造型的早期实例。柏林旧博物馆藏埃及托勒密王朝（前305—前30）早期阿尔西诺依二世（Arsinoe II）金币（图七），正面在联珠圈中浮雕女王阿尔西诺依二世侧面肖像，背面在一植物茎中长出两个并列"S"形丰饶角，角桶中垂下葡萄串，角桶上端系着锦带，依然强调了丰饶角的丰收职能。丰饶角图像随着钱币广泛流通，已成为当地家喻户晓的吉祥物象。塞尔丘克艾菲斯博物馆藏希腊化时期嵌宝石金耳坠（图八），两只耳坠各自系着从茎叶长出的一双丰饶角，角桶中露出丰盈果实。当时人们熟悉且视丰饶角为吉祥物，才有可能用于耳坠造型。由此可知，希腊化时期丰饶角已成为人们熟知的、代表美好事物的物象，在日常生活中扮演着重要角色。

图七　柏林旧博物馆藏埃及阿尔西诺依二世
（前253—前246）金币正面与背面
（王德路摄）

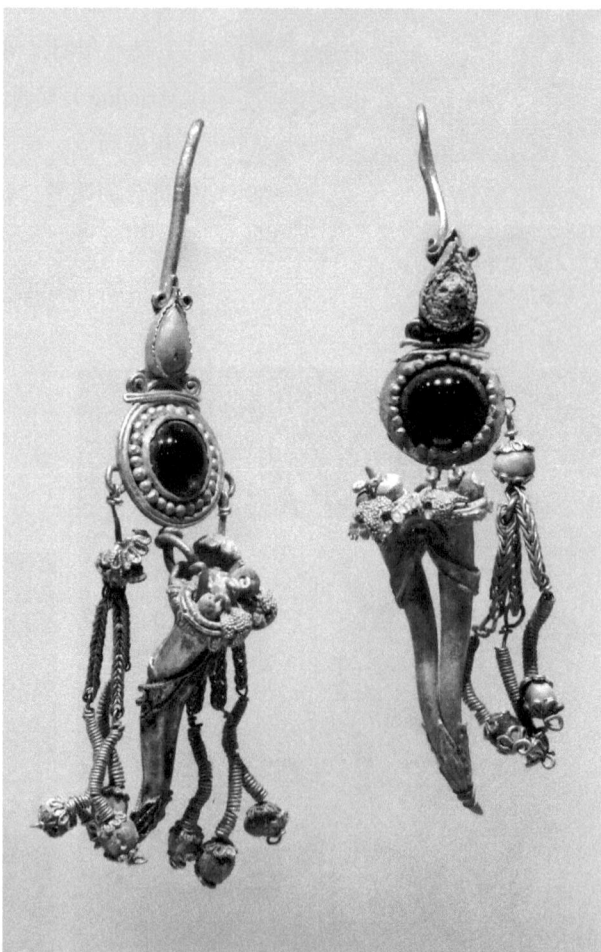

图八　艾菲斯博物馆藏希腊化时期嵌宝石金耳坠

---

①　正面浮雕雅典娜女神头像，背面浮雕猫头鹰像钱币，系前6世纪末叶迄前1世纪中叶，以雅典为中心的希腊城邦使用的重要钱币，大多为银币，也有少许金币和铜币。参见杨扬、欧阳艳冰：《铸造猫头鹰——古雅典钱币的历史考察》，《中国钱币》2014年第3期。

图九　贝尔伽马博物馆藏贝尔伽马卫城下方城区出土罗
马帝国石雕福尔图娜像

进入罗马帝国（前27—476）时期，丰饶角图像获得第二次大发展，以罗马城为文化中心的东地中海沿岸多有制作并流行，保存完整者大多见有写实的葡萄串。已知实例大体可以分为以下情况，其一，用作女神持物。诸如贝尔伽马博物馆藏贝尔伽马下方城区出土罗马帝国福尔图娜（Fortuna）石雕像（图九），福尔图娜系罗马帝国幸运女神，尊格与古希腊梯刻（Tyche）女神一致。女神像头部无存，两手及持物部分残缺，立在圆形底盘上，身体重心放在右腿上，衣褶自然流畅，造型优雅自如，或为罗马帝国初期遗物。其左手持丰饶角，角桶顶端残损已不知原初形貌。幸运女神手持丰饶角，给人带来各种好运，成为当时受贝尔伽马市民崇奉的神祇。意大利国家博物馆藏拉蒂纳（Latina）出土，约3世纪末叶罗马帝国石棺（图一〇），前面中间男左女右夫妇二人右手相握，妻子以左手搭丈夫肩上，丈夫侧后方与妻子侧前方分别侍立保护男女之神。左方二女神向中间侧视，内前方各有一谷仓，内侧者手持丰饶角，角桶装满葡萄等果物，又用衣衫兜起蔬果，可能是幸运女神福尔图娜，外侧者右手执叶片，头戴象头帽，推测为某农神。右方二女神侧身相顾，内侧者为头戴宝冠的谷物神，外侧者为脚踏船头、右手托举灯塔的航海神。夫妇相爱、粮食丰收、航行平安成为石棺图像主题，丰饶角应象征带来更多收获，推测不仅以此慰藉逝者，或许还有祈盼生人美满、富裕之用意。

图一〇　意大利国家博物馆藏拉蒂纳出土罗马帝国石棺（前面）

　　其二，用作男神持物。诸如意大利国家博物馆藏古希腊大力神赫拉克勒斯（Heracles）像（图一一），作壮年男子形象，大半裸露，肌肉劲健，身披狮皮，左手握丰饶角，从中垂下葡萄叶、串，右手持大棒。那不勒斯考古博物馆藏青铜古埃及孩童保护神哈波奎迪斯（Harpocrates）像（图一二），作幼稚、可爱的童子形象，左手握盛满果物的丰饶角，右手抵住下颏。伊兹密尔历史与艺术博物馆藏艾菲斯古城体育馆附属浴室出土，约2世纪罗马帝国石雕凯斯特斯（Kaistros）河神像（图一三），河神手脚及其持物和水瓶略有残缺。河神前侧身半卧于床，左手持丰饶角倚在水瓶上，上身袒裸，下身覆盖被物，须发浓密，目视前方。所倚水瓶用作浴室的注水口，体现了河神供给水源的职能。丰饶角从茎叶中长出，角桶外表瓜棱形凸起，上端露出葡萄等累累果实。河神手持丰饶角，使得水源和收获连在一起，自在情理之中。该神被安置在浴室中，带来水源的同时，让艾菲斯市民感受丰收的希望。莫斯科普希金博物馆藏埃及出土三、四世纪尼罗河神画布图像（图一四）[1]，体态丰腴的河神头戴花冠，手持丰饶角，用意当在于给人们带来好收成。

图一一　意大利国家博物馆藏公元前后石雕赫拉克勒斯像
（王德路摄）

图一二　那不勒斯考古博物馆藏1世纪青铜哈波奎迪斯像
（王德路摄）

　　其三，用作皇帝、皇后持物。如那不勒斯考古博物馆藏2世纪石雕奥古斯都（即屋大维）皇帝（前27—14年在位）像（图一五），作青年男子形象，大半裸体，肌肉紧实且富于弹性感，身披斗篷，透射着青春活力，左手握装满葡萄等果物的丰饶角，由此反衬当时罗马帝国

---

① Wolfhart Westendorf, Painting, Sculpture, and Architecture of Ancient Egypt, New York: HARRY N. ABRAMS, INC. Publisher, 1968, p.238.

图一三　伊兹密尔历史与艺术博物馆藏艾菲斯古城出土罗马帝国石雕凯斯特斯河神像及其局部

图一四　莫斯科普希金博物馆藏埃及出土罗马帝国时期
尼罗河神画布图像
（出自*Painting, Sculpture, and Architecture of Ancient Egypt*. p. 238）

之富强。柏林旧博物馆藏石雕莉薇娅皇后（Livia，前58—29）像（图一六），其人身体重心放在左腿上站立，左手持丰饶角，角桶上端露出累累硕果，透过贴体衣着和起伏褶皱，清晰显露丰盈肌体，充溢着旺盛生命力。莉薇娅系奥古斯都之妻，多次以执政官身份主持国家政事，后被其孙克劳狄皇帝（41—54年在位）神化。莉薇娅作为著名政治人物而被雕刻成偶像，由于被神化而手持丰饶角，大概寓意其人给民众带来福祉。

其四，用作装饰。如罗马音乐学院美术馆藏罗马埃斯库伊利努斯（Esquilinus）山丘出土，作赫拉克勒斯形象表现的康茂德皇帝（Commodus，180—192年在位）大理石雕像（图一七）[①]，其人崇拜希腊神话英雄赫拉克勒斯，故此像身披头戴狮皮，右手举大棒，左手托果物，作半身像置于二交叉丰饶角和二护卫者构成的底座上。

康茂德皇帝后来因荒于政事而遭到暗杀，此像应为其人执政期间所造，手托果物，以丰饶角为底座，似乎示意给国家带来繁荣。又如贝尔伽马博物馆藏贝尔伽马卫城阶地出土罗马帝国壁板（图一八），浮雕一只朝左上方的丰饶角，桶身呈瓜棱形凸起，上端仿银器裂瓣纹形式，顶端露出葡萄等丰盛果实，形态可爱、诱人。原初可能有多块同样壁板连续排列，路人望之而生喜悦之情。罗马帝国时期相关实例远不止于这些，其丰饶角图像延续了古希腊以来的发展势头，应用更加广泛，表现具体形象，寓意愈加丰富，成为当时人们喜闻乐见的

① 〔日〕青柳正规：《世界美術大全集·西洋編·第5卷·古代地中海とローマ》，东京：小学馆，1997年，图版169。

图一五　那不勒斯考古博物馆藏2世纪石雕奥古斯都像
（王德路摄）

图一六　柏林旧博物馆藏42—54年石雕莉薇娅皇后像
（王德路摄）

图一七　罗马音乐学院美术馆藏罗马埃斯库伊利
努斯山丘出土罗马帝国大理石雕康茂德皇帝像
（出自《世界美術大全集·西洋編·第5卷·古代地中海と
ローマ》图版169）

图一八　贝尔伽马博物馆藏贝尔伽马卫城阶地出土浮雕
罗马帝国壁板

图一九　佛罗伦萨国立考古博物馆藏拜占庭早期阿尔达布利斯
勋章
（来自该馆网站）

吉祥物象。

拜占庭时期（395—1453）丰饶角图像继续流行，然数量明显减少，丰饶角变得简单抽象，实例多集中于拜占庭早期。存在以下情况，其一，用作军事统帅持物。佛罗伦萨国立考古博物馆藏拜占庭早期阿尔达布利斯（Ardaburius）勋章（图一九），约为5世纪上半叶遗物。阿尔达布利斯为5世纪初叶拜占庭最高军事统帅之一，其人坐在勋章中间的狮子座上，左手置于腿上执丰饶角，右手握文案状物举向右前方，其左侧随从一矮小侍者，两外侧各有一高大女神持兵器站立于旁。作为从属内容表现的狮子座和护卫女神，凸显阿尔达布利斯之伟大，手持丰饶角意在拥有更多收获，愈加突出其伟人形象。勋章所示丰饶角变成直挺形状，上端露出果实也趋于抽象。

其二，用作柱头装饰。伊斯坦布尔博物馆藏拜占庭早期石柱（图二〇），为7世纪上半叶遗物。在仿效罗马帝国科林斯式柱头上，四面分别刻画两只交叉摆放的丰饶角，角桶从莨苕茎叶中长出，角身外表作瓜棱形，上端露出三颗硕大果实。柱头前面顶端刻画两支相背的橄榄枝。在两支丰

图二〇　伊斯坦布尔博物馆藏拜占庭早期石柱前面与左前侧面

饶角与两支橄榄枝间刊刻铭文："祈愿圣徒之神，帮助赫拉克利乌斯（Heraklius）。"赫拉克利乌斯为7世纪上半叶拜占庭帝国君主，数次击败强大的波斯萨珊军队，挽救了垂死的国家，时至暮年，国土又遭受新兴阿拉伯帝国蚕食。其人意志坚强，然饱受外敌侵扰之困，柱头铭文所云让基督教神祇帮助皇帝赫拉克利乌斯，是针对其人所处境地的真实写照。柱头丰饶角与橄榄枝组合，祈愿拜占庭国家富强、和平的意愿十分强烈。拜占庭早期丰饶角图像已经变得抽象，葡萄有无不定，暗示地中海世界人们崇尚丰饶角的热情逐渐消退。

在古希腊罗马与拜占庭时期，丰饶角比较普遍地用于持物和装饰，成为象征丰饶等好运的吉祥物象。诸多实例丰饶角下端刻画成茎叶形，被赋予植物属性，其中结出丰硕果实示意大地的馈赠，手持丰饶角则意味着喜获丰收。在西亚的帕尔米拉和波斯也发现有持丰饶角人物造像[①]，限于零星实例而难以展开说明。

3. 贵霜时期丰饶角图像

以西北印度白沙瓦为中心的地域公元前后崛起贵霜帝国（1—5世纪中叶）。贵霜帝国兼容古希腊罗马文化和印度文化，创造出具有浓厚地方色彩的犍陀罗文化，信奉佛教也不排斥其余宗教，丰饶角图像在此背景下获得新发展。具体可分为两种情形，其一，用作丰收女神阿道克娟（Ardochsho）持物。在贵霜钱币和石刻中，存在一些手持丰饶角的女神，没有伴随子嗣或丈夫，以此区别于鬼子母神，学界比定为波斯文献中的阿道克娟，此女神在琐罗亚斯德教中，被认作最高天神阿胡拉玛兹达之女。自迦腻色迦王（Kanishka，127—147年在位）以来，钱币背面时而表现阿道克娟女神，分立像、坐像两种。作立像表现者见有银币和金币，如塔克西拉博物馆藏迦腻色迦王银币（图二一）、塔克西拉博物馆藏169年胡维色迦

图二一　塔克西拉博物馆藏迦腻色迦王银币背面　　　　图二二　塔克西拉博物馆藏胡维色迦王银币背面

① 例如，卢浮宫藏叙利亚帕尔米拉（Palmyra）3世纪上半叶高浮雕持丰饶角王者立像，系该地作为罗马帝国行省或独立王国时期遗物。卢浮宫藏伊朗西部马斯吉德苏莱曼（Masjed Soleyman）二、三世纪高浮雕持丰饶角王者立像，推测为安息帕提亚（前247—224）遗物，其丰饶角为下端作兽头状的来通形，与贵霜帝国丰饶角造型关联。

王（Huvishka）银币（图二二），阿道克娟女神右前侧面立在联珠纹圆圈中间，体态丰盈、鼻梁高挺。前者附圆形头光，右手持丰饶角下端，角桶上端露出繁茂枝叶和果实，后者无头光，右手持丰饶角下端，左手挽角桶中间，角桶上端露出两颗圆润果实。表现为坐像者见于诸多金币背面，刻画阿道克娟女神正面垂脚坐，着通身大衣，附圆形头光，左手持丰饶角，右手持物外伸[①]。圆形头光表现显然来自当时佛教造像因素，丰饶角用作女神持物刻画在钱币上，意在给人们带来财富。在希腊本土希腊化初期，已经出现正面浮雕王者像，边缘表现联珠纹的银币[②]，应该就是上述贵霜钱币制作的范本。希腊化早期银币已经出现丰饶角与女神组合表现实例，尽管不是女神手持丰饶角造型，却不排除实际存在这种表现，并成为贵霜钱币同类图像来源的可能。

犍陀罗石刻阿道克娟女神正面垂脚坐并执丰饶角，有的附圆形头光，其坐姿、持物及头光与前述贵霜王金币像一致。诸如，白沙瓦大学博物馆藏斯瓦特什奈沙（Shnaisha）出土女神石雕像（图二三），左手持丰饶角以标明其职能，右手施无畏印相及两侧各二礼拜供养者表现，明显吸收佛教造像因素。斯瓦特博物馆藏尼毛格拉姆（Nimogram）出土女神石雕像（图二四），附圆形头光，右手持丰饶角底端，左手挽桶身，两手姿势与上述贵霜银币阿道克娟立像一致。此二浮雕出土在两个佛寺遗址，原初可能与佛教雕刻组合配置，女神均着通肩衣、束发、戴耳坠，造型古朴，属于同一流派的犍陀罗偏早阶段遗物，用意无外乎希冀因此带来更多收获。

图二三　白沙瓦大学博物馆藏什奈沙出土浮雕阿道克娟女神像

图二四　斯瓦特博物馆藏尼毛格拉姆出土石雕阿道克娟女神像

① 李铁生：《古中亚币（前伊斯兰王朝）》，北京出版社，2008年，192页图5-56，193页图5-57，195页图5-58、59。

② 如大英博物馆藏马其顿安菲波利斯（Amphipolis）于前323—前320年铸造的银币（编号1929，0811.36）。

其二，用作佛教生殖女神鬼子母（Hariti）持物。鬼子母乃古印度极恶夜叉，其人多子，而常盗取人家子食之。释迦佛怜悯众生，用计藏匿其子，使之痛心悔过，于是鬼子母皈依佛教并满足人们祈求子嗣的愿望，演化成佛教中的生殖女神[1]。印度佛寺多图画其像，传说众生供奉饮食者，皆可满足其人得子与祛病之希求[2]。在犍陀罗雕刻中鬼子母像所在多有，独立像有幼子相伴，与丈夫般阇迦（Panchika）组合造像中幼子有无不定，作中青年形象。在夫妇组合造像中，诸多实例鬼子母与般阇迦促膝而坐，左侧鬼子母左手持丰饶角。此角桶尾端刻画成兽头形，做法相近卢浮宫藏罗马帝国早期石雕丰饶角，也是来自地中海的传统，应受到来通器影响，来通为欧亚大陆饮酒用器，使得此种丰饶角增加了宴饮享乐意趣。如伦敦大英博物馆藏塔科特·伊·巴依（Takht-i-Bahi）出土石雕鬼子母夫妇像（图二五）[3]，鬼子母左手持丰饶角，内中盛满葡萄等果实，右手搭在丈夫腿上，般阇迦两手执高足杯，一幼儿攀扶鬼子母右腿。下方两地神操持脚垫，上方一老者执钱袋凑近般阇迦。鬼子母衣着贴体，具有弹性感的两乳形态清晰显露，有意凸显其生殖多产功能。所持丰饶角表面满饰叶片，上端露出葡萄等繁多果实，洋溢着大地丰收的情调。般阇迦执杯待饮之态，尽显享乐情趣。侍者执钱袋实际代替般阇迦所为，寓意后者具有财宝神功能。通观此像夫妇恩爱、子孙繁衍、财富丰饶、生活享乐，多重美好意愿叠加其间。又如斯瓦特博物馆藏推测尼毛格拉姆出土鬼子母夫妇像（图二六）、白沙瓦博物馆藏鬼子母夫妇像（图二七），都没有幼子相伴，两者偎依相坐，左侧鬼子母左手握丰饶角，右侧般阇迦左手提钱袋，右手握长柄武器。突出表现了丰饶角和钱袋持物，反映了人们祈求物产丰饶，以及生活富裕、美满的殷切愿望。

　　在贵霜帝国，丰饶角用作丰饶女神阿道克娲、佛教生殖女神鬼子母持物，成为象征丰饶多产并为当地民众广泛接受的吉祥物象。此二女神手持丰饶角造型，如果缺少地中海世界的参考范本，几乎没有产生的理由。有些丰饶角底端刻画成兽头状的来通形，增加享乐情调，形成贵霜丰饶角的不同之处。

---

① 失译者（附西晋录）：《佛说鬼子母经》："佛游大兜国，时国中有一母人多子，性极恶，常喜行盗人子杀啖之。……是母有千子。……众沙门即往，伺是母出行，随后敛取子，得千数子，逃着精舍中。是母便复行盗人子，来入舍中不见其子，便舍他人子，不敢复杀。便行索其子……去到佛所，欢喜前为佛作礼。……佛复问，'汝有子知爱之，何故日行盗他人子。他人有子，亦如汝爱之，亡子家，亦行道啼哭如汝。汝反盗人子杀啖之，死后当入太山地狱中'。母闻是语便恐怖。……佛便语母言，'汝子若在，汝宁能自悔不？若能自悔，当还汝子'。……母言，'我听佛教诫，当随佛语自悔，佛还我子，我不敢远离佛所语'。……佛便授以五戒。……佛言，'汝从是已去当称是语，便止佛精舍边，其国中人民无子者来求子，当与之子，自在所愿'。"（《大正藏》第21册290页下、291页上中）又，（北魏）吉迦夜与昙曜译：《杂宝藏经》卷9《鬼子母失子缘》："鬼子母者是老鬼神王般阇迦妻，有子一万，皆有大力士之力，其最小子字嫔伽罗。此鬼子母凶妖暴虐，杀人儿子，以自啖食。人民患之，仰告世尊。世尊尔时即取其子嫔伽罗，盛着钵底。……佛即使鬼子母见嫔伽罗在于钵下，尽其神力不能得取，还求于佛。佛言，'汝今若能受三归五戒，尽寿不杀，当还汝子'。鬼子母即如佛敕，受于三归及以五戒。受持已讫，即还其子。"（《大正藏》第4册492页上）

② （唐）义净译：《南海寄归内法传》卷1《受斋轨则》："西方诸寺，每于门屋处，或在食厨边，素画母形抱一儿子，于其膝下或五或三以表其像，每日于前盛陈供食。其母乃是四天王之众，大丰势力，其有疾病、无儿息者，饗食荐之，咸皆遂愿。广缘如律，此陈大意耳，神州先有名鬼子母焉。"（《大正藏》第54册209页中）

③ W.Zwalf, A Catalogue of the Gandhara Sculpture in the British Museum, London: British Museum, 1996, p.119, pl.98.

图二五　大英博物馆藏塔科特·伊·巴依出土石雕鬼子母夫妇像及其局部

图二六　斯瓦特博物馆藏推测尼毛格拉姆出土
石雕鬼子母夫妇像

图二七　白沙瓦博物馆藏石雕鬼子母夫妇像

三、蓝印花布的文化属性

总观各地域丰饶角图像，源头都可以追溯到古希腊罗马文化，在不同地域和时期传播发展过程中形成各自面貌。丰饶角在古希腊罗马与拜占庭时期用于各种装饰，以及不同身份男女的持物，下端往往刻画成茎叶形，古希腊罗马表现具体形象，至拜占庭变得简单抽象。贵霜帝国丰饶角少许用作帝王、更多用作女神持物，下端往往刻画成兽头形。无论何地何时，也不管用于持物或装饰，丰饶角图像的功能难以看出有何本质不同，希望藉此带给人们更多收获的用意从来没有改变。丰饶角在地中海世界用于多种身份者的持物，而在贵霜帝国主要用作女神持物，后者将女性与丰产紧密地结合在一起，成为一种重要的文化现象。

反观尼雅蓝印花布手持丰饶角女神，其附圆形头光，以及右手持角桶底端，左手挽桶身的表现形式，与贵霜银币阿道克哨女神立像及犍陀罗石刻同一女神坐像一致，应该具有相同属性，而有别于古希腊罗马和拜占庭实例。此女神圆形头光与椭圆形身光组合表现，见于迦腻色迦王金币背面刻画佛陀立像，以及犍陀罗晚期释迦佛大神变浮雕，无疑吸收了佛教造像因素。该蓝印花布女神处处体现了贵霜文化特征，这些特征很难一并出现在远离贵霜故土的狭义西域制品上，推断为贵霜传来物品理所当然。特别是贵霜丰饶角图像高频率出现，暗示已成为当地民众喜爱的吉祥物象，西域似不曾有过这种情况，以至于还没有发现一例确凿的西域制作丰饶角图像。再者，尼雅遗址出土大量佉卢文简牍，意味着此地居民与佉卢文母国贵霜有着千丝万缕联系，在两地人口流动和经济文化交往过程中，将贵霜物品带到尼雅本是自然中事。

蓝印花布女神所持丰饶角，与古希腊罗马文化有着不可分割的联系，贵霜丰饶角就是地中海传承的丰饶之角，贵霜持丰饶角的阿道克哨女神与地中海提刻、福尔图娜女神，在功能上也没有本质区别。再者，花布所见蓝白相间方格纹，关联古希腊罗马深浅颜色相间方格纹，诸如，柏林旧博物馆藏阿提卡出土前480年陶杯，绘制椅子背障上表现黑白方块相间格子纹，艾菲斯古城行政区罗马帝国房屋地面表现灰白相间方格纹（图二八）。迪尔博物馆藏查特帕特（Chatpat）出土犍陀罗浮雕凹凸相间方格纹物象（图二九），为了使平面产生立体效果所为，应是源自古希腊罗马的表现形式。

图二八　艾菲斯古城行政区罗马帝国房屋地面

蓝印花布主题图像亦即中间残存痕迹，如学界所云可能是希腊神话赫拉克勒斯战胜狮子，或者斗狮场面，没有引起学界注意的纽约大都会艺术博物馆藏犍陀罗浮雕赫拉克勒斯战胜狮子图像（图三〇），基本能够与花布残迹对应，可以说前人推测有其道理。况且，英雄赫拉克勒斯与丰饶角都起源于希腊神话，两者组合有着天然的默契。因此，该蓝印花布原初可能是一块描绘希腊神话故事的画布，只是吸收了些许佛教造型因素而已。可以说，尼雅出土蓝印花布是以地中海文化为基调，吸收贵霜佛教文化所成的、具有不同文化综合体性质的物件。

图二九　迪尔博物馆藏查特帕特出土犍陀罗浮雕像

图三〇　纽约大都会艺术博物馆藏犍陀罗浮雕赫拉克勒斯战胜狮子图像

（原文见李静杰：《民丰尼雅出土蓝印花布丰饶角图像分析》，《故宫博物院院刊》2020年第1期。本稿在原文基础上略微改动）

Cornucopia Image of Blue Printed Cloth Unearthed in Niya, Minfeng County

Abstract: For a long time there have been different opinions on the cultural attribute of the blue printed cloth unearthed in Niya, Minfeng. This paper takes the image of Cornucopia as a clue, and on the premise of combing the development of ancient Greece, Rome, Byzantium and similar images of Kusana, infers that the artifacts were from Kusana. The paper argues that from ancient Greece and Rome to the Kusana, the shape of cornucopia and the identity of its holder had changed, but the symbolic meaning had not altered much. The Kusana took the goddess holding the Cornucopia in ancient Greece and Rome as the blueprint, absorbed the factors of the local Buddhist statues, and formed the image of the blue printed cloth goddess. The presence of Kusana artifacts in the Niya site means that there were close economic and cultural exchanges between the two places.

兽首含臂守护神像谱系

内容提要： 本稿就含混不清的兽首含臂守护神像发展谱系问题，比较系统地进行了阐述，指出中国兽首含臂守护神像经历南北朝隋代初步发展、唐五代大发展，以及宋元明清延续发展三个阶段。认为安息帕提亚朝赫拉克勒斯像出现初级形态兽首含臂图像，北魏早中期兽首含臂图像传入首都平城，装饰性兽首含臂守护神像流行开来，尔后随着迁都洛阳流布中原北方。唐五代时期兽首含臂守护神像获得空前绝后大发展，初盛唐尤其发达，基本分布在以唐两京为中心的中原北方和四川。包括伫立式、踏恶鬼式、踏卧兽式、地天承托式四种形式，随葬陶俑占多数，少数为佛道教雕塑造像，大多表现为龙首含臂，少许表现为摩羯鱼首含臂等形式。宋元明清时期兽首含臂守护神像在衰落中延续发展，南宋与明代形成两个发展小高潮，南方发展势头超过北方。伫立式占据绝对多数，同时流行踏恶鬼式、单蜷腿坐式、双腿垂下坐式等，主要用于佛道教雕塑和墓门及神道石刻造像，一概表现为龙首含臂。兽首含臂图像以其奇妙设计，在中土引起人们浓厚兴趣并广泛用于装饰守护神像，成为影响深远的文化现象。

在南北朝以来守护神像中，时常见有手臂从兽首口中伸出的肩部造型，学界名为兽首含臂，此名称准确而形象地说明了其图像特征。这种图像几乎不见于汉晋时期，考虑其迥然有别于中国传统设计理念的情况，推测应该不是汉文化自发滋生的因素，直觉判断可能来自异域文化。

以往学界在相关研究中有所涉及兽首含臂图像，并提出一些初步认识[①]。近年来，邢义田系统地梳理了戴兽首帽神像谱系，指出其由来于古希腊赫拉克勒斯信仰，在西北印度和西域与佛教神祇混淆造型，尔后东传汉文化地区并获得大发展的情况[②]。事实上，戴兽首帽与兽首含臂只是一个问题的两个方面，如果兽首横向搭在一肩，使一侧手臂从兽首口中伸出，便形成兽首含臂图像。由此而言，兽首含臂图像同样应来自赫拉克勒斯信仰，况且其图像谱系与戴兽首帽图像谱系多有重叠现象。

[①] 李淞认为兽首含臂是北魏以来神王造像形式，表明有所关注这一问题。参见李淞：《略论中国早期天王图像及其西方来源》，《长安艺术与宗教文明》，中华书局，2002年，105—141页。凯风称这种图像为兽头吞肩，认为来源于中亚突厥民族服饰习俗，隋代出现后对后世产生重要影响。参见凯风：《中国甲胄》，上海古籍出版社，2006年，77—86页。魏兵也持同样观点。参见魏兵：《中国兵器甲胄图典》，中华书局，2011年，129、130页。后二者对兽首含臂图像源头和在中国出现时间的判断可能有所偏差。

[②] 邢义田：《赫拉克利斯（Heracles）在东方——其形象在古代中亚、印度与中国造型艺术中的传播与变形》，《中外关系史：新史料与新问题》，科学出版社，2004年，15—47页。

　　相对于戴兽首帽图像实例，兽首含臂图像实例倍加丰富，流行时间更为久远，普及地域甚为广大。过去，学界之所以没有系统地梳理兽首含臂图像，一者，大概因为其图像表现已远离赫拉克勒斯原型，源头有些扑朔迷离。再者，这种图像已经十分普及且一般化，似乎难以引起研究者足够兴趣。不管怎样，学界对这种司空见惯的图像，大体上知其然而不知其所以然，厘清兽首含臂图像的来龙和去脉，依然是十分必要的基础工作。然而，兽首含臂图像之于守护神像，有如毛之于皮，系附着物与载体的关联，若罔顾守护神像，何以谈兽首含臂图像。是故，本稿以兽首含臂守护神像谱系为题，试图通过分析载体守护神像，弄清其附着物兽首含臂图像的发展历程。

　　兽首含臂守护神像普遍存在且屡有新发现，资料数量庞大又极其分散，收集整理工作繁重，而且难以穷尽。本稿基于学界披露资料和笔者历年实地调查资料，在全面收集并整理兽首含臂守护神像的前提下，尽可能地使用那些有明确出土或发现地、年代清楚，以及保存较好的实例加以论证。主要采用考古类型学方法分类排比实例，并适当地应用美术史图像学方法分析图像。通过全盘梳理，可以将兽首含臂守护神像大体分为三个阶段，即南北朝隋代初步发展、唐五代大发展，以及宋元明清延续发展阶段。兽首含臂守护神像包含雕塑、绘画两大类，在讨论其初步发展时因遗存数量有限，一并考虑雕塑和绘画实例，在分析其大发展和延续发展过程中，由于雕塑实例数量众多且体系完备，加之立体表现能够充分体现各种造型因素，已而不再考虑绘画实例。中国兽首含臂守护神造型又传播邻国朝鲜、日本，本稿不予讨论。

一、兽首含臂守护神像的形成与初步发展

　　就已知资料，安息帕提亚朝和贵霜朝已经出现具有初级形态兽首含臂图像的守护神像，北朝与隋代具有装饰性兽首含臂图像的守护神像流行开来（图一），7世纪前后中亚与西域亦流行装饰性兽首含臂守护神像。初级形态兽首含臂守护神像为装饰性兽首含臂守护神像之源，但二者之间存在发展演化缺环。初步发展阶段装饰性兽首含臂守护神像，往往表现为多头多臂神王特征。

1. 帕提亚朝与贵霜朝的兽首含臂神像

（1）古希腊罗马赫拉克勒斯像的原型

　　赫拉克勒斯（Heracles）系希腊神话中的英雄，宙斯（Zeus）与阿尔克墨涅（Alcmene）之子，因天后赫拉的诡计，只有完成十二项艰巨任务才能摆脱欧律斯休斯（Eurystheus）的束缚。传说他在进行第一项任务时，用大棒杀死内梅亚森林里刀枪不入的猛狮（Nemean lion），将狮皮剥下披在身上，于是，狮皮连同携带棍棒一起成为赫拉克勒斯的造型特征。赫拉克勒斯将狮皮头戴身披，或搭在手臂、提在手里、夹在腋下。在古希腊、古罗马遗存中，诸多陶瓶彩绘、壁画、雕塑、钱币等表现赫拉克勒斯像，而且其中不少为罗马帝国仿制古希腊作品，诸如纽约大都会艺术博物馆藏约1世纪末叶大理石刻赫拉克勒斯像（图二）、意大利国家博物馆藏科皮亚（Copia）发现大理石刻赫拉克勒斯像（图三）。在罗马帝国版图的东西

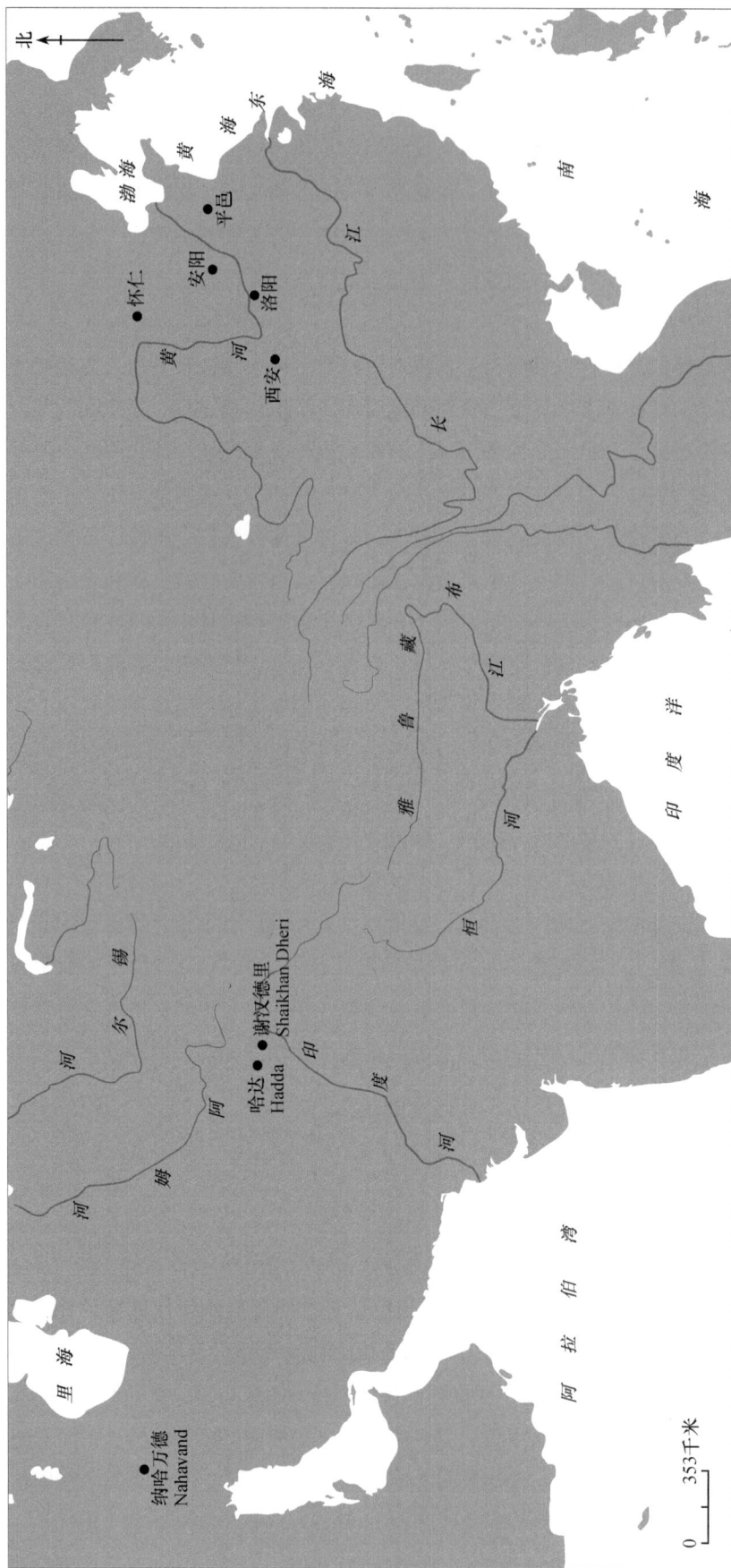

图一　早期兽首含臂守护神像分布图

审图号：GS京(2023)1864号

图二　纽约大都会艺术博物馆藏罗马帝国石刻
赫拉克勒斯像

图三　意大利科皮亚发现罗马帝国石刻赫拉克勒斯像

两端，发现了造型相近的赫拉克勒斯像，一者为英国哈德良长城罗马帝国早期约2世纪初叶浮雕（图四）[①]，另一者为深受罗马帝国影响的叙利亚帕尔米拉（Palmyre）城Nabo神庙约二、三世纪浮雕（图五）[②]，二者均将狮首皮披搭于左肩，狮身皮绕左肘垂下，右手扶持大棒。此二实例狮首自然地搭在左肩，没有形成手臂从狮首口中伸出的造型，还不是严格意义上的狮首含臂图像。这些情况暗示，狮首含臂应是在狮皮横向搭肩情况下，不经意形成的具有设计内涵的图像。在古希腊、古罗马赫拉克勒斯图像遗存中，迄今尚未发现狮首含臂实例，但不能完全排除曾经存在的可能性。

（2）帕提亚朝的赫拉克勒斯像

亚历山大东征，结束了古波斯帝国阿契美尼德朝（Achaemenid Empire，前550—前330）统治，不久开启中期波斯帝国安息帕提亚朝（Parthia，前247—224）之历程。帕提亚朝一反埃兰王国（Elam，前3千纪上半叶—前639年）以来波斯自身文化传统，代之以希腊化的文化，生成希腊与波斯融合的新文化。在这种背景下，希腊赫拉克勒斯信仰传播西亚、中亚和西北印度地域。已知年代较早的两件具有兽首含臂图像的赫拉克勒斯像，即出现在帕提亚朝领地。

---

① 〔美〕布朗主编、陈俐丽译：《罗马：帝国荣耀的回声》，华夏出版社、广西人民出版社，2002年，161页插图。

② 帕尔米拉博物馆藏。Jacques Charles-Gaffiot, Henri Lavagne and Jean-Marc Hofman, eds., Moi, Zénobie reine de Palmyre, Paris: Centre Culturel du Panthéon, 2001, p.288, fig.189.

图四　英国哈德良长城罗马帝国早期浮雕赫拉克勒斯像
（出自《罗马: 帝国荣耀的回声》161页插图）

图五　叙利亚帕尔米拉（Palmyre）Nabo神庙约二、三
世纪石刻赫拉克勒斯像
（出自 *Moi, Zénobie reine de Palmyre*, p.288, fig.189）

　　一件为东京私人藏，传伊朗哈马丹省（Hamadan）纳哈万德县（Nahāvand）出土微型银像（高6.5厘米），作裸体青年形貌（图六）[①]。左手持布满瘤节棍棒，右手执碗。后肩横披狮皮，左臂从狮首口中伸出，右肩披搭狮爪，左后肩部狮皮从内侧向外绕臂垂下，且下端露出狮爪，在颈后留有尾巴。该像形貌不似古希腊、古罗马地域赫拉克勒斯，没有浓密的胡须，倒像是腼腆青年，英雄的刚毅本色被淡化了。有如深井晋司、田边胜美所言，该像由南欧的实际人体分割比例，改变为头大身短造型，已经是波斯化赫拉克勒斯了。该像以单臂穿过狮口做法替代狮首披搭左肩表现，从而形成狮首含臂造型，这种情况近似戴兽首帽做法，已经多少带有一些艺术设计成分。如此看来，狮首含臂造型应在狮首披搭左肩造型基础上形成，很可能创始于帕提亚朝地域。另一件出土于今巴基斯坦恰尔萨达（Charsada）附近谢汉代里（Shaikhan Dheri）遗址的帕提亚朝地层，为裸体小型白石造像（图七）[②]。该像头部、两臂大部、两小腿部残缺，男性肌肉劲健的躯体形态依然醒目。后肩部横搭一张狮皮，左肩比较形象地刻画着狮头，右肩见有模糊狮爪。该像已无法充分地体现赫拉克勒斯造型特征，重要的在于它产生在西北印度地域。

　　帕提亚朝赫拉克勒斯像所见狮首含臂图像只有少许设计意涵，还不能看作成熟的艺术设计作品，但已经开启装饰性兽首含臂设计思路，成为后世典型兽首含臂图像的源头。

　　（3）贵霜朝的执金刚力士像

　　前2世纪下半叶，塞人和大月氏人联合灭亡中亚阿姆河流域的希腊化大夏国，其后逐渐向南越过兴都库什山并占领印度河流域，公元前后建立了贵霜帝国（Kushan Empire，1—3世纪

---

① 〔日〕深井晋司、田边胜美：《ペルシア美術史》，东京：吉川弘文馆，1983年，图版11，图44。

② Pierfrancesco Callieri, Hellenistic Visual Culture in the North-West of the Indian Subcontinent in the 2nd-1st Century BC,《犍陀罗佛教艺术与丝绸之路研修班》（稿本），2015年，8—26页。据Callieri讲座幻灯片制作。

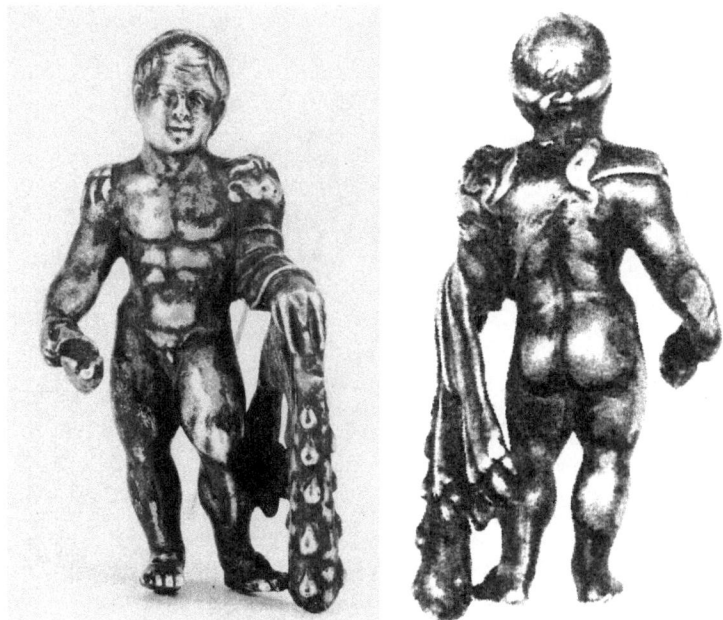

图六　传伊朗哈马丹省纳哈万德县出土帕提亚朝银铸赫拉克勒斯像前面与后面
（出自《ペルシア美術史》图版11、图44）

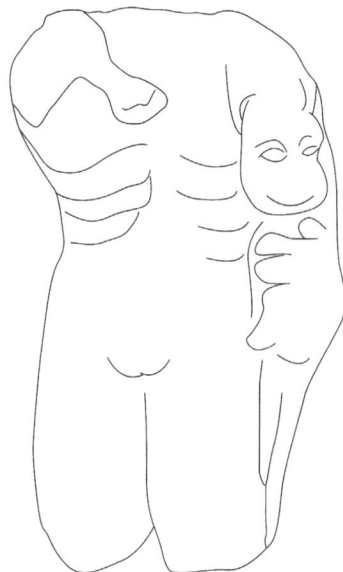

图七　巴基斯坦恰尔萨达附近谢汉代里遗址出土帕提亚
朝石刻赫拉克勒斯像线图
（据Callieri讲座幻灯片制作）

中叶）。基于意大利考古队在巴基斯坦斯瓦特地区的考古发掘成果[①]，约在印度孔雀王朝阿育王时期（前273—前232），西北印度寺塔造作已经开始，公元前后又得力于塞人推动，尔后贵霜帝国尤其第三代迦腻色伽王（Kanishka）及其后继者们热衷于佛教事业，创造了著名的犍陀罗文化（公元前后—5世纪）。犍陀罗文化大体来说以印度佛教为指导思想和母题，以古希腊、古罗马雕塑技术为手段，前述希腊化帕提亚朝与大夏的文化，恰是犍陀罗文化技术手段的来源。非但如此，连同雕塑技术一起，古希腊、古罗马不少物象也被带入犍陀罗文化之中，执金刚力士（Vajrapani）像就是一个典型。

在阿富汗东境贾拉拉巴德市（Jalalabad）南8千米处的哈达（Hadda），有一处贵霜朝塔帕尔绍特（Tapa-é-Shotor）大型佛寺遗址。此地毗邻犍陀罗中心地区，属于广义犍陀罗的一部分。僧院V2号泥质佛龛居中为主尊结跏趺坐佛陀，身形相对高大，左右上方胁侍二菩萨，大部残缺（图八）[②]。佛陀左侧残存一单腿支坐女神，左手执丰饶之角，右手举过头顶，系阿道克娴女神或鬼子母神。佛陀右侧保存着一尊近乎完整的执金刚力士，单腿支坐，内侧身向佛，右手持金刚杵放在支起的右腿上，其人卷发、胡须浓密、肌肉结实、表情坚定，下身略围腰布，身体大部祖裸，左肩搭覆狮头皮。执金刚力士为佛陀近侍卫士，随佛左右而守护之，此者毛发浓密的面容，尤其搭覆狮皮做法显然借用了赫拉克勒斯造型因素。不容忽视的是，此金刚力士所在位置和姿态明显呈现从属性质，相对于尊格上具有独立性的赫拉克勒斯

---

① 〔意〕卡列宁、菲利真齐、奥里威利编著，魏正中、王倩编译：《亚欧丛书·犍陀罗艺术探源》，上海古籍出版社，2015年。

② M. Z. Tarzi, Hadda à la lumière des trois dernières campagnes de fouilles de Tapa-è-Shotor (1974-1976), Comptes rendus des séances de l'Académie des Inscriptions et Belles-Lettres, 120e année, N. 3 (1976): 381-410, p. 394, fig. 9.p.395, fig.10.

图八　阿富汗哈达塔帕尔绍特贵霜朝佛寺遗址泥塑佛龛及其局部
(出自*CRAI*, N.3,1976, p.394, fig.9. p.395, fig.10)

来说，地位降低了许多。再者，原初裸体的赫拉克勒斯作为执金刚力士进入佛教群体之后，以往在古希腊神话意境中那样裸体表现已经不太适合，围上腰布既符合佛教的庄严，入乡随俗，又能够大体保留赫拉克勒斯原有风貌，英雄本色不失，这就是犍陀罗文化的魅力。

2. 南北朝隋代的兽首含臂守护神像

（1）已发现南北朝隋代实例

在大量的汉晋考古工作中，迄今没有发现明确、可靠的兽首含臂守护神像，确凿实例始于南北朝[①]。南北朝时期（386—589），南朝与北朝分治，北朝继而东西并立。尽管政权割裂，南北两朝及中外文化交流却空前繁荣，北朝通过河西走廊与草原之路，沟通中亚、西亚和南亚，在此背景下兽首含臂图像传播中原北方，直至隋代（581—618）呈现一体化发展面貌。已知确切的北朝隋代兽首含臂守护神像，以单身像计算凡有8例，其中北魏早中期（386—493）2例、北魏晚期（494—534）2例、北周与隋代（557—618）4例。材质可以分为墓室壁画、石椁和石窟浮雕，以及陶俑三类。造型分三头四臂、一头四臂和一头二臂三种，大多作守门神表现。

北魏早中期2例，见于山西怀仁丹扬王墓壁画[②]。该墓为坐北朝南砖砌前后室附双侧室

[①]　集美博物馆藏有一件四川东汉晚期风格陶俑，双目圆睁，獠牙外出，猪耳状双耳竖起，头长三个犄角，穿交领衣，两肩横披兽皮均作兽首含臂状，左手操蛇，右手当胸，造型酷似学界所云方相氏。这是已知汉地最早的具有设计意义的装饰性兽首含臂图像，与南北朝实例间隔二三个世纪。该陶俑系早期孤例，如果真实不误，当时突然出现此种造型，是否关联帕提亚朝或贵霜朝文化，与后世同类实例关系如何，尚需时日加以究明。

[②]　怀仁县文物管理所：《山西怀仁北魏丹扬王墓及花纹砖》，《文物》2010年第5期。李梅田认为墓主可能是逝于北魏太延三年（437）的丹阳王叔孙建。参见李梅田：《丹扬王墓考辨》，《文物》2011年第12期。

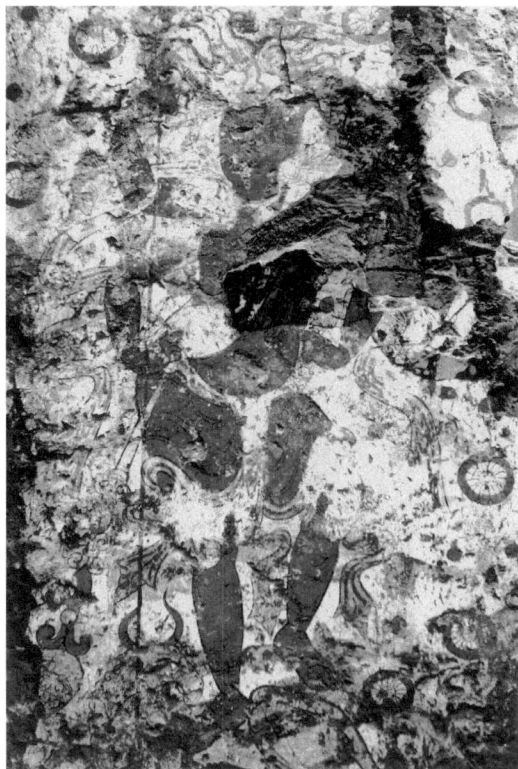

图九　怀仁北魏丹扬王墓甬道东壁壁画守门神像
（出自《中国出土壁画全集·2·山西卷》图28）

结构，砖雕纹样呈现古朴、简洁的早期特征，前室与墓道间甬道南端绘制一对守门神立像（图九、图一〇）[①]，人物自然写实，显现比云冈石窟雕刻更早的造型风貌。甬道东壁绘制一头四臂像，脚踏卧牛，长发蓬松，左下手握拳当腰，右下手叉腰持骨朵垂头棒，左上手残毁，右上手持长杆兵器（杆头残毁）。甬道西壁绘制三头四臂像，两足由蹲坐地天双手托起，头戴花冠，附项光，左下手叉腰并持骨朵垂头棒，右下手捻指于胸，左上手举锤，右上手持长杆兵器（杆头残毁）。二者均戴耳铛，佩项圈，斜披络腋，围腰布，帔帛挎肩后两端绕臂下垂。都翘臀垂腹，躯体肥胖，向外扭身，回首反顾，肌体裸露部分采用红褐色晕染表现。每个守门神四臂均饰狼首含臂，又饰象首含腿，引人注目。

这是已知汉文化地区最早出现的多头多臂守门神，呈现浓重异域情调。多头多臂为印度教神祇特征，又采用晕染法表现，明显借用了印度造型技法，这是已知分布最东的晕染法绘画实例，时间稍晚于新疆若羌米兰佛塔遗址壁画。二者所持长杆状兵器可能由来于湿婆的三股叉，骨朵

图一〇　怀仁北魏丹扬王墓甬道西壁壁画守门神像上部与下部
（出自《中国出土壁画全集·2·山西卷》图29、图30）

① 徐光冀主编：《中国出土壁画全集·2·山西卷》，科学出版社，2011年，图28—图30。

垂头棒类似于毗湿奴的大棒。中印度公元前后已流行夜叉（或夜叉女）脚踏卧兽、恶鬼图像，诸如加尔各答印度博物馆藏巴尔胡特（Bharhut）巽加朝约前2世纪窣堵波栏楯浮雕夜叉女像（图一一），以及秣菟罗考古博物馆藏秣菟罗贵霜朝约1世纪前后窣堵波栏楯浮雕夜叉女像（图一二），应为怀仁丹扬王墓守门神同种造型因素的源头所在。地天托足造型见于犍陀罗繁荣期弥勒菩萨像（图一三）[①]，此地天裸体表现，而怀仁丹扬王墓地天围有腰布，系文化差异所致。怀仁丹扬王墓守门神还见有佛教造型因素，如西壁者所附头光，东壁者周围装饰上侧面观莲花。

图一一　巴尔胡特巽加朝窣堵波栏楯浮雕夜叉女像

图一二　秣菟罗贵霜朝窣堵波栏楯浮雕夜叉女像

图一三　巴基斯坦犍陀罗石刻弥勒菩萨像（出自《ガンダーラ美術Ⅱ·佛陀の世界》图62）

怀仁丹扬王墓两守门神四臂均有兽首含臂，造型关联帕提亚朝赫拉克勒斯像，但已演变为装饰性图像，截然有别于原来单肩狮首含臂作法。而且由狮首含臂转变为狼首含臂，又增加象首含腿图像，完全改变了原初赫拉克勒斯狮首含臂图像的意涵。值得重视的是，传阿富汗奥拉么什（Orlamesh）出土泥塑湿婆像（图一四）[②]，三头四臂，围腰布，肌体大部袒裸。

---

① 比利时Claude de Marteau藏。〔日〕栗田功：《ガンダーラ美術Ⅱ·佛陀の世界》，东京：二玄社，1990年，29页图62。

② 奥拉么什在阿富汗北部艾巴克（Haibak）西35千米处，位于阿姆河上游。〔日〕水野清一：《ハイバクとカシュミル-スマスト》（アフガニスタンとパキスタンにおける石窟寺院の調査，1960），京都：京都大学，1962年，54页文字，图90。

左下臂搭狮皮，右下手持瘤节棒，左上手残缺，右上手握三股叉，系印度教湿婆神与赫拉克勒斯的结合体。此像造型不甚协调，可能属于后犍陀罗期（6—9世纪）作品，推测犍陀罗周围可能流行过年代较早的同类造像。此类多头多臂神祇应该就是怀仁丹扬王墓守门神比较接近的原型。因此，丹扬王墓守护神像从内容到形式无不体现印度文化（尤其西北印度）风貌，暗示其粉本或制作者很可能来自西域方面，在中外文化交流史上具有特殊价值。

前述帕提亚朝赫拉克勒斯像所见狮首含臂图像，为单臂从狮首口中伸出形成的效果，还是在应用一张狮皮前提下完成的，与原初赫拉克勒斯战胜雄狮并身披狮皮故事内容联系紧密。与此相对，丹扬王墓守门神兽首含臂图像表现在四臂，不是应用一张兽皮所能完成的造型，本质上有别于赫拉克勒斯身披狮皮行为，已发展为艺术设计装饰。此多臂守护神像装饰性兽首含臂图像，是否关联前述东汉晚期陶俑造型，还是沿用了西北印度已有做法，抑或北魏的创造性发展，此诸疑问还期待新资料发现加以说明。

大同文瀛路发掘的北魏砖室墓壁画图像[①]，可以辅助说明当时中西文化交流情况。该墓甬道表现一对守门神，出土时仅存东壁者（图一五），为一头二臂三目立像，造型风貌酷似怀仁丹扬王墓守门神，可大体推定为北魏早中期遗存。该守门神三目表现借用了湿婆特征，右上手持长杆状兵器（杆头残毁），左下手持瘤节棒，正是赫拉克勒斯持物，只是没有表现兽首含臂图像。大同为北魏早中期国都平城（398—493）所在，怀仁处在大同南郊，当时平城为中西文化交流的东方都会，率先在平城周围出现兽首含臂图像，情理俱在。

北魏晚期2例出现在洛阳龙门宾阳中洞，门道南北壁分别浮雕三头四臂（图一六）、一头

图一四　传阿富汗奥拉么什出土泥塑湿婆像
（出自《ハイバクとカシュミル-スマスト》图90）

图一五　大同文瀛路北魏砖室墓甬道
东壁壁画守门神像

图一六　洛阳龙门北魏宾阳中洞门道南壁
浮雕守门神像

①　大同市考古研究所：《山西大同文瀛路北魏壁画墓发掘简报》，《文物》2011年第12期。

四臂守门神立像，二者均由蹲坐地天双手托足，戴兽首帽①，围腰布，帔帛挎肩后两端绕臂垂下。上饰狼首含臂，下饰象首含腿，都在腹部刻画一大人面，左右胸各刻画一小人面。一概左下手提宝珠，右下手当腰，左上手握三股叉，右上手握剑。吸收了怀仁丹扬王墓守门神同样造型因素②，这是随着北魏迁都洛阳，平城文化传播中原的结果。所不同者，宾阳中洞守门神针对佛教石窟的性质，增加了宝珠持物，示意供养佛教。而且出现胸腹部各饰人面的创新造型。

　　北周、隋代4例分别见于墓葬和石窟。西安井上村北周大象二年（580）史君墓出土石椁③，门外两侧浮雕一对一头四臂守门神，蹲坐地天两手托其二足（图一七）。二守门神头顶束带，戴花蔓冠，佩耳环。上披铠甲，下着短裙。四臂均饰兽首（具体不明）含臂，又饰象首含腿。各戴腕钏和脚钏。其中左侧者左上手握二股叉，余三手执宝珠。右侧者两下手叉腰，左上手执宝缯，右上手残。此二实例兽首含臂、象首含腿和地天托足，以及手执宝珠因素，继承了宾阳中洞守门神类同造型，并与怀仁丹扬王墓守门神存在渊源关系。临沂市博物馆藏平邑出土隋代前后力士陶俑（图一八），人面猪鼻，双肩设计为兽首含臂形式，腹部亦加饰兽面，原初可能是墓葬守护神，说明隋代前后兽首含臂图像使用范围从守门神扩展到陶俑，开启唐代墓葬陶俑普遍使用兽首含臂图像的先声。

图一七　西安井上村北周大象二年（580）史君墓出土石椁及其浮雕守门神像

---

① 这是北朝时期少见的戴兽首帽守护神实例，此外还见于巩义4窟中心柱北面基座神王像。参见河南省文物研究所：《中国石窟·巩县石窟寺》，北京：文物出版社；东京：株式会社平凡社，1989年，图版176。

② 约开凿于5世纪70年代前半的云冈第7、8双窟主室门道两壁，各浮雕一对多头多臂守门神。其中第7窟东壁者三头四臂，西壁者三头六臂，两者上二手均手擎日月。因缺乏个性特征，难以确认各自尊格。第8窟守门神各有坐骑，东壁者三头八臂，骑牛，符合湿婆尊格。西壁者五头六臂，骑金翅鸟、执鸡，基本符合毗湿奴尊格。二者上二手均擎日月。第8窟湿婆一手持摩尼宝珠，这是已知摩尼宝珠因素初见于中国石窟守门神实例，说明出身于印度教神祇进入佛门之后，正在改变自己的身份和职能。第7、8窟守门神自身特征显著，与宾阳中洞守门神间的差异较大。

③ 西安博物院藏。西安市文物保护考古研究院编著、杨军凯著：《北周史君墓》，文物出版社，2014年。

图一八　平邑出土隋代前后力士陶俑

安阳灵泉寺隋开皇九年（589）大住圣窟，门外左右侧浮雕一对一头二臂守门神，分别铭记为那罗延神王、迦毗罗神王（图一九）。二者均内侧手握三股叉，外侧手持剑，左侧者脚踏卧牛，右侧者脚踏无角兽。一概身穿铠甲，其中右侧者饰兽首（具体不明）含臂，又饰象首含腿。二者帔帛挎肩后绕臂垂下。迦毗罗神王兽首含臂、象首含腿和脚踏卧兽，以及二神王帔帛形式，与怀仁丹扬王墓守门神造型存在渊源关系，且与宾阳中洞和史君墓守门神存在不少共同性。此者改变为一头二臂，似乎反映了简化趋势。

如上可见，自怀仁北魏早中期丹扬王墓、至洛阳北魏晚期龙门宾阳中洞，再到西安北周史君墓和安阳隋大住圣窟，诸守门神图像呈现一脉相承的发展脉络。多头多臂，脚踏卧兽、恶鬼，或地天托足，以及兽首含臂、含腿，成为主要造型特征，这是将印度本土的印度教神祇多头多臂，中印度公元前后夜叉（或夜叉女）脚踏卧兽或恶鬼，以及赫拉克勒斯狮首含臂诸因素混合造型的结果。正因为综合多种神祇特征，除大住圣窟铭文标明身份者外，难以准确地说明这些守门神的具体尊格。

此外，洛阳龙门宾阳中洞二守门神和安阳灵泉寺大住圣窟迦毗罗神王，左右胸部饰有人面，这种造型因素也不是汉文化传统，应该另有来源。向西追寻，不难发现古希腊、古罗马有所流行。一者，古希腊石刻阿西娜胸间表现女妖美杜莎头像。二者见于意大利那不勒斯庞贝古城农牧神之家（House of the Faun, Pompeii）出土马赛克壁画，在伊苏斯（Issus）之战中骑马的亚历山大胸间表现一人头像（图二〇）[1]。三者，诸多石刻罗马皇帝胸间表现一太阳神头像，如哈佛大学福格美术馆藏罗马帝国约2世纪初叶石刻图拉真皇帝像（图二一）。这些或许就是北朝守护神两胸饰人面造型因素的源头。至于在何地、何时，如何由胸间一人面，发展为两胸各一人面，以及腹部表现人面像造型渊源问题，因资料缺环过多，还有待将来解决。

（2）关联的中亚和西域7世纪前后图像

在中亚阿姆河与锡尔河流域居住的粟特人，6—8世纪经济文化繁荣一时，在此期间他们先后受到嚈哒、西突厥和唐朝控制，但基本为相对独立的城邦国家。

塔吉克斯坦片吉肯特（Pendjikent）遗址出土7世纪前后壁画三头六臂神祇（图二二）[2]，头各三目，顶戴花冠，佩项饰、臂钏，身着铠甲，各臂均饰狼首含臂图像。从三目特征和三股叉持物来看，应受到湿婆造型影响。同在片吉肯特遗址出土壁画武士图像（图二三）[3]，以及在塔

---

① Paul Roberts, Life and Death in Pompeii and Herculaneum, London: British Museum Press, 2013, pp.192-193, fig.225.

② 艾尔米塔什博物馆藏。〔日〕田边胜美、前田耕作：《世界美術大全集·東洋編·第15卷·中央アジア》，东京：小学馆，1999年，210页图139。

③ Aleksandr Markovic Belenitski, Boris Ilich Marshak, L'art de Piandjikent à la lumière des dernières fouilles (1958-1968), Arts Asiatiques, 1971 (23): 3-39, p.34, fig.11.

图一九　安阳灵泉寺隋开皇九年（589）大住圣窟外壁右侧浮雕迦毗罗神王像及其局部

吉克斯坦卡夫卡哈（Kakhkaha）遗址4号宫殿出土壁画武士像、乘车神像（图二四）[①]，均一头二臂，身着铠甲，饰狼首含臂图像。在新疆巴楚托库孜萨来遗址出土一泥塑残像（图二五）[②]，身着铠甲，狼首含臂，与前述塔吉克斯坦粟特遗址出土图像相近。粟特7世纪前后遗迹与犍陀罗文化间歇较长，而且当时唐文化也传播此地，那么粟特与巴楚狼首含臂图像到底从何而来，成为有待将来解决的又一问题。

　　就具有装饰性兽首含臂图像的守护神像遗存情况观察，在西域方面仅发现有限数例，而在中土获得巨大发展，俨然成为具有汉文化属性的守护神造型因素，作为一种有趣的文化现象经久不息地流传起来。

---

① 〔塔〕サイドムロド・ボボムロエフ、〔日〕山内和也：《タジキスタン共和國科學アカデミ一歴史・考古・民族研究所アーカイヴ・カフカハ遺跡群出土壁畫》，东京：国立文化财机构、东京文化财研究所，2010年，149、190页。

② 集美博物馆藏。Louis Hambis, ed., Toumchouq (Planches), Mission Paul Pelliot I , Paris, 1961, fig.242.

图二〇　意大利庞贝古城农牧神之家（House of the Faun）出土马赛克壁画亚历山大像
（出自*Life and Death in Pompeii and Herculaneum*, pp.192-193, fig.225）

图二一　哈佛大学福格美术馆藏罗马帝国石刻图拉真皇帝像

图二二　塔吉克斯坦片吉肯特遗址出土壁画神像及其线图
（图片出自《世界美術大全集·東洋編·第15卷·中央アジア》插图139）

图二三　塔吉克斯坦片吉肯特遗址出土壁画武士像
［出自*Arts Asiatiques*, 1971 (23), p.34, fig.11］

图二四　塔吉克斯坦卡夫卡哈遗址4号宫殿出土壁画
乘车神像
（出自《タジキスタン共和國科學アカデミー歷史・考古・民族研
究所アーカイヴ・カフカハ遺迹群出土壁畫》149页）

图二五　巴楚托库孜萨来遗址出土泥塑残像

二、兽首含臂守护神像的大发展

入唐以后，已知兽首含臂守护神像一概作一头二臂天王形象，大不同于此前主要流行多头多臂神王情况，进入新一发展阶段。而且，唐五代时期兽首含臂守护神像呈现一体化发展面貌，数量之众空前绝后，形成此类神像极度流行的大发展时期（图二六）。基于遗存的性质，可以大体分为石窟造像和墓葬陶俑两大类，另有少许单体造像原初可能放置在地面寺院中。无论石窟造像还是墓葬陶俑，其守护神造型非但没有明显区别，反而呈现相互影响、同步发展的趋势和面貌。为了整体把握此时期兽首含臂守护神造型的发展脉络和规律，有必要打破石窟与墓葬的界限，在统合材料的前提下进行整体分析。基于该时期兽首含臂守护神像存在的四种类型，即伫立式、踏恶鬼式、踏卧兽式、地天承托式，相应地做成一览表（参见原文附表1—附表4）。为便于观察各类型守护神像的组合情况，见于同一洞窟或墓葬的同种类型守护神按一个编号处理，而同一洞窟或墓葬中不同种类型守护神，采用不同编号各自归类，两种情况均同时标明具体件数，于是出现编号数例和实际数例两种数字，无兽首含臂图像的守护神像则不在统计之列。然后以此为基础做成各种统计表（表一—表四），以便尽可能直观、准确、全面地了解该时期兽首含臂守护神像的发展演变情况。

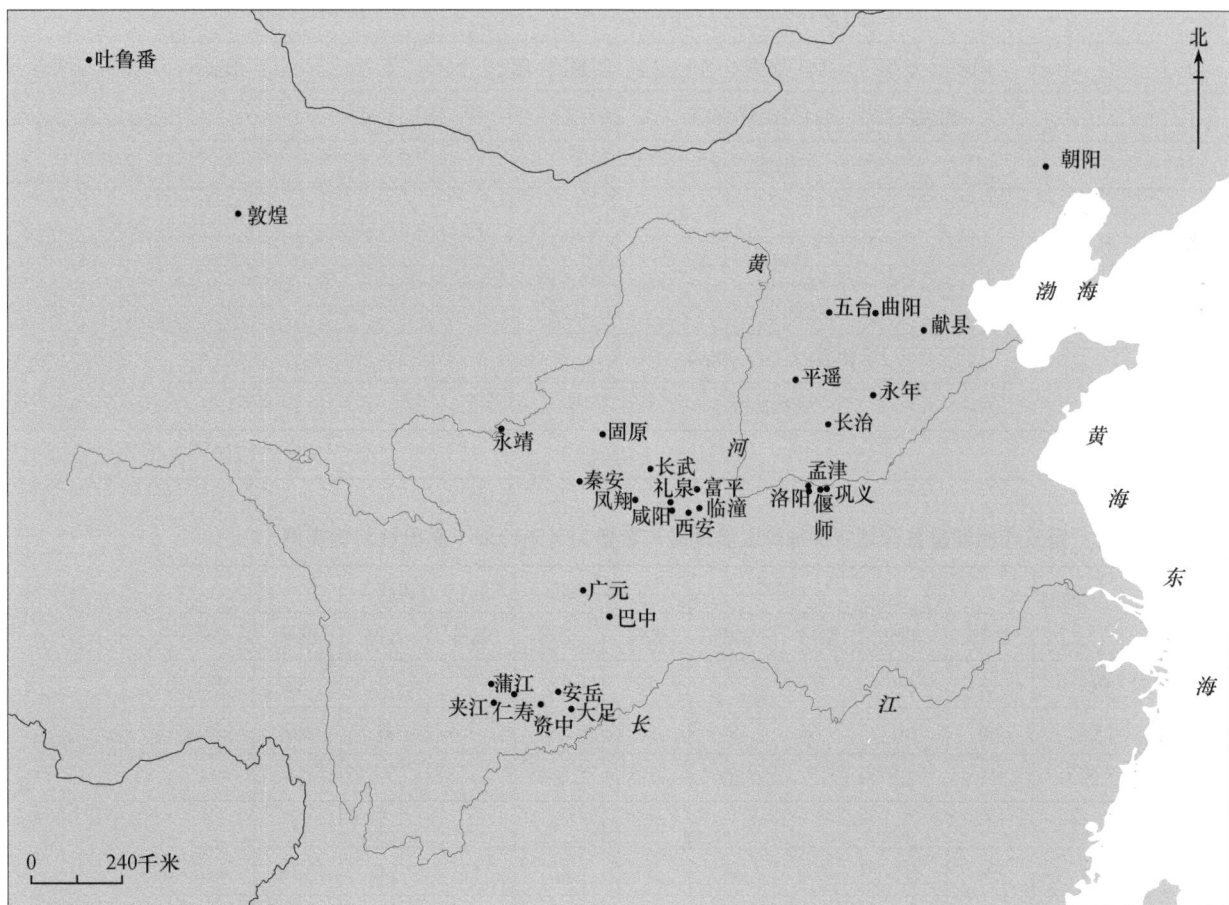

审图号：GS京(2023)1864号

图二六　唐五代时期兽首含臂守护神像分布图

表一   唐五代时期兽首含臂守护神像类型与数量关系统计表（所有实例）

类型\数量	伫立式		踏恶鬼式		踏卧兽式		地天承托式		合计	
	编号	实际	编号	实际	编号	实际	编号	实际	编号	实际
数量（例）	40	52	70	96	27	39	4	4	141	191
占总量百分比（%）	28.37	27.23	49.65	50.26	19.15	20.42	2.84	2.09	100	100

表二   唐五代时期兽首含臂守护神像发展时间与数量关系统计表（纪年实例）

时间段	实例	编号（例）	实际（例）
618—640		0	0
641—650	附表1：22（2）、23（2）、27（2）	3	6
651—660	附表1：19（2）、24（2）、28、39（2）	4	7
661—670	附表1：13、16、29、30；附表2：21；附表3：1、2	7	7
671—680	附表2：29（2）、35	2	3
681—690	附表2：58	1	1
691—700	附表1：1、12（2）、25；附表2：46（2）	4	6
701—710	附表1：17；附表2：1、30、32、36（2）、47、63（2）；附表3：3（2）、12（2）、21（2）	10	15
711—720	附表1：6（2）、14；附表2：19（2）；附表3：15	4	6
721—730	附表2：31、67、70；附表3：16、25（2）	5	6
731—740	附表2：2	1	1
741—750	附表2：3（2）、4、43、64	4	5
751—760	附表2：5、6	2	2
761—770	附表2：14（2）	1	2
771—907	附表2：17；附表4：2	2	2
907—979	附表1：2	1	1
合计		51	70

表三   唐五代时期兽首含臂守护神像发展地域与数量关系统计表（原出地明确实例）

类型\地域	陕西		河南		北方其他省区		四川（含重庆）		合计	
	编号	实际	编号	实际	编号	实际	编号	实际	编号	实际
伫立式（例）	13	18	6	7	12	16	7	9	38	50
踏恶鬼式（例）	34	50	7	9	18	23	7	8	66	90
踏卧兽式（例）	11	12	13	20	1	2			25	34
地天承托式（例）	1	1					3	3	4	4
合计（例）	59	81	26	36	31	41	17	20	133	178
占总量百分比（%）	44.36	45.51	19.55	20.22	23.31	23.03	12.78	11.24	100	100

表四　唐五代时期兽首含臂守护神像具体形式与数量关系统计表（不含残损实例）

姿态	踏物	冠式		
伫立式（编号39例、实际51例）		束发（编号11例、实际15例）		
		毡帽（编号10例、实际12例）		
		兜鍪（编号12例、实际16例）		
		兽首帽（编号6例、实际8例）		
踏恶鬼式（编号70例、实际96例）	坐式（编号28例、实际41例）	实际： 束发33例、鸟冠11例、 毡帽9例、毡帽+鸟冠35例、 兜鍪4例、兜鍪+鸟冠1例 卷发1例		
	趴卧式（编号17例、实际20例）			
	仰卧式（编号16例、实际23例）			
	两恶鬼式（编号7例、实际10例）			
	一恶鬼一兽式（编号2例、实际2例）			
踏卧兽式（编号26例、实际38例）	卧兽	实际： 束发8例、鸟冠11例、 毡帽5例、毡帽+鸟冠8例、 兜鍪6例		
地天承托式（编号4例）	地天	实际：宝冠4例		

1. 唐五代时期兽首含臂守护神像的发展时空和背景

（1）唐五代时期兽首含臂守护神像的配置情况

观察附表可知，见于石窟的兽首含臂守护神像仅占总量约1/4，相对于发达的石窟造像来说显得十分稀少，而墓葬陶俑兽首含臂守护神像占比高达2/3。这种情况表明，兽首含臂图像习惯应用于丧葬明器，具有明确的使用针对性，似乎形成约定俗成的行业行为。

实际实例（191例）比编号实例（141例）多出50例，其中包含相同类型守护神44个编号成对配置、3个编号各3身情况，占编号实例33%左右。少许不同类型兽首含臂守护神像组合表现，绝大多数一件兽首含臂守护神像与另一件非兽首含臂守护神像组合表现。表明在同一石窟或墓葬中，大多只有一身守护神采用兽首含臂图像，应是有意避免造型雷同的结果。

就石窟造像（含摩崖龛像）守护神来说，中原北方与四川几乎为石刻，河西走廊为泥塑。按照一佛、二弟子、二菩萨、二天王、二力士的次序，由内而外左右对称排列。兽首含臂天王或处在洞窟后壁龛像、摩崖像龛的两外端，或居于洞窟的左右侧壁，通常与力士组合表现（图二七）。

就墓葬陶俑而言，多为三彩陶俑、彩绘陶俑，陶俑质量与所在地域及墓主人身份关联。墓葬天王俑大多成对出现，且往往与另一对镇墓兽组合，通常配置在甬道两侧，或处在接近甬道的墓室前端两侧，镇墓兽与天王俑何者在前不定。有时一个天王俑与一个镇墓兽搭配，还见有甬道一侧两身天王俑，与甬道另一侧两身文官俑配对的情况（图二八）[①]。

从上述石窟造像与墓葬陶俑配置情况观察，天王依然发挥着守门神的功能，当然，在佛教石窟中守门神亦等同于护法神。

---

① 中国社会科学院考古研究所：《唐长安城郊隋唐墓》，文物出版社，1980年，图22。

图二七　巴中水宁寺盛唐8号龛左壁浮雕造像

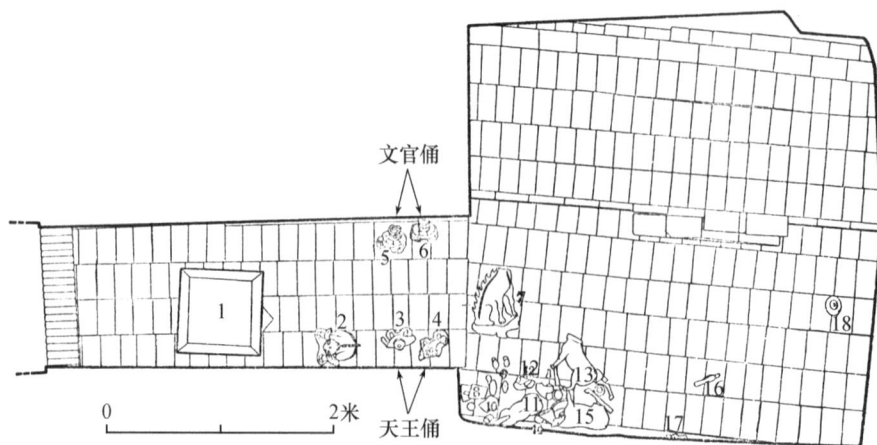

图二八　西安洪庆村武周神功二年（698）独孤思贞墓守门神配置图
（出自《唐长安城郊隋唐墓》图22）

（2）唐五代时期兽首含臂守护神像的发展时间

本稿收录该时期纪年实例编号51例、实际70例，占总体编号、实际数例的比率均值约为36%。这些纪年实例涉及不同时间段各种类型守护神像，能够大体反映发展时间的连续性和量变节奏。

7世纪10—30年代没有纪年实例。时值唐朝立国之初的高祖、太宗前期，上下致力于新政治秩序建立和经济恢复，期间少有石窟营造，丧葬从简，已而不见实例。7世纪40年代—8世纪50年代，大约100年间，除初盛唐之际实例激增之外，各时间段实例数量大体均衡。此阶段主要经历了太宗后期、高宗、武则天、玄宗等执政，经济文化日益繁荣，开窟造像、随葬陶俑成为自然中事。兽首含臂守护神像所以在初盛唐获得大发展，首先，这是北朝以来中外文化交流的结果，伴随着陆续来华商旅、使节和涌向汉地的移民潮，他们的文化也被带到汉文化地区，加之求法僧和中土使者从外域带回的文化，一时间外域文化，尤其西域方面宗教、艺术因素潮涌而来，汇入汉文化之江河，自然而然地成为中华文化的一部分，兽首含臂图像便是其中的一个分子。其次，那些喜闻乐见的异域文化因素，有如兽首含臂图像，在中土引起人们好奇和兴趣，于是从中央到地方竞相模仿，蔚成风气，促成灿烂多彩的中土文化。值得注意的是，7世纪40年代实例，也就是最早的一批，均出现在关中地区，表明这里是唐五代时期兽首含臂守护神像发展的策源地。8世纪60年代至五代，前后160年间，仅有个别实例。究其原因，此阶段经历安史之乱（755—763），一方面沉重打击唐王朝国力，另一方面严重影响社会风气，致使朝廷对待胡人及其文化的态度趋向冷淡，因而外来艺术成分不再像从前那样受到热情追捧。总体来说，唐五代时期兽首含臂图像已经成为守护神造型的重要因素，但不是必备因素。

（3）唐五代时期兽首含臂守护神像的发展地域

本稿收录该时期原出地明确实例编号者133例、实际178例，分布区域可分为四个部分。如果按编号、实际数例的平均比率计算，陕西约占45%、河南约占20%、北方其他省区约占23%、四川（含重庆）约占12%。其中陕西、河南之和占总量近2/3。

进而观察陕西、河南二省实例具体分布地点，陕西实例集中在西安及其附近的礼泉、富平、咸阳、临潼、凤翔等地，即西京长安所在的关中畿辅地区，河南实例集中在偃师及其邻近的洛阳、巩义，即东都洛阳（今偃师）所在城乡，考虑墓葬实例占纪年实例大宗的情况，无疑与当时官宦显贵阶层相联系。也可以说唐两京尤其西京长安，居绝对优势的政治、经济、文化地位，促使其地守护神像发达。

再观察另外1/3实例。北方其他省区者向西见于固原、敦煌、吐鲁番等地，向东见于长治、朝阳等地，这些地方多是交通要冲或边关重镇，经济、文化也相对发达，已而有不少实例。四川实例均为石刻造像，分布在川北的广元、巴中，川中的仁寿、蒲江、夹江，以及川东的安岳、资中等地，这些地点一方面具备良好的开窟造像自然条件，另一方面交通和经济、文化环境比较优越，成为兽首含臂守护神像流行区域。该地实例明显呈现由北而南发展趋势，恰是唐两京文化向南波及的结果。

此外，出土陶俑的墓葬多有一定规模和一定数量随葬品，部分身份明确的墓主人上起诸王、尚书，下至县令，概为王公官宦之辈。以此推测，那些身份不明墓主非官即富者明矣。

2. 唐五代时期兽首含臂守护神像的形态

（1）唐五代时期兽首含臂守护神像的姿态

观察编号、实际数例比率均值，四类兽首含臂守护神像多有差异，踏恶鬼式约占50%，获得充分发展，伫立式约占28%，踏卧兽式约占20%，二者获得较大发展，地天承托式仅占约2%。兽首含臂图像多数施用于一对守护神中的一件，少许同时施用于两件。在同时施用兽首含臂图像的一对或一组守护神像实例中，多数为相同类型，少许为不同类型。此四类兽首含臂守护神像，基本形态来源于北朝、隋代守护神像。

具体来说，伫立式守护神像率先出现，比较多地应用于墓葬陶俑和石窟造像（图二九—图三一）。在踏恶鬼式守护神像之中，坐式恶鬼数量最众，趴卧式恶鬼、仰卧式恶鬼数量相当，两恶鬼式数量最少，还见有个别脚踏一恶鬼一兽者。脚踏一恶鬼者由来于北朝，其恶鬼无论坐式、趴卧式、仰卧式（图三二），都是自身多样性发展的结果。脚踏两恶鬼式主要流行于武则天至盛唐时期（图三三）。脚踏一恶鬼一兽者见于盛唐，从出现时间段判断，应为结合脚踏恶鬼式和脚踏卧兽式的混合造型。踏恶鬼式同时应用于墓葬陶俑和石窟造像。在踏卧兽式守护神像之中，其卧兽可辨者几乎为牛，多数难以具体识别，且缺乏明显形态变化。在已知实例中踏卧兽式一概应用于墓葬陶俑（图三四）[①]。

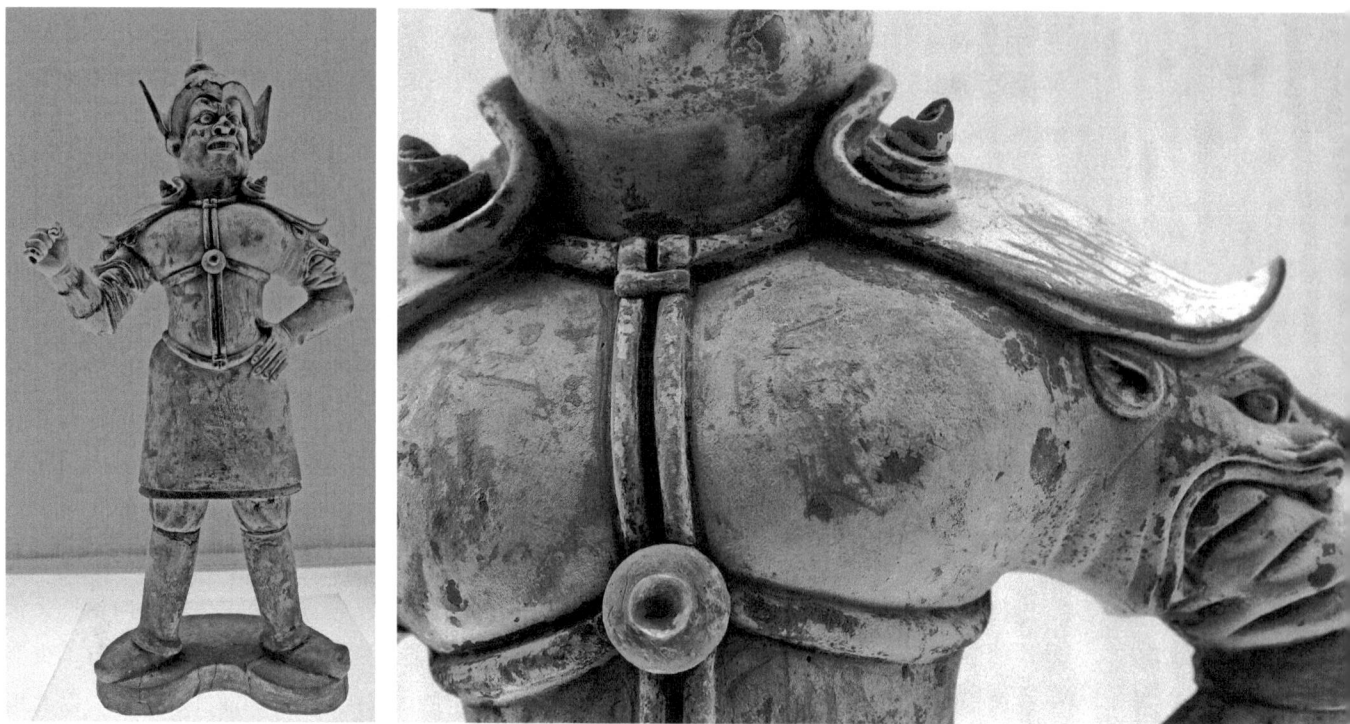

图二九　长治博物馆藏初唐陶俑及其局部

---

① 偃师县文物管理委员会：《河南偃师县隋唐墓发掘简报》，《考古》1986年第11期，图版7-1；周剑曙、郭宏涛：《偃师文物精粹》，北京图书馆出版社，2007年，图版200、图版203。

图三〇　费城宾夕法尼亚大学博
物馆藏初盛唐之际石刻天王像

图三一　成都博物馆藏成都龙泉驿区后蜀赵廷隐墓出土陶俑及其局部

图三二　新疆维吾尔自治区博物馆藏吐鲁番阿斯塔纳唐永昌元年（689）张雄夫妇墓出土彩绘木俑及其局部

图三三　西安公路学院初唐墓出土石刻天王像

图三四　偃师窑头村武周长安三年（703）张思忠夫妇
墓出土三彩俑
（出自《偃师文物精粹》图版203）

　　地天承托式仅见于毗沙门天王，其中扶风法门寺地宫中室晚唐石门浮雕毗沙门天王、大足北山佛湾唐景福元年（892）5号龛毗沙门天王（图三五）、夹江千佛岩E区107号龛晚唐毗沙门天王，脚下现三身像，在天王两脚之间露出顶戴宝冠的头像，天王两脚外侧各有一者头戴兜鍪，露出上半身，各用双手承托天王一脚。依据相关陀罗尼仪轨①，天王脚下三者为夜叉，中间者名为地天，两侧者应为地天眷属。大足北山实例天王脚下周围刻画浮云，则用于表现天王属性。地天露出半身托举毗沙门天王造型创始在于阗②，尔后东传。敦煌莫高窟中唐154窟南壁壁画毗沙门天王③，两脚间露出女性地天头部，示意地天以两手托举天王两脚，两

①　（唐）般若斫羯啰译：《摩诃吠室啰末那野提婆喝啰阇陀罗尼仪轨》之《画像品》："若有善男子、善女人受持此陀罗尼者，先须画像。……画天王，身着七宝金刚庄严甲胄，其左手执三叉戟，右手托腰（又一本左手捧塔），其脚下踏三夜叉鬼。中央名地天，亦名欢喜天，左边名尼蓝婆，右边名毗蓝婆。其天王面作可畏猛形，怒眼满开。"（《大正藏》第21册219页中）

②　梁涛、彭杰、再帕尔·阿不都瓦依提：《于阗地神图像流变相关问题再探》，《敦煌研究》2009年第5期。

③　敦煌文物研究所：《中国石窟·敦煌莫高窟·第四卷》，北京：文物出版社；东京：株式会社平凡社，1987年，图版99。

图三五　大足北山佛湾唐景福元年（892）5号龛浮雕毗沙门
天王像局部

脚周围布满浮云。安西榆林窟中唐25号窟前室东壁北侧壁画毗沙门天王[1]，两脚下各一单腿跪坐力士双手托举天王之足。敦煌、安西此两种造型叠加在一起，亦可形成天王脚踏三夜叉鬼造型。

以上可知，伫立式、踏恶鬼式同时应用于石窟造像和墓葬陶俑，脚踏卧兽式应用于墓葬陶俑，地天承托式则应用于石窟造像和佛塔地宫石门浮雕。此外，晚唐还出现单蜷腿坐式兽首含臂天王[2]，但仅个别存在，不足以独立成类。

（2）唐五代时期兽首含臂守护神像的冠式

在保存完整的实际数例中，束发者56例，戴毡帽+鸟冠者43例，戴兜鍪者26例，戴毡帽者26例，戴鸟冠者22例，戴兽首帽者8例，戴宝冠者、兜鍪+鸟冠者属于个别现象。束发为一般化发型，毡帽为古来北方和西域民族冠式，兜鍪即军盔。鸟冠之流行应与鸟翼冠有关，鸟翼冠在公元后几近千年流行于西北印度、西亚和中亚地区[3]，东传后于南北朝和隋代有所流行，推测初盛唐守护神像之鸟冠图像，正是以鸟翼冠为基础发展而来。毡帽+鸟冠及兜鍪+鸟冠分别为二者结合的产物。兽首帽则是赫拉克勒斯造型在中国的继续发展。西安出土一盛唐前后卷发实例（图三六）[4]，其人两目圆鼓、皮肤乌黑，或许是非洲来客之写照。石窟造像多采用束发，其余冠式基本用于墓葬陶俑。那些奇异的冠饰，诸如鸟冠、兽首帽、毡帽+鸟冠、兜鍪+鸟冠难以施用于现实中人，但不妨用于丧葬陶俑，还可以增加天王陶俑的威慑力。

冠式与守护神姿态有所关联。伫立式采用束发、毡帽、兜鍪和兽首帽冠式，其中戴兽首帽实例仅见于此。踏恶鬼式大多采用束发、毡帽+鸟冠，少数采用鸟冠、毡帽、兜鍪，个别的兜鍪+鸟冠、卷发实例仅见于此。踏卧兽式采用束发、鸟冠、兜鍪、毡帽、毡帽+鸟冠。地天承托式采用宝冠。

从守护神各种姿态与石窟造像、墓葬陶俑的对应关系，以及守护神姿态与冠式相对固定的搭配情况来看，当时守护神像存在多种粉本，开凿石窟与制作陶俑的工匠们，大体遵循着各自约定俗成的粉本和套路，从而形成比较规范的产品。

---

① 敦煌研究院：《中国石窟·安西榆林窟》，北京：文物出版社；东京：株式会社平凡社，1997年，图版42。

② 见于扶风法门寺地宫中室出土白石天王像。陕西省考古研究院、法门寺博物馆、宝鸡市文物局等：《法门寺考古发掘报告》，文物出版社，2007年，彩版229。

③ 〔日〕桑山正进：《サーサーン冠飾の北魏流入》，《オリエント》第20卷第1号，1977年；〔日〕影山悦子：《中國新出ソグド人葬具に見られる鳥翼冠と三面三日月冠：エフタルの中央アジア支配の影響》，《オリエント》第50卷第2号，2007年。

④ 西安市文物保护考古所：《西安西北政法学院南校区34号唐墓发掘简报》，《文物》2002年第12期，50—65页，图2—图6。

（3）唐五代时期兽首含臂守护神像的头身比例关系

守护神像头身比例关系，初唐到盛唐由1/5向1/7发展形成总体趋势，也就是从不甚协调趋向协调。但毕竟只是一种趋势，事实上在同一地区即使同一时间守护神也存在不同比例。另外，在西京长安为中心的关中地区，实例多在1/6—1/7间，而在其他地区者多在1/5—1/6间，可见中央与地方也存在不小差别。

（4）唐五代时期兽首含臂守护神形态反映的特殊情况

其一，三彩俑几乎出土于唐两京地区，与两京地区专门制作供官僚、富者随葬三彩陶俑的情况一致。三彩陶俑多为踏恶鬼式、踏卧兽式，说明姿态亦关联制作工艺，形成三彩俑自身发展套路。

其二，在关中地区初唐时期伫立式陶俑守护神像中，几个实例胸甲中间刻画一正面龙首，龙头顶戴桃形宝珠。见于咸阳顺陵唐贞观二十二年（648）窦诞夫妇墓（图三七）[1]、西安路家湾唐贞观二十三年（649）司马睿墓[2]、西安南里王村初唐墓（图三八）[3]，三者均头戴兜鍪，五头高比例，不仅类型相同，风格也颇为一致，推测可能出自同一作坊。西安东郊纺建路初唐墓出土陶俑[4]，除头部残缺不明外，其余部位造型与前述诸例一致。龙王头顶宝珠设计别出心裁，已知较早实例见于太原王郭村北齐武平元年（570）娄睿墓石刻门楣[5]，以及西安碑林博物馆藏三原唐贞观五年（631）李寿墓石门和石椁，二者

图三六　西安西北政法学院南校区盛唐前后34号墓出土三彩俑
（出自《文物》2002年第12期55页图6）

石门额部减地平雕双角龙王正面像，头顶一颗莲花宝珠。李寿墓石椁左右壁外面分别减地平雕青龙、白虎，二兽头上和身上亦刻画宝珠。唐大明宫玄武门遗址出土一件鎏金铜叶片（图三九）[6]，线刻一正面龙王头顶火焰宝珠。可见，龙王头顶宝珠图像曾经应用于皇室、贵族器物，陶俑龙王头顶宝珠造型因素，应源自当时上流社会装饰图像。其宝珠关联佛教摩尼宝珠，象征光明和祥瑞，施用于陶俑时似乎还保留着原有内涵。

在关中地区约武则天至盛唐时期墓葬出土脚踏恶鬼、卧兽陶俑中，不少实例两肩各饰一颗桃形宝珠，或圆形宝珠、火焰宝珠。其宝珠亦处在龙头之上，推测为前述初唐时期胸饰龙王顶珠的发展形式。实例多为脚踏坐式恶鬼造型，如西安南里王村唐景龙二年（708）韦泂墓

[1]　鲁才全：《窦诞职官年表——以〈窦诞墓志〉为中心》，《魏晋南北朝隋唐史料》1998年总第16辑；陕西省考古研究所：《陕西新出土文物选粹》，重庆出版社，1988年，图版78。

[2]　负安志、王学理：《唐司马睿墓清理简报》，《考古与文物》1985年第1期，图版4-3、图版4-4。

[3]　陕西省考古研究所：《陕西新出土文物选粹》，重庆出版社，1998年，图版83。

[4]　西安市文物管理处：《西安东郊清理的两座唐墓》，《考古与文物》1992年第5期。

[5]　山西省考古研究所、太原市文物考古研究所：《北齐东安王娄睿墓》，文物出版社，2006年，图63。

[6]　中国科学院考古研究所：《唐长安大明宫》，科学出版社，1959年，图10-2。

图三七　咸阳顺陵唐贞观二十二年（648）
窦诞夫妇墓出土陶俑
（出自《陕西新出土文物选粹》图版78）

图三八　西安南里王村初唐墓出土陶俑
（出自《陕西新出土文物选粹》84页图版83）

图三九　西安唐大明宫玄武门遗址出
土鎏金铜叶片
（出自《唐长安大明宫》19页图10-2）

出土陶俑[1]、西安韩森寨唐天宝四载（745）宋氏墓出土陶俑[2]、西安中堡村盛唐前后墓出土
三彩俑（图四〇）[3]，少许为脚踏趴卧式恶鬼或脚踏卧兽造型，如西安吕家堡村唐开元十二年
（724）金乡县主夫妇墓出土陶俑[4]、凤翔公路监测站初盛唐之际92号墓出土陶俑[5]。这些实
例头身比大多在1/5上下，躯体丰腴，上身扭曲，两手挥舞，怒目横眉，推测它们应出自关系
密切作坊，或依据类似粉本制作。龙王头顶宝珠造型目前仅见于关中地区，大体可以看作区
域性陶俑造型。

① 负安志：《陕西长安县南里王村与咸阳飞机场出土大量隋唐珍贵文物》，《考古与文物》1993年第6期；陕西
省考古研究所：《陕西新出土文物选粹》，重庆出版社，1988年，图77。

② 张正岭：《西安韩森寨唐墓清理记》，《考古通讯》1957年第5期；王去非：《四神、巾子、高髻》，《考古通
讯》1956年第5期；陕西省文物管理委员会：《陕西省出土唐俑选集》，文物出版社，1958年，图84、图85。

③ 陕西省文物管理委员会：《西安西郊中堡村唐墓清理简报》，《考古》1960年第3期。

④ 西安市文物保护考古所，王自力、孙福喜编著：《唐金乡县主墓》，文物出版社，2002年，图版8。

⑤ 陕西省考古研究院、西北大学文博学院：《陕西凤翔隋唐墓——1983—1990年田野考古发掘报告》，文物出
版社，2008年，彩版2-2。

图四〇　西安中堡村盛唐前后墓出土三彩俑及其局部

其三，河南洛阳关林初唐1289号墓出土一对陶俑（图四一）[①]、辽宁朝阳纤维厂唐永徽六年（655）孙则墓出土一对陶俑（图四二、图四三）[②]，呈现高度一致性。第一，二墓陶俑头身比例均在1/5左右，一概采用接近直立式站姿，左手挥拳、右手叉腰。第二，二墓陶俑护胸甲均扎"十"字形束带，腹部装饰龙头，两小腿围扎护甲。第三，两肩均饰龙首含臂，两膝部饰龙首含腿。第四，二墓陶俑均一戴虎首帽、一戴鹰首帽。这些共同点，尤其同时具备后二特征情况，在已知实例中绝无仅有，无法用偶然性来解释。合理地推测一是孙则墓陶俑由洛阳运往朝阳，就其人边关重臣身份而言，应不存在运输困难。二是孙则墓陶俑采用来自洛阳粉本制作。可以说，朝阳特殊军事地位和孙则不寻常身份，使得洛阳与朝阳随葬陶俑产生直接联系。

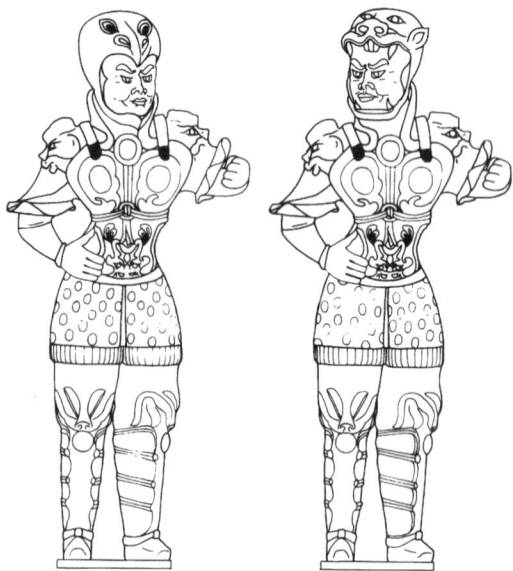

图四一　洛阳关林初唐1289号墓出土一对陶俑
（出自《考古学报》2008年第4期522页图15-2、图15-4）

① 洛阳市文物工作队：《洛阳关林镇唐墓发掘报告》，《考古学报》2008年第4期，522页图15-2、图15-4。

② 朝阳市博物馆：《朝阳唐孙则墓发掘简报》，《朝阳隋唐墓葬发现与研究》，科学出版社，2012年，图版4-1、图版4-2。

图四二　辽宁朝阳纤维厂唐永徽六年（655）孙则墓出土戴兽首帽陶俑及其局部

图四三　辽宁朝阳纤维厂唐永徽六年（655）孙则墓出土戴鸟首帽陶俑及其局部

此外，石窟寺院与地面寺院天王持剑因素，可能来自十六国、北朝以来天王或神王持剑传统，而在唐五代时期天王持剑普遍化，成为一种约定俗成的造型模式。在墓葬天王俑中往往见有一手空握的表现，推测原初可能握有木制宝剑，因腐朽而不存，陶俑持剑亦应来自佛教天王造型因素。

3. 唐五代时期守护神像兽首含臂图像的表现形式

在本稿列举唐五代兽首含臂守护神像实例中，其兽首含臂图像可具体辨识与不可辨识者约各占半数。在可具体辨识兽首含臂图像实例中，龙首含臂者约占2/3，摩羯鱼首含臂者约占1/3，还有个别虎首含臂实例。

（1）龙首含臂图像

龙系中国传统神话中威力无穷的神灵，蛇身而具四爪，长吻高鼻，犄角有无不定，双角与独角兼而有之。诸如，中国社科院考古研究所藏临漳赵彭城村东魏北齐佛寺遗址出土石刻龙首（图四四），为北朝邺城建筑构件，无角，陕西历史博物馆藏西安出土唐代陶塑龙首（图四五），原初应为唐长安城建筑构件，双角。

图四四　临漳赵彭城村东魏北齐佛寺遗址出土石刻龙首

图四五　西安出土唐代陶塑龙首

在龙首含臂实例中，双角龙实例约占半数，无角龙数量次之，独角龙数量又次之。大概双角龙符合当时人们想象中龙王形象，已而数量最多，独角龙与无角龙可能是异化的龙王造型，从而数量比较有限。一些实例龙王鼻子变长，应是印度摩羯鱼图像影响的结果，有时甚至难以准确区分龙王还是摩羯鱼。以龙首为含臂图像，一方面利用了人们熟悉的神灵，另一方面可能意在借助龙王威力增强守护神的震慑力。

双角龙首含臂实例多数属于踏恶鬼式守护神像，少数属于伫立式守护神像。双角在鼻根部向两上方弯曲伸出，多似羊角，也有角上生角似鹿角形状者。独角龙首含臂实例多数属于伫立式守护神像，也有脚踏卧兽式守护神像。在鼻根上部长有一角，或贴头皮生长，或翘起。无角龙首含臂实例多数属于伫立式守护神像，少数属于踏恶鬼式、踏卧兽式守护神像。

（2）摩羯鱼首含臂图像

摩羯鱼系印度神话中的神鱼，不仅能够吞噬万物，亦可生出万物，是堪比中国龙王的印度神灵。此鱼长吻、长鼻，头似鳄鱼，身如鱼体。印度摩羯鱼本不生角，如秣菟罗考古博物馆藏秣菟罗索克（Sonkh）出土，贵霜朝约2世纪前后建筑构件摩羯鱼图像（图四六）、阿旃陀6号窟6世纪前后佛像背障摩羯鱼图像。摩羯鱼图像传播中国之后，有的保持着印度无角摩羯鱼形貌，如内蒙古喀喇沁旗哈达沟门出土唐代鎏金银盘摩羯鱼图像（图四七）[①]，有的受龙王造型影响生出长角，如山西博物院藏稷山唐天宝四载（745）弥勒佛像背障刻画摩羯鱼图像（图四八）。

图四六　印度秣菟罗索克（Sonkh）出土贵霜朝石刻建筑构件摩羯鱼图像

图四七　内蒙古喀喇沁旗哈达沟门出土唐代鎏金银盘摩羯鱼图像

图四八　稷山唐天宝四载（745）石刻弥勒佛像局部

① 赤峰博物馆藏。喀喇沁旗文化馆：《辽宁昭盟喀喇沁旗发现唐代鎏金银器》，《考古》1977年第5期。与此摩羯团花纹鎏金银盘伴出，还有唐德宗时宣州刺史刘赞上供朝廷的卧鹿纹鎏金银盘，二者均作葵花形制，花卉样式及其布局也比较接近。以此推测，摩羯团花纹鎏金银盘为相近时间制作的中唐物品。

摩羯鱼首含臂实例大多属于踏恶鬼式守护神，少许属于踏卧兽式守护神。主要流行于武则天至盛唐时期，关中地区、洛阳地区分布较多，向西直达吐鲁番地区。在摩羯鱼首含臂实例中，无角者占有多数，独角者和双角者占有少数。摩羯鱼首与龙首相近，最大不同在于生出长鼻，其鼻或高高扬起或向上卷起。有角摩羯鱼或双角或独角与龙王一致，显然借用了龙王造型因素。

个别虎首含臂图像实例，如长治西城墙下唐开元四年（716）张仁墓出土陶俑，虎口大张，两眼注视，有气吞山河之势。此种造型在于增强守护神的威猛感，系随意所为，不同于当时普遍流行的龙首含臂、摩羯鱼首含臂图像。

此外，汉代以来流行的建筑鸱尾构件，于晚唐五代之际逐渐演化为鸱吻，表现为兽首（或鱼或鸟）口含正脊两端造型，设计意图和表现形式一如兽首含臂图像，可以看作兽首含臂守护神像的衍生发展。

三、兽首含臂守护神像的延续发展

宋元明清时期兽首含臂守护神像进入新发展阶段（图四九）。除一般化的一头二臂天王形象之外，还有少许一头多臂神王形貌者。守护神的姿态也发生很大变化，伫立式占绝对多数，踏恶鬼式数量锐减，踏卧兽式消失，新出现双腿垂下坐式，单蜷腿坐式流行起来。石窟寺院实例减少，地面寺院（含佛塔）实例增多，随葬陶俑消失，墓葬石刻守门神与墓地神道石像生数量激增。宋元明清时期三倍于唐五代时期，数量却不及后者，处在衰落中的延续发展阶段。下文在列出宋元明清时期兽首含臂守护神像各种一览表的前提下（参见原文附表5—附表9），进而列出各种统计表（表五—表八），以便于具体分析。

1. 宋元明清时期兽首含臂守护神像的发展时空

其一，该时期石窟寺院造作衰落，地面寺院建造发达且遗存较多，实例相应地在石窟寺院中减少，而在地面寺院有所增加。地面寺院中佛塔下层往往雕刻四天王像，延续了五代以来传统。佛教寺院中的守护神像依然发挥着护法功能。原来以陶俑守护神随葬的传统，这一时期或转化为墓葬石刻守门神，或演变为墓地石像生，石刻守门神功能与陶俑相近，石像生则侧重于标示墓主人身份，守护功能弱化。

其二，宋元明清时期连绵千有余年，涉及汉民族王朝和周边民族建立王朝，除清朝没有明确实例外，各朝代都或多或少有一些实例。其中南宋与明代编号和实际数例的平均比率，分别约占总量45%、28%，是两个相对发达的朝代。这种情况表明，一方面唐五代时期兽首含臂守护神像造作传统没有被丢弃，该图像成为受人们喜爱和工匠乐于传承的文化符号。另一方面汉民族王朝统治时期兽首含臂守护神像更加流行，该图像大多用于石刻，密切关联汉民族文化注重石刻造像的传统，相对来说周边民族建立王朝统治时期石刻造像不甚发达。在吐鲁番地区，兽首含臂图像见于柏孜克里克石窟高昌回鹘王国时期9号窟主室右壁壁画天王[①]，表现与宋辽金龙首含臂图像一致，显然受到同时期东部王朝文化影响。

---

①　A. von Le Coq, Chotscho. Facsimile-Wiedergaben der wichtigeren Funde der ersten königlich preussischen Expedition nach Turfan in Ost-Turkistan. Berlin: D. Reimer (E. Vohsen), 1913, vol.1, fig.33.

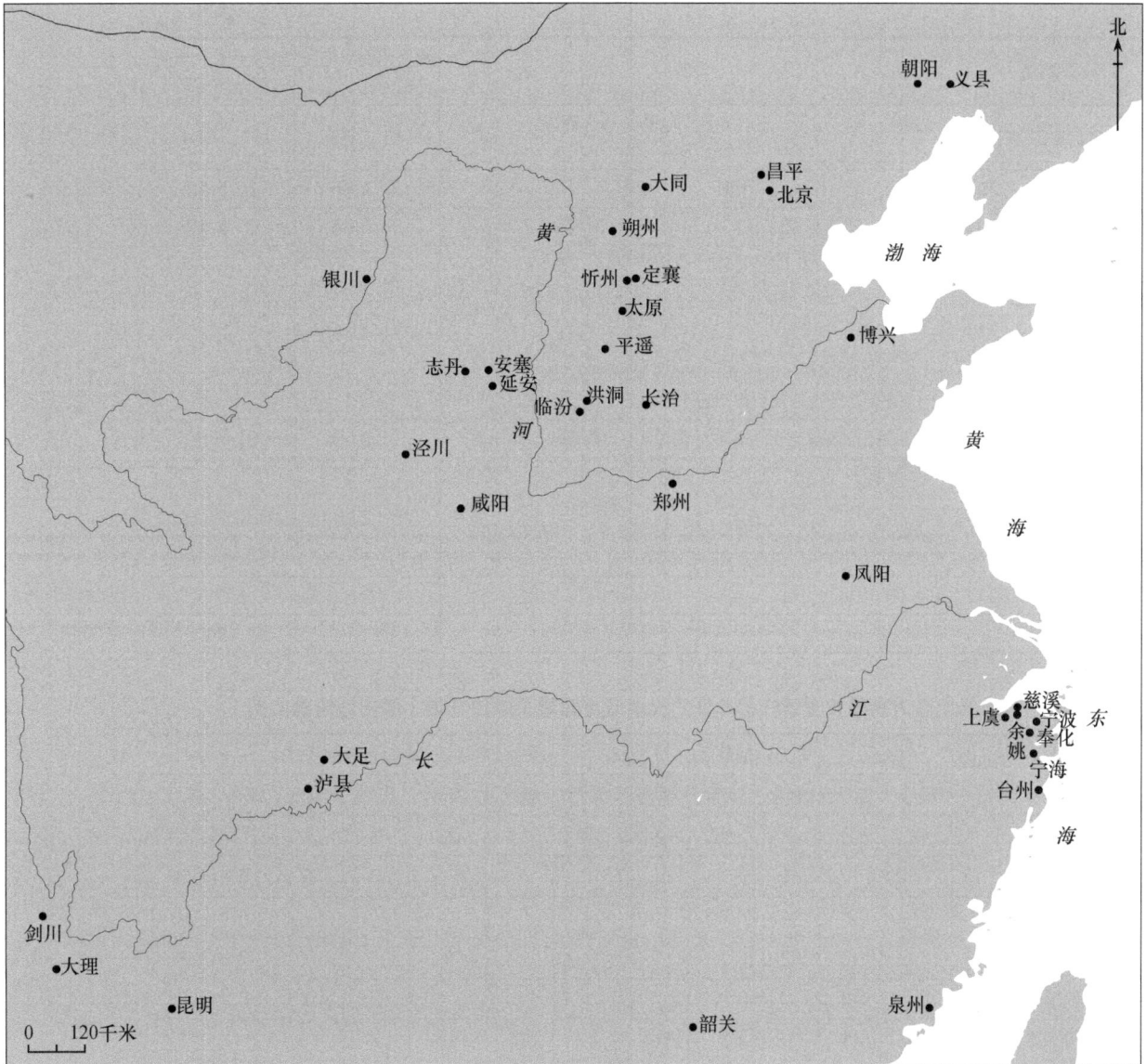

审图号：GS京(2023)1864号

图四九　宋元明清时期兽首含臂守护神像分布图

表五　宋元明清时期兽首含臂守护神像类型与数量关系统计表（所有实例）

类型 数量	伫立式		踏恶鬼式		单蜷腿坐式		双腿垂下坐式		地天承托式		合计	
	编号	实际	编号	实际	编号	实际	编号	实际	编号	实际	编号	实际
数量（例）	65	112	4	7	7	14	7	8	2	3	85	144
占总量 百分比（%）	76.47	77.78	4.71	4.86	8.24	9.72	8.24	5.56	2.35	2.08	100	100

表六　宋元明清时期兽首含臂守护神像发展时间与数量关系统计表（所有实例）

朝代	实例	编号（例）与所占百分比（%）	实际（例）与所占百分比（%）
辽代（907—1125）	附表5：1（2）、12、13	3；3.53	4；2.78
大理（937—1253）	附表5：61；附表6：2（3）；附表9：1、2（2）	4；4.71	7；4.86

续表

朝代	实例	编号（例）与所占百分比（%）	实际（例）与所占百分比（%）
北宋（960—1127）	附表5：14（2）、20（4）；附表6：4；附表7：1、2、3（2）	6；7.06	11；7.64
西夏（1038—1227）	附表5：21、22	2；2.35	2；1.39
金代（1115—1234）	附表5：2、3（2）、4、15；附表6：1	5；5.88	6；4.17
南宋（1127—1279）	附表5：23（2）、24（2）、25（2）、26（2）、27（2）、29、30（2）、31（2）、32（2）、33（2）、34（2）、35（2）、36（2）、37、38（2）、39（2）、40（2）、41（2）、42、43、44（2）、45、46、47、48（2）、49（4）、50（4）、51（3）、52、53（2）、54（2）、55（2）、56、57（2）、58、59、60（2）	37；43.53	68；47.22
蒙元（1206—1368）	附表5：28（2）；附表7：6（4）；附表8：3（2）	3；3.53	8；5.56
明代（1368—1644）	附表5：5、6、7、8、9、10、11、16（4）、17（2）、18、19（2）、62（2）、63（4）、64、65；附表6：3（2）；附表7：4、5、7（4）；附表8：1、2、4、5、6、7	25；29.41	38；26.39
清代（1644—1911）		0	0
合计		85	144

表七　宋元明清时期兽首含臂守护神像发展地域与数量关系统计表（原出地明确实例）

地域 类型	山西		北方其他省区		浙江		四川（含重庆）		南方其他省区		合计	
	编号	实际	编号	实际	编号	实际	编号	实际	编号	实际	编号	实际
伫立式（例）	11	13	11	20	24	42	14	28	3	7	63	110
踏恶鬼式（例）			1	1					2	5	3	6
单蜷腿坐式（例）	2	2	4	8							6	10
双腿垂下坐式（例）	5	6	2	2							7	8
地天承托式（例）									2	3	2	3
合计（例）	18	21	18	31	24	42	14	28	7	15	81	137
占总量百分比（%）	22.22	15.33	22.22	22.63	29.63	30.66	17.28	20.44	8.64	10.95	100	100

表八　宋元明清时期兽首含臂守护神像具体形式与数量关系统计表（不含残损实例）

姿态	踏物	冠式
伫立式（编号65例、实际108例）		束发（编号5例、实际8例）
		宝冠（编号10例、实际16例）
		兜鍪（编号49例、实际80例）
		毡帽（编号2例、实际2例）
		兽首帽（编号2例、实际2例）
踏恶鬼式（编号4例、实际7例）	趴卧式（编号2例、实际4例）	实际：束发1例、宝冠4例、兜鍪2例
	两恶鬼式（编号2例、实际3例）	
单蜷腿坐式（编号5例、实际11例）		实际：宝冠11例
双腿垂下坐式（编号6例、实际7例）		实际：束发2例、宝冠5例
地天承托式（编号2例、实际3例）		实际：宝冠3例

其三，南北方实例约分别占总量3/5、2/5，南方发展势头超过北方。在南方和北方，都呈现比较集中分布的状况。北方地区山西比较密集，关联该省地面寺院建筑等保存较好的情况，从侧面说明当时北方其他省区兽首含臂守护神像未必像当今这样稀少。南方地区浙江和四川（含重庆）相对比较集中。浙江实例又集中在宁波南宋世家大族墓地，流行兽首含臂石像生，四川实例部分集中于大足南宋佛道教石刻，流行兽首含臂神王，部分集中于泸州南宋墓石刻，流行兽首含臂守门神。南方所以形成如此格局，大体可以归结于地方性文化传统的形成，无论宁波还是大足、泸州，其石刻守护神造像相沿成习，为活动在当地的工匠效法、传承，形成各具特色的地方性造像传统。

2. 宋元明清时期兽首含臂守护神像的形态

（1）宋元明清时期兽首含臂守护神像的姿态

该时期兽首含臂守护神像，流行伫立式、踏恶鬼式、单蜷腿坐式、双腿垂下坐式、地天承托式五种形式。其中，伫立式兽首含臂守护神像约占总量77%，同时施用于佛道教雕塑和墓葬石刻，成为该时期最为流行的形式。其他4种形式一概施用于佛教造像，仅占总量20%强。唐五代时期比较流行的踏卧兽式消失，新出现双腿垂下坐式，晚唐个别存在的单蜷腿坐式这一时期流行开来。

伫立式兽首含臂守护神像用于佛道教雕塑者多不持剑（图五〇）[1]，用于墓葬者大多持剑，持剑表现施用对象具有一定倾向性。在大足南宋佛道教石刻中，还有少许一头多臂实例（图五一）。踏恶鬼式兽首含臂守护神像见有脚踏趴卧式恶鬼、两恶鬼表现。单蜷腿坐式兽首含臂守护神像小有流行，见于南北方（图五二、图五三）。非兽首含臂单蜷腿坐式守护神，较早实例见于扶风法门寺地宫出土唐景龙二年（708）法藏等造白石灵帐基座四面浮雕神王[2]。晚唐时期比较多地出现，诸如法门寺地宫出土唐懿宗供养八重宝函之第七重鎏金银函浮雕四天王[3]、敦煌莫高窟晚唐12号窟前室西壁北侧壁画兽首含臂毗沙门天王[4]。入宋以后，单蜷腿坐式守护神较多地施

图五〇　北京大觉寺明代大雄宝殿南侧第3尊彩塑天王像
（出自《北京大觉寺诸天造像》89页）

① 姬脉利、王松：《北京大觉寺诸天造像》，社会科学文献出版社，2014年，35、89页。
② 陕西省考古研究院、法门寺博物馆、宝鸡市文物局等：《法门寺考古发掘报告》，文物出版社，2007年，图162—图165，彩版219—彩版227。
③ 陕西省考古研究院、法门寺博物馆、宝鸡市文物局等：《法门寺考古发掘报告》，文物出版社，2007年，彩版97—彩版100。
④ 敦煌文物研究所：《中国石窟·敦煌莫高窟·第四卷》，北京：文物出版社；东京：株式会社平凡社，1987年，图版162。

图五一　大足石门山南宋6号窟外壁左侧浮雕守门神像

图五二　北京居庸关元至正五年（1345）云台浮雕天王像

图五三　纳溪合面镇太山寺明清石刻武士像及其局部

用兽首含臂图像。双腿垂下坐式兽首含臂守护神像已知实例见于山西（图五四）[1]、河北、山东元明清时期，是一种晚出且地域性较强的造像形式。在这种坐式神像中又出现了财神（图五五），已超出守护神的职能。地天承托式兽首含臂守护神像仅见于云南大理国遗存，应为四川唐五代时期同类造像的残余发展。在北方西夏、元代、明代实例中还见有个别兽首含腿图像，继承了唐五代时期同种造型因素。

图五四　平遥双林寺明代天王殿彩塑天王像　　　　图五五　博兴博物馆藏博兴袁家村出土明清石刻财神像
　　　　（出自《山西古代彩塑》彩版115）　　　　　　　　　　　（齐庆媛摄）

（2）宋元明清时期兽首含臂守护神像的冠式和头身比例关系

该时期兽首含臂守护神冠式有兜鍪、宝冠、束发、毡帽、兽首帽5种，均由来于唐五代时期，但唐五代时期流行的鸟冠、毡帽+鸟冠、兜鍪+鸟冠形式消失了，这关联兽首含臂守护神陶俑不再流行的情况。根据保存完好的实际数例统计结果，兜鍪约占60%、宝冠约占28%、束发约占9%、毡帽和兽首帽共约占3%，戴兜鍪守护神像数量优势取决于该时期墓葬守护神像之发达。

兜鍪大多施用于伫立式墓葬守护神像，兜鍪顶端往往带有缨穗，不同于唐五代时期。宝冠施用于各种姿态守护神像，且为单蜷腿坐式、双腿垂下坐式、地天承托式守护神像主要采用冠式。束发施用于伫立式、踏恶鬼式、双腿垂下坐式守护神像。兽首帽仅施用于伫立式守护神像。

该时期伫立式、踏恶鬼式兽首含臂守护神像，头身比例1/7、1/6者占据多数，1/5者为少数，说明相对唐五代时期实例头身比例关系趋于合理。这种情况与石刻墓门守护神像、墓地

----

① 山西省古代建筑保护研究所，柴泽俊、柴玉梅：《山西古代彩塑》，文物出版社，2008年，彩版115。

神道石像生追求写实、完美的造型需求相关，大不同于唐五代随葬陶俑。

3. 宋元明清时期守护神像兽首含臂图像的表现形式

该时期仅流行龙首含臂图像，唐五代时期所见其他兽首含臂图像消失。而且，唐五代时期流行的双角龙、独角龙不再出现，一概为无角龙。其龙王鼻子宽阔，眉弓凸起，两目圆睁，各实例造型比较划一，大概这是此时期人们比较认可的龙王面目。

如上所述，本稿就含混不清的兽首含臂守护神像发展谱系问题，在尽可能全面收集资料前提下，采用考古类型学方法比较系统地进行了阐述。指出安息帕提亚朝赫拉克勒斯像出现初级形态兽首含臂图像，这种图像还多少带有赫拉克勒斯信仰成分，但是已经具有些许艺术设计意涵。进而认为，中国兽首含臂守护神像经历南北朝隋代初步发展、唐五代大发展，以及宋元明清延续发展三个阶段。

北魏早中期兽首含臂图像传入首都平城，装饰性兽首含臂守护神像流行开来，尔后随着迁都洛阳流布中原北方。北朝隋代有些神王像各臂同时刻画狼首含臂，形成装饰性即成熟兽首含臂图像，已经撇开赫拉克勒斯信仰，变成十足的艺术设计图像。帕提亚朝兽首含臂图像，成为北朝隋代装饰性兽首含臂图像的源头，但二者之间存在发展缺环，尚有若干不明之处。北朝隋代兽首含臂神王像数量有限，还处在缓慢的初期发展阶段。

唐五代时期兽首含臂守护神像获得空前绝后大发展，初盛唐尤其发达，基本分布在唐两京为中心的中原北方和四川。包括伫立式、踏恶鬼式、踏卧兽式、地天承托式四种形式，随葬陶俑占多数，少数为佛道教雕塑造像，大多表现为龙首含臂，少许表现为摩羯鱼首含臂等造型。

宋元明清时期兽首含臂守护神像在衰落中延续发展，南宋与明代形成两个发展小高潮，南方发展势头超过北方。伫立式占据绝对多数，同时流行踏恶鬼式、单蜷腿坐式、双腿垂下坐式等，主要用于佛道教雕塑和墓门及神道石刻造像，一概表现为龙首含臂。

兽首含臂图像以其奇妙设计，在中土引起人们浓厚兴趣并广泛用于装饰守护神像，成为一种影响深远的文化现象，乃至发展成具有汉文化属性的符号，千载传承。

［原文见李静杰、李秋红：《兽首含臂守护神像系谱》，《艺术史研究》（第18辑），中山大学出版社，2016年。本稿在原文基础上进行了微观调整，观点一如既往，原文附录资料所占篇幅众多，在此仅保留相应编号，详情可参考原文］

The Image Ancestry of Patron Saint with Arms Going Through Animal Heads

Abstract: In this paper the ambiguous ancestry of the image development of patron saint with the arms going through animal heads is systematically expounded. The paper points out that the Chinese image patron saint with the arms going through animal heads experienced three stages: the initial development of the Southern and Northern Dynasties and the Sui Dynasty, the great development of the Tang and Five Dynasties and the continuous development of the Song, Yuan, Ming and Qing Dynasties.

The paper holds that the image of Heracles of the Parthian Dynasty appeared in the primary form of the images of the arms going through animal heads. The image of the arms going through animal heads in the early and middle Northern Wei Dynasty was introduced into the capital Pingcheng, and the decorative images of the arms going through animal heads became popular, and then spread in the north of the Central Plains with the move of the capital Luoyang. During the Tang and Five Dynasties, the image of patron saint with the arms going through animal heads achieved unprecedented development. In the early and prosperous Tang Dynasty, they were especially developed and basically distributed in the north of the Central Plains and Sichuan with Changan and Luoyang as the two capital centers. There were four forms: standing, stepping on evil spirits, stepping on beasts and Geogod supporting. The majority were the buried pottery figures and a few were images of Buddhism and Taoism.Most of them were the arms going through dragon heads and a few were arms going through Makara heads.

During the Song, Yuan, Ming and Qing Dynasties, the image of patron saint with arms going through animal heads continued to develop in the decline. The Southern Song Dynasty and the Ming Dynasty formed two small climaxes of development and the development momentum of the South surpassed that of the North.

The standing type occupied the absolute majority, while the stepping on evil spirits, single curled leg sitting and double leg down sitting, etc. became prevalent. They were mainly used for Buddhist and Taoist statues, tomb gate and Lithogenesis, all of which were the arms going through dragon heads. With its wonderful design the image of the arms going through animal heads had aroused great interest in China and was widely used to decorate patron saint, becoming a far-reaching cultural phenomenon.

中篇
Part II

与 古 波 斯 文 化 交 流

Cultural Exchange with

Ancient Persia

北魏前后神人控驭对兽图像及其西方来源

内容提要：北魏前后流行的神人控驭对兽图像，基于载体差异可以分为青铜铺首衔环表现神人控驭对龙，以及其他物件表现神人控驭对狮图像，本稿分析了这些图像的表现形式，及其吸收和改造西方文化因素的过程。神人控御对兽图像起源于西亚，传播汉地以后深受苍龙和佛教造型因素影响，从内容到形式都中国化了。

中原北方地区20世纪70年代以来，陆续出土一些带有神人控驭对兽图像的遗物，即中间正面表现神奇之人，以左右手分别控驭两旁侧面表现一对动物造型的物件[1]。多数为北魏中期（439—493）遗物，少许为此前或之后一段时间遗物（图一）。

以往学界已经注意到这些遗物的特殊性，分析了与西方同类遗物的连带关系。郭物着眼于固原北魏墓出土青铜铺首衔环图像，以"一人双兽"为题重点梳理了西方相关图像的发展情况，认为北魏青铜铺首所见此种图像是西方影响下的产物，但当时多数相关青铜铺首衔环资料没有出土或披露，已而难以具体地分析东西方此种图像的关系[2]，该文开启此项研究课题并影响后来研究者。尔后，王大方认为科尔沁左翼中旗出土黄金牌饰，是鲜卑人与中亚、西亚交流的产物，倾向于北魏时期遗物，然举证材料不够充分[3]。再后，张海蛟列举了以大同为中心中原北方出土的大部分遗物，并就此种图像传来的历史背景做了推测[4]。柏嘎力、孙晓梅认为正镶白旗伊和淖尔北魏墓出土青铜铺首衔环图像，接近于波斯阿契美尼德王朝（前550—前330）遗物[5]，而用作比较实例的相似度有限。

总体而言，以往学界普遍认识到北魏青铜铺首衔环等表现神人控驭对兽图像的特殊性，梳理了西方和中国此种图像实例，认为中国神人控驭对兽图像在西方同类图像影响下产生，为日后相关研究提供信息和借鉴。不过，有关中原北方出土表现神人控驭对兽图像，学界还没有进行过全面类型分析，吸收并改造西方文化因素的过程也不清楚，这些细节问题影响了

---

① 学界以往命名此种图像为"一人双兽"，笔者以为此名称内含图像要素，却没有说明构图形式，而且中间一人或形态异于常人（如兽首、有翼等），或显现超人的能力（如摄伏猛兽），双兽则形体相同、左右对称。为了准确体现此种图像的具体内涵，本稿名之为神人控驭对兽图像，用以表述各种因素特性及其相互关系，并区别于那些不具备"控驭"和"对兽"条件的图像。

② 郭物：《一人双兽母题考》，《欧亚学刊》（第4辑），中华书局，2004年。

③ 王大方：《"人物双狮纹金饰牌"考》，《内蒙古文物考古》2005年第2期。

④ 张海蛟：《北魏平城"一人二龙"图案的渊源与流变》，《形象史学》（第9辑），社会科学出版社，2017年。

⑤ 柏嘎力、孙晓梅：《论伊和淖尔墓葬出土棺钉铺首衔环》，《文物鉴定与鉴赏》2017年第12期。

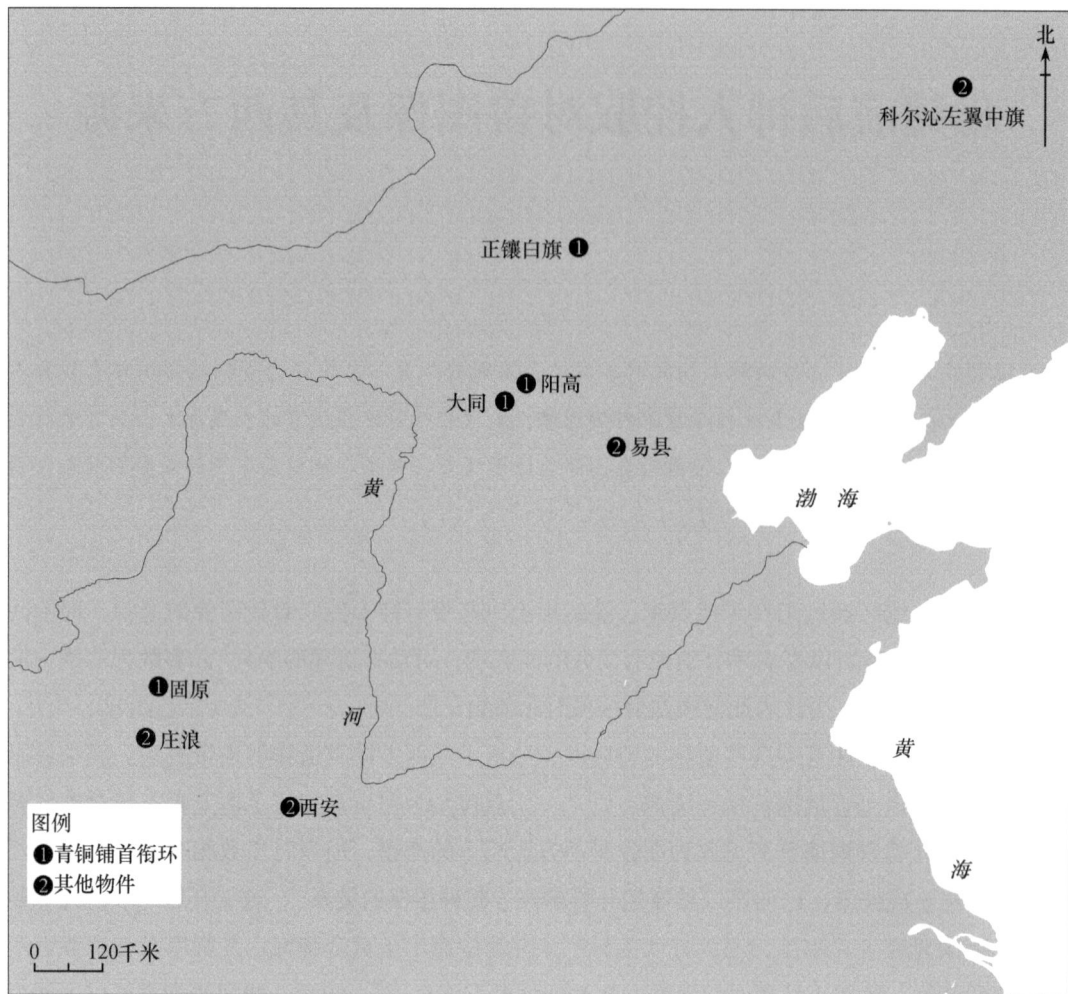

审图号：GS京(2023)1864号

图一　中原北方出土具神人控驭对兽图像遗物分布图

总体认知程度。

鉴于神人控驭对兽图像研究目前存在的问题，本稿在通盘梳理中原北方相关实例前提下，基于不同图像与所在载体的关联性，大体分为青铜铺首衔环表现神人控驭对龙图像，以及其他物件表现神人控驭对狮图像两类，进而阐释各自图像表现及其与西方的关系。

一、青铜铺首衔环表现神人控驭对龙图像

在大同等地北魏中期墓葬和遗址中，出土一些带有神人控驭对龙图像的青铜铺首衔环，原初大多钉在棺椁上。这些青铜铺首及其衔环，分别采用模具铸造再组合而成。铺首整体作龙头形，中间隆起三角形鼻梁，两侧双目圆睁，眉梢内卷，尖耳竖起，两嘴角各露出一颗獠牙，头外两侧布满外卷毛发，各实例造型基本一致，表明有共同母本可依。类似龙头造型多见于大同北魏建筑构件和棺床等，如大同南郊柳航里北魏明堂遗址出土石刻建筑螭首

（图二）[①]、大同市博物馆藏大同京大高速公路段出土北魏石棺床（图三），有角或无角不定，系当时一般化表现。

图二　大同市博物馆藏大同南郊柳航里北魏明堂遗址出土
石刻建筑螭首

图三　大同市博物馆藏大同京大高速公路段出土
北魏石棺床局部

中国铺首衔环约产生于战国时期（前453—前221），铺首主题图像战国秦汉时期一般表现为抽象兽头，值得注意的是满城西汉中期中山靖王刘胜墓出土银制铺首衔环，铺首兽头两旁侧面表现一对玲珑剔透的苍龙（图四）[②]，说明铺首上表现一对侧面苍龙造型在中土早已创造出来，或许就是后来神人控驭对龙图像因素之来源。北魏青铜铺首衔环的铺首主题图像演变为龙头，一些遗物在铺首龙头上方或衔环之中表现神人控驭对龙图像，发展为此时期内容独特的铺首衔环。其侧面表现对龙或有角或无角，近似当时流行的侧面苍龙造型，如大同石家寨北魏太和八年（484）司马金龙墓出土柱础浮雕苍龙（图五）[③]。就一件铺首衔环而言，神人控驭对龙图像或表现在铺首上，或表现在衔环上，或同时表现在铺首和衔环上。下文逐一分析神人控驭对龙图像的类型、与西方关系，以及反映的其他信息。

1. 神人控驭对龙图像的类型

神人控驭对龙图像基于神人形态的差异，大体可以分为叉立力士型、蹲坐力士型、交脚坐夜叉型、交脚坐神王型4种，下文分而述之。

（1）叉立力士型

中间神人作力士形态，叉立在一对苍龙之间。基于神人与苍龙造型差异，又分为两种情

[①]　大同市博物馆藏，平城明堂建造于太和十五年（491）。参见王银田、曹臣明、韩生存：《山西大同市北魏平城明堂遗址1995年的发掘》，《考古》2001年第3期。又如大同方山永固陵出土石券门门墩，中国国家博物馆藏，永固陵建成于太和八年（484），文明皇后冯氏于太和十四年（490）入葬其中。参见大同市博物馆、山西省文物工作委员会：《大同方山北魏永固陵》，《文物》1978年第7期。

[②]　中国社会科学院考古研究所、河北省文物管理处：《满城汉墓发掘报告》（下），文物出版社，1980年，图版15-2。

[③]　大同市博物馆藏。山西省大同市博物馆、山西省文物工作委员会：《山西大同石家寨北魏司马金龙墓》，《文物》1972年第3期。

图四　满城西汉中山靖王刘胜墓出土银
制铺首衔环
（出自《满城汉墓发掘报告》图版15-2）

图五　大同石家寨北魏太和八年（484）司马金龙墓出土柱础

形。其一，神人双手举起，苍龙相对俯冲。见于1999
年山西阳高下深井村北魏中期砖室墓出土青铜鎏金铺
首之衔环1件（图六）[①]，直径10、厚0.4厘米，应为
木棺饰件。衔环以二龙身为骨架，一对相向俯冲的苍
龙外侧爪前伸，内侧爪后蹬，二龙吐舌连成花叶饰垂
下。中间一力士型神人平头大眼，身着犊鼻裤和紧身
短袖衫，胸挂"X"形交叉式缨络，叉立在二龙角之
上，两手攥住苍龙后腿上长毛。该墓早年被盗，原初
应存在铺首，且应有多组铺首与衔环，钉在木棺相对
部位。阳高位于大同东北郊，属于北魏首都平城（今
大同）文化圈。

其二，神人两手叉腰，苍龙相对上升。实例一
为1981年宁夏固原雷祖庙村北魏中期砖室墓出土青铜
铺首2件与衔环3件（图七）[②]，铺首高11.2、宽10.5

图六　阳高下深井村北魏墓出土青铜鎏金铺首之衔环线图
（出自《文物》2004年第6期31页图3-9）

厘米，衔环高7.5、宽11厘米，原为两具髹漆木棺饰件。在铺首的龙头上方，一对上升的苍龙
前爪拱而后爪蹬，中间一力士型神人叉立在二龙内侧后腿之上，两手分别攥住二龙长舌置于
腰间，其人头顶作肉髻状凸起，腰围裙裳，似穿靴。衔环以二龙身为骨架，一对上升的苍龙
相对拱起内侧前后爪，二龙背部各立一只鸟雀，二龙之间一力士型神人叉立在龙尾相接处，
两手分别攥住二龙长毛置于腰间，其人头顶作肉髻状凸起，着对领紧身衣，腰围裙裳，似穿
靴。铺首与衔环的神人造型相近，显然由来于同样的艺术设计，头顶肉髻状凸起明显借用了

① 　大同市考古研究所：《山西大同下深井北魏墓发掘简报》，《文物》2004年第6期。
② 　宁夏回族自治区固原博物馆藏。固原县文物工作站：《宁夏固原北魏墓清理简报》，《文物》1984年第6期；
　　杨春棠：《贺兰山阙：宁夏丝绸之路》，香港大学美术博物馆，2008年，图版51、图版53。

图七　固原雷祖庙村北魏墓出土青铜铺首及衔环
（出自《贺兰山阙:宁夏丝绸之路》图版51、图版53）

佛陀造型特征。原初铺首与衔环应组合在一起钉在漆棺上。

实例二为波士顿艺术博物馆藏北魏青铜铺首（图八），与固原雷祖庙村北魏中期墓出土青铜铺首造型几乎一致，属于同种艺术设计，应为同一或使用相同图像粉本作坊的制品。

（2）蹲坐（或蹲立）力士型

中间神人作力士形态，分为蹲坐与蹲立两种情况。其一，神人蹲坐。见于1982年山西大同南郊轴承厂北魏遗址出土青铜鎏金铺首（图九）[①]，凡有10件，高13.1、宽13.3、厚0.3厘米。在铺首的龙头上方，一对上升的苍龙蹬后爪而拱前爪，中间一力士型神人蹲坐在二龙内侧后腿上，双手举起各自攥住龙舌。

图八　波士顿艺术博物馆藏北魏青铜铺首

图九　大同南郊轴承厂北魏遗址出土青铜鎏金铺首衔环

---

① 大同市博物馆藏。大同市博物馆:《山西大同南郊出土北魏鎏金铜器》,《考古》1983年第11期。

其二，神人蹲立。见于2010年内蒙古正镶白旗伊和淖尔1号土坑墓出土青铜鎏金铺首衔环（图一〇）[①]，凡有14件，髹漆木棺两侧板各有5件，头板3件，尾板1件。其中M1：20青铜鎏金铺首衔环，总高26.7、宽16厘米，衔环直径12.2厘米。在铺首龙头上方，一对上升的有角苍龙两尾交缠，内侧前爪拱起，中间力士型神人蹲立在二龙尾上，两手举起各自攥住龙舌，神人帔帛绕过颈后，两端分别从前向后绕臂垂下。

图一〇　内蒙古正镶白旗伊和淖尔北魏1号墓出土青铜鎏金铺首衔环线图
（出自《文物》2017年第1期32页图54-3）

蹲坐或蹲立神人形态与承托弥勒菩萨双足的地天相近，如永靖炳灵寺第132窟北魏晚期交脚菩萨像（图一一）[②]，该造型由来于犍陀罗文化[③]。帔帛两端绕臂垂下则是当时菩萨和天人像普遍采用的服饰形式。

（3）交脚坐夜叉型

中间神人作夜叉形态，交脚而坐。见于1987年大同湖东北魏中期1号前后室砖墓出土青铜鎏金铺首之衔环（图一二）[④]，直径7.2、厚约0.2厘米，原为木棺或木椁装饰构件。衔环以一对相向俯冲的苍龙为骨架，双龙两外侧爪前伸，两内侧爪后蹬，二龙吐舌连成花叶状垂下。中间夜叉型神人交脚坐在二龙头之上，两手置于腰间而没有控驭对龙，其人两耳尖长，头发竖起，形似夜叉，可以看作神人控驭对龙的变异形式。

（4）交脚坐神王型

中间神人作多臂神王形态，交脚坐在铺首的龙头之上。见于京都个人藏青铜铺首（图一三）[⑤]，神王四臂，束发带，附圆形头光，帔帛挎肩后绕两下臂垂下，两手举起分别抓住上升的对龙颈部，另二手各置于膝部。

在汉文化地区，多臂神王在北魏早期（386—438）、中期（439—493）于大同周围率先流行开来，如大同南郊怀仁丹扬王墓壁画神王像[⑥]及云冈470年代第7、8窟门道两侧浮雕神王像，受到伴随佛教而来的印度教神祇造型影响。交脚坐姿借用了弥勒菩萨或弥勒佛像因素，

① 中国人民大学历史学院考古文博系、锡林郭勒盟文物保护管理站、正镶白旗文物管理所：《内蒙古正镶白旗伊和淖尔M1发掘简报》，《文物》2017年第1期。

② 甘肃省文物工作队、炳灵寺文物保管所：《中国石窟·永靖炳灵寺》，北京：文物出版社；东京：株式会社平凡社，1989年，图版95、图版98。

③ 李静杰：《北魏金铜佛板图像所反映犍陀罗文化因素的东传》，《故宫博物院院刊》2016年第5期。

④ 山西省大同市考古研究所：《大同湖东北魏一号墓》，《文物》2004年第12期。简报名为鎏金铜牌饰，参考前述满城西汉墓出土银制铺首衔环的构造可知，该遗物实为另一种铺首之衔环。

⑤ 〔日〕下中弥三郎编：《世界美術全集·7·中國古代·I·秦漢魏晋南北朝》，东京：平凡社，1952年，图版24。

⑥ 怀仁县文物管理所：《山西怀仁北魏丹扬王墓及花纹砖》，《文物》2010年第5期；徐光冀主编：《中国出土壁画全集·2·山西卷》，科学出版社，2011年，图28—图30。

图一一　永靖炳灵寺第132窟北魏交脚菩萨像及其局部
（出自《中国石窟·永靖炳灵寺》图版95、图版98）

如大同轴承厂遗址出土北魏中期弥勒菩萨像（图一四）①，附圆形头光是佛、菩萨像基本因素，帔帛则吸收了菩萨或天人像因素。该铺首整体造型接近大同北魏中期同类遗物，推测制作于此地。

（5）关联实例

还有一些仅表现神人而没有对兽的铺首衔环实例，构图方式明显借用了神人控驭对兽图像。诸如，大同曹夫楼村北魏太和元年（477）宋绍祖墓石椁浮雕铺首衔环（图一五）②，一力士型神人腾踏在铺首的龙头之上，两手分别握住两龙角。大同七里村北魏太和八年（484）杨众庆墓出土青铜铺首衔环③，一力士型神人蹲立在铺首龙头之上的蔓草间，双手叉腰。固原羊坊村北魏墓出土青铜鎏金铺首（图一六）④，一力士型神人蹲立在铺首龙头之上卷草间，两手外伸抓握卷草尾端。这些实例的图像表现大同小异，密切关联同时期流行的神人控驭对兽

① 1980年出土，大同市博物馆藏。

② 山西省考古研究所、大同市考古研究所：《大同市北魏宋绍祖墓发掘简报》，《文物》2001年第7期；大同市考古研究所、刘俊喜主编：《大同雁北师院北魏墓群》，文物出版社，2008年。

③ 该青铜铺首衔环之铺首高18.4、宽20厘米，衔环直径14.2厘米。大同市考古研究所：《山西大同七里村北魏墓群发掘简报》，《文物》2006年第10期。

④ 高9.4、宽9.5厘米，宁夏文物考古研究所藏。宁夏固原博物馆：《固原文物精品图集》（中册），宁夏人民出版社，2012年，图版116。

图一二　大同湖东北魏1号墓出土青铜鎏金铺首之衔环
线图
（出自《文物》2004年第12期33页图13-1）

图一三　京都个人藏北魏青铜铺首
（出自《世界美術全集·7·中國古代·Ⅰ·秦漢魏晋南北朝》
图版24）

图一四　大同轴承厂遗址出土北魏弥勒菩萨像
（王友奎摄）

图一五　大同曹夫楼村北魏太和元年（477）宋绍祖墓
石椁浮雕铺首衔环
（出自《大同雁北师院北魏墓群》彩版68-2）

图一六　固原羊坊村北魏墓出土青铜鎏金铺首
（出自《固原文物精品图集》中册图版116）

图像，固原与大同实例的近似性，加强了固原实例或其粉本来自于大同的推测。

青铜铺首衔环神人控驭对龙图像存在多种形式，应是此类丧葬饰品设计与制作者追求多样化造型的反映。

2. 神人控驭对龙图像与西方的关系

西方神人控驭对兽图像在地中海东部区域，公元前4千纪后期已经出现，持续流行到公元后1千纪后期，在欧亚草原地带公元前1千纪也流行开来。在伊朗高原西部卢里斯坦（Lorestan）前1千纪前期盛行一时[①]，与中国同类图像关系最为密切。

无论在西方还是东方，神人以左右手擒拿、牵拽等方式控驭两侧禽兽，左右图像对称配置，成为共同的表现和构图形式。东西方文化背景差异，又导致图像的载体、神人、对兽有所不同。

青铜铺首衔环表现神人控驭对龙图像，其载体不同于西方，神人、对龙及其表现与西方比较既有联系也有区别，可以说是东西方文化艺术的融合体。在载体方面，西方神人控驭对兽图像表现在多种物件上，却不曾见过表现在铺首衔环上的情况[②]，是为东西方显著区别之一。

在神人表现方面，不同地区各有其特征。西亚神人多作异于常人的形态，如伊朗国家博物馆藏卢里斯坦出土前1千纪前期青铜马镳（图一七），其神人形体大于对兽，头上长出类牛角，两肩似滋生鸡首，两手抓握一对类狮形猛兽。大英博物馆藏卢里斯坦出土前1千纪前期青铜牌饰（图一八），其神人形体硕大，双目圆睁，蓬发，身着铠甲，两手擒拿一对有翼狮子的颈部。这些图像突出表现神人奇特形态和不可思议力量，笼罩着浓厚的宗教色彩。中亚地区则有所不同，阿富汗国家博物馆藏希伯尔罕蒂利亚山丘1世纪2号墓出土镶嵌宝石金坠饰（图一九），其神人作戴冠王者形象，身着交领衣并束带，两手擒拿一对有翼长角的天马，天马后身呈"S"形反转，其中长角、有翼天马沿袭了西亚复合型动物因素，天马呈"S"形反转身躯则是典型北方草原文化因素，具有浓厚的游牧生活情调。北魏青铜铺首神人深受佛教造像影响，诸如头顶类肉髻形凸起表现，作类力士或一面四臂神王形象，以及蹲坐（或蹲立）、交脚坐姿态，显然借用了中原北方流行的佛教造像因素。在当时佛教文化盛极一时的背景中，这种借用可能是自然而然发生的，抑或反映了区域性作坊的作用[③]。相对于西亚强烈宗教性而言，中土更加强调装饰效果，反映了文化背景差异和理解不同。

[①]　Arthur Upham Pope, A Survey of Persian Art: From Prehistoric Times to the Present. Sopa, Ashiya, 1981, Vol.VII, pl.27-60.

[②]　铺首衔环饰件在东西方各有相对独立的发展系统，西方铺首衔环约产生于罗马共和国时期（前509—前27），安息帕提亚朝（前247—224）继承了罗马传统，多以狮头或狼头为主题图像。前述以中国为中心的东方铺首衔环产生时间与西方相近，主题图像表现却大有不同。

[③]　林圣智：《墓葬、宗教与区域作坊——试论北魏墓葬中的佛教图像》，《美术史研究集刊》2008年第24期。

图一七　伊朗国家博物馆藏卢里斯坦出土前1千纪前
期青铜马镳

图一八　大英博物馆藏卢里斯坦
出土前1千纪前期青铜牌饰

图一九　阿富汗国家博物馆藏希伯尔罕蒂
利亚山丘1世纪2号墓出土镶嵌宝石金坠饰

在对兽种类和表现方面，西方对兽有走兽、飞禽、游鱼、双蛇，也有禽与兽合体动物，但没有出现过对龙。汉文化中的对龙取代西方式样对兽，反映了当时有选择性地吸收并改造外域文化的情况，神人控驭对龙成为区别于西方的又一特征。西方对兽通常作相向侧面表现，兽首大多向上，少许向下，该特征对应北魏青铜铺首衔环的对龙。

3. 青铜铺首衔环实例反映的其他信息

上述青铜铺首衔环多数为出土品，少许为传世品，大体反映了以下情况。

其一，出土品3例集中在大同市及其郊县阳高，2例分布在边远的正镶白旗和固原，均出土于北魏中期墓葬或遗址。出现的时间点与分布点，恰好符合5世纪中叶北魏太武帝统一黄河流域，据有河西走廊，再次打通西域交通线，西方文化因素涌入中原北方，尤其大量出现在北魏首都平城的社会背景。

其二，大同市周围与边远地区出土品的形制几乎一致，图像表现也没有两样，均作神人控驭一对苍龙的形式，说明这些青铜铺首衔环有共同的图像粉本。正镶白旗为边荒之地，不存在制造青铜工艺品的条件，其铺首衔环无疑来自大同。固原处在平城通往秦州（今天水）、金城（今兰州）和凉州（今武威）的交通线上，此地出土铺首衔环属于个别现象，推测或来自大同，或利用大同粉本在当地制作。

其三，出土墓葬多为砖室墓，有的具前后室，普遍有木棺，有的还具木椁，不少葬具髹漆，使用鎏金铺首衔环，表明这些墓葬主人具有较高等级身份和厚实财力。关联实例间接地反映了使用此种铺首衔环墓主的身份，其中大同曹夫楼村北魏太和元年（477）墓主宋绍祖为幽州刺史、敦煌公，约相当于三品官吏，大同七里村北魏太和八年（484）墓主杨众庆为赠冠军将军、秦州刺史，名誉上相当于三品官吏，都属于高级贵族。说明神人控驭对兽图像主要适用于高级贵族或颇有财力的少数人，他们也最有条件接触和使用这种外来文化因素。

二、其他物件表现神人控驭对狮等图像

在北魏中期以前与此后，少许物件上表现神人控驭对狮等图像，这些物件的质地、用途各不相同，反映的文化信息也存在较大差异，以下分而述之。

1. 战国与汉晋黄金牌饰神人控驭对马、对狮图像

图二○　易县燕下都辛庄头30号战国晚期墓出土金牌饰

易县燕下都辛庄头30号战国晚期墓出土金牌饰（图二○）[①]，中间上方神人张开两臂，两手分别抓住一对马首的顶部，两爪各蹬住马前胸，下方两外侧一对长角猛兽咬住马背，猛兽后身翻转，一对马首两外侧有一对长角羊。此牌饰表现三双对兽，其中神人控御对兽表现密切关联西亚地区，有角猛兽与猛兽啃咬食草动物表现也是西亚文化传统，兽类后身翻转表现则常见于北方草原地区，这些公元前1千纪流行的西亚和北方草原地区文化因素，可能经过草原之路传入燕国，从而产生此金牌饰。

1990年内蒙古科尔沁左翼中旗北哈拉图达嘎查出土汉晋黄金牌饰（图二一）[②]，中间神人头顶长出一旋形角状物，立在相向侧面表现双狮前爪上，两手隐于后方作控驭双狮状，牌饰以模具整体铸造而成，左右和上方表现连续不规则圆环。神人控驭对狮为西亚常见题材，前人推测该牌饰密切关联西亚文化背景有其道理。不过，西亚罕见表现神人控驭对兽图像的金牌饰，而且牌饰周缘表现不规则连环的做法，类似于匈奴青铜牌饰周缘依循物象镂空表现，笔者倾向于此牌饰制作于邻近阿尔泰黄金产地的中亚地区，加之动物类黄金牌饰主要流行于公元前后数百年的情况，汉晋时期传入东北平原的可能性似乎更大一些。

此二实例年代偏早，呈现西亚文化与北方草原文化融合的造型特征，并示意西亚文化经由北方草原地区传入之路径，与北魏流行的神人控驭对兽图像之间没有必然联系。

---

① 河北省文物研究所藏。河北省文物研究所：《燕下都》，文物出版社，1996年。

② 高5.8、横宽10厘米，重130.8克，通辽市博物馆藏。张景明：《中国北方草原古代金银器》，文物出版社，2005年，图版48。此书著者以为东汉遗物。

2. 北魏晚期造像塔神人控驭对狮图像

1974年甘肃庄浪李家咀村出土4块近方形造像塔，连同1949年前当地出土的1块，凡有5块，应属于同一组上下叠磊式造像塔[①]，据人物造型推断为北魏晚期（494—534）后段（520—534）遗物。在其中一块造像塔一面的佛龛下方，浮雕一正面神人控驭两旁一对相向侧面雄狮图像（图二二）。其神人作力士形，顶有肉髻状凸起，着犊鼻裤，其余部位裸露，两脚分别踏在一对雄狮相对拱起的内侧爪上，两手举起各牵引雄狮长舌。雄狮作半趴卧状，昂首吐舌，鬣毛飘起，后背上各蹲坐一驭狮人。此处本为护法部位，图像表现却全然没有威严庄重的氛围，更像活泼的杂技表演。此顶有肉髻状凸起的力士型神人与前述固原雷祖庙村北魏墓出土青铜铺首衔环神人相近，两者均处在陇东地区，可能不是偶然。造像塔神人踏在两狮爪上造型，有前例科尔沁左翼中旗金牌饰可资比较。神人牵引狮舌作法，与前述固原雷祖庙村、正镶白旗伊和淖尔北魏墓出土青铜铺首衔环神人牵引龙舌相似，似乎借用了这种造型因素。

图二一　通辽市博物馆藏科尔沁左翼中旗北哈拉图达嘎查　　　图二二　庄浪县博物馆藏庄浪李家咀村出土
出土汉晋金牌饰　　　　　　　　　　　　　北魏造像塔一面

德黑兰瑞匝-阿巴斯博物馆藏卢里斯坦出土前1千纪前期青铜牌饰（图二三），中间有角神人两腿叉立在一对相背侧面表现大角羊后腿上，两手扶持羊角，两外侧各一狮形猛兽扑向大角羊。上述庄浪造像塔图像可以比较此牌饰神人动作，具有相近的设计思想。

在同一块造像塔对面佛龛下方，浮雕三力士像（图二四）。三者束发，着犊鼻裤，其余部位祖裸。两侧力士内侧腿隐于后方，各以内侧手抓住蜷起的外侧脚，以外侧手握住二股叉，中间力士叉立，两手分别抓住两侧力士蜷起的外侧脚。这种特异的力士造型目前仅见于此，显然借用了神人控驭对兽图像造型因素，手握二股叉的成对力士也有前例可援，如大同云冈约5世纪70年代9号窟前室后壁门侧图像（图二五）。

---

① 庄浪县博物馆藏。程晓钟、丁广学：《庄浪县出土北魏石造像塔》，《敦煌学辑刊》1997年第2期。

图二三　德黑兰瑞匹-阿巴斯博物馆藏卢里斯坦出土前1千纪前期青铜牌饰

图二四　庄浪李家咀村出土北魏造像塔另一面局部

图二五　大同云冈北魏中期9号窟前室后壁局部

3. 隋代扁壶神人控驭对狮图像

在西安隋唐西市遗址出土数件形制相同的绿釉陶扁壶（图二六）。壶体扁腹、直颈、盘口、高圈足外侈，两肩附加筒状耳。前后两面浮雕相同图像，周围装饰一圈桃形联珠纹，中间力士型神人左脚提起，右脚后蹬，两手举起，似牵引两旁相向侧面蹲坐狮子颈部，图像颇有动态感。过去断代为唐，基于隋代扁壶突出装饰联珠纹，而唐代扁壶流行装饰花卉的情况①，推测该扁壶更可能为隋代遗物。扁壶刻画神人姿态和控驭双狮动作，与西亚安纳托利亚前1千纪前期石雕神像颇有可比性。

诸如，安卡拉安纳托利亚文明博物馆藏土耳其中南部卡尔卡莫斯（Kargamis）出土，约前1千纪初期石刻神像（图二七），基座中间侧身单腿跪坐兽首人身神人，两手抓握双狮的颈带，基座上方原有双手作驾驭状的猪首人身神祇立像。伊斯坦布尔考古博物馆藏土耳其西部津契里（Zincirli）出土，约前1千纪初期石刻神像（图二八），基座中间侧身单腿跪坐神人长发、浓须，两手抓握双狮的颈带，基座上方伫立高大的佩剑王者像。此二例造像地域、年

图二六　西安大唐西市博物馆藏隋唐西市遗址出土隋代绿釉陶扁壶

图二七　安卡拉安纳托利亚文明博物馆藏土耳其卡尔卡莫斯出土约前1千纪初期石刻神像基座
（刘易斯摄）

图二八　伊斯坦布尔考古博物馆藏津契里出土约前1千纪初期石刻神像
（王德路摄）

---

① 冯恩学：《胡风扁壶的时代风格》，《北方文物》2013年第2期。

代、风格颇为一致，在基座浮雕图像主题和风格方面，又近似于西安隋唐西市遗址出土扁壶图像，再考虑扁壶装饰波斯联珠纹样，尽管两者天各一方、时隔千有余年，依然能够感受到文化传承的脉动。

三、余　论

本稿比较具体地分析了北魏前后青铜铺首衔环表现神人控驭对龙图像，以及其他物件表现神人控驭对狮图像的表现形式及其与西方关系，认为此两种图像是东西方文化艺术交流的融合体。

在南北朝隋代，南欧与西亚文化因素，连同来自印度的佛教文化因素，不绝如缕地传入汉文化地区，北魏平城时代西方文化影响尤为强劲，这些文化因素融合汉文化继续发展，从而形成中西结合的新生事物。

值得注意的是，中国出土来自西方的带有神人控驭对兽图像物件少之又少，所知仅有科尔沁左翼中旗黄金牌饰，当初情况不应如此。如果没有可资参考的西方此类图像样本，汉地几乎没有可能产生神人控驭对兽图像。那些西方传入的带有神人控驭对兽图像物件何以消失得无影无踪，实难稽考，这种现象也普遍存在于其他类别中西物质文化交流之中。再者，西方不同区域、不同时段的各种文化因素，北魏中期一时俱来，集中出现在魏都平城为中心区域，成为当时文化交流的显著特征。

（原文见李静杰：《北魏前后神人控驭对兽图像及其西方来源》，《艺术设计研究》2021年第5期。本稿在原文基础上略微改动）

The Image of Men-of-God Controlling Twin Animals Before and After the Northern Wei Dynasty and Their Western Sources

Abstract: The popular image of Men-of-God controlling twin animals around the Northern Wei Dynasty can be divided into bronze animal head holding rings to show Men-of-God controlling twin dragons and other artifacts to show Men-of-God controlling twin lions. This paper analyzes the manifestation of these images and the process of absorbing and transforming western cultural factors. The image of Men-of-God controlling twin animals originated in Western Asia and was deeply influenced by the dragon and Buddhist modeling factors after it was spread in the Han Dynasty. It had become Chinese in both content and form.

雉堞及其来源

内容提要： 用作城墙等建筑防御和装饰的雉堞，有过怎样的发展经历，长期不得其解。本稿认为汉地雉堞不晚于魏晋时期产生，南北朝隋唐五代时期有所流行，宋金时期广为流行，雉堞作二阶或三阶凸形，堞孔有无不定，形成汉文化地区特征。建筑雉堞创始于西亚新巴比伦王国之前，约萨珊朝早期传入汉文化地区，萨珊朝晚期装饰性雉堞影响了中亚和西域，西北印度雉堞受中印度影响并形成地域特征。雉堞因其实用性和装饰性在亚洲建筑史上留下深刻印迹。

  城墙上端内外两缘砌筑矮墙的做法，无论在中国、在世界，流传了至少两千多年。城墙用于护卫城内居民和财产，城墙上附加的矮墙不仅防止守城人及物品滑落城下，又可用作战斗掩体并观察敌情，是基于实际需要产生的城墙附属设施。

  中国各历史时期城墙上矮墙名称不断变化。在春秋战国文献中，雉作为计算城墙长度单位使用[①]，城墙上矮墙或名为堞[②]，或称作俾倪[③]。在汉晋南北朝文献中，原有堞之名得以延续[④]，

---

① 传（春秋）左丘明：《春秋左氏传》隐公元年条："祭仲曰，'都，城过百雉，国之害也'。"参见（西晋）杜预集解：《左传》，上海古籍出版社，2015年，4页；传（战国）公羊高：《春秋公羊传》定公十二年条："雉者何？五板而堵，五堵而雉，百雉而城。"参见刘尚慈：《春秋公羊传译注》，中华书局，2010年，609页。此雉之名涵盖长度与高度，更侧重于长度；传（春秋）左丘明：《春秋左氏传》隐公元年条："方丈曰堵，三堵曰雉，一雉之墙长三丈、高一丈。"参见（西晋）杜预集解：《左传》，上海古籍出版社，2015年，5页。此计算方式有别于《春秋公羊传》。

② 传（春秋）左丘明：《春秋左氏传》襄公六年条："堙之环城，傅于堞。"参见（西晋）杜预集解：《左传》，上海古籍出版社，2015，502页；（春秋战国）墨子：《墨子》卷14备梯篇："行城之法，高城二十尺，上加堞，广十尺，左右出巨各二十尺，高、广如行城之法。……守为行堞，堞高六尺而一等。"参见吴毓江撰、孙启治点校：《墨子校注》，中华书局，2006年，845页；（东汉）许慎：《说文解字》第13："城上女垣也，从土、枼（即堞，笔者注），声徒叶切。"参见（北宋）徐铉校：《说文解字》，上海古籍出版社，2007年，688页。

③ （春秋战国）墨子：《墨子》卷14备城门篇："城上广三步到四步，乃可以为使斗。俾倪广三尺，高二尺五寸。陛高二尺五，广长各三尺，远广各六尺。"参见吴毓江撰、孙启治点校：《墨子校注》，中华书局，2006年，778页；（东汉）刘熙：《释名》释宫室条："城上垣曰睥睨……亦曰女墙，言其卑小，比之于城，若女子之于丈夫也。"参见（东汉）刘熙撰，（清）毕沅疏证，王先谦补，祝敏彻、孙玉文点校：《释名疏证补》，中华书局，2008年，182页；（北宋）李诫：《营造法式》："城上垣谓之睥睨，言于孔中睥睨非常也。亦曰陴，言陴助城之高也。亦曰女墙，言其卑小，比之于城，若女子之于丈夫也。"参见邹其昌点校：《营造法式》，人民出版社，2006年，5页。《营造法式》沿用并扩展了《释名》的解释。

④ （明）张溥辑录：《汉魏六朝百三家集》卷82南梁《马宝颂》："民何幸，值皇年。乾道应，坤马来。度玉关，升玉台。镂锡焕，鸾镳回。槃云转，堞尘开。"（江苏古籍出版社，2002年，234页）

俾倪转变为堞堄继续流行①，女垣、女墙作为一般化名称出现并使用②。雉堞名称较早出现在初唐玄奘译经中③，入宋以后流行开来。在元明清文献中，垛墙名称与原有的女垣、女墙并列成为普通称呼。此外，汉朝出现的城堞概念，宋明清时期频繁出现，泛指包括雉堞在内的城墙总称④。就各种名称术语推测，尽管同属于城墙上端附属性矮墙，雉堞、堞堄似乎带有孔穴且有凹凸感，而女垣、女墙、垛墙比较抽象，更有连续感。如今所见带有垛墙的城墙几乎都为明清遗存，其中不少垛墙结构作凸形，往往在中下部砌筑用于射击和观察的孔穴。雉堞名称出现在凸形垛墙初期流行阶段，字体结构契合此种垛墙形制，本稿专用于凸形垛墙并加以讨论。

　　作为城墙附属建筑的垛墙，长期以来没有引起研究者足够重视，近年来有少许文章讨论此话题。就代表性研究而言，叶万松、瓯燕辑录了春秋战国文献有关垛墙记述，并注意到天津宝坻战国晚期燕国城址，以及甘肃敦煌和安西汉朝烽燧、居延汉朝城址的连续垛墙遗迹，然没有言及后世凸形垛墙情况⑤。贾亭立、陈薇着力阐述了宋元明清垛墙与垛口的演化情况，认为："春秋战国之后，垛口墙逐渐发展为连续的'凸'字形垛墙形状。"实际该文有关秦汉迄唐宋漫长历史阶段凸形垛墙，只列举陕西乾县唐懿德太子墓壁画雉堞图像一个实例，所谓重庆合川南宋晚期钓鱼城凸形垛墙本是现代修缮所为⑥，在该城早期图片中本没有这种设施。其余相关研究关注宋元明清雉堞情况，少有涉及中国早期雉堞内容⑦。总体来说，以往研究限于资料和视野所及，还没有梳理清楚汉文化地区雉堞产生和发展的基本情况，有关雉堞来源问题也欠缺细致、清晰阐释。有鉴于此，下文基于实地调查和学界披露文物考古资料，尝试厘清汉文化地区雉堞发展脉络及其西方来源问题。

　　历史文献缺乏有关雉堞具体部位定名，本稿为便于叙述，以城墙上端砌筑的矮墙为垛墙，以垛墙下部为垛基，垛基上缘为垛缘，垛缘上方凸形部分为雉堞，雉堞下部砌筑孔穴为堞孔，二雉堞之间为垛口（图一）。

① （西晋）法炬译：《佛说顶生王故事经》："大王顶生遥见城郭、楼橹、堞堄。"（《大正藏》第1册823页上）；（前秦）僧伽跋澄等译：《僧伽罗刹所集经》卷下："尔时世尊便入彼城（即摩揭陀国都城，笔者注），却敌楼橹、堞堄皆悉具足。"（《大正藏》第4册136页中、下）

② （东汉）许慎：《说文解字》，上海古籍出版社，2007年；（东汉）刘熙撰，（清）毕沅疏证，王先谦补，祝敏彻、孙玉文点校：《释名疏证补》，中华书局，2008年。

③ （唐）玄奘译：《大般若波罗蜜多经》卷398《初分常啼菩萨品》："有大王城名具妙香，其城高广七宝成就。……城及垣墙皆有却敌雉堞、楼阁，紫金所成，莹以众珍光明辉焕。于雉堞间厕以宝树。"（《大正藏》第6册60页中、下）

④ （南梁）萧统编、（唐）李善注：《昭明文选》卷6《魏都赋》："堞，城上女墙也。贾谊曰，'翟伐卫，寇侠城堞'。"参见（南梁）萧统编、（唐）李善注：《文选》，上海古籍出版社，2011年，274页；（北宋）沈括：《梦溪笔谈》卷21《异事》："登州海中时有云气，如宫室、台观、城堞、人物、车马、冠盖，历历可见，谓之海市。"（北京燕山出版社，2001年，368页）

⑤ 叶万松、瓯燕：《略论中国古代城垣上的附属建筑》，《考古学研究（六）：庆祝高明先生八十寿辰暨从事考古研究五十年论文集》，科学出版社，2006年。

⑥ 贾亭立、陈薇：《中国古代城墙的垛口墙形制演进轨迹》，《东南大学学报（自然科学版）》2010年第40卷第2期。

⑦ 陈振坤：《雉堞初探》，《文物春秋》2007年第2期；王浩钰：《中国古代城墙雉堞发展及演变探析》，《四川建筑科学研究》2013年第39卷第1期；刘永海：《宋代城池筑防技术与思想考论》，《历史教学》2019年第10期。

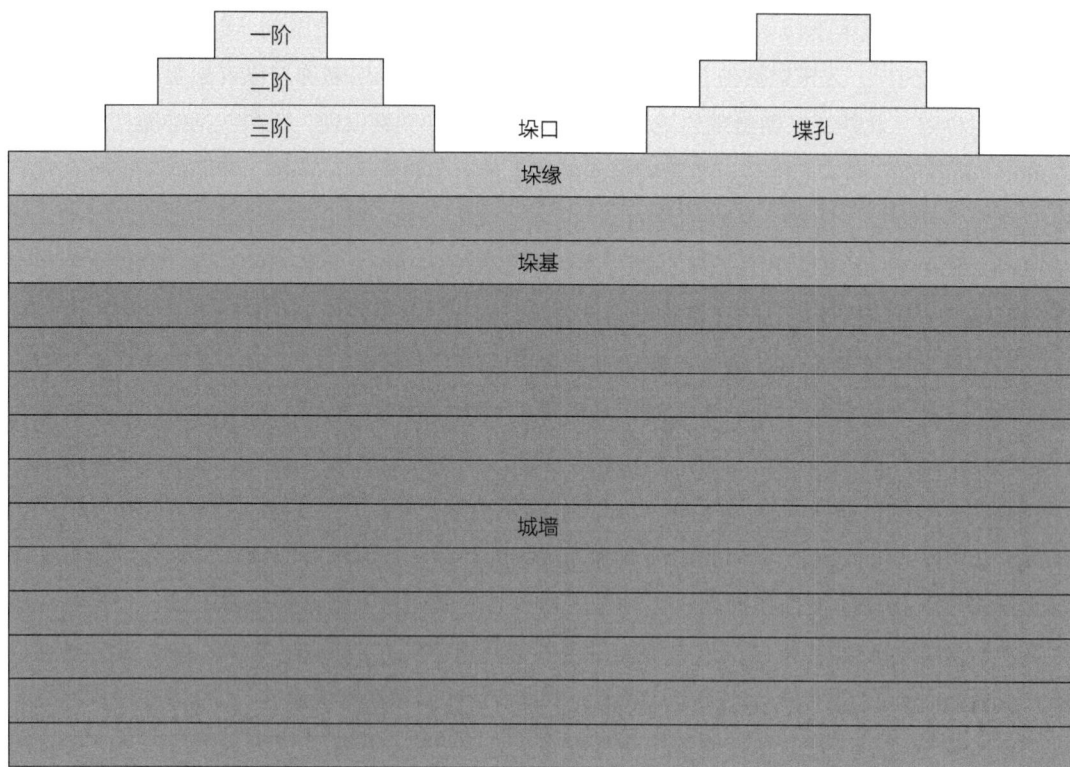

图一　雉堞关联各部位名称示意图

一、汉文化地区雉堞遗存

如前所述，目前尚见有少许战国秦汉时期连续垛墙遗迹，而在为数众多汉画像石和墓室壁画图像中，非但没有发现雉堞，即使一般的垛墙也难以寻觅。已知雉堞材料为魏晋及其以后遗存，依据材料呈现的发展状态，大体可以划分为魏晋时期、南北朝隋唐五代时期、宋金时期、元明清时期四部分，下文将依次阐述前三部分内容，元代情况不明，明清时期遗存所在多有，发展状态也比较清晰，略去不论。

1. 魏晋时期雉堞遗存

已知此时期雉堞遗存集中在河西走廊地区，均为墓葬壁画图像。在不完全统计的4例资料中，3例为嘉峪关魏晋墓壁画图像，1例为高台魏晋墓壁画图像（表一）[①]。

上述4例均为庄园坞壁图像，雉堞一概作二阶凸形，只有高台苦水口魏晋1号墓坞壁图雉堞表现堞孔（图二）。这些实例都没有表现垛基、垛缘部分，匹配较薄的坞壁，不同于厚重的城墙。这些实例表明，汉文化地区雉堞应不晚于魏晋时期产生。

---

① 甘肃省文物队、甘肃省博物馆、嘉峪关市文物管理所：《嘉峪关壁画墓发掘报告》，文物出版社，1985年；徐光冀主编：《中国出土壁画全集·9·甘肃、宁夏、新疆》，科学出版社，2012年。

表一 河西走廊魏晋墓壁画雉堞图像统计表

序号	实例	资料出处
1	嘉峪关魏晋3号墓坞壁图	《嘉峪关壁画墓发掘报告》图版74-1
2	嘉峪关魏晋6号墓坞壁图	《嘉峪关壁画墓发掘报告》图版75-2
3	嘉峪关新城魏晋12号墓坞壁图	《中国出土壁画全集·9·甘肃、宁夏、新疆》图107
4	高台苦水口魏晋1号墓坞壁图	《中国出土壁画全集·9·甘肃、宁夏、新疆》图48

值得注意的是，嘉峪关魏晋5号墓坞壁图[1]、酒泉丁家闸十六国5号墓坞壁图（图三）[2]，设置连续方形垛墙。凸形雉堞与方形垛墙并存，反映了魏晋时期垛墙发展情况。

图二 高台苦水口魏晋1号墓坞壁图
（出自《中国出土壁画全集·9·甘肃、宁夏、新疆》图48）

图三 酒泉丁家闸十六国5号墓坞壁图
（出自《中国出土壁画全集·9·甘肃、宁夏、新疆》图139）

如后文所述这两种垛墙形式本是西方文化因素，魏晋时期仅见于邻近西域的河西走廊，或许意味着该地率先接受此种外来文化。

2. 南北朝隋唐五代时期雉堞遗存

已知此时期雉堞遗存绝大多数为敦煌石窟壁画图像，另有少许河西走廊北凉石塔雕刻、大同云冈石窟雕刻、关中唐墓壁画图像等。敦煌石窟壁画雉堞图像，绝大多数分布在敦煌莫高窟，少许分布在安西榆林窟，据不完全统计24例集中在20个洞窟[3]，从北魏中期持续到五

---

① 甘肃省文物队、甘肃省博物馆、嘉峪关市文物管理所：《嘉峪关壁画墓发掘报告》，文物出版社，1985年，图版75-1。

② 徐光冀主编：《中国出土壁画全集·9·甘肃、宁夏、新疆》，科学出版社，2012年，图139。

③ 段文杰、樊锦诗：《中国敦煌壁画全集·1·敦煌北凉、北魏》，天津人民美术出版社，2006年；关友惠：《中国敦煌壁画全集·8·晚唐卷》，天津人民美术出版社，2001年；段文杰、樊锦诗：《中国敦煌壁画全集·9·敦煌五代、宋》，天津人民美术出版社，2006年；孙儒僩、孙毅华：《敦煌石窟全集·21·建筑画卷》，香港：商务印书馆（香港）有限公司，2001年；敦煌文物研究所：《中国石窟·敦煌莫高窟·第四卷》，北京：文物出版社；东京：株式会社平凡社，1987年；敦煌文物研究所：《中国石窟·敦煌莫高窟·第五卷》，北京：文物出版社；东京：株式会社平凡社，1987年。

代，呈现连续发展状态，中唐、晚唐、五代实例占总量2/3还多，与此时期经变种类增多，以及经变习惯表现城池作法不无关系（表二）。

表二　敦煌石窟北朝隋唐五代洞窟壁画雉堞图像统计表

序号	实例	资料出处
1	敦煌莫高窟北魏257号窟西壁须摩提女请佛因缘图中满富城	《中国敦煌壁画全集·1·敦煌北凉、北魏》图版156
2	敦煌莫高窟西魏249号窟窟顶西披须弥山世界中忉利天宫	《敦煌石窟全集·21·建筑画卷》图版7
3	敦煌莫高窟北周296号窟主室北壁须阇提太子本生图中宫城	《敦煌石窟全集·21·建筑画卷》图版8
4	敦煌莫高窟初唐323号窟主室南壁法师入朝图中长安宫城	《敦煌石窟全集·21·建筑画卷》图版85
5	敦煌莫高窟初唐321号窟主室南壁十轮经变中城墙	《敦煌石窟全集·21·建筑画卷》图版87
6	敦煌莫高窟隋代397号窟主室西壁初唐城阙图	《敦煌石窟全集·21·建筑画卷》图版42
7	敦煌莫高窟盛唐148号窟主室西壁涅槃经变中拘尸那城	《敦煌石窟全集·21·建筑画卷》图版143
8	安西榆林窟中唐25号窟主室北壁弥勒下生经变中翅头末城	《敦煌石窟全集·21·建筑画卷》图版210
9	敦煌莫高窟中唐159号窟主室东壁维摩诘经变中毗耶离城	《敦煌石窟全集·21·建筑画卷》图版213
10	敦煌莫高窟中唐468号窟主室北壁药师经变中城堡	《中国石窟·敦煌莫高窟·第四卷》图版113
11	敦煌莫高窟中唐197号窟主室北壁观经变中王舍新城	《敦煌石窟全集·21·建筑画卷》图版211
12	敦煌莫高窟晚唐196号窟主室西壁牢度叉斗圣变中城堡	《中国石窟·敦煌莫高窟·第四卷》图版187
13	敦煌莫高窟晚唐138号窟主室北壁报恩经变	《敦煌石窟全集·21·建筑画卷》图版215
14	敦煌莫高窟晚唐85号窟主室南壁报恩经变中波罗奈国宫城	《中国敦煌壁画全集·8·晚唐卷》图版59
15	敦煌莫高窟晚唐85号窟主室南壁金光明最胜王经变	《中国敦煌壁画全集·8·晚唐卷》图版67
16	敦煌莫高窟晚唐85号窟主室北壁贤愚经变	《中国敦煌壁画全集·8·晚唐卷》图版68
17	敦煌莫高窟晚唐144号窟主室北壁报恩经变	《中国敦煌壁画全集·8·晚唐卷》图版131
18	敦煌莫高窟晚唐9号窟主室南壁牢度叉斗圣变中舍卫城	《中国敦煌壁画全集·8·晚唐卷》图版162
19	敦煌莫高窟五代98号窟主室南壁法华经变中城堡	《中国石窟·敦煌莫高窟·第五卷》图版4
20	敦煌莫高窟五代98号窟主室北壁贤愚经变中城堡	《中国石窟·敦煌莫高窟·第五卷》图版17
21	敦煌莫高窟五代98号窟主室东壁维摩诘经变中城墙	《中国敦煌壁画全集·9·五代、宋》图版9
22	敦煌莫高窟五代61号窟主室西壁五台山图中城堡	《中国石窟·敦煌莫高窟·第五卷》图版63
23	安西榆林窟五代32号窟主室北壁维摩诘经变中毗耶离城	《中国敦煌壁画全集·9·五代、宋》图版138
24	安西榆林窟五代33号窟主室南壁佛教史迹画中城堡	《中国敦煌壁画全集·9·五代、宋》图版142

　　敦煌壁画雉堞图像自北魏至初唐时期作三阶凸形，莫高窟北魏257号窟西壁须摩提女请佛因缘图中满富城雉堞间距较大（图四），余者排列密集（图五），仅个别初唐实例见有垛缘。盛唐至晚唐雉堞作二阶凸形，均设置垛缘（图六）。五代雉堞作二阶或三阶凸形，亦设置垛缘。雉堞实例约半数绘出堞孔，另外半数不见堞孔。已知敦煌石窟壁画垛墙图像概为凸形雉堞，没有发现魏晋十六国那种方形垛墙，表明垛墙进入新发展阶段。敦煌壁画城池图像取材于印度佛经故事，实则画匠模仿当地建筑所为，应该反映了当时河西走廊的建筑情况。

　　河西走廊出土5世纪初叶北凉石塔，有些在覆钵与相轮之间刻画雉堞。诸如，敦煌市博物馆藏敦煌沙山塔出土北凉石塔、酒泉市肃州区博物馆藏酒泉石佛寺湾子出土北凉程段儿造像塔（图七），均三阶、无堞孔，甘肃省博物馆藏酒泉石佛湾子出土北凉承玄元年（428）高善穆造像塔，二阶、有堞孔。这些十六国实例已进入北朝时间段，可以补充敦煌石窟早期壁画图

图四　敦煌莫高窟北魏257号窟西壁须摩提女请佛
因缘图中满富城
（出自《中国敦煌壁画全集·1·敦煌北凉、北魏》图版156）

图五　敦煌莫高窟初唐321号窟主室南壁十轮经变中城墙
（出自《敦煌石窟全集·21·建筑画卷》图版87）

图六　敦煌莫高窟晚唐196号窟主室西壁牢度叉斗圣变中城堡
（出自《中国石窟·敦煌莫高窟·第四卷》图版187）

图七　酒泉市肃州区博物馆藏酒泉石佛寺湾子出土
北凉程段儿造像塔

像之不足。

　　大同云冈约5世纪80年代11号窟南壁上层东侧，多宝塔覆钵形刹座四角刻画成三阶雉堞形貌（图八）[①]，表现部位与北凉石塔相像，暗示两者或许有所关联，这是河西走廊以东最早出现实例，其后直到初唐高宗时期尚无实例可寻。陕西乾县乾陵唐神龙二年（706）懿德太子墓壁画仪仗图中城墙（图九）[②]，陕西蓝田蔡拐村法池寺出土唐前期舍利函浮雕争夺舍利图中拘尸那城（图一○）[③]，雉堞作二阶凸形，没有堞孔，这是所知中原北方唐五代仅有的雉堞实例。

图九　乾县乾陵唐神龙二年（706）懿德太子墓壁画仪仗
图中城墙
（出自《中国出土壁画全集·7·陕西》图271）

图八　大同云冈北魏中期11号窟南壁上层东侧多宝佛塔
（出自《雲岡石窟》第8卷第11洞图版24）

图一○　蓝田蔡拐村法池寺出土唐前期舍利函浮雕争夺
舍利图

　　南北朝隋唐五代时期雉堞实例集中分布在河西走廊地区，广大中原北方则十分稀少。从绘画传统考虑，敦煌隋唐五代壁画雉堞图像沿袭当地魏晋、北朝做法的可能性大，另一方面

---

① 〔日〕水野清一、长广敏雄：《雲岡石窟》（第8卷第11洞），京都：京都大学人文科学研究所，1953年，图版24。

② 徐光冀主编：《中国出土壁画全集·7·陕西》，科学出版社，2012年，图271。

③ 蓝田县文物管理所藏。

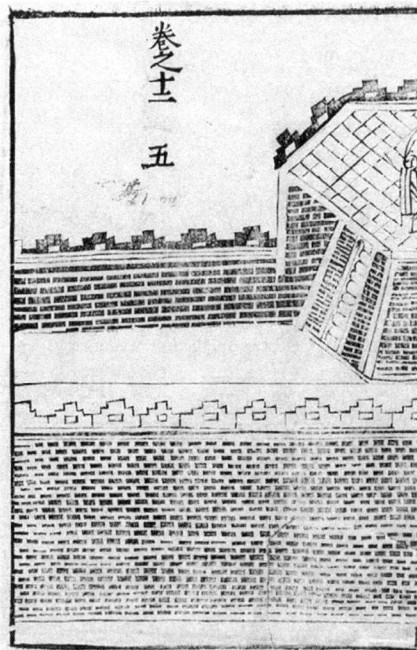

图一一　《武经总要》附城墙图
（出自《武经总要》卷12 附图）

可能在某种程度上关联河西走廊有利于石窟壁画保存的自然与社会条件。

3. 宋金时期雉堞遗存

此时期雉堞遗存包括浮雕、壁画图像，另有文献资料可资参考。

在文献资料方面，北宋仁宗皇帝为便于将领作战，命天章阁待制曾公亮等编定军事指导书籍《武经总要》[①]。其中记述城上设置女墙[②]，从附图可知此谓女墙即雉堞（图一一），作二阶凸形，上有堞孔。同时记述用于补缺战时被损坏城墙的木女头[③]，附图所示亦为雉堞形制，作三阶凸形，上有堞孔。该书应反映当时军事设施的普遍情况，由此推测北宋时期城墙已经广泛应用雉堞。

在浮雕图像方面，见有2例两宋佛塔基坛墙裙浮雕。其一，山东长清灵岩寺北宋砖塔约嘉祐年间（1056—1063）基坛嵌板浮雕阿育王故事图（图一二）[④]，其中城墙设置三阶雉堞，没有堞孔。其二，福建泉州开元寺南宋嘉熙二年（1238）至淳祐十年（1250）东塔基坛嵌板浮雕逾城出家图（图一三）[⑤]，其中迦毗罗卫国城墙设置二阶雉堞，上有堞孔。这应是宋朝城墙雉堞设施的间接反映，可以佐证《武经总要》记述。

图一二　长清灵岩寺北宋塔基坛浮雕阿育王故事图

图一三　泉州开元寺南宋东塔基坛浮雕逾城出家图

① （北宋）曾公亮、丁度：《武经总要》，仁宗皇帝御制序言："命天章阁待制曾公亮等同加编定，虑泛览之难究，欲宏纲毕举，俾夫善将出抗强敌，每画筹册，悉见规摹。……共勒成四十卷。"［金陵富春堂刻本，明万历二十七年（1599）］

② （北宋）曾公亮、丁度：《武经总要》卷12《守城》："凡城上皆有女墙。每十步及马面，皆上设敌棚、敌团、敌楼、瓮城。"［金陵富春堂刻本，明万历二十七年（1599）］

③ （北宋）曾公亮、丁度：《武经总要》卷12《守城》："木女头，形制如女墙，以版（板）为之。高六尺，阔五尺，下施两轮轴，施拐木二条。凡敌人攻城，摧坏女墙，则以此木女头代之。"［金陵富春堂刻本，明万历二十七年（1599）］

④ 廖芯雅：《长清灵岩寺塔北宋阿育王浮雕图像考释》，《故宫博物院院刊》2006年第5期。

⑤ 王寒枫：《泉州东西塔》，福建人民出版社，1992年，14、17页。

在壁画图像方面，山西繁峙岩山寺文殊殿金朝御前承应画匠王逵等人，于金大定七年（1167）绘制壁画之太子诞生报喜图（图一四）[1]，画面上方城墙设置二阶雉堞，上有堞孔，垛基清晰可见。由此推测，金朝城墙可能也采用了雉堞设施。

这些浮雕、壁画雉堞图像涉及宋金两朝和若干地域，图像应为建筑实体的反映，进一步证实宋金时期已经普遍使用雉堞设施。这些雉堞图像连同文献附图作二阶或三阶凸形，堞孔有无不定，说明当时雉堞在基本形状不变情况下，存在微观差异。值得注意的是，山西原平崞阳镇金泰和三年（1203）普济桥，拱券两侧浮雕南天门、西直门图像刻画着方形垛墙（图一五），说明魏晋时期所见方形垛墙没有消失，尔后又延续到明清时期，成为与雉堞并行的垛墙形式。

图一四　繁峙岩山寺文殊殿金大定七年（1167）
壁画太子诞生报喜图
（出自《山西古代壁画珍品典藏·卷一》图版59）

图一五　原平崞阳镇金泰和三年（1203）
普济桥拱券东侧浮雕南天门图

那么，汉文化地区雉堞从哪里来，其源头情况如何？容下文分解。

二、西亚与中亚、西北印度与中印度、西域雉堞遗存

汉文化地区以外雉堞遗存，依据分布地域和存在状态，可以分为西亚与中亚、西北印度与中印度、西域三个部分，下文依次阐述。

1. 西亚与中亚雉堞遗存

西亚为建筑雉堞产生和大发展之地。已知较早实例见于安卡拉安纳托利亚文明博物馆藏土耳其中部克鲁姆（Corum），公元前7世纪帕扎里·弗里格（Pazarli Phryg）建筑浮雕（图一六），城墙上雉堞作三阶凸形，上有堞孔，应模仿实际建筑所为。柏林贝加蒙博物馆藏，伊拉克新巴比伦王国（前626—前539）公元前6世纪早期伊什塔尔城门上雉堞，作三阶凸形，没有堞孔。这些雉堞已是成熟形态，之前可能存在一个初期发展阶段。波斯阿契美尼德

---

① 壁画艺术博物馆：《山西古代壁画珍品典藏·卷一》，山西经济出版社，2016年，图版59。

朝（前550—前330）普遍使用雉堞设施，如伊朗设拉子阿契美尼德朝早期都城波斯波利斯，各处院墙上端设置四阶雉堞，上有假堞孔（图一七），这些院墙主要用于分割各个宫殿区域，防御功能不甚显著，附设雉堞装饰性显著。安息帕提亚朝（前247—224）少有实例，似乎关联当时推行希腊文化的背景。

图一六　安卡拉安纳托利亚文明博物馆藏克鲁姆前7世纪帕扎里·弗里格建筑浮雕

图一七　伊朗设拉子阿契美尼德朝早期波斯波利斯院墙

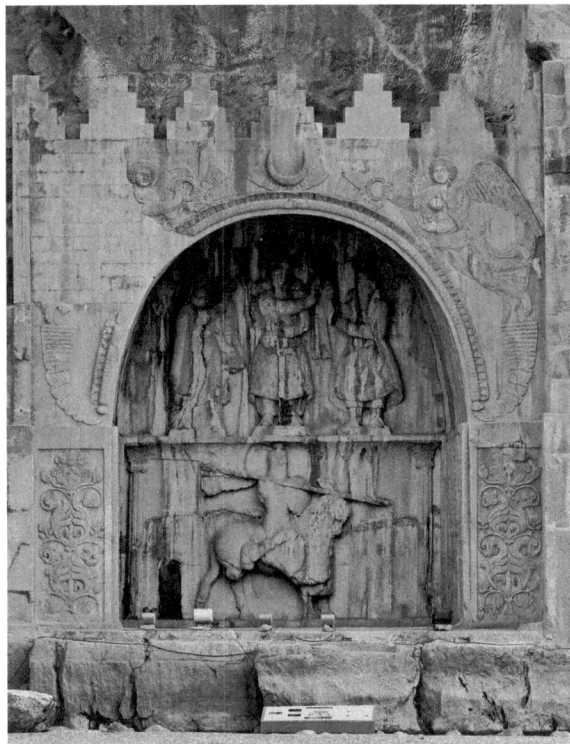

图一八　伊朗塔克伊·布斯坦萨珊朝晚期大洞

波斯萨珊朝（224—651）复兴波斯文化，雉堞再次流行开来。如伊朗西部塔克伊·布斯坦（Taq-e-Bostan）萨珊晚期大洞（图一八），上缘设置四阶雉堞装饰，没有堞孔。设拉子近郊纳克什·鲁斯塔姆（Naqsh-i Rustam）摩崖浮雕，所见萨珊早期国王沙普尔一世（3世纪中叶执政）俘获罗马皇帝图像（图一九），国王头冠周围刻画三阶雉堞装饰。在萨珊朝银币和银器上刻画的国王形象，经常头戴有雉堞纹饰宝冠。雉堞纹饰宝冠频繁出现在萨珊朝遗存的国王图像中，罕有其他身份人物使用此种宝冠，以此推测有雉堞纹饰宝冠可能成为萨珊国王的标志性服饰，乃至萨珊文化的重要特征。伊朗国家博物馆藏萨珊晚期陶塑雉堞浮雕（图二〇），作四阶凸形，其中布置一棵左右对称的草本植物，原初应为建筑壁面装饰。该雉堞两侧各梯阶内斜，折角由直角变为锐角，装饰性大为增强。此种雉堞对中亚和西域产生较大影响。这些情况表明，西亚雉堞在新巴比伦之前一段时间已经出现，推测当初应用于城墙防御设施，但直到波斯萨珊朝经常用作建筑和一般装饰。

中亚为西亚雉堞直接波及发展区域。吉尔吉斯斯坦首都比什凯克东郊红河墓地出土七、

图一九　伊朗设拉子纳克什·鲁斯塔姆摩崖浮雕萨珊朝早期
沙普尔一世俘获罗马皇帝图像

图二〇　伊朗国家博物馆藏萨珊朝晚期
陶塑雉堞浮雕

八世纪粟特人纳骨器（图二一）[①]，前壁浮雕图像以一堵城墙为背景，表现二拜火教祭司在中间火坛两侧祭火情景，城墙上缘刻画一排四阶雉堞，上有堞孔，两侧各梯阶略微内斜。乌兹别克斯坦撒马尔罕附近莫拉利—库尔干（Mollali-Kurgan）出土七、八世纪纳骨器，以及塔吉克斯坦片治肯特出土七、八世纪纳骨器[②]，上缘表现垛缘相连的三阶雉堞。俄罗斯靠近中亚彼尔姆（Perm）地区阿尼科夫（Anikova）出土约九、十世纪银盘（图二二）[③]，在城堡两层城

图二一　吉尔吉斯斯坦红河墓地出土七、八世纪粟特人纳骨器线图
（据《シルクロード·第2部第11集·消えた隊商の民—ソグト商人を探す》影像绘制）

---

①　NHK特集：《シルクロード·第2部第11集·消えた隊商の民—ソグト商人を探す》，东京：NHK制作，1983年。

②　列吉斯坦广场博物馆藏。〔日〕田边胜美：《世界美術大全集·東洋編·第15卷·中央アジア》，东京：小学馆，1999年，插图140—插图142。

③　艾尔米塔什博物馆藏。〔日〕田边胜美：《世界美術大全集·東洋編·第15卷·中央アジア》，东京：小学馆，1999年，图版201。

垣上各有三阶雉堞设施，上有堞孔，两侧各梯阶内斜。纳骨器和银盘装饰雉堞图像，应模仿实际建筑而来，显然吸收了波斯萨珊朝文化因素。

此外，西亚还曾流行过方形堞墙，实例见于卢浮宫藏阿契美尼德王朝行政都城苏萨出土，约前5世纪初叶大流士宫殿浮雕琉璃装饰（图二三）。说明古波斯建筑凸形雉堞、方形堞墙有过并行发展历史，只是后来方形堞墙不像凸形雉堞那样流行，但二者都影响了汉地建筑。

图二二　俄罗斯彼尔姆阿尼科夫出土九、十世纪银盘
（出自《世界美術大全集·東洋編·第15卷·中央アジア》图版201）

图二三　卢浮宫藏苏萨出土约前5世纪初叶大流士宫殿
浮雕琉璃装饰
（王德路摄）

2. 西北印度与中印度雉堞遗存

已知西北印度雉堞遗存多为犍陀罗初期（1世纪）、盛期（二、三世纪）之际佛塔浮雕嵌板装饰。诸如，白沙瓦大学博物馆藏犍陀罗佛塔浮雕嵌板（图二四），在栏楯之上雕刻三阶雉堞，雉堞之间有堞基连接。斯瓦特博物馆藏塞杜沙里夫Ⅰ（Saidu SharifⅠ）出土佛塔浮雕嵌板，在栏楯之上雕刻六阶雉堞，雉堞之间有堞基和堞缘连接。另一件斯瓦特博物馆藏塞杜沙里夫Ⅰ出土佛塔浮雕嵌板（图二五），在缠枝花卉装饰带之上雕刻五阶雉堞，雉堞之间有堞基和堞缘连接。这些雉堞都没有堞孔，其中五、六阶雉堞就所知材料仅见于西北印度，雉堞与下方栏楯连接表现则与中印度关联，这种五阶以上雉堞没有对西域、汉地产生影响。斯瓦特博物馆藏尼毛格拉姆（Nimogram）出土奉献小塔（图二六），在平头之上雕刻三阶雉堞，从表现部位和雉堞形态观察似乎关联北凉石塔。

加尔各答印度博物馆藏中印度阿什哈巴德附近巴尔胡特出土，约巽伽朝（前185—前73）中期佛塔栏楯（图二七），上端横石中间刻画缠枝花卉，上缘刻画四阶雉堞，没有堞孔。与

图二四　白沙瓦大学博物馆藏犍陀罗一、二世纪之际
佛塔浮雕

图二五　斯瓦特博物馆藏塞杜沙里夫Ⅰ出土一、二世纪之际佛塔浮雕

图二六　斯瓦特博物馆藏尼毛格拉姆出土奉献小塔

图二七　加尔各答印度博物馆藏巴尔胡特出土约前2世纪末叶佛
塔栏楯及其局部

图二八　加尔各答博物馆藏巴尔胡特栏楯浮雕窣堵波

众不同的是，其雉堞之间刻画树木，让人想起前引玄奘译《大般若波罗蜜多经》"于雉堞间厕以宝树"记述，看来经典描述有其所本。这种雉堞与栏楯、缠枝花卉饰带连接表现，应该就是上述犍陀罗同类表现的源头，两地雉堞流行年代也比较接近。巴尔胡特栏楯浮雕窣堵波平头上也见有三阶雉堞（图二八），推测为前述斯瓦特奉献小塔同类表现的直接前身。中印度博帕尔附近桑齐大塔北门东柱内侧面，上下各画面以栏楯饰带隔开，中间画面左上方建筑屋檐装饰三阶雉堞，此雉堞已经脱离栏楯独立表现。中印度雉堞无疑来源于西亚，与栏楯、缠枝花卉饰带连接表现则形成自身特征，又为西北印度所继承。无论中印度、西北印度，与栏楯连接表现的雉堞没有任何防御作用，只用作一般装饰而已。

3. 西域雉堞遗存

西域为多种文化聚集区，也是西方雉堞传播汉文化地区所经之地。雉堞形饰物先于雉堞传入西域，如和静拜勒其尔约汉代201号墓出土诸多带扣形金饰件[1]，饰件中间设计成二阶雉堞状，与阿富汗西伯尔罕黄金冢（Tillya Tepe）2号墓出土约1世纪中叶雉堞形黄金饰板相类[2]，这种雉堞形饰物是否关联此前西亚建筑雉堞设施尚不清楚，就所处载体和时间段而言，应该无关后来西域流行雉堞。

已知西域雉堞均为偏晚时间遗存，大体可以分为三种。其一，焉耆明屋寺院遗址出土七、八世纪墙壁泥塑雉堞饰件（图二九）[3]，作四阶凸形，雉堞两侧梯阶内斜，与前述波斯萨珊朝晚期陶塑雉堞饰件相近，显然来自萨珊文化影响。该泥塑雉堞中间刻画古希腊风格双茎桃形忍冬纹样[4]，斯坦因亦称之为"希腊化佛教风格的山花顶饰"[5]，其忍冬纹样间接吸收了古希腊文化因素。其二，鄯善吐峪沟西区中部高昌回鹘时期（9世纪中叶—13世纪）68号窟（储藏室）第3地层出土9件小型木雕雉堞形饰件[6]，作四阶凸形，表面残存绿色颜料，下阶两端各有纵向方形小孔，孔内残存方形木楔（图三〇），从形态观察原初应为房屋等建筑

① 新疆维吾尔自治区文物事业管理局：《新疆文物古迹大观》，新疆美术摄影出版社，1999年，175页。

② Fredrik Hiebert, Pierre Cambon. Afghanistan Hidden TreaSures from the National Museum, Kabul, National Geographic Society, Washington, 2009. pl.67.

③ 〔英〕奥雷尔·斯坦因著，巫新华、刘文锁、秦立彦等译：《西域考古图记》，广西师范大学出版社，1998年，第3卷680、681页，第4卷图版137。

④ 李秋红：《南北朝隋代双茎桃形忍冬纹样分析》，《石窟寺研究》（第8辑），科学出版社，2018年。

⑤ 〔英〕奥雷尔·斯坦因著，巫新华、刘文锁、秦立彦等译：《西域考古图记》，广西师范大学出版社，1998年，第3卷681页。

⑥ 中国社会科学院考古研究所边疆民族考古研究室、吐鲁番学研究院：《新疆鄯善县吐峪沟西区中部回鹘佛寺发掘简报》，《考古》2019年第4期。

装饰。此种木雕雉堞不仅两侧梯阶内斜，而且横向梯阶内下斜，折角尖锐，可能受到形态相近的泥塑雉堞影响产生。其三，拜城克孜尔六、七世纪224号窟中心柱右甬道外壁绘制城门图（图三一）[1]，在门楼上方中间表现一四阶雉堞，雉堞两侧梯阶依然内斜，从所在部位观察仅发挥装饰作用。约略同时期克孜尔4号窟右甬道内侧壁画阿阇世王闻佛涅槃闷绝复苏图像，所见王舍新城墙上有连续四阶雉堞[2]，形制如同前例。上述三种雉堞均两侧梯阶内斜，不设堞孔做法类似萨珊朝雉堞，而区别于已知中亚雉堞。西域装饰性雉堞不同于汉文化地区建筑图像所见防御性雉堞，两者各有其来由，但都源自波斯文化。

图三〇　鄯善吐峪沟西区高昌回鹘时期68号窟出土木雕雉堞形饰件
（出自《考古》2019年第4期71页插图30）

图二九　焉耆明屋寺院遗址出土七、八世纪墙壁泥塑雉堞饰件（Mi.xii.0028、Mi.xi.00126）
（出自《西域考古图记》第4卷图版137）

图三一　拜城克孜尔六、七世纪224号窟中心柱右甬道外壁壁画城门图
（出自《德藏新疆壁画》137页下图版）

三、小　结

源于西亚的凸形雉堞建筑形式公元前后向东方传播，约3世纪前后传播东亚，成为亚洲大陆普遍使用的垛墙附属设施。雉堞或用于防御，或用作装饰，在各个地域、不同时间呈现多

---

① 柏林亚洲艺术博物馆藏。丁和：《德藏新疆壁画》，上海市新闻出版局内部资料，（2015）第38号，2015年11月，137页下图版。

② 北京大学考古学系、克孜尔千佛洞文物保管所：《新疆克孜尔石窟考古报告·第一卷》，文物出版社，1997年，314页实测图5。

样化面貌。

在汉文化地区，魏晋直至宋金千有余年，城墙雉堞几乎无所遗存，而在建筑图像中留下一定数量且前后相续的雉堞图形，由此可以大体厘清汉地雉堞发展脉络。魏晋时期雉堞遗存均为河西走廊墓葬壁画图像，作二阶凸形，少数有堞孔。南北朝隋唐五代时期雉堞遗存大多为敦煌石窟壁画图像，作二阶或三阶凸形，约半数有堞孔。宋金时期雉堞遗存见有佛塔浮雕、地面寺院壁画与图书插图等，作二阶或三阶凸形，堞孔有无不定。总体而言，汉文化地区魏晋迄宋金时期雉堞遗存，概为附设在城墙或院墙上的建筑图像，应模仿实际建筑而来，主要用来防御。这些雉堞作二阶或三阶凸形，堞孔有无不定，形成汉文化地区特征。

西亚为雉堞原生地，创始于新巴比伦王国之前，当初可能用作防御设施，后来往往用于建筑装饰，作三阶或四阶凸形，堞孔有无不定，形态最为接近汉文化地区雉堞，推测为后者直接来源。萨珊朝帝王头冠装饰雉堞体现了其文化独特性。西北印度犍陀罗嵌板浮雕雉堞受中印度影响产生，与栏楯或缠枝纹饰带连接表现，用于装饰佛塔，与已知西域、汉文化地区雉堞关系比较疏远。萨珊晚期流行的四阶凸形、两侧梯阶内斜的陶塑雉堞饰件，应为西域同种泥塑、木雕雉堞的源头，中亚雉堞亦呈现与之相近面貌。雉堞在汉文化地区产生及初步流行时间与波斯萨珊朝平行，以此推测萨珊朝文化东传，使得雉堞建筑形式流布中土。

（原文见李静杰：《雉堞及其来源考述》，《中原文物》2022年第2期。本稿在原文基础上略微改动）

The Battlements and Their Sources

Abstract: It has not been understood for a long time how the battlements were used for the defense and decoration of the city walls and how other buildings were developed. This paper holds that the battlements in the Han Dynasty came into being no later than the Wei and Jin Dynasties and began popular in the Southern and Northern Dynasties, Sui, Tang and Five Dynasties, and became widely prevalent in the Song and Jin Dynasties. The battlements were convex in two or three orders and the battlements holes were all indefinite, forming the regional characteristics of the Han culture. The architectural battlements were created before the New Babylonian Kingdom in Western Asia and were introduced into the Han culture area in the early period of the Sassanian Dynasty. The decorative battlements in the late Sassanian Dynasty affected Central Asia and Serindia, and the battlements in Northwest India were affected by Central India and formed regional characteristics. The battlements left a deep impression on the history of Asian architecture because of their practicality and decoration.

下 篇

Part III

与古印度文化交流

Cultural Exchange with

Ancient India

印度满瓶莲花图像及其在中国的新发展

内容提要：起源于印度的满瓶莲花图像，伴随着佛教物质文化，在中印两国获得充裕发展空间。印度满瓶莲花图像，在公元前后四五百年间形成中印度和东南印度两个中心，表现在窣堵波栏楯、塔门和嵌板上，象征丰饶多产意涵且富于装饰意义。在笈多时代及其以降八九个世纪用作柱脚与柱头装饰，装饰功能超出丰饶多产意涵。中国满瓶莲花图像主要吸收了中印度公元前后造型因素，在南北朝隋代出现建康系、成都系两个群体，前者用于南朝墓葬画像砖和北朝佛像背光，后者用作佛像台座，装饰功能与丰饶多产意涵各有侧重。入唐以后四川满瓶莲花图像盛行一时，敦煌石窟亦存少许实例，大多用作佛像台座，兼有丰饶多产意涵和装饰功能。宋元明清时期满瓶莲花图像经过再次创新发展，焕发新时代生机。满瓶莲花实际成为一种吉祥图像，在印中两国流传千古、四溢芳香。

满瓶莲花[1]，亦即在瓶或壶中长出莲花的造型，以其丰饶多产意涵和赏心悦目装饰，赢得人们的喜爱和制作热情，丰富了世界装饰纹样史内涵。满瓶莲花图像公元稍前创始于印度，在那里经历了千余年发展历程，传入中国后，自南北朝隋代迄唐代盛行一时，至宋元明清，在衰退中延续。满瓶莲花图像伴随着佛教物质文化发扬光大，不知不觉地蔓延到世俗文化之中，散发着地域文化的芳香，在印度，在中国都获得充裕发展空间。

一、印度满瓶莲花图像

印度是满瓶莲花图像的诞生地，其图像分作公元前后、笈多时代及其以降两个发展阶段，各有不同的面貌和内涵。在中国学界，人们对印度公元前后满瓶莲花图像有所知之，对笈多时代及其以降满瓶莲花图像知之甚少，为了产生整体认知印象，以便于阐释中国同类遗存，有必要勾画印度满瓶莲花图像的发展脉络。

1. 公元前后满瓶莲花图像

公元前后，印度佛教物质文化迎来第一个繁荣发展期，公元以前佛陀象征性表现发展起来，公元以后佛陀象征性表现与初期佛陀偶像并行发展。在中印度，相继产生巴尔胡特

---

① 满瓶，梵文读作本囊伽吒（Purna-ghata），意在变得圆满，在印度通常表现为腹部圆鼓的水器。其中长出莲花、蔓草等花卉，又增加了丰饶内涵。满瓶莲花因其独特造型和文化内涵，用作学界通行术语。

窣堵波（Bharhut Stupa）、桑齐窣堵波（Sanchi Stupa）两处佛教物质文化载体，以及秣菟罗佛教文化中心。在东南印度，先后建立阿玛拉巴提（Amaravati）、纳加尔朱纳康达（Nagarjunakonda）两个佛教文化中心。中印度两处窣堵波满瓶莲花图像、东南印度两个中心满瓶莲花图像，呈现两种有别的地域和时代风貌。

（1）中印度满瓶莲花图像

中印度满瓶莲花图像，大多见于北方邦巴尔胡特前2世纪末叶窣堵波浮雕[①]、中央邦桑齐1世纪初叶大窣堵波浮雕[②]，两者呈现一脉相承的发展面貌。其满瓶作鼓腹、束颈、敞口形状，圈足多外侈，圈足之上、口沿之下部位分别浮雕仰莲、覆莲，一些实例莲花与印度丰饶女神拉克希米（Lakshmi）组合表现[③]，另一些实例主体表现莲花，这两处窣堵波满瓶莲花的配置部位和表现形式又有所不同。

巴尔胡特窣堵波满瓶莲花图像，一概配置在栏楯之上，而且多处在横石与竖石交接部位，多数采用圆形构图，少许作半圆形构图。其满瓶腹部大多浮雕横向疏朗的大联珠纹样。

莲花与女神拉克希米组合表现者，一概作圆形构图（图一）。通常，在满瓶上方和两侧上方长出三朵莲花，拉克希米或立或盘腿坐在中间莲花上，体态丰满，袒胸露乳，头戴花冠，一般有耳饰、手串、脚串等装身具，有的实例女神一手握满瓶中长出的莲蕾。两侧莲花上各有一头白象相向而立，以鼻卷水罐为女神灌顶。一般在三朵莲花的两外侧和满瓶下方两外侧，表现一对侧面观莲叶，或附加一对莲蕾，有时另有一对小莲蕾。

图一　北方邦巴尔胡特窣堵波栏楯浮雕满瓶莲花与拉克希米女神

另一些实例，莲花有的与水鸟组合，作圆形构图（图二），满瓶中长出四朵侧面观莲花，各有水鸟立在其上，两两相对配置，姿态安闲自得。满瓶两外下侧表现一对上面观大莲花，在各莲花之间与满瓶两外下侧表现五枝睡莲。有的仅生长莲花，作半圆形构图（图三），满瓶中间向上长出一枝莲花，两侧长出若干成对莲花、莲蕾、莲叶，还有睡莲。巴尔胡特窣堵波满瓶莲花的莲叶几乎作平伸侧面观表现，形成自身特征。

略早于巴尔胡特窣堵波栏楯的中央邦桑齐第二窣堵波栏楯，西南方栏楯外面浮雕满瓶莲花（图四），其满瓶作鼓腹、细颈、平沿形状，满瓶上方长出一朵侧面观大莲花，两侧表现两对侧面观莲蕾、莲叶，一对上面观莲花，以及一对同向水鸟。

桑齐大窣堵波满瓶莲花图像，均配置在塔门两道横梁之间的承重石上，一概采用方形构

---

① 巴尔胡特窣堵波仅残留东门及其两侧栏楯，大部分遗物收藏在加尔各答印度博物馆。

② J.Marshall, A.Foucher, The Monuments of Sanchi, Delhi, 1939.

③ 拉克希米（Lakshmi）又名吉祥天女，系印度教三大主神之一毗湿奴（Vishnu）的妻子，为财富与幸运之神。

图二　北方邦巴尔胡特窣堵波栏楯浮雕满瓶莲花之一

图三　北方邦巴尔胡特窣堵波栏楯浮雕满瓶莲花之二

图四　中央邦桑齐第二窣堵波西南方栏楯外面
浮雕满瓶莲花

图。其满瓶圈足之上、口沿之下部位浮雕的仰莲、覆莲变长，近乎延展到中间。横向中腹位置纹样多样化，或作凸弦纹，或作小联珠纹，或作连续方块状"十"字花纹。还有通体不施纹样者。莲花表现同样可以分作两种表现形式。

一些实例莲花与拉克希米女神组合表现（图五、图六）。满瓶中长出三朵莲花，中间莲花上拉克希米单腿垂坐，形体与装身具大体同前，女神一手握满瓶中长出莲花。两侧莲花上各有一头白象相向而立，以鼻卷水罐为女神灌顶。两外侧成对表现莲叶、莲蕾和即将开敷莲蕾，表现趋于多样化，同时出现上面观和侧面观形式，莲叶边缘或平伸，或内卷，或外翻，有时还点缀睡莲于其间。另一些实例，仅表现莲花、莲叶（图七），在中央长出一朵大莲花，两侧成对表现莲叶、莲蕾和即将开敷莲蕾，形式多样。

如上所见，巴尔胡特窣堵波和桑齐大窣堵波满瓶莲花图像，呈现前后相继的发展面貌，两者具有若干相同和不同点。其一，两者均作为窣堵波装饰图像存在，满瓶为鼓腹、束颈、敞口形状，其上浮雕仰覆莲。具体物象分为两种，一种在满瓶中长出三朵莲花，之上承托拉克希米女神和一双灌顶白象，另一种仅表现莲花自身。莲花、莲叶、莲蕾构图大致对称，在配置方式和具体因素方面有意制造若干不对称表现，以避免造型刻板化。其二，巴尔胡特窣堵波满瓶莲花图像配置在栏楯上且为圆形或半圆形构图，满瓶上仰覆莲所占面积较小，莲叶多为平伸形状，拉克希米女神或立或盘腿坐。而桑齐大窣堵波满瓶莲花图像配置在塔门上且为方形构图，满瓶上仰覆莲所占面积较大，莲叶、莲蕾表现形式多样化，拉克希米女神单腿垂坐。所以出现这些变化，应该说时代发展使然。

北方邦秣菟罗贵霜朝建筑横梁上也见有满瓶莲花图像（图八），其满瓶鼓肩小口，肩部刻画花朵，颈上装饰绳带，圈足部位装饰覆莲，造型迥然有别于上述巴尔胡特窣堵波和桑齐

图五　中央邦桑齐大窣堵波东门外面

图六　中央邦桑齐大窣堵波东门外面浮雕满瓶
莲花与拉克希米女神

图七　中央邦桑齐大窣堵波东门里面浮雕满瓶莲花

图八　北方邦秣菟罗贵霜朝建筑横梁浮雕满瓶莲花

大窣堵波实例。不过，莲叶内向翻卷表现，显然受到类似桑齐大窣堵波莲叶雕刻手法影响。

（2）东南印度满瓶莲花图像

东南印度满瓶莲花图像，出现在安德拉邦阿玛拉巴提二、三世纪窣堵波，以及安德拉邦纳加尔朱纳康达三、四世纪窣堵波，两者呈现连续发展状态。

这些实例一概表现在窣堵波浮雕嵌板上，当初应镶嵌在窣堵波基坛部位。加尔各答印度博物馆藏阿玛拉巴提窣堵波满瓶莲花作为单独主体图像表现，形体硕大（图九），印度国家博物馆藏纳加尔朱纳康达窣堵波满瓶莲花则与其他装饰图像一起平列表现，形体较小（图一〇）。

两地满瓶莲花的满瓶形状基本一致，圆腹、细颈、小平沿，形似苹果，多数附加阶梯状小平底。均在下腹部表现叶片形水波纹，上腹部表现横向条带，条带上浮雕疏朗圆形花纹，条带下方往往垂饰缨络。满瓶上方中间长出一朵莲花，两侧长出若干对莲花、莲蕾，往往还表现成对睡莲。而且，满瓶底部两侧表现一对向外伸展的莲蕾。东南印度满瓶莲花图像来源

图九　加尔各答印度博物馆藏安德拉邦　　　　图一〇　德里印度国家博物馆藏安德拉邦纳加尔朱纳康达窣堵波嵌板浮雕满瓶
阿玛拉巴提窣堵波嵌板浮雕满瓶莲花　　　　　　　　　莲花及其局部

于中印度，其满瓶形状与中印度满瓶差异甚大，又不见莲花与拉克希米女神组合表现，形成鲜明地域性特征。

那么，在公元前后的四五百年间，中印度、东南印度满瓶莲花图像表现意图何在？其一，在满瓶中生长莲花，意味着满瓶是水的载体，承载水的满瓶成为生命源泉，莲花则是旺盛生命力的表现，加之莲花多籽、根系繁多特性，使得满瓶莲花成为丰饶多产的象征表现，这一点已成为学界共识。其二，满瓶莲花与丰饶女神拉克希米组合，进一步说明了其中生殖繁衍的内涵。其三，这些满瓶莲花图像几乎与窣堵波关联，配置在窣堵波的栏楯、塔门或基坛位置，经常与富于生命力的植物、动物、夜叉和夜叉女组合表现，根本目的在于希冀佛教的繁荣[1]。

2. 笈多时代及其以降满瓶莲花图像

笈多时代（Gupta Dynasty，320—550年前后）与后笈多时代（约550—750年前后），印度佛教物质文化迎来又一个繁盛发展时期，分布地域涉及中印度、西印度和南印度广大地区，进入帕拉时代（Pala Dynasty，约750—1199年）分布地域大体局限在东印度范围。其满瓶莲花图像与佛教物质文化发展趋势大体一致，分布在除西北印度和东南印度之外的大部分印度版图，连绵八九个世纪。

这一时期满瓶莲花图像不再用作窣堵波的装饰，而是用于装饰柱脚或柱头。面貌也大为改观，莲花比重减少且多表现在瓶口上方，满瓶两侧增加垂下蔓草，整体仿佛一个大花篮。有迹象表明，这种花篮式满瓶莲花图像，率先流行于中印度笈多朝前后柱脚装饰，尔后波及西印度石窟柱头装饰。

---

① 〔日〕宫治昭：《涅槃と弥勒の図像学　—インドから中央アジアへ》，东京：吉川弘文館，1992年，21—84页。

用于装饰柱脚的满瓶莲花，已知实例分布在中印度和东印度。其满瓶作鼓腹、矮颈、敞口形状，而且多数实例在圈足之上、口沿之下部位分别浮雕仰莲、覆莲，仰覆莲之间的装饰带各有不同，大体沿用了中印度公元前后满瓶形制。笈多前后实例见于北方邦鹿野苑遗址石柱柱脚满瓶莲花图像（图一一），满瓶上方浮雕三朵莲花和一对睡莲莲蕾，两外侧垂下蔓草。其莲花比较写实，蔓草比较简洁，可能反映了偏早时期的面貌。该实例满瓶腹部装饰缨络，整体构图与莲花表现，见有东南印度纳加尔朱纳康达三、四世纪满瓶莲花造型的影子，在新式满瓶莲花形成过程中东南印度似乎发挥着重要作用。北方邦菩提伽耶大菩提寺约后笈多时代石柱柱脚浮雕满瓶莲花图像（图一二），满瓶上方莲花作半圆形表现，左右上方莲花作1/4表现，两侧垂下的蔓草变得繁缛、细密。这种具有半圆莲花的满瓶莲花图像，对其后西印度石窟寺院和东印度地面寺院产生深远影响。在奥里萨邦乌达雅吉利（Udayagiri）佛寺遗址、拉特纳吉利（Ratnagiri）佛寺遗址，约帕拉时代前期石柱柱脚雕刻满瓶莲花图像（图一三），继承了前述大菩提寺石柱柱脚满瓶莲花表现形式，而在满瓶中间垂下一缕蔓草表现又形成奥里萨邦当地特征。加尔各答印度博物馆藏比哈尔邦约帕拉时代后期石柱柱脚雕刻满瓶莲花图像（图一四），满瓶上方仅表现一朵莲蕾，两侧垂下蔓草也变得抽象、潦草，显露衰落阶段迹象。

图一一　北方邦鹿野苑遗址石柱及其局部

图一二　北方邦菩提伽耶大菩提寺石柱及其局部

图一三　奥里萨邦乌达雅吉利佛寺遗址石柱柱脚
雕刻满瓶莲花

图一四　加尔各答印度博物馆藏比哈尔邦约帕拉朝后期石柱及其局部

　　用于装饰柱头的满瓶莲花，已知实例分布在西印度、南印度和中印度。其满瓶莲花造型不一，西印度5—8世纪石窟立柱柱头满瓶作扁腹、束颈、敞口形状，满瓶上方浮雕半圆形莲花，两侧各夹一朵莲蕾，满瓶两侧垂下繁缛而茂密的蔓草，沿用前述大菩提寺所见石柱柱脚满瓶莲花造型因素。一般腹部刻划成瓜棱形，如埃罗拉（Ellora）12号窟立柱柱头满瓶莲花、阿旃陀（Ajanta）24号窟柱头满瓶莲花（图一五），形成西印度地域性特征。奥兰伽巴德（Aurangabad）石窟柱头雕刻满瓶，在圈足之上和口沿之下浮雕密集仰覆莲，上腹横向装饰联珠纹带（图一六），继承了中印度桑齐大塔以来的表现形式。埃罗拉12号窟柱头满瓶左右上方莲花作1/4表现（图一七），亦关联前述大菩提寺满瓶莲花造型。

图一五　阿旃陀24号窟立柱及其局部

图一六　奥兰伽巴德石窟柱头

图一七　埃罗拉12号窟柱头雕刻满瓶莲花

南印度卡纳塔克邦帕塔达卡尔（Pattadakal）8世纪上半叶印度教寺庙柱头满瓶莲花
（图一八），基本形态、半莲花、1/4莲花表现，沿袭了西印度石窟的表现形式，满瓶腹部刻
画"X"形交叉绳纹带表现又不见于西印度。中印度10世纪前后出现小腹、长颈、敞口式满
瓶，两侧垂下蔓草超出满瓶一倍长度，宛如翻卷的浪花。如德里印度国家博物馆藏中央邦石
柱头满瓶莲花（图一九）、安拉哈巴德博物馆藏北方邦石柱头满瓶莲花，此二实例尽管处在
满瓶莲花图像发展的尾声，却依然呈现欣欣向荣景象。

图一八　卡纳塔克邦帕塔达卡尔印度教　　　　　　图一九　德里印度国家博物馆藏中央邦约10世纪石柱头及其侧面
寺庙柱头雕刻满瓶莲花

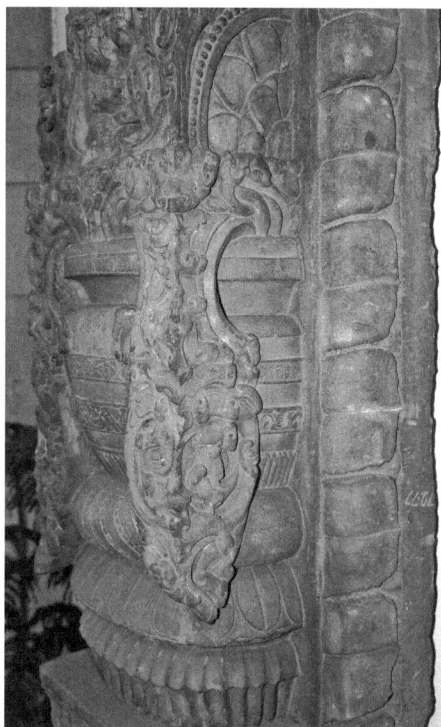

笈多时代以来，印度满瓶莲花图像由窣堵波装饰转化为寺庙建筑石柱装饰，这种转变取
决于印度佛教寺院建筑功能的变化。笈多时代及其以后，覆钵形窣堵波不再流行，地面寺院
祠堂与石窟寺院祠堂成为主要礼拜场所，满瓶莲花图像随之转移到祠堂立柱上来，其内涵和
功能也相应地发生某些变化。在石柱上表现的满瓶莲花图像，装饰意味更加浓厚，制造丰富
多彩的视觉效果成为首要目的。但不可否认，之所以选择满瓶莲花装饰，就是看重其原有的
丰饶多产内涵，也是这种图像在新一轮发展中能够持续八九个世纪的根本缘由。

二、中国满瓶莲花图像

印度满瓶莲花图像早在两晋时期已经传入中国[①]，如西晋前后金铜佛像浮雕满瓶莲花[②]、

---

① 八木春生已注意到这种情况。〔日〕八木春生：《雲岡石窟文樣論》，京都：法藏館，2000年，229—257页。
② 哈佛大学福格美术馆藏。〔日〕长广敏雄：《中国美術·3·彫塑》，东京：讲谈社，1972年，图版7。

永靖炳灵寺169号窟北壁西秦壁画满瓶莲花①，然数量稀少，也没有能够作为一个传统延续下来。其后，伴随着南北朝隋唐大规模佛教造像事业，满瓶莲花图像再次传入并获得实质性发展。有关中国满瓶莲花图像，学者在相关研究中有所涉及，但缺乏分阶段、系统性阐述，本稿试图勾画其完整发展脉络。

中国系满瓶莲花的第二故乡，其满瓶莲花图像经历了南北朝隋代、唐代两个发展阶段，两阶段既有联系也有区别。中国满瓶莲花图像造型，主要吸收了中印度公元前后窣堵波同类图像造型因素，唐代少许实例受到印度笈多与后笈多立柱满瓶莲花造型影响。

1. 南北朝隋代满瓶莲花图像

南北朝隋代，中国满瓶莲花图像获得第一个发展期，存在建康系、成都系两个各有特征的群体，并形成各自发展区域（图二〇）。

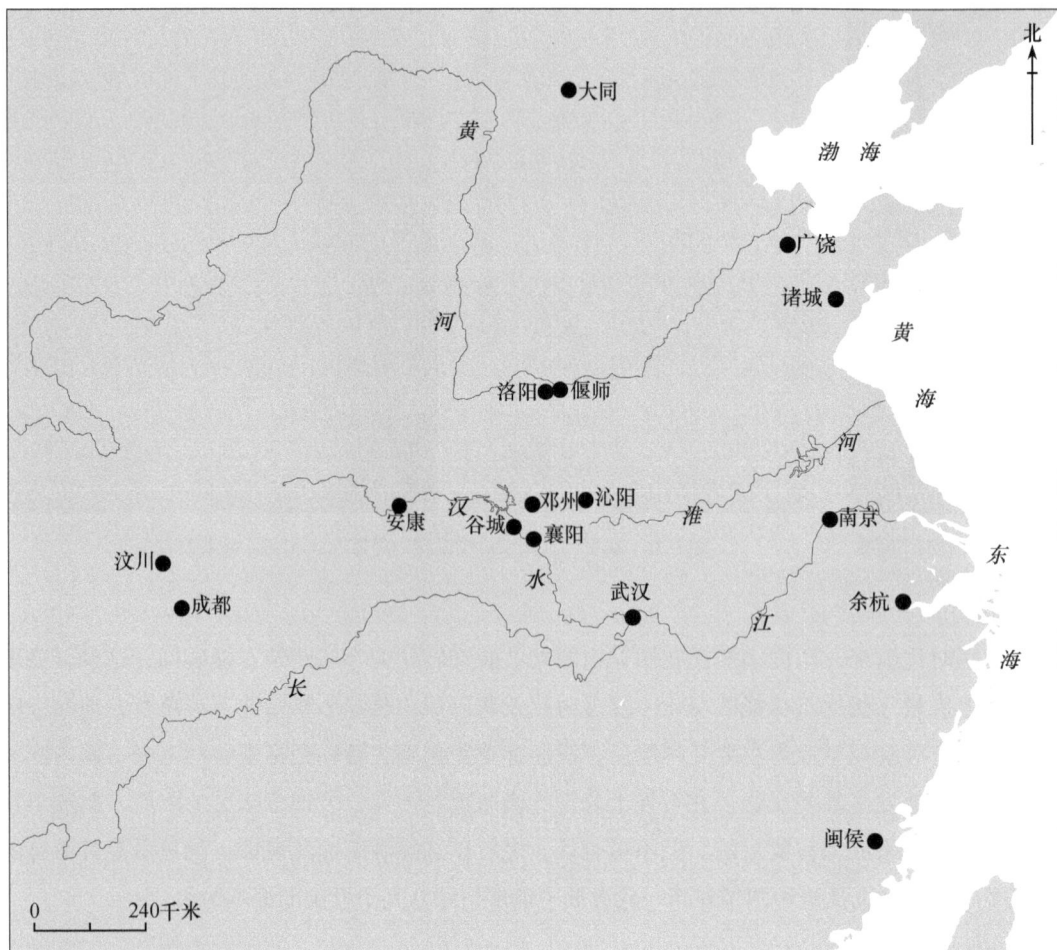

审图号：GS京(2023)1864号

图二〇　南北朝隋代满瓶莲花图像实例分布图

（1）建康系满瓶莲花图像

建康系即发端于南朝首都建康（今南京）的满瓶莲花，向西波及汉水流域，向北影响到

---

① 甘肃省文物工作队、炳灵寺文物保管所：《中国石窟·永靖炳灵寺》，文物出版社，1989年，图版36。

洛阳、青州、关中等地，乃至北魏早中期首都平城（今大同）。八木春生在研究南朝莲花纹样过程中，初步论述了该系统满瓶莲花图像，梳理出大致发展脉络①，近年来若干新资料的发现，为进一步探讨该系满瓶莲花图像提供了空间。需要说明的是，本稿之所以定名为建康系满瓶莲花，原因在于建康一地为南朝对外交流的窗口，当时中印海路交通可以直达此地，这里又是南朝文化策源地，具备吸收、再造并传播印度文化的条件。事实上，已发现南朝画像砖墓多没有纪年，还无法明确地排列出反映时间先后关系的发展序列。

该系满瓶莲花图像，在南朝地域主要用于墓葬画像砖装饰，北朝地域主要用于石窟或单体石刻造像装饰，有些兼有供养意涵。建康系满瓶莲花图像，基于满瓶形状可以分为盘口壶、细颈瓶两类。

用作满瓶的盘口壶据腹部形态差异，又可细分为鼓腹盘口壶、扁腹盘口壶两种，均由来于对应的青瓷器。青瓷鼓腹盘口壶（肩部有系）、扁腹盘口壶（或称唾壶），系三国两晋南朝一般化日常生活用器，广泛分布在长江中下游和东南沿海地区，尤其长江中下游南朝墓葬出土数量十分可观，诸如江苏南京②、句容③，浙江温州④、嵊州⑤，江西南昌⑥、新干⑦，安徽淮南⑧、繁昌⑨，湖南长沙⑩、资兴⑪，湖北武昌⑫、当阳⑬等地，大凡该区域南朝墓多有出土，鼓腹盘口壶、扁腹盘口壶往往伴存，有些墓葬出土二者之一种。这些青瓷器与画像砖浮雕鼓腹盘口壶、扁腹盘口壶形态大体一致，所不同的是画像砖浮雕鼓腹盘口壶省略同类青瓷壶肩部系环。

用作满瓶的鼓腹盘口壶实例，见于江南地区①南京雨花台84号南朝墓画像砖（图二一）⑭，汉水流域②武昌吴家湾约南梁墓画像砖⑮、③武昌东湖岳家嘴隋墓画像砖（图二二）⑯，以及河

---

① 其文（名为插花）找出南京、襄阳、安康、洛阳等地诸多实例，指出襄阳与安康实例的一致性，以及洛阳实例的地域性。〔日〕八木春生：《雲岡石窟文樣論》；〔日〕八木春生、小泽正人：《中国漢・南北朝時代の小文化センターについて —漢中・安康地区を中心に》，《鹿島美術研究》1996年年报第13号别册。

② 南京博物院：《南京童家山南朝墓清理简报》，《考古》1985年第1期；南京市博物馆：《南京市栖霞区东杨坊南朝墓》，《考古》2008年第6期。

③ 江苏省文物管理委员会：《江苏句容陈家村西晋南朝墓》，《考古》1966年第3期。

④ 温州市文物处：《浙江温州市郊发现南朝墓》，《考古》1989年第3期。

⑤ 嵊县文管会：《浙江嵊县六朝墓》，《考古》1988年第9期。

⑥ 江西省博物馆考古队：《江西南昌市郊南朝墓发掘简报》，《考古》1962年第4期。

⑦ 江西省文物管理委员会：《江西新干金鸡岭晋墓南朝墓》，《考古》1966年第2期。

⑧ 淮南市博物馆：《安徽淮南发现南朝墓》，《考古》1994年第3期。

⑨ 繁昌县文物管理局：《安徽繁昌顺风山林场南朝墓发掘简报》，《文物》2013年第10期。

⑩ 湖南省博物馆：《长沙两晋南朝隋墓发掘报告》，《考古学报》1959年第3期。

⑪ 湖南省博物馆：《湖南资兴晋南朝墓》，《考古学报》1984年第3期。

⑫ 武汉市文物考古研究所、武汉市江夏区博物馆：《武汉江夏龙泉南朝墓发掘报告》，《江汉考古》2010年第1期。

⑬ 宜昌地区考古队：《当阳长坂坡一号墓发掘简报》，《江汉考古》1983年第1期。

⑭ 南京市博物馆、雨花台区文化广播电视局：《南京市雨花台区南朝画像砖墓》，《考古》2008年第6期。

⑮ 武汉市革委会文化局文物工作组：《武昌吴家湾发掘一座古墓》，《文物》1975年第6期。

⑯ 武汉市文物管理处：《武汉市东湖岳家嘴隋墓发掘简报》，《考古》1983年第9期。

西走廊④敦煌莫高窟北周461号窟顶部西披壁画满瓶莲花（图二三）①。这些鼓腹盘口壶图像都有圈足，有别于青瓷鼓腹盘口壶无圈足造型，说明同种青瓷器转用于满瓶装饰过程中形态发生改变。各个实例壶体胖瘦、颈部粗细不同，似乎关联所处时空差异。

图二一　南京雨花台84号南朝
　　　　墓画像砖拓本
（出自《考古》2008年第6期47页
　　　　　图5-1）

图二二　武昌岳家嘴隋
　　　　墓画像砖拓本
（出自《考古》1983年第9期
　　795页图3-2）

图二三　敦煌莫高窟北周461号窟顶部西披
　　　　壁画满瓶
（出自《中国敦煌壁画全集·3·敦煌北周》图版3）

用作满瓶的扁腹盘口壶实例，可以分为南朝、北朝二组。南朝组见于江南地区⑤浙江余杭小横山93号南朝墓画像砖（图二四）②、⑥福建闽侯南屿官山南朝墓画像砖③，汉水流域⑦河南邓州学庄南梁墓画像砖之一（图二五）④。北朝组见于⑧山东广饶南赵村皆公寺北魏晚期造像碑（图二六）⑤、⑨河南沁阳栖贤寺东魏武定四年（546）佛像（图二七）⑥。无论南朝、北朝组扁腹盘口壶，圈足有无不定，与青瓷扁腹盘口壶的情况一致。所不同的是，用作满瓶的扁腹盘口壶颈部变得细长，不同于青瓷扁腹盘口壶颈部粗矮造型，而且这些满瓶腹部

①　段文杰、樊锦诗：《中国敦煌壁画全集·3·敦煌北周》，天津人民美术出版社，2006年，图版3。

②　杭州市文物考古研究所、余杭博物馆：《浙江余杭小横山南朝画像砖墓地M10、M12和M93发掘简报》，《东南文化》2012年第5期。

③　福建省博物馆：《福建闽侯南屿南朝墓》，《考古》1980年第1期。

④　河南博物院藏。河南省文化局文物工作队：《邓县彩色画象砖墓》，文物出版社，1958年。

⑤　广饶博物馆藏。赵正强：《山东广饶佛教石造像》，《文物》1996年第12期。

⑥　费城宾夕法尼亚大学博物馆藏。〔日〕松原三郎：《中国仏教彫刻史論》，东京：吉川弘文館，1995年，本文编283页。铭文记述东魏怀州在今河南沁阳。

图二四　余杭小横山93号南朝墓画像砖拓本
（出自《东南文化》2012年第5期50页图8-7）

图二五　邓州学庄南梁墓画像砖之一（局部）

图二六　广饶南赵村皆公寺北魏晚期造像碑及其局部

图二七　沁阳栖贤寺东魏武定四年（546）佛像及其局部
（出自《中国仏教彫刻史論》图版288）

几乎刻画弦纹带，亦区别于青瓷扁腹盘口壶素面情况，说明同种青瓷器转用于满瓶装饰过程中形态发生改变。

　　用作满瓶的细颈瓶又可细分为鼓腹细颈瓶、折腹细颈瓶两种。鼓腹细颈瓶图像可大体对应青瓷器，见于福建政和①、江西樟树②南朝墓出土青瓷细颈瓶。折腹细颈瓶尚未发现对应的青瓷器。

　　用作满瓶的鼓腹细颈瓶实例分为南朝、北朝二组。南朝组实例见于江南地区⑩南京王家洼村南朝墓画像砖（图二八、图二九）③、⑪南京花林村南梁普通四年（523）吴平忠侯萧景墓石柱（图三〇）④，以及汉水流域⑫湖北谷城肖家营40号墓南朝画像砖（图三一）⑤、⑬襄阳贾家冲1号南朝墓画像砖之一（图三二）⑥、⑭襄阳贾家冲1号南朝墓画像砖之二（图三三）⑦、

① 　福建省博物馆、政和县文化馆：《福建政和松源、新口南朝墓》，《文物》1986年第5期。

② 　江西省博物馆考古队：《江西清江南朝墓》，《考古》1962年第4期。

③ 　南京博物院藏。徐湖平：《中国画像砖全集·全国其他地区画像砖》，四川出版集团、四川美术出版社，2006年，16页图7、17页图7。

④ 　金琦：《南京附近六朝陵墓石刻整修记要》，《文物》1959年第4期。

⑤ 　襄樊市考古队、谷城县博物馆：《湖北谷城县肖家营墓地》，《考古》2006年第11期。

⑥ 　襄阳市博物馆藏。襄阳市博物馆、襄阳市文物考古研究所、谷城县博物馆：《天国之享：襄阳南朝画像砖艺术》，科学出版社，2016年，图版73。

⑦ 　襄樊市文物管理处：《襄阳贾家冲画像砖墓》，《江汉考古》1986年第1期。

图二八　南京王家洼村南朝墓画像砖之一拓本
（出自《中国画像砖全集·全国其他地区画像砖》16页图7）

图二九　南京王家洼村南朝墓画像砖之二
拓本
（出自《中国画像砖全集·全国其他地区画像砖》
17页图7）

图三〇　南京花林村南梁普通四
年（523）吴平忠侯萧景墓石柱
图像线图

图三一　谷城肖家营40号南朝墓
画像砖拓本
（出自《考古》2006年第11期26页
图14-5）

图三二　襄阳贾家冲1号南朝墓
画像砖之一
（出自《天国之享：襄阳南朝画像砖艺术》
图版73）

图三三　襄阳贾家冲1号南朝墓画像砖之二拓本
（出《江汉考古》1986年第1期22页图11）

⑮安康张家坎南梁天监五年（506）墓画像砖（图三四）[①]。这些图像相较青瓷鼓腹细颈瓶有一定差距，用作满瓶的鼓腹细颈瓶图像腹部多呈梨形，不同于青瓷鼓腹细颈瓶腹部扁圆造型。具体而言，江南地区⑩南京鼓腹细颈瓶小巧圆润，相对于青瓷器多了几分灵秀，汉水流域⑬⑭襄阳、⑮安康鼓腹细颈瓶改作盘口，吸收了盘口壶因素，形成当地特征。

北朝组实例见于⑯大同南郊112号墓约北魏太和年间棺床浮雕（图三五）[②]、⑰洛阳龙门莲花洞南壁41号龛北魏晚期佛传故事图像（图三六）[③]、⑱河南偃师寺里碑村北齐天统三年（567）造像碑（图三七）[④]、⑲陕西富平博物馆藏西魏大统二年（536）造像碑局部（图三八）、⑳洛阳龙门莲花洞南壁41号龛北魏晚期佛像背光浮雕（图三九）[⑤]、㉑山东诸城博物馆藏北齐佛像背光（图四○）。其中，⑯大同与⑩南京（图二九）鼓腹细颈瓶形态相近，唯口部有所不同。⑰洛阳、⑱偃师与⑩南京（图二九）

图三四　安康张家坎南梁天监五年（506）墓
画像砖拓本
（出自《华夏考古》2008年第3期）

---

①　安康历史博物馆：《陕西安康市张家坎南朝墓葬发掘纪要》，《华夏考古》2008年第3期。

②　山西大学历史文化学院、山西省考古研究所、大同市博物馆：《大同南郊北魏墓群》，科学出版社，2006年，图147B。

③　刘景龙：《莲花洞：龙门石窟第712窟》，科学出版社，2002年，164页拓片61。与第41龛毗邻的第42龛雕刻于北魏永熙二年（533），前者年代应与后者接近。

④　偃师商城博物馆藏。李献奇：《北齐洛阳平等寺造像碑》，《中原文物》1985年第4期。

⑤　刘景龙：《莲花洞：龙门石窟第712窟》，科学出版社，2002年，162页拓片58。

图三五　大同南郊112号墓约北魏太和年间石雕棺床
侧面拓本
（出自《大同南郊北魏墓群》图147B）

图三六　洛阳龙门莲花洞南壁41号龛北魏晚期佛传
故事图像拓本
（出自《莲花洞：龙门石窟第712窟》拓片61）

图三七　河南偃师寺里碑村北齐天统三年（567）
造像碑局部

图三八　富平博物馆藏西魏大统二年（536）
造像碑局部

图三九　洛阳龙门莲花洞南壁41号龛北魏晚期
佛像背光拓本
（出自《莲花洞: 龙门石窟第712窟》拓片58）

图四〇　诸城博物馆藏北齐佛像及其局部

鼓腹细颈瓶整体形态一致。⑲富平鼓腹细颈瓶腹部似苹果，而直颈、盘口特征与⑬⑭襄阳、⑮安康一致。⑳洛阳、㉑诸城佛像背光刻画插花形饰物，应受到鼓腹细颈瓶影响。

折腹细颈瓶实例见于江南地区㉒南京油坊桥村贾家凹南朝墓画像砖（图四一）①，以及汉水流域㉓中国国家博物馆藏邓州学庄南梁墓画像砖之二（图四二）、㉔襄阳贾家冲1号南朝墓画像砖之三（图四三）②、㉕安康奠安征集南朝画像砖（图四四）③，亦呈现从长江下游到中游的传播发展轨迹。

上述鼓腹、扁腹盘口壶图像与鼓腹细颈瓶图像，从江南地区、汉水流域到大同、洛阳、青州地区与河西走廊的相似性表明，由长江下游到中游，由南方至北方有着清晰发展脉络。在这些用作满瓶的容器中，仅鼓腹盘口壶形态略似印度满瓶，实际由来于东晋南朝同类盘口壶，其他类型容器形态全然无关印度满瓶，也就是说建康系满瓶莲花几乎没有吸收印度满瓶造型因素。

那么，满瓶莲花图像之莲花表现如何呢？建康系满瓶莲花图像在构图上可以分为两种类型。一种为基本型，即在满瓶上方中间和上方两侧各长出一枝花卉，同时在满瓶两侧各垂下一枝花卉，这是印度满瓶莲花的基本构图。另一种为简化型，只在满瓶上方中间和上方两侧各长出一枝花卉，不见于印度满瓶莲花，系中国化表现。这两种莲花类型涉及鼓腹、扁腹盘口壶和鼓腹、折腹细颈瓶载体，时间涉及南北朝隋代，地域覆盖南北方。

① 南京市博物馆：《南京油坊桥发现一座南朝画像砖墓》，《考古》1990年第10期。

② 襄樊市文物管理处：《襄阳贾家冲画像砖墓》，《江汉考古》1986年第1期。

③ 〔日〕八木春生、〔日〕小泽正人：《中国汉・南北朝时代の小文化センターについて・―汉中・安康地区を中心に―》，《鹿岛美術研究》1996年年报第13号别册，116页图18。

图四一　南京油坊桥村贾
家凹南朝墓画像砖拓本
（出自《考古》1990年第10期
900页图3-7）

图四二　中国国家博物馆藏邓州学庄南梁墓出土画像砖之二

图四三　襄阳贾家冲1号南朝墓画像砖之三拓本
（出自《江汉考古》1986年第1期25页图15-5）

图四四　安康莫安征集南朝画像砖拓本
（出自《鹿岛美術研究》1996年年报第13号别册116页图18）

满瓶莲花之莲花形态也有别于印度。印度满瓶莲花以白莲花为主、红莲花为辅，加之莲蕾、莲叶表现，而建康系满瓶莲花有些以白莲花为主、忍冬纹为辅表现（如④⑦⑨⑩⑱），有些全然表现忍冬纹（如⑤⑪⑬⑯⑳㉓），有些以忍冬纹为主、白莲花为辅表现（如①㉑），忍冬纹约占有一半比重，即使莲花也表现得瘦削洒脱。所以出现这种现象，在魏晋玄学思潮主导的东晋南朝社会，崇尚秀骨清相、洒脱自然、轻盈飘逸的精神情趣，来自古希腊罗马的忍冬纹恰好符合这种审美观念。在如此文化背景中，印度传播而来的满瓶莲花图像，不知不觉被忍冬化了，乃至有些图像分辨不清莲花还是忍冬纹（如③⑭⑮）。⑯大同约太和年间浮雕图像全忍冬表现，推测直接吸收了建康文化因素。

汉水流域③⑮㉔㉕满瓶长出多层的缠枝花卉，以及⑭㉔㉕两个满瓶并列表现形式，形成该区域显著地方特征。⑦河南邓州与⑧山东广饶实例满瓶莲花，均置于下方一枝长茎莲花之上，这种相同的艺术设计表明，当时南北朝之间的文化交流十分密切。

建康系满瓶莲花多置于覆莲台座上，且覆莲台座两侧往往长出一对莲叶、莲花、莲蓬、忍冬纹中某几种因素（如③④⑥⑭⑮⑱⑲㉑），这种表现不见于公元前后印度满瓶莲花，而是中印度笈多朝鹿野苑创造的造型样式（图四五）[1]。可见，建康系满瓶莲花同时吸收了中印度公元前后满瓶莲花、笈多朝鹿野苑造像因素[2]，并融入东晋南朝秀骨清相审美，形成跨越不同时空和文化的全新造型。

（2）成都系满瓶莲花图像

成都系即发端于成都的满瓶莲花，实例大多分布在成都周围，个别出土于成都西北山区汶川者，显然为成都影响下产物。实例大部分属于南梁遗物，又集中于南梁后期，个别为北周、隋代遗物。该系满瓶莲花一概用作造像台座，继承了中印度公元前后窣堵波满瓶莲花与拉克希米女神组合表现的造像形式。其满瓶作壶形，可细分为扁圆腹形、圆鼓腹形两种，扁圆腹形满瓶不见于印度，圆鼓腹形略微接近印度满瓶形状，此两种满瓶都有宽厚的口沿和圈足。满瓶中长出粗壮的长茎莲花，之上承托主尊和胁侍。基于承托主尊造像尊格和数量的差异，可以细分为以下几种形式。

其一，承托二佛。实例见于①成都西安路出土南梁

图四五　北方邦鹿野苑遗址出土笈多朝石刻观世音菩萨像

（齐庆媛摄）

---

[1]　鹿野苑考古博物馆藏。Daya Ram Sahni, M.A., Rai Bahadur, Guide to the Buddhist Ruins of Sarnath With Seven Plates, Delhi: Manager of Publications, 1933. pl. Ⅵ.

[2]　这种笈多朝鹿野苑造型样式，还广泛地影响了南北朝后期、隋代佛教造像，成为一般化造型因素。

大同十一年（545）释迦多宝佛像（图四六）①、②南梁太清三年（549）释迦佛双身像（图四七）②、③成都下同仁路出土南梁天正三年铭二佛并坐像（H3∶25）③，三者二佛均结跏趺坐，造型没有特定标志，借助造像题记才能了解其属性。其二，承托三佛。实例见于④成都西安路出土南梁三佛像（图四八）④、⑤汶川出土南梁三佛像（图四九）⑤，前者三佛均结跏趺坐，两侧佛像禅定捧钵，后者中间佛像结跏趺坐，两侧佛像倚坐，均左右对称构图，在缺

图四六　成都西安路出土南梁大同十一年（545）
　　　　释迦多宝佛像

图四七　南梁太清三年（549）释迦佛双身像

①　成都博物馆藏。成都文物考古工作队、成都市文物考古研究所：《成都西安路南朝石刻造像清理简报》，《文物》1998年第11期；四川博物院、成都文物考古研究所、四川大学博物馆：《四川出土南朝佛教造像》，中华书局，2013年，160—163页。

②　四川大学博物馆藏。霍巍：《四川大学博物馆收藏的两尊南朝石刻造像》，《文物》2001年第10期；四川博物馆、成都文物考古研究所、四川大学博物馆：《四川出土南朝佛教造像》，中华书局，2013年，180—182页。

③　成都博物馆藏。成都文物考古研究院：《成都下同仁路：佛教造像坑及城市生活遗址发掘报告》，文物出版社，2017年，60、61页，彩版53。该像造像记"天正三年岁次甲戌"，天正纪年仅有1年（551年8月—11月），与所谓天正三年即承圣二年（553）岁次癸酉不合，次年即承圣三年（554）则岁次甲戌。因此，怀疑天正三年为承圣三年之误写。

④　成都博物馆藏。成都文物考古工作队、成都市文物考古研究所：《成都西安路南朝石刻造像清理简报》，《文物》1998年第11期；四川博物院、成都文物考古研究所、四川大学博物馆：《四川出土南朝佛教造像》，中华书局，2013年，164—167页。

⑤　汶川县文物保护管理所藏。雷玉华、李裕群、罗进勇：《四川汶川出土的南朝佛教石造像》，《文物》2007年第6期；四川博物院、成都文物考古研究所、四川大学博物馆：《四川出土南朝佛教造像》，中华书局，2013年，205—208页。

图四八　成都西安路出土南梁三佛像

图四九　汶川出土南梁三佛像
（出自《四川出土南朝佛教造像》205页图版71-1）

乏题记情况下，难以准确判断三佛的具体属性。其三，承托二观音菩萨。见于⑥成都万佛寺遗址出土南梁双观音菩萨像碑（图五〇）[①]。上述实例在莲茎之间刻画莲叶、莲花，有的还伴有莲花化生童子。其四，承托一佛或一佛二胁侍。见于⑦四川博物院藏成都万佛寺遗址出土隋代佛像（图五一）、⑧成都下同仁路遗址出土隋代一佛二菩萨像（图五二）[②]。

　　这些实例满瓶表面大多素面，其中成都西安路出土①④腹部绘制两排白色方块带，成为此地点满瓶图像特殊之处。⑧成都下同仁路隋代造像满瓶腹部弦纹带上下布满仰莲花瓣，类似于中印度1世纪桑齐大窣堵波满瓶装饰，示意两者可能存在影响关系，成都下同仁路满瓶腹部上下均为仰莲花瓣，而桑齐大窣堵波满瓶腹部上下分别为覆莲、仰莲花瓣，可能在吸收印度造型因素过程中发生改变。

　　在满瓶莲花之莲花构图方面，有些在满瓶上方中间和上方两侧各长出一枝花卉，同时在满瓶两侧各垂下一枝花卉，有些只在满瓶上方中间和上方两侧各长出一枝花卉，与建康系满瓶莲花构图相近。成都系满瓶莲花因用作造像台座，已而莲茎与莲花刻画得粗壮有力，多表现莲花、莲叶，少有忍冬，形成其显著地域特征。

①　四川博物院藏。东京国立博物馆、朝日新闻社：《中国国宝展》，东京：朝日新闻社，2004年，图版119；袁曙光：《四川省博物馆藏万佛寺石刻造像整理简报》，《文物》2001年第10期。
②　成都博物馆藏。成都文物考古研究所：《成都市下同仁路遗址南朝至唐代佛教造像坑》，《考古》2016年第6期。

图五〇　成都万佛寺遗址出土南梁双观音菩萨像碑及其局部
（出自《中国国宝展》图版119）

图五一　四川博物院藏成都万佛寺遗址出土隋代佛像及其局部

在上述实例中，前三种南梁实例满瓶莲花之上分别承托二佛、三佛、二菩萨，与多佛或多菩萨的意念关联。多佛与多菩萨自身具有佛教繁荣和连绵不绝的内涵，那么，承托佛、菩萨的满瓶莲花依然突出了丰饶多产的象征意义。再者，多佛还具有象征佛国世界的意涵，已而承托多佛的满瓶莲花或许还带有清净国土的用意，少许实例同时刻画化生童子图像，在一定程度上证实了这种推测的可能性。值得注意的是，印度本土笈多时代开始出现并流行莲花台座佛像，成都系造像除模仿印度满瓶莲花与拉克希米女神组合表现之外，似乎还受到笈多时代莲花台座佛像造型影响，满瓶莲花与莲花台座佛像结合并非发生在印度，而是出现在中国成都，反映了成都南朝造像创造性发展。

就目前已知资料，建康系满瓶莲花图像约产生于五、六世纪之际，成都系满瓶莲花图像约产生于6世纪中叶，二者各具特征并形成各自发展区域，这种情况暗示它们可能从不同途径引进印度满瓶莲花造型。推测建康系满瓶莲花图像关联长江口的中印航运，而

图五二　成都下同仁路遗址出土隋代一佛二菩萨像

成都系满瓶莲花图像关联两广港口的中印航运。建康系满瓶莲花图像不仅分布在南朝地域，还广泛地波及北朝地域，影响力明显大于成都系满瓶莲花图像，形成这种格局的原因，或许在于它起源于代表当时先进文化的南朝京畿地区，于是能够传播得更广更远。

2. 唐代及后世满瓶莲花图像

唐代，中国满瓶莲花图像迎来又一个发展期，四川一地集中了大部分实例（图五三），北方地区有限的实例多集中在河西走廊，呈现不平衡的发展态势。

（1）唐代满瓶莲花图像

四川地区系唐代满瓶莲花图像首要发达区域，主要分布在川北的广元、剑阁、绵阳、茂县、旺苍，以及川中的仁寿、邛崃、夹江等县，个别分布在川东的广安、潼南等县[①]。

四川唐代满瓶莲花图像，沿袭了当地南朝、隋代作为尊像台座使用的传统，其满瓶大多为鼓腹、束颈、敞口的壶形体，与以往相类。而莲花、莲叶表现相对从前发生较大变化，基于承托尊像数目和属性的差异，可以细分为以下几种情况。

第一种，用作一佛二（或四）胁侍，或单独胁侍台座。其中，用作一佛四胁侍台座的实例，见于剑阁横梁子唐贞观二十一年（647）6号龛（图五四）、剑阁横梁子唐贞观二十一年

---

① 陈红帅：《四川重庆唐代石刻佛像序列考察》，《故宫学刊》（第五辑），紫禁城出版社，2009年。认为四川唐代满瓶莲花台座的莲枝，大多呈横向单层排列，有单枝莲花、双枝莲花、三枝莲花、七枝莲花四种情况，少许呈纵向多层排列，考察侧重点在台座自身。

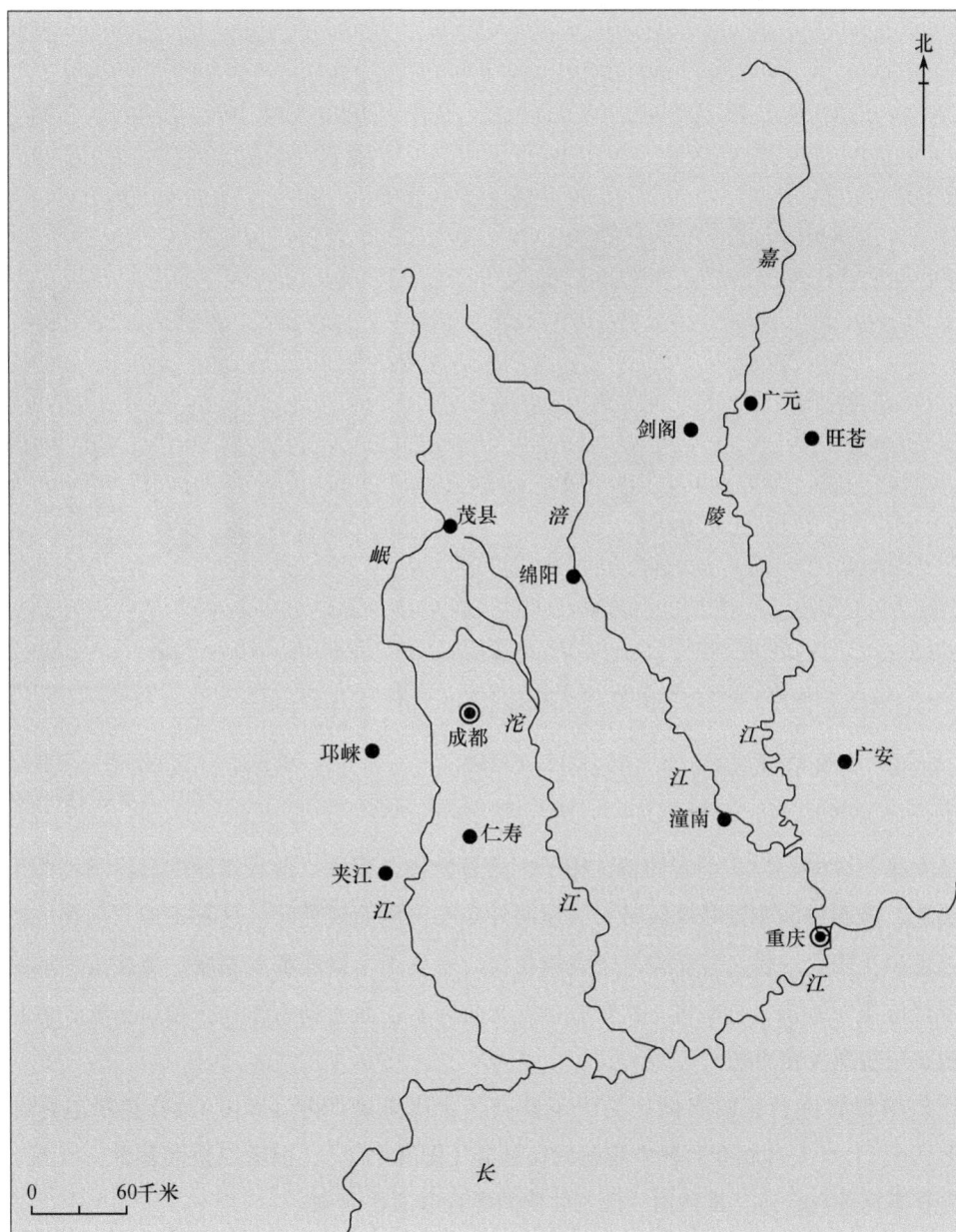

北

茂县

岷

剑阁 ●广元
● 旺苍

绵阳

成都 沱

邛崃 ●
● 广安

仁寿 潼南

夹江 江

重庆

长

0　60千米

审图号：GS京(2023)1864号

图五三　四川唐代满瓶莲花图像实例分布图

（647）2号龛释迦佛像，二者均雕刻结跏趺坐施禅定印佛并胁侍二弟子、二菩萨[①]。两者满瓶口沿形制有别，可能出于避免雷同的考虑，满瓶中长出长茎莲花上承托五尊像，满瓶两侧各垂下一束卷草，大不同于南北朝隋代造型。

　　用作一佛二胁侍台座的实例，见于广元皇泽寺15号窟南壁初唐补刻小龛（图五五）[②]、

---

①　广元皇泽寺博物馆、成都市文物考古研究所：《广元剑阁横梁子摩崖石刻造像调查简报》，《成都考古发现（2001）》，科学出版社，2003年。

②　广元皇泽寺博物馆、成都市文物考古研究所：《广元石窟》，巴蜀书社，2002年，26页图版24-2。

图五四　剑阁横梁子唐贞观二十一年（647）6号龛

图五五　广元皇泽寺15号窟南壁初唐补刻小龛
（出自《广元石窟》26页图版24-2）

绵阳玉女泉初唐5号龛[①]，前者胁侍二弟子，后者胁侍二菩萨。前者满瓶的口沿下和圈足上均刻画覆莲，鼓腹中间刻画联珠纹带，满瓶两外侧长出侧面观莲叶。这种表现与前述成都下同仁路遗址出土隋代一佛二菩萨像刻画莲瓣相类，不见于南梁成都系满瓶，更接近中印度公元前后窣堵波满瓶装饰，可能再一次吸收印度文化因素。后者满瓶作扁腹敞口形状，由从前四川当地满瓶造型发展而来。

　　用作单独胁侍台座的实例，见于茂县点将台唐贞观四年（630）4号龛释迦药师佛像（图五六）[②]、广安冲相寺西区中唐前后16号龛（图五七）[③]，前者二胁侍菩萨、后者二胁侍弟子立在满瓶莲花台座，推测由一佛二胁侍同类台座演化而来。

　　上述实例大多分布在川北地区，且多数处在初唐前段，主要沿用了南北朝隋代成都系满瓶莲花造型因素。这些实例更多地体现了此前成都系满瓶莲花造型的延续情况，装饰功能似乎高于丰饶多产的象征意义。四川初唐满瓶莲花图像所以集中在川北地区，与这里处在通往两京交通线上，以及四川唐代石窟由川北向川中，再向川东地区发展的趋势一致。

　　第二种，用作千佛台座。在千佛图像下方雕刻一满瓶莲花，其中长出向左右、上下相互连通的许多长茎莲花，之上各有佛陀结跏趺坐。这种表现源自印度本土笈多时代千佛化

---

① 四川省文物考古研究院、绵阳市文物局：《绵阳龛窟——四川绵阳古代造像调查研究报告集》，文物出版社，2010年，图版30。

② 四川省文物考古研究院、四川省茂县博物馆：《四川茂县点将台唐代佛教摩崖造像调查简报》，《文物》2006年第2期。

③ 刘敏：《广安冲相寺摩崖造像及石刻调查纪要》，《四川文物》1997年第3期。

图五六　茂县点将台唐贞观四年（630）4号龛及其局部

图五七　广安冲相寺西区中唐前后16号龛及其局部

现图像^①，千佛化现图像的雏形创始于西北印度犍陀罗晚期（四、五世纪）大神变浮雕，尔后在中印度笈多时代发展为程式化图像，大约在笈多与后笈多时代之际影响到西印度石窟

① （唐）义净译：《根本说一切有部毗奈耶杂事》卷26《第六门第四子摄颂之余佛现大神通事》："时彼龙王……持花大如车轮，数满千叶，以宝为茎金刚为须，从地涌出。世尊见已即于花上安隐（通'稳'，笔者按）而坐，于上右边及以背后，各有无量妙宝莲花形状同此，自然涌出，于彼花上一一皆有化佛安坐。各于彼佛莲花右边及以背后，皆有如是莲花涌出化佛安坐，重重辗转上出，乃至色究竟天莲花相次。或时彼佛身出火光，或时降雨，或时放光明，或时授记，或时问答，或复行、立、坐、卧现四威仪。……无数大众皆悉云集，瞻仰神通目不暂舍，于虚空中亦有无量百千诸天大众，共睹神变不改威仪，恭敬供养情无暂替。……时彼诸天于虚空中奏诸天乐，亦散众花。……外道邪徒皆离散。"（《大正藏》第24册332页）

（图五八）。然而，印度千佛化现图像基座无不是二龙王变现大莲花表现，龙王更换为满瓶则是四川唐代造像的创造性表现。四川唐代附加满瓶莲花台座的千佛图像，千佛数量多少取决于表现空间大小，并非如千佛一名的实际数目。千佛的配置形式又可细分为两类。

其一，平列式千佛表现，所有千佛无主次大小之别。见于仁寿牛角寨中唐前后26号龛（图五九）、29号龛、30号龛[①]，分别浮雕5排47尊、4排25尊、5排35尊千佛。其二，中间附加主尊的千佛表现，主尊两侧胁侍二菩萨，或二弟子二菩萨，抑或二弟子二菩萨二力士。见于邛崃花置寺唐贞元十四年（798）6号龛（图六〇），以及中唐前后5号龛、3号龛（图六一）、8号龛[②]，分别浮雕20排675尊、21排842尊（尚存）、5排53尊、5排46尊（尚存）千佛。就满瓶自身而言，邛崃花置寺6号龛、3号龛所见疏朗的联珠纹装饰带，不见于南北朝隋代成都系满瓶莲花图像，近似于中印度巴尔胡特窣堵波满瓶，不排除再次输入的印度文化因素可能。

图五八　马哈拉施特拉邦阿旃陀7号窟前廊左壁浮雕
千佛化现

图五九　仁寿牛角寨中唐前后26号龛

---

① 邓仲元、高俊英：《仁寿县牛角寨摩崖造像》，《四川文物》1990年第5期。

② 四川大学艺术学院、成都市文物考古研究所、日本早稻田大学文学部等：《邛崃磐陀寺和花置寺摩崖造像调查简报》，《成都考古发现（2003）》，科学出版社，2005年，489—505页。

图六〇　邛崃花置寺右方唐贞元十四年（798）6号龛（右为其局部）与左方中唐5号龛

图六一　邛崃花置寺中唐前后3号龛及其局部

　　千佛图像基于千佛名号经表现①，经云礼拜供养十方三世诸佛可得两方面功德利益，一者灭罪得福，二者往生净土乃至成佛。引人注目的是，上述实例中还见有三十五佛、五十三佛，应是有意如此，明确适用于忏悔灭罪目的②。中间附加主尊的千佛图像，大概在于表述佛说千佛名经（含三十五佛、五十三佛）过程，脱离了印度千佛化现图像模式，形成富有创造力的四川地域性表现。满瓶替代千佛化现图像中龙王，具有水源乃至生命之源的内涵，千佛处在枝茎相连的莲花上，形成繁荣佛国景象，印度满瓶莲花丰饶多产的意义依然存在。而且，这种表现与当地阿弥陀佛五十菩萨、西方净土经变多有相通之处，应该同时内涵净土世界用意。

　　第三种，用作七佛台座。在满瓶中长出的七枝莲花上承托七佛，除1例作立像表现者外，均结跏趺坐表现。基于七佛配置形式的不同，可以细分为三类。其一，七佛作一横排配置，见于旺苍佛子崖中唐前后29号龛（左尊残损，图六二）、潼南千佛崖中唐前后76号龛。其二，分

① 千佛名号经，基于千佛时空范围的差异可分两种，一种侧重时间观念，以三劫千佛名经为代表，即《过去庄严劫千佛名经》《现在贤劫千佛名经》《未来星宿劫千佛名经》，各有阙译人名附梁录、开元拾遗附梁录两个版本。另一种侧重空间观念，以（北周建德元年写本）失译：《十方千五百佛名经》为代表。均见于《大正藏》第14册。

② （唐）不空译：《佛说三十五佛名礼忏文》（《大正藏》第12册）；（南朝宋）畺良耶舍译：《佛说观药王药上二菩萨经》（《大正藏》第20册）。

上下两排配置，见于邛崃天宫寺中唐前后57号龛（图六三）[①]、夹江千佛崖中唐前后B19龛[②]，前者上下排分别浮雕5尊、2尊，后者上下排分别浮雕4尊、3尊。其三，分上下四排配置，见于夹江千佛崖E区晚唐前后125号地藏观音像龛（图六四），上排1尊，下三排各2尊。七佛即释迦佛与过去六佛的组合，代表佛陀相继出现和佛法有序传承，也具有忏悔灭罪功能。七佛与佛教传承和多佛概念关联，那么用作七佛台座的满瓶莲花，也不失丰饶多产的用意。

图六二   旺苍佛子崖中唐前后29号龛   图六三   邛崃天宫寺中唐前后57号龛

第四种，用作西方净土经变尊像台座。包括观无量寿经变、阿弥陀经变两类，主体图像表现形式大体一致。见于仁寿牛角寨中唐前后的2号龛观无量寿经变、3号龛观无量寿经变（图六五），同地4号龛阿弥陀经变、21号龛阿弥陀经变，一概在下部中间表现满瓶莲花，上部中间表现西方三圣，两侧分三排或三排以上表现佛、菩萨、伎乐天人等，这些尊像由满瓶中长出长茎莲花承托。其满瓶发挥着净土世界莲池的作用，是孕育生命的地方，原初拥有的丰饶多产意涵愈加突出。还见有例外情况，绵阳圣水寺2号龛唐永徽元年（650）阿弥陀佛与天尊合龛造像[③]，也应用了满瓶莲花台座，阿弥陀佛一侧浮雕7排菩萨坐像，残存53尊，天尊一侧浮雕7排真人像，残存53尊，这是借用当时川北地区流行的阿弥陀佛五十菩萨图像形式，表现当地佛道信仰并行的创新图像。

与千佛、七佛、西方净土组合表现实例，大多集中在川中数县，是为四川地区唐代满瓶

① 四川大学艺术学院、成都文物考古研究所、日本早稻田大学：《邛崃天宫寺摩崖石刻调查简报》，《成都考古发现（2004）》，科学出版社，2006年。

② 四川省文物考古研究院、西安美术学院、乐山市文物局等：《夹江千佛崖——四川夹江千佛岩古代摩崖造像考古调查报告》，文物出版社，2012年，65页图35。

③ 四川省文物考古研究院、绵阳市文物局：《绵阳龛窟——四川绵阳古代造像调查研究报告集》，文物出版社，2010年，71、72页线图。

图六四　夹江千佛崖晚唐前后
　　　　E125号龛

图六五　仁寿牛角寨中唐前后3号龛浮雕观无量寿经变及其局部

图六六　敦煌莫高窟384号窟主室南壁龛外东侧中唐壁画不空羂索观音经变及其局部
（出自《中国敦煌壁画全集·6·盛唐》图版139）

莲花图像又一引人注目之处。

　　已知北方地区用作尊像台座的唐代满瓶莲花图像集中在敦煌石窟。诸如，敦煌莫高窟盛唐384号窟主室南壁龛外东侧中唐壁画不空羂索观音经变满瓶莲花（图六六）[①]，其满瓶置于桌案上，鼓肩、细颈、平沿，束腰之下加平底，腹部饰白地大圆花纹，并有两串花饰从瓶中垂下，带着印度满瓶莲花的遗痕。满瓶中长出一枝盛开莲花，莲花之上又长出一束缠枝蔓草，蔓草托举大莲花台座，缠枝蔓草两侧表现一对侧面观莲叶。满瓶两侧各一抓髻女子立在水中，内侧手作触摸莲叶状，此二人物似乎模仿印度千佛化现中二龙王而来。该图像表现高度图案化，极具装饰色彩，发展了用作台座的满瓶莲花图像。敦煌莫高窟晚唐9号窟主室天井壁画佛像以满瓶莲花为台座（图六七）[②]，满瓶中长出一枝长茎莲花承托佛像，莲叶作缠枝卷草形状。其满瓶不仅装饰横向联珠纹带，还有连接口颈与底部的纵向饰带，不见于从前实例。两侧配置供养人，从而衬托满瓶莲花形体之高大。

　　此二敦煌实例满瓶莲花用作台座，继承了四川南北朝隋代与初盛唐造型传统，尤其四川与敦煌唐代满瓶缠枝蔓草造型有相同之处，这种表现可能关联印度笈多与后笈多朝石柱满瓶莲花造型，或许是新一轮中印文化交流的产物。此外，其满瓶莲花两侧表现模仿龙王人物与供养人，赋予满瓶莲花不可思议内涵，千佛化现的原始意涵得以再现。

　　以下两个实例满瓶莲花不再用于尊像台座，预示此种图像功能发生变化。其一，四川旺苍

①　段文杰：《中国壁画全集·敦煌·6·盛唐》，天津人民美术出版社，1989年，143页图版139。
②　梁尉英：《敦煌石窟艺术·莫高窟第九、一二窟（晚唐）》，江苏美术出版社，1994年，图版17。

图六七　敦煌莫高窟晚唐9号窟主室天井壁画佛像及其局部
[出自《敦煌石窟艺术·莫高窟第九、一二窟（晚唐）》图版17]

图六八　旺苍佛子崖盛中唐之际31号西方三圣龛楣

佛子崖盛中唐之际31号西方三圣龛楣（图六八）①，在小巧满瓶上方长出一枝主茎，上方两侧一对缠枝蔓草向外屈曲伸展，下方两侧一对缠枝蔓草垂下伸展，花卉在原有满瓶莲花构图形式基础上变化，用作龛楣装饰。其二，日本奈良国立博物馆藏约武则天时期刺绣释迦说法图（图六九）②。表现释迦佛在忉利天为母摩耶夫人说法情景，佛像台座前方铺设圆形地毯，地毯前方置一满瓶花卉，满屏上表现装饰带，瓶中长出花卉却变成一团缠枝蔓草，用于供养佛陀。表明初唐以来满瓶莲花图像表现和功能趋于多样化。

（2）宋元明清满瓶莲花图像

宋元明清时期，满瓶莲花图像日趋式微，但依然不绝如缕地发展着，并呈现全新时代风貌，此所谓满瓶莲花实际多不是莲花，因形象类似泛称而已。这一时期从满瓶莲花独立出来的插花图像日渐流行开来，形成自身的发展轨迹，在世俗文化中迎来新生，本稿不予讨论。

以下实例大体能够代表此时期满瓶莲花图像的时代风貌和发展水准。其一，山东长清灵岩

① 广元皇泽寺博物馆、成都市文物考古研究所：《旺苍县佛子崖摩崖石刻造像调查简报》，《四川文物》2004年第1期。

② 〔日〕肥田路美文、李静杰译：《奈良国立博物馆刺绣〈释迦说法图〉的制作地和主题》，《艺术与科学》（卷十一），清华大学出版社，2011年。

图六九　日本奈良国立博物馆藏唐代刺绣释迦说法图及其局部
（肥田路美提供）

寺北宋砖塔约嘉祐年间（1056—1063）基坛嵌板（图七〇），以连钱纹为地，线刻表现一个华丽满瓶和其中长出恣意蔓延的花卉。此满瓶鼓腹、细颈、敞口、无圈足，在满瓶腹部中间横向弦纹带上，装饰一整二破圆花（应为一周四朵），腹部上下装饰仰覆莲瓣，保留着中印度公元前后满瓶的基本装饰样貌，满瓶中长出两枝缠枝花卉曲折往复、竞相滋长，展现洒脱奔放的昂扬气势。其二，四川华蓥南宋咸淳元年（1265）福国夫人李氏墓后室左龛，浮雕表现桌案上放置瓶花（图七一）[①]。其花瓶作瓜棱形花口瓶状，花瓶上方中间长出一枝牡丹花，上方两侧长出一对牡丹叶，花瓶两侧各垂下一对牡丹花骨朵、一对牡丹枝叶，沿用了从前满瓶莲花构图式样，而花口瓶、牡丹都是宋代流行的新鲜事物。其三，沈阳清早期福陵月牙城前照壁浮雕（图七二），在横长方形菱花形构图中，表现满瓶和繁茂的缠枝花卉。其满瓶鼓腹、直口，有如意形支脚，腹部上下有仰覆莲瓣，带着印度早期满瓶的痕迹，中间用丝带扎束成蝴蝶结，丝带两端向外方屈曲飘散，被赋予浓厚明清时代色彩。在满瓶上方长出一枝主茎，上方两侧各长出一枝主茎，两侧主茎各分成三支茎，每侧有两支茎向上，一支茎垂下，在中间主茎和两侧各支茎顶端都有开敷花朵，处于所在各自花茎围合成的圆圈中，还有两对含苞待放的花蕾点缀其间。图像左右对称、繁而不乱，一派生机勃勃景象。上述三实例各具特色、各显风采，表明唐代以

---

① 四川省文物考古研究院、广安市文物管理所、华蓥市文物管理所：《华蓥安丙墓》，文物出版社，2008年，图版15-1。

图七〇　长清灵岩寺北宋砖塔约嘉祐年间（1056—1063）基坛嵌板图像及其线图

图七一　华蓥南宋咸淳元年（1265）福国夫人
李氏墓后室左龛图像
（出自《华蓥安丙墓》图版15-1）

后满瓶莲花图像尽管数量锐减，造型非但没有停滞发展，反而焕发新时代生机。

　　综上所述，起源于印度的满瓶莲花图像，伴随着佛教物质文化，在中印两国获得充裕发展空间。印度满瓶莲花图像，在公元前后四五百年间形成中印度和东南印度两个中心，表现在窣堵波栏楯、塔门和嵌板上，象征丰饶多产意涵且富于装饰意义。在笈多时代及其以降八九个世纪用作柱脚与柱头装饰，装饰功能超出丰饶多产意涵。中国满瓶莲花图像主要吸收了中印度公元前后造型因素，在南北朝隋代出现建康系、成都系两个群体，前者用于南朝墓葬画像砖和北朝佛像背光，后者用于佛像台座，装饰功能与丰饶多产意涵各有侧重。入唐以后四川满瓶莲花图像盛行一时，敦煌石窟亦存少许实例，大多用作佛像台座，兼有丰饶多产意涵和装饰功能。宋元明清时期满瓶莲花图像经过再次创新发展，焕发新时代生机。满瓶莲花实际成为一种吉祥图像，在中印两国流传千古、四溢芳香。

图七二　沈阳清早期福陵月牙城前照壁琉璃浮雕

（原文见李静杰：《印度满瓶莲花图像及其在中国的新发展》，《2014敦煌论坛：敦煌石窟研究国际学术研讨会论文集》，甘肃教育出版社，2016年。本稿基于新资料，对原文结构和内容进行了微观调整）

The Indian Image of Full Vase Lotus and Its New Development in China

Abstract: The image of full vase lotus originated in India, accompanied by Buddhist material culture, has gained ample development space in China and India. The Indian image of full vase lotus formed two centers in central India and southeast India around 200 BC and 300 AD, which were displayed on Stupa enclosure, gate and elbow-board, symbolizing fertility and decorative significance. In the Gupta era and the following eight or nine centuries it was used for decoration of column foot and column head and its decorative function exceeded the meaning of fertility. The Chinese image of full vase lotus mainly absorbed the modeling factors of the middle Indian around A.D., and there were two groups of Jiankang and Chengdu in the Southern and Northern Dynasties and Sui Dynasty. The former was used for the tomb portrait bricks in the Southern Dynasty and the backlight of the Buddha statue in the Northern Dynasty, and the latter was used for the Buddha pedestal with different emphasis on decorative functions and the meaning of fertility. After the Tang Dynasty the image of full vase lotus in Sichuan became popular and there were a few examples in Dunhuang Grottoes, which were mostly used as the pedestals of Buddha statues with both fertility and decorative functions. In the Song, Yuan, Ming and Qing Dynasties the image of full vase lotus had been innovated and developed once again, full of vitality in a new era. The full vase lotus had actually become a kind of auspicious image, passing down through the ages in India and China.

印度花鸟嫁接式图像及其在中国的新发展

内容提要：印度创始的花鸟嫁接式图像，流行于笈多和后笈多时代，少许实例延续到帕拉时代甚至更晚。主要分布于佛教物质文化发达区域，还影响到印度教建筑，从中印度蔓延到东印度、西印度，并扩展到西南印度，乃至影响到塔里木盆地。印度花鸟嫁接式图像在发展过程中，又吸收了波斯萨珊朝联珠圈、鸟衔珠串艺术因素，并形成各个小区域特征。中国花鸟嫁接式图像出现于初唐高宗时期，武则天时期迄盛唐高度发展，唐两京地区成为中心发展区域，中晚唐、五代与辽宋早期延绵发展，发展地从中原扩展到周边区域。可以划分为三种类型，基本型沿袭了印度基本造型式样，迦陵频伽型形成于中国，此两种类型尾羽均可细分为卷浪形、波浪形、叶片形三种表现形式，三者依次出现且部分重叠发展，第三种枝叶构架型则是中国创造性发展，艺术创意臻于极致。中国花鸟嫁接式图像数量之众、发展程度之高，又非印度所能及。中印两国同源而不同流的花鸟嫁接式图像，沐浴着各自文化光辉绽放异彩，在装饰纹样史上留下永恒的印记。

笈多王朝不仅缔造了印度古典文化的黄金时代，而且为亚洲文化艺术繁荣注入勃然生机。笈多王朝创造的花鸟嫁接式图像，亦即鸟雀前身与缠枝蔓草后身嫁接合成的艺术造型，构思巧妙，绚丽多姿，书写了装饰纹样史上光辉一页，成为笈多时代与后笈多时代的标志性文化物象[1]，一直延续到帕拉时代乃至更晚[2]。初唐时期印度花鸟嫁接式图像传播到汉文化地区，中国借用传统凤凰图像加以改造和创新，形成具有大唐风韵的新样花鸟嫁接式图像，并盛行于武则天、盛唐时期，中晚唐延绵发展，进而影响到辽宋时期。

花鸟嫁接式图像，无论在印度还是中国都有一定数量遗存，因其与众不同的表现而令人记忆深刻。然而，学界以往只是笼统地视花鸟嫁接式图像为同时代装饰纹样的组成部分，没有作为特殊类型加以区别对待[3]，已而，长期以来无法了解这种图像在印度与中国的发展脉

---

① 笈多王朝（Gupta Dynasty，320—550年前后）在四、五世纪之际达到鼎盛，拥有南印度以外的印度大部分版图。后笈多时代（约550—750年前后）印度几乎处在四分五裂状态，其间只有戒日王建立的曷利沙王朝（Harsha Dynasty，612—647年）短暂统一印度北部大部分地区。

② 帕拉王朝（Pala Dynasty，约750—1199年）统治区域局限于印度东北部的比哈尔邦、孟加拉邦和奥利萨邦，曾于9世纪上半叶、11世纪上半叶两度强盛，那时拥有印度北部更多地区。

③ 日本学者安藤佳香在研究笈多式缠枝花卉过程中，顺便提及花鸟嫁接式图像（称之为"鸟化生"），但没有关注这种图像的发展过程，而且其人研究重心为印度和日本，少有留意中国此类图像。参见〔日〕安藤佳香：《佛教荘厳の研究：グプタ式唐草の東伝》，东京：中央公论美术出版，2003年。

络，以及其中蕴藏的各种文化信息。笔者基于多年来在佛教物质文化探索过程中积累的相关资料，运用考古类型学和美术史图像学方法，分别梳理印度与中国的花鸟嫁接式图像，试图厘清两者各自的发展脉络和文化内涵，并阐明两者间内在联系。

一、印度花鸟嫁接式图像

印度花鸟嫁接式图像伴随笈多系缠枝蔓草流行开来，从中印度向周围蔓延，各地造型和流行时间有所不同。其鸟雀或为林鸟，或为水鸟，形状各异。为了阐明其花鸟嫁接式图像的造型特征，要从笈多系缠枝蔓草纹样说起。

1. 笈多系缠枝蔓草纹样

缠枝花卉发达构成笈多时代装饰纹样的一大特征，主要包括缠枝莲花[①]、缠枝蔓草两大类，这里仅讨论与花鸟嫁接式图像直接关联的后者。缠枝蔓草以藤蔓状草本植物左右或上下起伏、前后延伸的枝茎为骨架，用结节处滋长的卷曲枝叶填充枝茎起伏形成的空间，通常表现在装饰带状空间。笈多系缠枝蔓草可以细分为繁缛稠密、简洁疏朗两种表现形式。

繁缛稠密型缠枝蔓草数量众多，北方邦瓦拉那西（Varānasī）为笈多雕刻艺术中心之一，似乎也是这种纹样的发源地。诸如鹿野苑（Sarnath）遗址丹麦克塔（Dhamekh Stupa）约5世纪表面装饰的缠枝蔓草（图一），在每个结节处向同侧滋长一束枝叶，朝同一方向翻卷，枝叶尾端生长花蕾或花朵，繁缛而茂盛。鹿野苑遗址出土约5世纪转法轮印佛陀像，头光刻画缠枝蔓草（图二）[②]，在枝茎的每个结节处分别向左右两侧滋长 "S" 形枝叶和两只花朵，"S" 形枝叶又分裂为无数云气形小叶片，层层叠叠，宛如翻卷的浪花。尔后，这种纹样传播到印度四面八方，并一直延续到伊斯兰化之前，如奥利萨邦乌达雅吉利（Udayagiri）遗址约9世纪佛堂门框浮雕缠枝蔓草（图三），系鹿野苑遗址丹麦克塔同类纹样的发展形式，枝叶变得更加稠密。

简洁疏朗型缠枝蔓草数量略少，多见于中印度

图一　北方邦鹿野苑遗址丹麦克塔及其局部约5世纪浮雕

---

① 笈多系缠枝莲花纹样早于缠枝蔓草纹样传入中国，海路为主要传播途径，于南北朝晚期、隋代盛行一时。

② 鹿野苑考古博物馆藏。〔日〕肥塚隆、宫治昭：《世界美术大全集·東洋編·第13卷·インド（1）》，东京：小学馆，2000年，图版163。

图二　北方邦鹿野苑遗址出土约5世纪转法轮印佛陀像及其局部
［出自《世界美術大全集·東洋編·第13卷·インド（1）》图版163］

图三　奥利萨邦乌达雅吉利遗址
约9世纪佛堂门框浮雕

和西印度约后笈多时代雕刻。诸如印度北方邦德里附近苏尔坦伽希（Sultangarhi）出土约6世纪建筑横梁浮雕花鸟嫁接式图像（图四），尾羽采用缠枝蔓草形式表现，在每个结节处向同侧滋长二三条枝叶，朝同一方向翻卷，线条舒展大方。马哈拉施特拉邦6世纪前后阿旃陀（Ajanta）1号窟前廊后壁浮雕缠枝蔓草（图五），结节处滋长多条枝叶向同侧卷曲，相对于前者线条变得紧实，西印度其他石窟也见有类似表现。地处中亚的阿富汗巴米扬石窟（Bamiyan Caves），70号窟约8世纪三叶形龛楣泥塑缠枝蔓草（图六）[①]，即是印度舒朗型蔓草的变体，反映了笈多纹样向中亚传播的情况。

图四　北方邦德里附近苏尔坦伽希出土约6世纪建筑横梁浮雕

　　繁缛稠密型与简洁疏朗型缠枝蔓草并行发展，出现在佛教、印度教及耆那教浮雕之中，也见于阿旃陀石窟壁画。印度公元前后已经流行两种动物嫁接式图像，以及夜叉肚脐长出缠枝花卉图像，尤其后者打破动植物间生命界限，强调两者共有的生殖繁衍功能，以此表述人

---

① 〔日〕樋口隆康：《バーミヤーン：京都大学中央アジア学術調査報告》（第1卷），京都：同朋舍，1983年，图版5。

图五　马哈拉施特拉邦约
6世纪阿旃陀1号窟前廊浮雕

图六　巴米扬70号窟龛楣约8世纪泥塑缠枝蔓草
（出自《バーミヤーン：京都大学中央アジア学術調査報告》第1卷图版5）

们希冀丰饶多产的生活观念。推测基于这样的造型传统和观念，笈多时代创造出鸟雀（另有摩羯鱼、夜叉）与缠枝蔓草嫁接式图像，进一步丰富了古印度装饰纹样体系。

印度花鸟嫁接式图像创始于笈多时代中印度，之后随着佛教物质文化扩散到东印度、西印度与西南印度等地，乃至翻越喀喇昆仑山抵达西域于阗。

2. 中印度花鸟嫁接式图像

另一个笈多雕刻艺术中心北方邦秣菟罗（Mathura），秣菟罗考古博物馆藏贾马尔普尔（Jamalpur）出土约5世纪佛像（图七），在头光上方浮雕一对花鸟嫁接式图像，头光两侧各浮雕一幅花鸟嫁接式图像。该图像前身作鸟雀形，后身两翼、尾羽以及头翎作数条蔓草状表现，自由翻卷，没有一定的方向性，仿佛肆意翻卷的浪花。头光上方两鸟雀口衔葡萄枝串，隔中间莲花相向飞来，头光两侧鸟雀口衔枝叶，回首反顾，鸟雀姿态因表现部位不同而灵活多变。秣菟罗博物馆另有一件残存上半身和头光的佛像，造像形式及风格与上述贾马尔普尔出土实例近乎相同，头光上刻画的两对花鸟嫁接式图像与前者比较也别无二致。这是所知笈多时代中印度仅有实例，示意秣菟罗可能就是花鸟嫁接式图像创始地。

口衔葡萄枝串表现，可能由来于印度公元前后的造型传统。如中央邦约1世纪桑奇大塔（Sanchi Stupa 1）东门里面横梁浮雕鸟雀口衔葡萄枝串（图八），以及该塔南门外面横梁浮雕鸟雀口衔葡萄枝串表现，与上述秣菟罗鸟雀图像表现大体相同。

花鸟嫁接式图像打破动植物界限，集聚鲜活动物与多彩植物双重特性于一体，这种想象的、超现实的艺术创造，赋予装饰纹样全新发展空间，为印度乃至亚洲装饰艺术带来生机。

值得注意的是，上述笈多朝鹿野苑佛像、秣菟罗佛像圆形头光外围，均刻画一周小圆珠

图八　中央邦约1世纪桑奇大塔东门里面横梁浮雕

纹，这种表现不见于此前贵霜朝佛像，应为波斯萨珊朝艺术影响的结果。

3. 东印度花鸟嫁接式图像

东印度花鸟嫁接式图像在后笈多及以降一段时间获得发展。比哈尔邦菩提伽耶塔建造于6世纪前后，19世纪大规模修缮，基坛部位保存推测为原初浮雕。其一，一对鸟雀以中间花卉为间隔，各自回首反顾，尾羽分段长出卷曲蔓草，与鸟身连成"S"形，蔓草形象写实，显示其带有早期性（图九）。其二，二鸟雀相向而立，分别口衔一条珠串的各端，尾羽长出一束恣意卷曲、延展的蔓草，造型洒脱自然（图一〇），与前例并列表现

图七　秣菟罗考古博物馆藏北方邦秣菟罗贾马尔普尔出土约5世纪佛像及其局部

图九　比哈尔邦菩提伽耶塔基坛约6世纪浮雕之一

图一〇　比哈尔邦菩提伽耶塔基坛约6世纪浮雕之二

且风格一致，应为同时期雕刻。这两组图像作为尾羽表现的蔓草具体、形象，难以找到造型相近的实例。

奥里萨邦拉特纳吉利（Ratnagiri）、乌达雅吉利（Udayagiri）佛寺遗址，见有宝马伽罗王朝（Bhaumakara Period，8—10世纪中叶）9世纪前后浮雕花鸟嫁接式图像。拉特纳吉利建筑构件浮雕二鸟雀相向而立，分别口衔一束珠串的各端，珠串垂下中间部位坠花饰，形似项链，尾羽长出若干束繁缛稠密蔓草，似层层波浪（图一一）。乌达雅吉利佛寺遗址石塔龛楣浮雕，二鸟雀在小塔两侧相向而立，分别口衔一条珠串的两端，尾羽长出波形伸展的繁缛稠密蔓草（图一二）。此二实例鸟雀均颈部系带，并在颈后连缀圆形饰物，说明具有同样的造型设计。作为尾羽表现的蔓草，与前述当地缠枝蔓草一样，相对于中印度笈多时代变得繁缛而稠密，缺少流动感，可能反映了当地造型面貌。上述实例鸟雀多口衔珠串，成为东印度花鸟嫁接式图像的显著特征。

图一一　奥里萨邦拉特纳吉利佛寺遗址约9世纪建筑构件浮雕

鸟雀口衔珠串作法不同于口衔花果自然行为，而是艺术设计行为，这种表现也不是印度固有传统，应来自波斯萨珊王朝文化。在萨珊王朝文化及其影响下的遗存中，鸟雀口衔珠串表现见于多种载体，成为一般化艺术造型。诸如艾尔米塔什博物馆藏萨珊王朝后期鎏金银盘（图一三），里面中间圆圈之中鸟雀口衔珠串，珠串下段连缀花饰，上端系绶带。巴米扬7世纪前后167号窟壁画联珠图像（图一四）[1]，二鸟雀相背而立，回首反顾，分别口衔一条珠串的各端，其中一者颈部系绶带。绶带普遍流行于萨珊朝摩崖浮雕君权神授图像，以及各种生活场景图像之中，是当时代表权力和吉祥的物象。毋庸讳言，上述东印度鸟雀口衔珠串和颈部系带表现，应该来自波斯萨珊文化影响。

4. 西印度花鸟嫁接式图像

西印度花鸟嫁接式图像主要集中在马哈拉施特拉邦阿旃陀石窟五、六世纪开凿的后期洞

---

① 喀布尔博物馆藏。〔日〕樋口隆康：《バーミヤーン：京都大学中央アジア学術調査報告》（第1卷），京都：同朋舍，1983年，图版43-1。

图一三　艾尔米塔什博物馆藏波斯萨珊王朝后期鎏金银盘局部

图一二　奥里萨邦乌达雅吉利佛寺遗址约9世纪小塔及其局部

图一四　阿富汗巴米扬约7世纪167号窟壁画联珠图像
（出自《バーミヤーン：京都大学中央アジア学術調査報告》
第1卷图版43-1）

窟。阿旃陀1号窟前廊檐壁浮雕若干对花鸟嫁接式图像（图一五），两只鸟雀相向而立，或完全对称，或姿态各异，作为尾羽和头翎表现的蔓草卷成漩涡形，蔓草形态比较接近前述鹿野苑遗址出土约5世纪转法轮印佛像背光纹样，表明两地文化存在有机联系。阿旃陀21号窟、22号窟柱头侧面半圆形区间，中心浮雕花鸟嫁接式图像（图一六），造型与前述阿旃陀1号窟花鸟嫁接式图像一致。该图像外围两圈联珠纹样之间刻画双层复瓣莲花，莲花为印度固有传统表现，联珠纹应由来于波斯萨珊造型因素。

　　阿旃陀1号窟天井壁画后笈多时代花鸟嫁接式图像（图一七），采用晕染法描绘，鸟雀头翎、尾羽表现为缠枝蔓草形式，像飞溅浪花般洒脱自如，鸟雀口衔枝叶，造型意向宛如上述秣菟罗Jamalpur出土佛像。

图一五　马哈拉施特拉邦阿旃陀约6世纪1号窟前廊浮雕

图一七　马哈拉施特拉邦阿旃陀约6世纪1号窟天井壁画局部

图一六　马哈拉施特拉邦阿旃陀约6世纪22号
窟立柱及其局部

　　阿旃陀17号窟列柱侧面绘制诸多联珠纹样（图一八），外围借用了萨珊文化联珠圈，圈内表现印度传统的各种物象。再者，阿旃陀1号窟天井壁画波斯人画面（图一九），一组6人，中间似王者端坐宝座上，手举长杯，系典型波斯生活持物，周围5人或立或坐围绕王者，6人头戴毡帽，帽后系宝缯，为典型波斯人装束。这是波斯文化影响印度的可靠依据。

　　5. 西南印度花鸟嫁接式图像

　　西南印度卡纳塔克邦巴达米石窟（Badami Caves）1—3号印度教洞窟，开凿于西遮娄其王朝（Western Calukya Period，6世纪下半叶—8世纪上半叶）早期。巴达米2号窟、3号窟柱头侧面圆形区间，中心浮雕花鸟嫁接式图像（图二〇），鸟雀形体瘦削，头翎、尾羽像翻卷的细碎浪花，简洁疏朗，外围装饰一圈联珠纹。就阿旃陀石窟、巴达米石窟柱头花鸟嫁接式图像采用半圆形或圆形区间构图，以及使用联珠纹装饰外围的表现形式来说，表明二者有着内在联系，应是后者吸收了前者基本造型因素。巴达米2号窟柱头浮雕（图二一），鸟雀作3/4侧身表现，口衔珠串，两翼左右张开，尾羽似上下翻卷的细碎浪花。巴达米1号窟前廊天井浮雕花鸟嫁接式图像（图二二），两支鸟雀头部交叠构图，巧妙地利用了角隅空间。

图一八　马哈拉施特拉邦阿旃陀约6世纪17号窟列柱壁画

图一九　马哈拉施特拉邦阿旃陀约6世纪1号窟天井壁画局部

图二〇　卡纳塔克邦巴达米6世纪下半叶2号窟立柱之一及其局部

图二一　卡纳塔克邦巴达米
6世纪下半叶2号窟立柱之二柱头浮雕

图二二　卡纳塔克邦巴达米6世纪下半叶1号窟前廊天井浮雕局部

　　卡纳塔克邦帕塔达卡尔寺庙（Pattadakal Temple）为西遮娄其王朝晚期印度教遗迹，约建造于8世纪上半叶，祠堂外壁龛门上浮雕花鸟嫁接式图像（图二三），两只鸟雀相对啄食花蕊，作为尾羽表现的缠枝蔓草顺柱头垂下，就像翻卷的细碎波浪。上述实例鸟雀形体瘦削，作为头翎、两翼、尾羽表现的蔓草像细碎浪花，形成西南印度特征。

图二三　卡纳塔克邦帕塔达卡尔8世纪上半叶寺庙祠堂浮雕

　　卡纳塔克邦亨比遗迹（Hampy Site）印度教寺庙，建造于维查耶那加尔王朝（Vijayanagar Empire，14世纪中叶—16世纪中叶）。柱面方形区间浮雕花鸟嫁接式图像（图二四、图二五），为此类图像中时间最晚的实例，依然保持着花鸟嫁接式图像的基本特征，此二实例不再表现在圆形区间之中，画面扩大且主体性增强，躯体表现为沉重的鸭形，有别于以往的飞行类鸟雀，作为尾羽表现的缠枝蔓草变得粗壮且抽象。造型明显有别于当地6—8世纪巴达米石窟、帕塔达卡尔寺庙花鸟嫁接式图像，头翎与尾羽的细碎浪花式表现则保留着当地以往特征。此二鸟雀口衔花枝表现，应是鸟雀真实情态的再现。

图二四　卡纳塔克邦亨比约15世纪寺庙立柱
之一及其局部

图二五　卡纳塔克邦亨比约15世纪寺庙立柱
之二及其局部

6. 关联的于阗花鸟嫁接式图像

20世纪初叶，日本大谷探险队在新疆和田采集一块6世纪前后陶制建筑构件，浮雕着花鸟嫁接式图像（图二六），就鸟雀所在部位推测当初可能成对表现。鸟雀两翼和尾羽表现为三条缠枝蔓草，蔓草呈"S"形延伸，结节处滋生二、三卷曲叶片，头翎亦作卷草状。作为尾羽表现的三条缠枝蔓草卷曲方向各异，仿佛没有特定规律的波浪一样，造型意象类似于前述秣菟罗Jamalpur出土佛像花鸟嫁接式图像，属于印度笈多造型系统。于阗皮亚勒玛（Pialma）遗址出土泥塑浮雕花鸟嫁接式图像[1]，造型与前例相近，应直接受到印度方面影响。

以上可见，印度创始的花鸟嫁接式图像，流行于笈多和后笈多时代，少许实例延续到帕拉时代甚至更晚。主要分布于佛教物质文化发达区域，还影响到印度教建筑，从中印度蔓延到东印度、西印度，并扩展到西南印度，乃至影响到塔里木盆地。印度花鸟嫁接式图像在发展过程中，又吸收了波斯萨珊朝联珠圈、鸟衔珠串艺术因素，并形成各个小区域特征。

图二六　东京国立博物馆藏和田出土
约6世纪陶制建筑构件浮雕
（来自东京国立博物馆网站）

二、中国花鸟嫁接式图像

初唐时期连同笈多系缠枝蔓草一起，花鸟嫁接式图像传入汉文化地区，初盛唐时期以西京长安为中心的关中地区盛行一时，中晚唐、五代至辽宋早期波及长江、辽河流域及河西走廊。中国花鸟嫁接式图像在印度造型基础上走向独立发展道路，推陈出新乃至创造出全新造型，具体可以划分为基本型、枝叶构架型和迦陵频伽型三种形态。

1. 笈多系缠枝卷草纹样在中国的流行

中国流行的笈多系缠枝蔓草与印度对应，亦可分为繁缛稠密、简洁疏朗两种形式，长期并行发展，其中繁缛稠密型成为流行形式。缠枝主茎呈"S"形曲折往复地延伸，在等距的前一结节处长出支茎向左右方卷曲，后一结节处长出支茎向右后方卷曲，各实例基本遵循这种排列规律。

繁缛稠密型缠枝蔓草主要见于关中地区唐代遗存，又多出现在葬具之中，前后风格有所不同。初唐实例如陕西礼泉烟霞镇唐总章三年（670）李勣墓志盖（图二七）[2]、礼泉烟霞镇西周村唐上元二年（675）阿史那忠墓志底（图二八）[3]、咸阳杨陵区家和园武周万岁登封元年（696）沙州刺史李无亏墓石门框（图二九）[4]，支茎叶片像密集云朵一样充塞其间，叶片之间界限清晰、历历在目。盛中唐实例如蒲城三合村唐开元二十九年（741）让皇帝李宪墓石

① Gerd Gropp, Archaologische Funde aus Khotan Chnesisch-Ostturkestan, Bremen:Verlag Friedrich Rover，1974，p.243.

② 李勣卒于唐总章二年（669），总章三年（670）陪葬昭陵，1971年发掘。昭陵博物馆：《昭陵墓志纹饰图案》，文物出版社，2015年，拓片24-1。

③ 阿史那忠唐上元二年（675）卒于洛阳，同年迁葬昭陵，1972年发掘。陕西省文物管理委员会、礼泉县昭陵文管所：《唐阿史那忠发掘简报》，《考古》1977年第2期；昭陵博物馆：《昭陵墓志纹饰图案》，文物出版社，2015年，拓片30-2。

④ 李无亏武周延载元年（694）卒于沙州，武周万岁登封元年（696）葬于咸阳杨陵，2002年发掘。王团战：《大周沙州刺史李无亏墓及征集到的三方唐代墓志》，《考古与文物》2004年第1期。

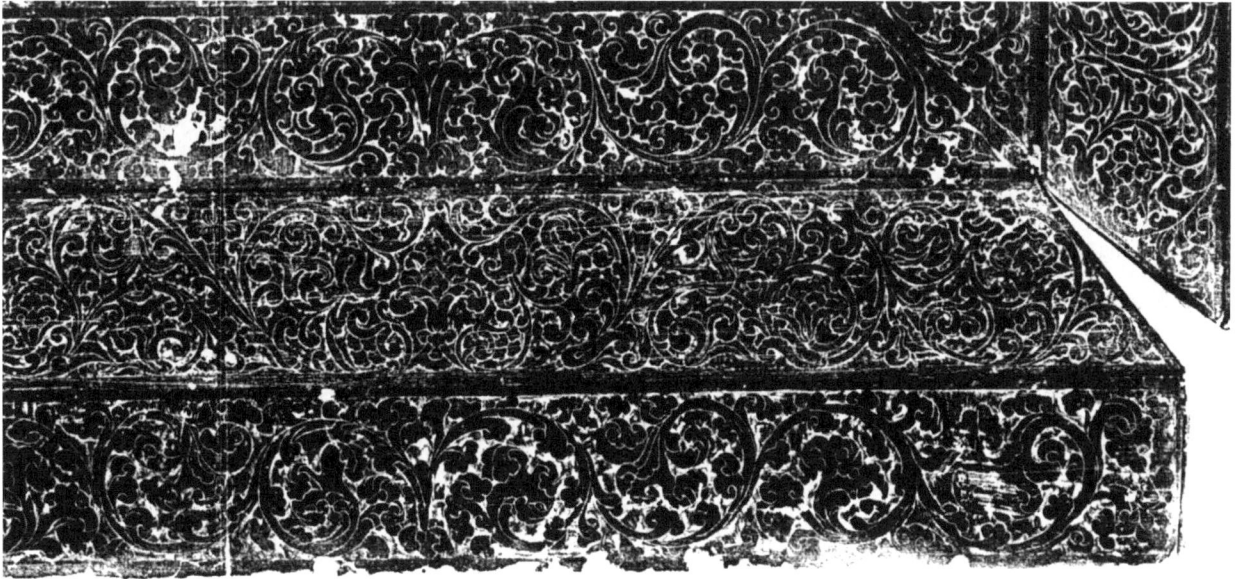

图二七　礼泉烟霞镇唐总章三年（670）李勣墓志盖局部拓本
（出自《昭陵墓志纹饰图案》拓片24-1）

图二八　礼泉烟霞镇西周村唐上元二年（675）阿史那忠墓志底局部拓本
（出自《昭陵墓志纹饰图案》拓片30-2）

图二九　咸阳杨陵区家和园武周万岁登封元年（696）沙州刺史李无亏墓石门框局部拓本

榑立柱（图三〇）[①]，三原唐德宗李适崇陵华表装饰（图三一）[②]，支茎叶片像恣意绽放的花朵填充其间，层层叠叠、几无间隙。

　　简洁疏朗型缠枝蔓草主要见于关中地区、四川盆地及龟兹地区唐代遗存，既有葬具也有石窟浮雕。如陕西礼泉烟霞镇新村唐显庆四年（659）尉迟敬德墓志盖（图三二）[③]、四川仁寿白银罐石窟唐至德元载（756）造像龛（图三三）、眉山法宝寺中唐万菩萨像龛（图三四），支茎尾端长出写实花朵，或滋长几个叶片同向卷曲。此外，库车库木吐喇约8世纪16号窟主室北壁壁画观无量寿经变（图三五）[④]，边缘装饰缠枝蔓草接近汉地舒朗形式，连同观无量寿经变题材一起考虑，推测是唐文化西传带来的造型因素。

图三〇　蒲城三合村唐开元
二十九年（741）让皇帝李宪墓石
榑立柱局部线图
（出自《唐李宪墓发掘报告》图195）

图三一　三原唐德宗李适崇陵
华表局部线描图
（出自《中国历代装饰纹样·3·魏晋
南北朝隋唐五代宋》169页插图）

图三二　陕西礼泉烟霞镇新村唐显庆四年（659）尉迟敬德墓志盖局部拓本
（出自《昭陵墓志纹饰图案》拓片15-1）

---

① 李宪为唐睿宗李旦长子，唐开元二十九年（741）亡殁，墓号惠陵，2000年发掘。陕西省考古研究所：《唐李宪墓发掘报告》，科学出版社，2005年，图195。

② 吴山：《中国历代装饰纹样·3·魏晋南北朝隋唐五代宋》，人民美术出版社，1988年，169页图像。

③ 尉迟敬德卒于唐显庆三年（658），显庆四年（659）陪葬昭陵，1971年发掘。昭陵文物管理所：《唐尉迟敬德墓发掘简报》，《文物》1978年第5期；昭陵博物馆：《昭陵墓志纹饰图案》，文物出版社，2015年，拓片15-1。

④ 新疆维吾尔自治区文物管理委员会、库车县文物保管所、北京大学考古系：《中国石窟·库木吐喇石窟》，文物出版社，1992年，图版193。

图三三　四川仁寿白银罐石窟唐至德元载
（756）造像龛边框局部浮雕

图三四　眉山法宝寺中唐万菩萨像龛边框局部浮雕

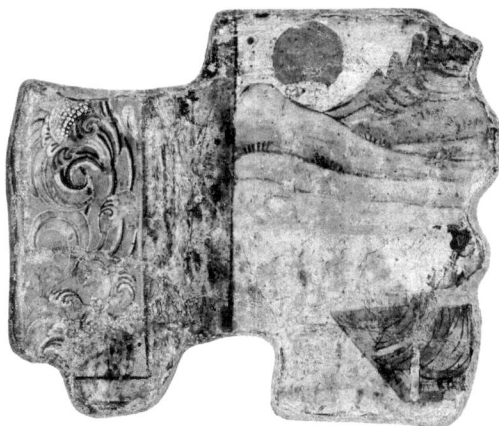

图三五　库车库木吐喇16号窟壁画
观无量寿经变局部
（出自《中国石窟·库木吐喇石窟》图版193）

上述刻画笈多系缠枝蔓草实例多出自关中地区石刻葬具，采用减地平雕附加线刻方式表现，墓主属于皇室成员或高级勋贵，应是官府作坊基于相近粉本设计制作。初唐太宗时期赴印求法僧玄奘回国，外交使节王玄策第一、二次出使印度，高宗武则天时期王玄策第三、四次出使印度，又有赴印求法僧义净归国。无论求法僧还是使节，返国终点都是两京，已而在两京尤其西京长安所在关中地区，率先出现并流行笈多系缠枝蔓草，也就自然而然了。

2. 基本型花鸟嫁接式图像

基本型即鸟雀前身与缠枝蔓草尾羽的组合表现，沿袭了印度同种造型特征，系中国花鸟嫁接式图像中普遍流行形式。具体表现又有所不同，可以细分为卷浪形尾羽、波浪形尾羽、叶片形尾羽三种形式。

（1）卷浪形尾羽花鸟嫁接式图像

这种花鸟嫁接式图像，作为尾羽表现的缠枝蔓草向后上方卷曲成半圆形，内向圆弧一侧蔓草成浪花形态。根据载体差异可以分为三组。

第一组，刻画在墓葬石刻门楣上。见于关中地区礼泉昭陵唐龙朔三年（663）新城长公主墓石门楣（图三六）[①]、咸阳杨陵区家和园武周万岁登封元年（696）沙州刺史李无亏墓石门楣（图三七）、蒲城桥陵村唐开元十二年（724）惠庄太子李㧑墓石门楣（图三八）[②]，均采用减地平雕附加线刻方式表现，艺术风格基本一致。不同之处在于前者作为尾羽表现的缠枝蔓草比较分散，形成三个半圆弧形，鸟雀接近传统凤凰造型，反映了印度笈多系缠

---

① 新城长公主系唐太宗李世民第21女，唐龙朔三年（663）亡殁，以皇后礼节葬于昭陵之旁，1995年发掘。陕西省考古研究所、陕西历史博物馆、礼泉县昭陵博物馆：《唐新城长公主墓发掘报告》，科学出版社，2004年，图94-1。

② 李㧑系唐睿宗次子，唐开元十二年（724）亡殁，陪葬唐睿宗李旦桥陵，1995年发掘。陕西省考古研究所：《唐惠庄太子李㧑墓发掘报告》，科学出版社，2004年，图23。

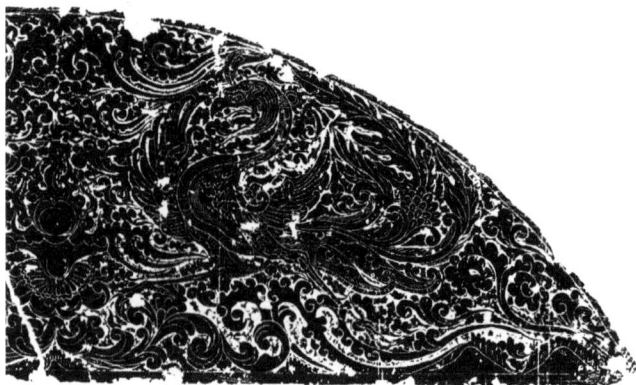

图三六　礼泉昭陵唐龙朔三年（663）
新城长公主墓石门楣局部拓本
（出自《唐新城长公主墓发掘报告》图94-1）

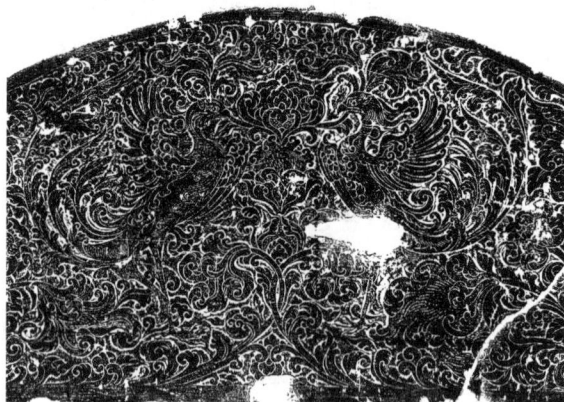

图三七　咸阳杨陵区家和园武周万岁登封元年
（696）沙州刺史李无亏墓石门楣局部拓本

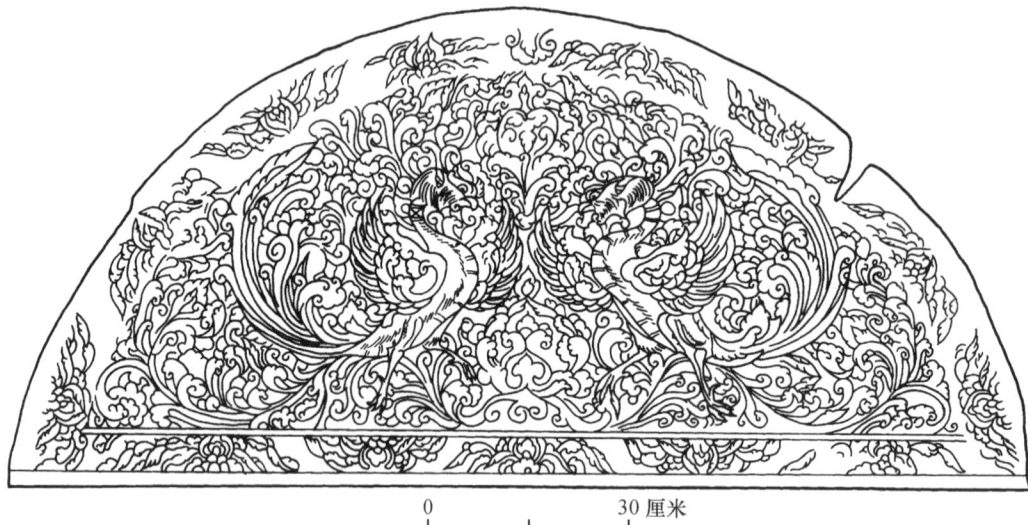

0　　　　　　　　30厘米

图三八　蒲城桥陵村唐开元十二年（724）惠庄太子李㧑墓石门楣线图
（出自《唐惠庄太子李㧑墓发掘报告》图23）

枝蔓草与中国凤凰嫁接的原始形态。后二者尾羽之缠枝蔓草紧密相连，卷曲成半圆形，成为中国流行的典型式样。上述葬具之所以能够采用当时输入的装饰纹样，与这些墓主拥有皇室成员或勋臣身份不无关系。

　　第二组，用作铜镜主题纹样。主要见于约武周至盛唐八瓣或六瓣葵花形铜镜，如私人收藏唐代铜镜之一（图三九）[1]、西安高楼村14号唐墓出土铜镜（图四〇）[2]、私人收藏唐代铜

①　狄秀斌藏。浙江省博物馆：《古镜今照：中国铜镜研究会成员藏镜精粹》，文物出版社，2012年，图版209。

②　陕西历史博物馆藏。杭德州、唐金裕、程守申等：《西安高楼村唐代墓葬清理简报》，《文物参考资料》1955年第7期。

图三九　私人收藏唐代铜镜之一
（出自《古镜今照：中国铜镜研究会成员藏镜精粹》图版209）

图四〇　西安高楼村14号唐墓出土铜镜

图四一　私人收藏唐代铜镜之二
（出自《唐代铜镜与唐诗》图版54）

镜之二（图四一）[①]，另有洛阳博物馆、河南博物院收藏铜镜等，此诸铜镜外形及主题花鸟嫁接式图像表现几乎一致，作为尾羽表现的缠枝蔓草向后上方呈漩涡形卷曲成半圆形，与上组武周至盛唐墓石门楣图像表现几无二致。无论单鸟、对鸟都以镜纽为中心构图，对鸟口衔绶带或花枝，画面布置疏密有致，应该出自官府手工业作坊。

第三组，用于其他工艺品图案。载体多样，诸如正仓院藏武周至盛唐彩绘箱（图四二）[②]、正仓院藏武周至盛唐刺绣（图四三）[③]、西安东郊郭家滩出土武周至盛唐黄金饰品（图四四）[④]，这些实例花鸟嫁接式图像尾羽都是典型的漩涡形缠枝蔓草。

前二者为日本遣唐使带回的唐代物品，其后由光明皇后奉献给东大寺[⑤]，大概来自西京长安，

① 李经谋藏。王纲怀、孙克让：《唐代铜镜与唐诗》，上海古籍出版社，2007年，图版54。
② 正仓院事务所：《正倉院宝物・南倉》（增补改订），东京：朝日新闻社，1989年，图版73。
③ 正仓院事务所：《正倉院宝物・南倉》（增补改订），东京：朝日新闻社，1989年，图版167。
④ 西安博物院藏。东京国立博物馆：《宫廷の栄華：唐の女帝・则天武后とその時代展》，东京：NHK、NHKプロモーション出版，1998年，图版47-2。
⑤ 正仓院为奈良时代（710—794）东大寺的仓库。奈良天平胜宝八年（756），光明皇后将已故圣武天皇当年的爱物630余件，捐献给天皇当年建造的东大寺本尊卢舍那佛，随后安置在正仓院中，其后又五次奉献。

关中黄金饰品则是当时权势人物所有。上述情况表明，武周至盛唐时期花鸟嫁接式图像，用于葬具、铜镜等多种手工艺品的装饰纹样，这些手工艺品使用对象基本限于贵族阶层，或用作邦交礼物。

这种卷浪形尾羽花鸟嫁接式图像又影响到汉文化以外地区。诸如，新疆吐木舒克Toqquz-sarai大寺院遗址B地点出土柱子泥塑断片（图四五）[1]，在联珠圆圈内表现鸟雀口衔绶带，作为尾羽表现的缠枝蔓草向后上方卷曲成半圆形，与汉地同类图像造型近乎相同，应为七、八世纪安西都护府时期的遗物。然而，在中原北方尚且没有发现表现在联珠圈内的花鸟嫁接式图像，推测该造型同时吸收了唐鸟雀和波斯萨珊联珠圈因素。日本奈良出土约8世纪

图四二 正仓院藏武周至盛唐彩绘箱
［出自《正倉院宝物·南倉》（增補改訂）图版73］

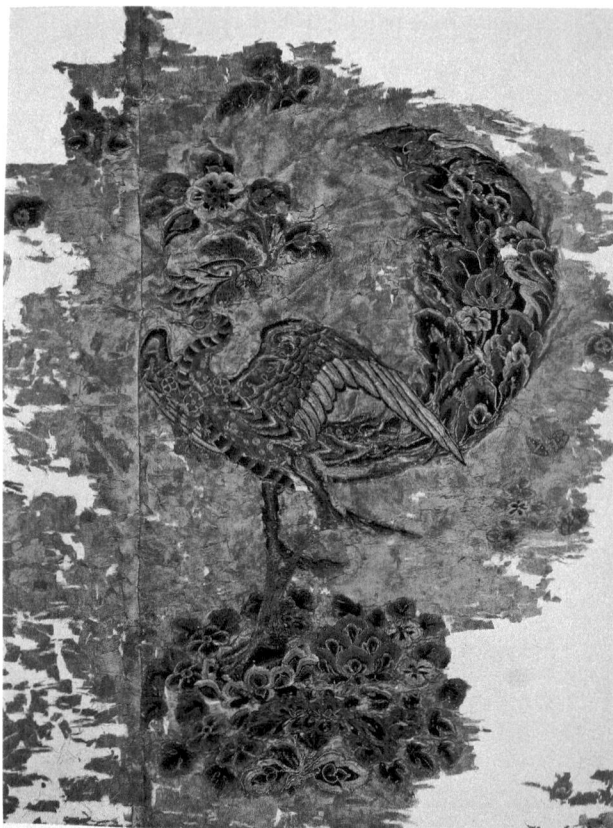

图四三 正仓院藏武周至盛唐花鸟纹刺绣
［出自《正倉院宝物·南倉》（增補改訂）图版167］

图四四 西安东郊郭家滩出土武周
至盛唐黄金饰品
（出自《宫廷の栄華: 唐の女帝·則天武
后とその時代展》图版47-2）

---

[1] 集美博物馆藏。

上半叶铺地砖浮雕花鸟嫁接式图像（图四六）①，造型无异于关中地区武周至盛唐同类表现，这是唐文化向日本传播的典型例证。

图四五　吐木舒克Toqquz-sarai
大寺院遗址B地点出土柱子泥塑断片

图四六　奈良出土约8世纪上半叶铺地砖
（出自《西遊記のシルクロード・三蔵法師の道》图版168）

　　上述花鸟嫁接式图像形体接近传统凤凰之形，表明印度同类图像传入汉地便中国化了。邓州南朝墓画像砖浮雕王子乔吹笙引凤图像（图四七）②，刻画一只纤秀的凤凰口衔花枝乘风而来，是典型秀骨清像审美思想影响下的产物，其凤凰与唐代花鸟嫁接式图像之鸟雀形体基本一致，尾羽作半圆形翻卷，但还不是缠枝蔓草。基本可以确认，唐代花鸟嫁接式图像，是在传入汉地的印度花鸟嫁接式图像形式和意趣影响下，将中国传统凤凰图像与笈多系缠枝蔓草结合的结果，似乎没有直接借用印度固有的图像粉本。唐代咏镜诗也明确提及镜背镂画双凤事情③，说明当时人们确实以凤凰形体表现花鸟嫁接式图像。该画像砖凤凰口衔花枝作法似乎是在中国独立产生的，还见于太原北齐武

图四七　邓州南朝墓画像砖浮雕王子乔吹笙引凤图像

---

① 奈良南法华寺藏。《西遊記のシルクロード・三蔵法師の道》，东京：朝日新闻社，1999年，图版168。

② 中国国家博物馆藏。河南省文化局文物工作队：《邓县彩色画象砖墓》，文物出版社，1958年。该墓出土另一块画像砖浮雕相近鸟雀图像，榜题"凤凰"，见《邓县彩色画象砖墓》图39。

③ 中晚唐诗人王建：《老妇叹镜》诗："嫁时明镜老犹在，黄金镂画双凤背，忆昔咸阳初买来，灯前自绣芙蓉带"。（《全唐诗》卷298之16，上海古籍出版社，1986年）

平二年（571）徐显秀墓石门①，这种表现可能成为初唐鸟雀口衔花枝造型的前身。

（2）波浪形尾羽花鸟嫁接式图像

这种花鸟嫁接式图像，作为尾羽表现的缠枝蔓草仿佛上下翻卷的波浪，流行于中原北方盛唐至五代时期。都兰热水1号吐谷浑大墓出土七、八世纪之际镂雕铜板（图四八）②，作为尾羽表现的蔓草形态接近植物，依然卷曲成半圆形，与上述实例不同的是蔓草刻画成向两侧翻卷的波浪形，显现新的创作意向。历城神通寺约盛唐石刻造像台座（图四九）、万荣皇甫村唐开元九年（721）驸马都尉薛儆墓石门楣（图五〇）③，尾羽形态介乎羽毛与蔓草之间，伸展自如、洒脱，极尽造型之美。洛阳龙门奉先寺北岗唐开元二十四年（736）大智（义福）禅师

图四八　都兰热水1号吐谷浑大墓
出土七、八世纪之际镂雕铜板

图四九　历城神通寺约盛唐石刻造像台座
（齐庆媛摄）

图五〇　万荣皇甫村唐开元九年（721）驸马都尉薛儆墓石门楣线图与拓本
（出自《唐代薛儆墓发掘报告》图23、图版14-2）

① 徐显秀北齐武平二年（571）卒于晋阳（今太原），同年入葬。山西省考古研究所、太原市文物考古研究所：《太原北齐徐显秀墓发掘简报》，《文物》2003年第10期。

② 青海省文物考古研究所藏。仝涛：《青海都兰热水一号大墓的形制、年代及墓主人身份探讨》，《考古学报》2012年4期。

③ 薛儆系唐睿宗李旦第八女之婿，卒于唐开元八年（720），开元九年（721）入葬，1994年发掘。山西省考古研究所：《唐代薛儆墓发掘报告》，科学出版社，2000年，图23、图版14-2。

碑（图五一）^①、偃师杏园2443号唐会昌三年（843）贺州刺史李郃墓出土铜镜（图五二）^②、敦煌莫高窟晚唐第196号窟背屏壁画身光（图五三）^③，作为尾羽表现的蔓草呈团状波浪形，显得有些滞涩粗拙。

图五一　洛阳龙门奉先寺北岗唐开元
二十四年（736）大智（义福）禅师碑侧面局部拓本
（出自《西安碑林名碑精粹：大智禅师碑》6页图像）

图五二　偃师杏园2443号唐会昌
三年（843）贺州刺史李郃墓出土铜镜拓本
（出自《偃师杏园唐墓》215页图206）

图五三　敦煌莫高窟晚唐第196号窟背屏壁画身光局部
［出自《敦煌石窟艺术·莫高窟第八五窟附一九六窟（晚唐）》图版100］

---

① 大智禅师唐开元二十四年（736）圆寂，碑铭云"迁神于龙门奉先寺之北冈"，由知碑石原在洛阳龙门。西安碑林博物馆藏。赵力光：《西安碑林名碑精粹：大智禅师碑》，上海古籍出版社，2012年，6页图像。

② 中国社会科学院考古研究所：《偃师杏园唐墓》，科学出版社，2001年，图206。

③ 梅林：《敦煌石窟艺术·莫高窟第八五窟附一九六窟（晚唐）》，江苏美术出版社，1998年，图版100。

（3）叶片形尾羽花鸟嫁接式图像

这种花鸟嫁接式图像，作为尾羽表现的缠枝蔓草或呈现为依次叠压的叶片，或在一条枝茎两侧生出小叶片。

敦煌莫高窟五代61号窟天井边饰壁画（图五四）[1]，鸟雀口衔蝴蝶结绳索上端，下端坠花饰，尾羽依次叠压的植物叶片形象写实，尽管保持着近半圆形特征，却呈现不同于前述卷浪形式。成都前蜀光天元年（918）国王王建墓出土外重宝盝盖（图五五）[2]、科尔沁左翼后旗吐尔基山辽墓出土鎏金银壶（图五六）[3]、阿鲁科尔沁旗辽会同四年（941）耶律羽

图五四　敦煌莫高窟五代61号窟天井边饰壁画局部
［出自《敦煌石窟艺术·莫高窟第六一窟（五代）》图版4］

图五五　成都前蜀光天元年（918）王建墓出土外重宝盝盖银平脱线图
（出自《前蜀王建墓发掘报告》图73）

① 赵声良：《敦煌石窟艺术·莫高窟第六一窟（五代）》，江苏美术出版社，1995年，图版4。

② 前蜀国王王建薨于光天元年（918），同年葬于成都，1942年发掘。中国社会科学院考古研究所编辑、冯汉骥撰：《前蜀王建墓发掘报告》，文物出版社，1964年，73页图73。

③ 2003年出土，内蒙古自治区文物考古研究所藏。高延青：《内蒙古珍宝·金银器》，内蒙古大学出版社，2007年，图版155。

之墓出土錾刻鎏金银盘（图五七）、赤峰松山区辽应历九年（959）赠卫国王驸马墓出土鎏
金银缨罩[①]、定州静志寺北宋太平兴国二年（977）塔基地宫出土银戒指（图五八），尾羽
依次叠压的叶片像羽毛，又像植物叶片，舒展自如，这些实例涉及相近时间范围内南北中
国多个朝代，面貌却惊人的相似，表明各地文化交流没有受到国界的制约。巴林右旗辽代
铜镜（图五九）[②]，作为尾羽表现的枝茎两侧长出形象的小叶片，与花枝无异，呈现另一种

图五六　科尔沁左翼后旗吐尔基山辽墓出土鎏金银壶及其局部
（出自《内蒙古珍宝·金银器》图版155）

图五七　阿鲁科尔沁旗辽会同四年
（941）耶律羽之墓出土錾刻鎏金银盘

图五八　定州静志寺北宋太平兴国二年
（977）塔基地宫出土银戒指

① 于建设：《赤峰金银器》，远方出版社，2006年，102页图版CJ064。

② 刘荣捐赠，巴林右旗博物馆藏。

造型意象。

柬埔寨吴哥约12世纪末叶巴戎寺列柱浮雕（图六〇）[1]，在圆圈中表现二凤凰首尾相逐，共衔一条花枝，此构图及母题并非东南亚或印度图像所有，而且具有典型中国花鸟嫁接式图像特征。二凤凰尾羽一者作连环卷草形状，另一者枝茎两侧长出小叶片，应是汉地同类图像影响下的产物。

3. 枝叶构架型花鸟嫁接式图像

这种花鸟嫁接式图像，不仅鸟雀尾羽，连鸟雀前身也一并植物化。基于造型的微观差异，现存实例可以细分为两组。

第一组，利用枝叶形态表现鸟雀形体。鸟雀头部、两翼与尾羽分别由叶片组成，各个叶片通过枝茎连缀在一起，构成鸟雀形体轮廓。实例如蒲城三合村唐开元二十九年（741）让皇帝李宪墓石椁（图六一）[2]、西安南郊何家村窖藏出土盛唐前后鎏金银罐（图六二、图六三）[3]，此类图像稀少却十分珍贵，由前者推定后者年代约在盛唐范围。此二者鸟雀口衔花枝，花枝又绕鸟

图五九　巴林右旗辽代铜镜

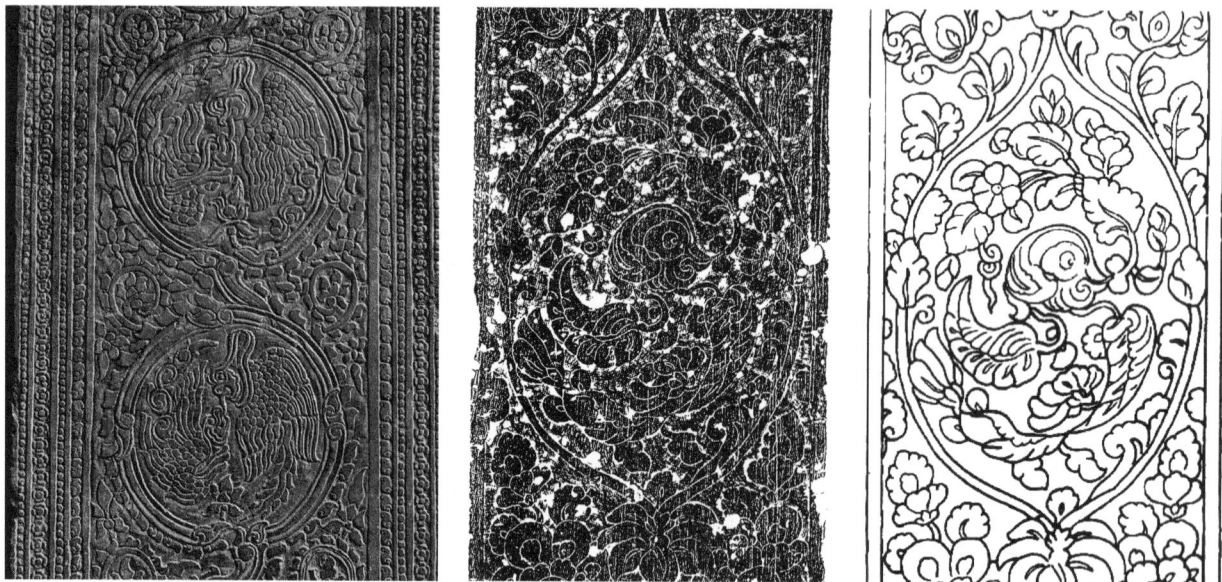

图六〇　柬埔寨吴哥巴戎寺列柱浮雕

图六一　蒲城三合村唐开元二十九年（741）让皇帝李宪墓石椁立柱
局部拓本与线图
（出自《唐李宪墓发掘报告》图185、图186）

---

[1]　巴戎寺位于柬埔寨吴哥王国吴哥城中心，为12世纪末叶前后国王阇耶跋摩七世（Jayavarman Ⅶ）所建，系佛教、印度教混合寺院。

[2]　陕西省考古研究所：《唐李宪墓发掘报告》，科学出版社，2000年，图185、图186。

[3]　陕西历史博物馆藏。陕西历史博物馆、北京大学考古文博学院、北京大学震旦古代文明研究中心：《花舞大唐春：何家村遗宝精粹》，文物出版社，2003年，269—274页。

图六三　西安何家村窖藏出土
盛唐前后鎏金银罐局部线图
（出自《花舞大唐春: 何家村遗宝精粹》图72）

图六二　西安何家村窖藏出土盛唐前后鎏金银罐及其局部

雀一周或半周，整体仿佛一朵团花，富丽堂皇。

　　第二组，利用枝叶并借助几何形构图表现鸟雀形体。实例见于正仓院藏武周至盛唐紫檀琵琶（图六四）[①]，在琵琶背面表现两对口衔花枝的花鸟嫁接式图像，上方一对相向而飞，下方一对相背而飞。鸟雀头部作一叶片状，两翼作规整扇形，头与两翼各部位以不同颜色相间排列，以示多彩的羽毛，尾羽表现为三条绵长而柔软的枝叶，叶间饰以花朵，意在模仿凤凰造型。

　　枝叶构架形花鸟嫁接式图像，脱胎于基本型的一般化表现，又超出以往程式化设计逻辑，艺术构思几近极致，可谓装饰纹样史上一项创举。

4. 迦陵频伽型花鸟嫁接式图像

　　这种花鸟嫁接式图像，具有人体上身、鸟雀身躯及其两足和两翼，以及作为尾羽表现的缠枝蔓草，系人与鸟、花卉组合在一起的表现。人体头部束发饰花或顶戴花冠，类似于菩萨、飞天造型，鸟雀两足和缠枝蔓草尾羽与前述基本型花鸟嫁接式图像一致。显然，该造型就是在基本型花鸟嫁接式图像基础上，再嫁接人体的结果。其人形鸟或执物供养，或奏乐，或舞蹈，大体扮演着佛教天龙八部之乐舞神的角色。

　　（1）迦陵频伽型花鸟嫁接式图像的形成

　　迦陵频伽（kalavinka）系佛教世界的神鸟，以其音声美妙动听，又得名为妙音鸟。经典

---

① 　正仓院事务所：《正倉院宝物·南倉》（増補改訂），东京：朝日新闻社，1989年，图版131。

但说其音声"若天若人"①，物象表现为人上身与鸟身的组合体。印度早期迦陵频伽鸟见于中央邦1世纪桑奇第一塔北门外面浮雕（图六五），表现四身人鸟嫁接式图像，手执花绳礼拜佛塔。人上身与鸟身组合图像在西亚公元前1千纪前期已经流行开来，印度本没有这种造型传统，佛教迦陵频伽鸟所以如此造型，极有可能受到西亚方面影响。

　　人鸟嫁接式图像并非印度特有文化现象，也见于中国上古、中古神话传说记述。诸如，战国迄西汉相继编纂成书《山海经》记载，"东方句芒鸟身人面"②，安徽萧县出土东汉画像石刻画二人面鸟身像相对而立③，表明不晚于东汉已经付诸造型。晋代葛洪记载千秋、万岁亦作人首鸟身形象④，河南邓州南朝墓画像砖浮雕"千秋、万岁"图像（图六六）⑤，以及河北磁县湾漳村北齐大墓墓道东西壁前部上方，绘制各作男女形貌的人首鸟身像⑥，推测也是同类图像，说明魏晋南北朝时期千秋、万岁作为长生不老物象流行于社会。无论句芒、抑或千秋万岁，此类基于中国神话传说造型的人首鸟身形象，推测它们有共同的神话渊源，只是名称有别而已。大同云冈5世纪70年代9号窟主室前壁拱门西侧也浮雕有人首鸟身像⑦，说明佛教造像体系也沿用了传统造型。

　　在北朝后期、隋代粟特族裔或与之关联人群石刻葬具中，出现人上身与鸟身组合造型图像。如北魏永安二年（529）苟景墓志⑧，刻画一对人上身与鸟身组合人物手持花瓶作供养状。西安未央区井上村北周大象二年（580）凉州萨

图六四　正仓院藏武周至盛唐紫檀琵琶
［出自《正仓院宝物·南仓》（增补改订）图版131］

---

① （北魏）瞿昙般若流支译：《正法念处经》卷68《身念处品》："山谷旷野，其中多有迦陵频伽鸟出妙音声，如是美音若天若人，紧那罗等无所及者，唯除如来音声。"（《大正藏》第17册403页中）

② （西汉）刘歆校勘：《山海经》卷9《海外东经》："东方句芒，鸟身人面，乘两龙。"参见袁珂校译：《山海经校释》，上海古籍出版社，1985年，212页。

③ 冯其庸、刘辉：《汉画解读》，文化艺术出版社，2006年，198页。

④ （晋）葛洪：《抱朴子内篇》卷3《对俗》："千秋之鸟、万岁之禽，皆人面而鸟身，寿亦如其名。"参见王明：《抱朴子内篇校释》，中华书局，1985年，47页。

⑤ 中国国家博物馆藏。此"万岁"图像兽首鸟身，与《抱朴子内篇》记述有所出入。

⑥ 中国社会科学院考古研究所、河北省文物研究所：《磁县湾漳北朝壁画墓》，科学出版社，2003年，164页。

⑦ 〔日〕水野清一、长广敏雄：《云冈石窟》（第6卷第9洞），京都：京都大学人文科学研究所，1951年，图版56。

⑧ 苟景北魏永安元年（528）卒于晋阳（今太原），永安二年（529）迁葬于洛阳，西安碑林博物馆藏志。施安昌：《北魏苟景墓志及纹饰考》，《故宫博物院院刊》1998年第2期。此墓志盖上缘刻画一对人上身与鸟身组合图像，下缘刻画一对兽首鸟身图像，似乎有意形成传统的千秋、万岁组合，而人上身与鸟身组合（具双手）不同于汉地原有的人首鸟身（无双手）千秋像造型。两者尾羽呈现云气形态，可能吸收了汉晋以来同种造型因素。

图六五　中央邦1世纪桑奇第一塔北门外面浮雕

图六六　邓州南朝墓画像砖浮雕"千秋、万岁"图像

图六七　西安未央区井上村北周大象
二年（580）凉州萨保史君墓石椁局部

保史君墓石椁（图六七）[①]，刻画祆教祭司作人上身与鸟身组合造型图像，其原型见于中亚粟特人纳骨器图像，系粟特文化在汉文化地区的再现，间接源头则是西亚流行的同种造型。在当时佛教造像之中没有发现此种西亚系统人鸟合体造型，也难以看出与唐代流行的迦陵频伽鸟有何关联。

汉文化地区明确作为迦陵频伽表现图像，见于初唐以来佛教物质文化。如敦煌莫高窟初唐321号窟主室后壁佛龛左侧壁画（图六八）[②]，以及莫高窟初唐第329窟主室南壁阿弥陀经变（图六九）[③]，还不见作为尾羽表现的缠枝蔓草，可能直接吸收了印度类似造型。此二实例鸟雀形体显得沉重、笨拙，大概反映了初期迦陵频伽图像面貌。

（2）迦陵频伽型花鸟嫁接式图像的表现形式

盛唐前后迦陵频伽型花鸟嫁接式图像出现并流行开来，尤其在西方净土经变中几乎成为不可缺少的元素，这关联相应的经典记述[④]。就文化的先进性和流动性而言，这种图像大约率先出现在唐两

---

① 凉州萨保史君为中亚史国人，卒于北周大象元年（579），大象二年（580）合葬入土，2003年发掘。西安市文物保护考古所：《西安北周凉州萨保史君墓发掘简报》，《文物》2005年第3期。

② 梁尉英：《敦煌石窟艺术·莫高窟第三二一、三二九、三三五窟（初唐）》，江苏美术出版社，1996年，图版13。

③ 梁尉英：《敦煌石窟艺术·莫高窟第三二一、三二九、三三五窟（初唐）》，江苏美术出版社，1996年，图版100。

④ （后秦）鸠摩罗什译：《佛说阿弥陀经》："彼国常有种种奇妙杂色之鸟，白鹄、孔雀、鹦鹉、舍利、迦陵频伽、共命之鸟，是诸众鸟昼夜六时出和雅音。……其土众生闻是音已，皆悉念佛、念法、念僧。"（《大正藏》第12册347页上）

图六八　敦煌莫高窟初唐第321号窟主室后壁佛龛左侧壁画迦陵频伽
[出自《敦煌石窟艺术·莫高窟第三二一、三二九、三三五窟（初唐）》图版13]

图六九　敦煌莫高窟初唐第329窟主室
南壁阿弥陀经变中迦陵频伽
[出自《敦煌石窟艺术·莫高窟第三二一、
三二九、三三五窟（初唐）》图版100]

京地区，西京长安可能性更大一些。作为尾羽表现的缠枝蔓草形式与基本型花鸟嫁接式图像三种形式对应，可以分为三组。

第一组，尾羽表现为卷浪形缠枝蔓草，内弧一侧蔓草像浪花一样翻卷。五岛美术馆藏武周至盛唐铜镜（图七〇）[1]，一对迦陵频伽头部与背后系绶带，手执果物，营造出吉庆丰收氛围。波士顿艺术博物馆藏盛唐舍利棺（图七一），迦陵频伽合掌供养，尾羽舒展流畅，与背景缠枝花卉融为一体。西安长安区庞留村唐开元二十五年（737）武惠妃墓石椁（图七二）[2]、蒲城三合村唐开元二十九年（741）让皇帝李宪墓石椁（图七三）[3]，此二者出自关中地区皇室成员墓葬，应制作于官府作坊，尾羽的尾端变成波浪形，兼有卷浪形和波浪形特征。敦煌莫高窟五代61号窟南壁阿弥陀经变

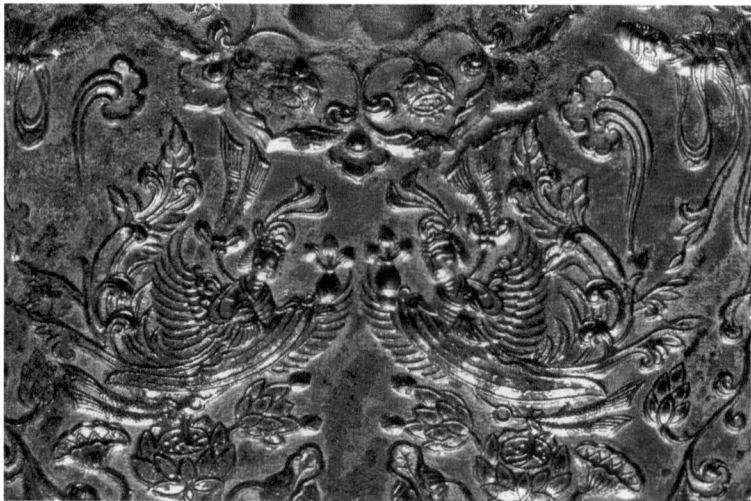

图七〇　五岛美术馆藏盛唐前后铜镜局部
（出自《西遊記のシルクロード・三蔵法師の道》图版105）

① 东京五岛美术馆藏。《西遊記のシルクロード・三蔵法師の道》，东京：朝日新闻社，1999年，图版105。

② 唐玄宗妻武惠妃（贞顺皇后）于开元二十五年（737）亡殁，入葬敬陵，石椁于2005年被盗掘出土，之后经香港倒卖美国，2010年追索回国后入藏陕西历史博物馆。2007年陕西省考古研究院等抢救发掘敬陵，其中出土有"贞顺"字样哀册。杨瑾：《唐武惠妃墓石椁纹饰中的外来元素初探》，《四川文物》2013年第3期。

③ 陕西省考古研究所：《唐李宪墓发掘报告》，科学出版社，2005年，图195。

图七一　波士顿艺术博物馆藏盛唐舍利棺局部

（图七四）①，卷浪形尾羽变得拘谨、僵硬。

第二组，尾羽表现为波浪形缠枝蔓草，犹如左右翻滚的浪花。如敦煌莫高窟盛唐45号窟主室北壁观无量寿经变中迦陵频伽②、安西榆林窟中唐25号窟南壁观无量寿经变（图七五）③、敦煌莫高窟中唐158号窟东壁金光明经变（图七六）④，应该受到唐两京地区造型因素影响，实际其经变粉本自身可能源于两京地区。巴林左旗帐房山辽晚期墓壁画（图七七）⑤，尾羽像自然写实的花卉，造型在波浪形缠枝蔓草基础上有所创新。

第三组，尾羽表现为依次叠压的叶片。实例如南京禅众寺五代前后舍利银函（图七八）⑥、巴林左旗辽代迦陵频伽图像铜镜（图七九）⑦，其尾羽兼有叶片、翎毛特征。

在中国佛教图像之中还存在一身二头的共命鸟图像，这种特异造型来源于佛教经典⑧，其出现时间则晚于迦陵频伽，而且尾羽作缠枝蔓草表现，可能造型之初参考了当时业已形成的

①　赵声良：《敦煌石窟艺术·莫高窟第六一窟（五代）》，江苏美术出版社，1995年，图版70。

②　杨雄：《敦煌石窟艺术·莫高窟第四五窟附第四六窟（盛唐）》，江苏美术出版社，1993年，图版125。

③　段文杰：《敦煌石窟艺术·榆林窟第二五窟附一五窟（中唐）》，江苏美术出版社，1993年，图版112。

④　刘永增：《敦煌石窟艺术·莫高窟第一五八窟（中唐）》，江苏美术出版社，1998年，图版183。

⑤　巴林左旗辽上京博物馆藏。巴林左旗文化旅游体育局（文物局）：《赤峰市巴林左旗帐房山辽代壁画墓清理简报》，《草原文物》2021年第1期。

⑥　镇江博物馆藏。张道一：《中国纹样大系》（第三册），山东美术出版社，1993年，521页图版201-4。

⑦　巴林左旗辽上京博物馆藏。

⑧　（北魏）吉迦夜、昙曜译：《杂宝藏经》卷3："昔雪山中，有鸟名为共命，一身二头。"（《大正藏》第4册464页上）

图七二　西安长安区庞留村唐开元二十五年（737）武惠妃墓石椁局部线图
（出自《四川文物》2013年第3期69页图11）

图七三　蒲城三合村唐开元二十九年（741）
让皇帝李宪墓石椁局部线图
（出自《唐李宪墓发掘报告》图195）

图七四　敦煌莫高窟五代61号窟南壁阿弥陀经变局部
［出自《敦煌石窟艺术·莫高窟第六一窟（五代）》图版70］

图七五　安西榆林窟中唐25号窟南壁观无量寿经变局部
［出自《敦煌石窟艺术·榆林窟第二五窟附一五窟（中唐）》图版112］

图七六　敦煌莫高窟中唐158号窟东壁金光明经变局部
［出自《敦煌石窟艺术·莫高窟第一五八窟（中唐）》图版183］

图七七　巴林左旗帐房山辽墓天井壁画迦陵频伽

迦陵频伽图像。实例如榆林窟中唐25号窟南壁观无量寿经变（图八〇）[1]，除一身二头特征之外，无异于该窟同一铺经变中迦陵频伽。

如上可知，中国花鸟嫁接式图像出现于初唐高宗时期，武则天时期迄盛唐高度发展，唐

---

① 段文杰：《敦煌石窟艺术·榆林窟第二五窟附一五窟（中唐）》，江苏美术出版社，1993年，图版113。

图七八　南京禅众寺五代前后舍利银函图像
［出自《中国纹样大系（第三册）》图版201-4］

图七九　巴林左旗辽代迦陵频伽图像铜镜

两京地区成为中心发展区域，中晚唐、五代与辽宋早期延绵发展，发展地从中原扩展到周边区域。可以划分为三种类型，基本型沿袭了印度基本造型式样，汉地迦陵频伽型形成于中国①，此两种类型均可细分为尾羽卷浪形、波浪形、叶片形三种表现形式，三者依次出现且部分重叠发展，枝叶构架型则是中国创造性发展，艺术创意近乎极致。中国花鸟嫁接式图像数量之众、发展程度之高，又非印度所能及。中印两国同源而不同流的花鸟嫁接式图像，沐浴着各自文化的光辉绽放异彩，在装饰纹样史上留下永恒的印记。

图八〇　榆林窟中唐25号窟南壁观无量寿经变局部
［出自《敦煌石窟艺术·榆林窟第二五窟附一五窟（中唐）》图版113］

（原文见李静杰：《印度花鸟嫁接式图像及其在中国的新发展——纪念敦煌研究院成立七十周年》，《敦煌研究》2014年第3期。本稿就原文结构和内容进行了微观调整，观点基本没有变动）

---

① 　在东印度帕拉朝约10世纪前后石刻造像中，出现尾羽作缠枝蔓草表现的迦陵频伽图像，但数量稀少且未见有早期实例。中国迦陵频伽型花鸟嫁接式图像有独立发展脉络，似乎无关印度此类实例。

The Indian Grafting Image of Flower and Bird and Its New Development in China

Abstract: The grafting image of flower and bird created in India was popular in the Gupta and post Gupta era, and a few examples continued to the era of Parra even later. It was mainly distributed in the developed areas of Buddhist material culture and also affected Hindu architecture, spreading from Central India to East India, West India, and Southwest India and even the Tarim Basin. In the development process of Indian grafting image of flower and bird, they also absorbed the artistic factors of the Persian Sassanian Dynasty's bead hoop and bird beak holding beads string and formed the characteristics of each small area. The Chinese grafting image of flower and bird appeared in the Gaozong period of early Tang Dynasty and it had been highly developed since the Wu Zetian period. The two capital regions of the Tang Dynasty have become the central development areas. It had continued to develop in the middle and late Tang Dynasty, the Five Dynasties and the early Liao and Song Dynasties. It can be divided into three types. The basic type followed the basic modeling style of India and the Kaling Ponga type was formed in China. These two types can be subdivided into three forms: tail feather plunging breaker, wave and leaf. The three forms appeared in turn and partially overlap. The third of branch leaf frame type was the creative development of China and the artistic creativity reached the acme. The number and development level of Chinese grafting image of flower and bird were beyond India's reach. The grafting images of flower and bird from the same source but different streams in China and India, both were bathed in the brilliance of their respective cultures, leaving an eternal mark in the history of decorative patterns.

二龙系珠与二龙拱珠及二龙戏珠的图像谱系

内容提要： 犍陀罗二龙系珠图像传播汉地之后，经改造发展为中国式样，较多地用于南北朝隋代菩萨像项链装饰，分布在中原北方和四川地区。汉地传统的二龙缠绕造型与佛教宝珠结合，在北朝后期促成二龙拱珠图像，基本用于碑碣装饰，有唐一代盛行于中原北方，宋元明清时期稀疏地持续流行。创始于唐代的二龙戏珠图像延绵至今，广泛地用于铜镜、碑碣、建筑等装饰，成为深受民间喜爱的图像。二龙系珠、二龙拱珠与二龙戏珠图像，呈现次第繁荣的发展格局，构成中国传统装饰图像的重要内容，在古代社会生活中扮演着重要角色。

二龙戏珠，听其名而知其形，说起其近亲二龙拱珠，也不难使人想象，如果提及其远亲二龙系珠，则鲜有知之者。所以形成这样的印象，不能不说，那是三者流行年代由近而远的时光岁月使然。事实上，即便人们对二龙戏珠的了解，也往往局限在于近古以来的图像面貌，知晓二龙拱珠原委就更少了，至于二龙系珠，纵使学界也鲜有说清道明者。可以说，这是中国文化史上一个似曾相识，又多不知其所以然的有趣话题。

二龙与宝珠构成上述三种图像的共同元素，二龙与宝珠的相互关系则决定了它们各自属性，已而此三种图像存在内在联系又有本质区别。在装饰图像史上，此三者关系似近非近、说远不远，各有其独立发展轨迹，亦存在彼此交集的地方。因此，有必要将三者作为一个课题，在梳理各自发展脉络并揭示其发展规律的同时，阐明三者间的有机联系。

关于二龙戏珠，大概过于民间化、世俗化的缘故，一向缺少专门的学术性探讨，二龙系珠流行在千年以远年代，二龙拱珠又多集中在碑刻群体，更少有人问津，或许出于这些原因，该课题始终没有能够纳入主流学术研究范畴。笔者留意此课题二十年光景，累月经年不时地收集相关资料，分散且庞杂的实例大体被聚拢起来，以至今日通盘化梳理成为可能。着手分析此课题具体内容方才发现，二龙系珠、二龙拱珠与二龙戏珠图像，并非各自沿着单一脉络发展，旁枝错节丛生其间，从根干到支系非经耐心细致地爬梳，则难以理顺其从属关系。

二龙系珠、二龙拱珠与二龙戏珠图像，大多以雕塑形式表现，少许用绘画形式表现，各呈现不同的视觉效果，限于时间和篇幅，本稿仅着眼于雕塑遗存进行分析。为了厘清这三种图像的发展脉络和相互关系，下文基于它们出现和流行的先后次序，采用考古类型学方法，逐一阐述二龙系珠、二龙拱珠、二龙戏珠图像。

一、犍陀罗二龙系珠图像及其在汉地的新发展

二龙系珠图像，即二龙王口衔用来系缚宝珠绳索各端的造型。该图像创始并流行于西北印度犍陀罗[①]，东传以后于南北朝隋代盛行一时，绝大多数用于菩萨像项链装饰，在世俗文化中没有产生多大影响力。

1. 犍陀罗二龙系珠与二人系珠图像

二龙系珠比较普遍地用于犍陀罗石刻菩萨像的项链装饰。犍陀罗菩萨像包括弥勒菩萨、观音菩萨和释迦菩萨[②]，在头部或持物缺失的情况下，难以准确判断所属尊格。就所知实例观察，菩萨立像多于坐像，弥勒菩萨又占据总量的大半。二龙系珠作后面连接躯体的高浮雕表现。在菩萨胸前所戴项链的中间部位，往往雕刻一对有角龙首，相对斜向内下方，口衔用来穿珠绳索的各端，形成二龙系珠造型，同时还存在以二人替代二龙的情形。

（1）二龙系珠图像

各实例龙体形态相近，其龙首为兽首状，额骨凸出、鼻梁挺拔、嘴巴扁长、两目圆睁、双耳短小，两角尖长状如羊角。龙首之后连接少许龙身，上刻菱格纹，以示苍龙拥有的鳞身体貌，绝无爪指表现则是区别于汉地龙的根本差异。项链部分作一束花绳状，由若干条细绳集合而成。诸实例主要差别在于所系宝珠形状的不同，以下据此差异逐一叙述。

其一，球状体宝珠。数量较少，如白沙瓦博物馆藏萨里·巴洛尔（Sahri-Bahlol）出土贵霜朝释迦菩萨跏趺坐像（图一）[③]。其二，十二面体宝珠。即前后上下四面作菱形，左右两端作正四棱锥的十二面体，将棱锥两端的顶点连线并穿孔，便形成所系之珠。数量较多，如日本私人藏犍陀罗马尔丹（Mardan）出土贵霜朝观音菩萨交脚坐像（图二）、松冈美术馆藏贵霜朝弥勒菩萨跏趺坐像之一（图三）。其三，镂刻十二面体宝珠。即在上述十二面体宝珠基础上逐面镂刻，形成近网格状形体。数量较多，如巴特那博物馆藏贵霜朝菩萨立像之一（图四）、纽约大都会艺术博物馆藏贵霜朝菩萨像之一（图五）、松冈美术馆藏贵霜朝菩萨立像之一。其四，横长方体宝珠，两端作圆形面。数量较少，如拉合尔博物馆藏犍陀罗西克里（Sikri）出土贵霜朝弥勒菩萨立像（图六）[④]。其五，横六棱柱状体宝珠，有的上面加一朵火焰，以示宝珠放射光芒。数量较多，如韩国中央博物馆藏贵霜朝菩萨立像之一（图七）、松冈美术馆藏贵霜朝弥勒菩萨立像之一（图八）。

---

① 犍陀罗是一个兼有历史、地理和艺术内涵的概念。指印度次大陆西北部（今巴基斯坦）的印度河中游，以白沙瓦为中心方圆四五百千米的地域，约1—5世纪流行的佛教物质文化，是印度佛教与希腊、罗马雕塑艺术结合的产物。

② 依据宫治昭研究，犍陀罗菩萨像主要有三种类型。一者作束发、提水瓶造型，为上求菩提的弥勒菩萨。二者作戴冠、执莲花造型，为下化众生的观音菩萨。三者作戴冠、无持物造型，为成道前的释迦菩萨。参见〔日〕宫治昭著、李静杰译：《弥勒信仰与美术——从印度到中国》，《艺术史研究》（第八辑），中山大学出版社，2006年。

③ 〔日〕田边胜美：《世界美術大全集·東洋編·第15卷·中央アジア》，东京：小学馆，1999年，图版124。

④ 〔日〕田边胜美：《世界美術大全集·東洋編·第15卷·中央アジア》，东京：小学馆，1999年，图版126。

图一　白沙瓦博物馆藏犍陀罗萨里·巴洛尔出土贵霜朝释迦菩萨坐像及其局部
（出自《世界美術大全集·東洋編·第15卷·中央アジア》图版124）

图二　日本私人藏犍陀罗马尔丹出土贵霜朝观音菩萨坐像及其局部

图三　松冈美术馆藏贵霜朝弥勒菩萨坐像之一及其局部

图四　巴特那博物馆藏贵霜朝菩萨立像及其局部

图五　纽约大都会艺术博物馆藏
贵霜朝菩萨像

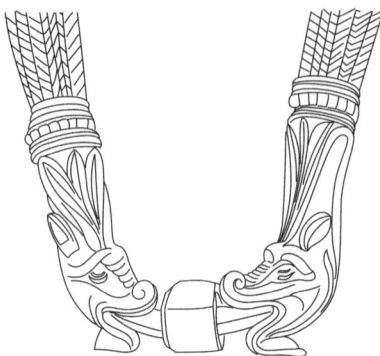

图六　拉合尔博物馆藏犍陀罗西克里出土贵霜朝弥勒菩萨立像及其局部与线图
（出自《世界美術大全集・東洋編・第15卷・中央アジア》图版126）

图七　韩国中央博物馆藏贵霜朝菩萨立像及其局部

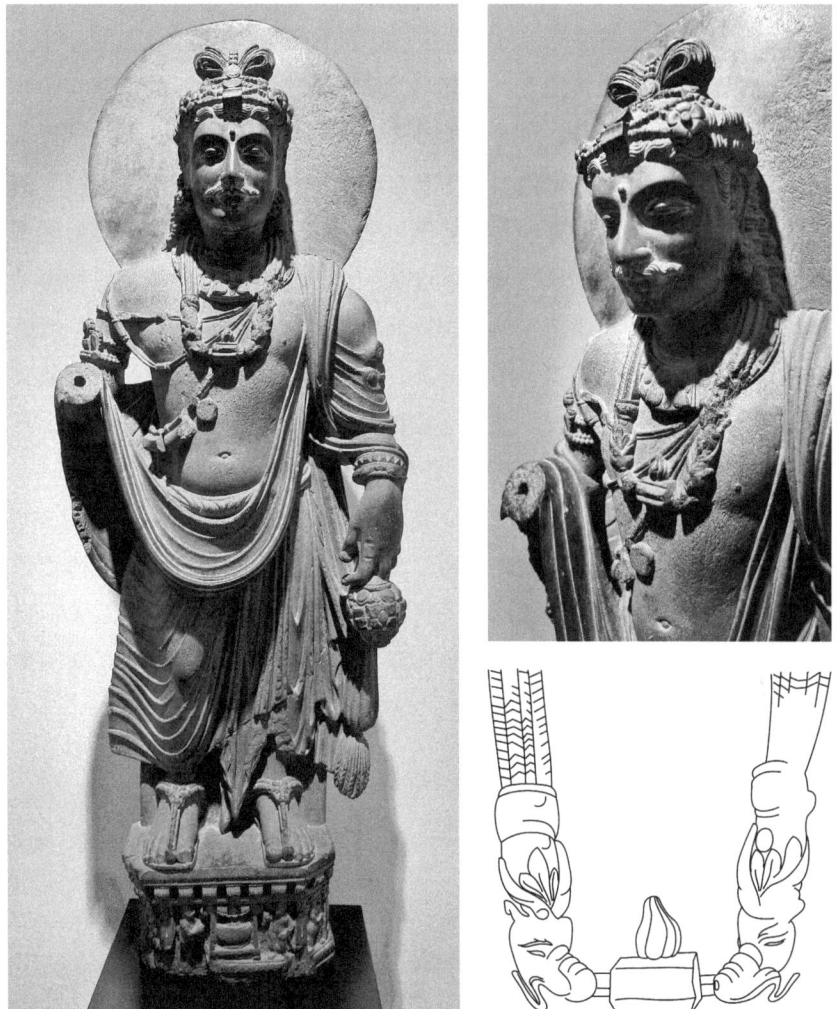

图八　松冈美术馆藏贵霜朝弥勒菩萨立像之一及其局部与线图

以上可见，二龙所系宝珠有种种形体，多棱者占绝对多数，印度宝珠固然如此①，不可以汉文化观念思量。就材质而言，多棱形体似乎意味着材质自身呈现多面晶体结构，暗示当时制作宝珠的材料可能来自矿物。就工艺来说，宝珠造型的多样性表明工匠们擅长技术变化，也在一定程度上反映了当时真实项链形貌。二龙系珠图像不见其他文化先例，体现了犍陀罗文化的创造性。所以采用这种形式，一方面项链自身需要坠饰，无疑宝珠是最好的选择，另一方面以二兽首系缚宝珠可以增加项链的灵动性，在比较温暖湿润的犍陀罗地区，与水关系密切的龙蛇自然成为首选对象，于是二龙系珠图像诞生了。

（2）二人系珠图像

二人系珠即在项链前端中间雕刻相向二人，分别牵引用于穿珠绳索的各端。就已知实例，所系之珠均为横长方体或横六棱柱状体，从此情形推测，二人系珠实例与具有相同形状宝珠的二龙系珠实例密切关联，而且可能是一种晚出的形式。二人系珠的二人又可分作马人和常人两种。

马人即将马头替换为人体上身的造型，应来源于希腊神话马人（Centaurs），原本是一个充满野性的民族。马人与拉皮泰人战斗场面，见于希腊古典时期约前5世纪中晚期的宙斯神庙、伊壁鸠鲁阿波罗神庙等浮雕图像。前4世纪末叶，伴随着亚历山大东征，希腊文化也波及西亚与中亚地区，尔后希腊文化和后起的罗马文化持久地影响了这些地区，西北印度犍陀罗邻接中亚，其马人图像的流行就是这一背景下产物②。典型实例见于旧金山亚洲艺术博物馆藏贵霜朝弥勒菩萨立像（图九），其马人清晰地表现了马匹的身躯与四肢，两前肘部还刻画着羽翼，上半为人体上身，意味着那是人、兽与鸟的合成体，十分接近希腊马人原形。只是此马人螺发，且有耳饰和臂钏，是为来自印度本土（指当今印度版图）的文化因素。纽约大都会艺术博物馆藏贵霜朝弥勒菩萨立像（图一〇），其马人形态与前例相近，然马匹身躯刻画成鳞状纹样，且没有羽翼，意味着这是人、兽与鱼的合成体，此例不见臂钏表现。人、兽、鸟与鱼的合成体为希腊艺术的一大特征，此二马人形象再现了这一造型传统。松冈美术馆藏贵霜朝弥勒菩萨立像之二（图一一），其马人仅有马匹后肢而没有前肢表现，相当于前肘部刻画羽翼，上身之人束发。推测这是在前者造型基础上简化的结果，已经不是实在意义的马人，此情况目前也仅见于犍陀罗菩萨项链刻画。

常人即通常所见全身人形。实例见于芝加哥艺术学院藏贵霜朝弥勒菩萨立像（图一二）、松冈美术馆藏贵霜朝弥勒菩萨立像之三、山梨平山郁夫博物馆藏贵霜朝观音菩萨立像（图一三），其人物作裸形童子状，束发，其中后者还长出双翼。裸形童子与有翼童子在犍陀罗石刻中普遍存在，来自希腊和罗马同种造型因素。二人系珠图像的框架与二龙系珠一致，应在后者造型基础上加入希腊、罗马文化因素而成。

---

① （南朝宋）求那跋陀罗译：《杂阿含经》卷27："何等为转轮圣王出兴于世，摩尼珠宝现于世间？若转轮圣王所有宝珠，其形八楞……光明照耀，面一由旬。"（《大正藏》第2册194页下）

② 1984年发掘新疆和田洛甫山普拉1号墓，出土一件东汉前后羊毛壁毯，其上有彩色晕染马人图像，系典型的希腊文化因素。新疆维吾尔自治区博物馆、新疆文物考古研究所：《中国新疆山普拉——古代于阗文明的揭示与研究》，新疆人民出版社，2001年，图360-3。

图九　旧金山亚洲艺术博物馆藏贵霜朝弥勒菩萨立像及其局部

图一〇　纽约大都会艺术博物馆藏贵霜朝弥勒菩萨立像及其局部

图一一　松冈美术馆藏贵霜朝弥勒菩萨立像之二及其局部与线图

图一二　芝加哥艺术学院藏贵霜朝弥勒菩萨立像及其局部

图一三　山梨平山郁夫
博物馆藏贵霜朝观音菩
萨立像及其局部与线图

　　犍陀罗二龙系珠和二人系珠图像，大多用于菩萨项链装饰，少许用于菩萨宝冠、璎珞、臂钏装饰，也有用作天神项链装饰者，伴随犍陀罗文化的衰亡而消逝。在同时期中印度秣菟罗雕刻之中，尽管其菩萨像等普遍佩戴项链，却不见类同犍陀罗的二龙或二人系珠图像，表明犍陀罗雕刻形成浓厚自身文化传统。但是，无论二龙系珠还是二人系珠图像，都难以看出何种特殊用意，其首要目的应在于装饰本身，这与当年玄奘所见印度人喜爱装身具的民俗习惯不无关系[①]。

2. 汉地二龙衔珠与二龙系珠及一龙系珠图像

　　受犍陀罗文化因素影响，中国自西晋以来相继产生二龙衔珠、二龙系珠和一龙系珠图像，流行于南北朝隋代，前者更延续到明清时期。其中，二龙系珠和一龙系珠图像仅用于菩

---

① （唐）玄奘、辩机：《大唐西域记》卷2《印度总述·衣饰》："印度之人'首冠花鬘，身佩璎珞'。"参见
　　季羡林：《大唐西域记校注》，中华书局，1985年，176页。

萨项链装饰，二龙衔珠图像初期用于菩萨项链装饰，在后世发展
中则用于装饰建筑和手镯等物件。

（1）二龙衔珠图像

二龙衔珠，即二龙首相对，共衔或各衔一颗宝珠，抑或其中
一龙口衔宝珠的造型。这是汉文化地区最早出现的，受犍陀罗二
龙系珠图像影响产生的造型，流行时间也最为长久。

现存两例早期金铜佛像，反映了犍陀罗二龙系珠图像最初
影响中国的情况。一者是北京故宫藏西晋前后金铜弥勒菩萨立像
（图一四），另一者为京都藤井有邻馆藏传三原出土西晋前后金
铜弥勒菩萨立像（图一五）[1]，二者均作二龙衔珠表现，已不是
犍陀罗二龙系珠造型，说明在吸收外来文化过程中经过创造性改
造，二龙首相对斜向内下方的构图，则直接承袭了犍陀罗二龙系
珠构图模式[2]。

地处北魏首都平城的大同云冈一期（460—470前后）17号
窟主尊弥勒菩萨交脚坐像（图一六）[3]，其项链依然作二龙衔珠
造型，与前述西晋前后金铜菩萨像所见同类图像似乎存在某种联
系，一对龙首相对昂起的双"U"字形构图又不同于前者，却与
犍陀罗二人系珠图像构图相仿。以此推测，该实例可能是西晋以
来二龙衔珠图像，与犍陀罗二人系珠图像混合造型的结果，此构
图形式成为云冈二期洞窟二龙系珠图像的前身。再者，该实例二
龙首分开，宝珠衔于一龙之口的表现，也有别于前述西晋前后金
铜菩萨像。这种情况表明，西晋以来二龙衔珠图像母本，于北魏
中期再一次吸收犍陀罗因素，并进一步朝中国化方向发展。

其后，二龙衔珠图像呈现断续发展状态，多用于项链以外
装饰。相对于北朝实例罕见的情况，在南梁帝陵和诸王墓地神道
的柱础上，普遍见有二龙相向环绕础石四面，二龙首相对收于一
面并各含一珠的表现，如丹阳三城巷梁文帝萧顺之建陵南侧柱

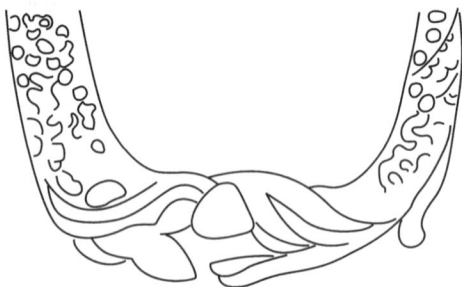

图一四　北京故宫藏西晋前后金铜弥勒菩萨立像
及其局部线图

---

[1]　〔日〕松原三郎：《中国仏教彫刻史論》，东京：吉川弘文館，1995年，图版1。

[2]　此二菩萨像保留着浓厚犍陀罗遗风，而面形不再深目高鼻，基本呈现中土面目，横向束发式样有别于犍陀罗
纵横两向束发，尤其犍陀罗普遍存在的右腰斜挎缨络不见了。由此可以判断，它们以犍陀罗菩萨像为粉本在
中土制作而成，就当时中土人物雕塑不甚发达的情况推测，制作过程中或许有通晓犍陀罗雕塑的域外匠人参
与。这两件菩萨像就相近束发式样来看，明显具有亲缘关系，同时又呈现某些差异性。诸如，藤井有邻馆菩
萨像项圈在下，项链在上处理方式，连同项链式样，与犍陀罗菩萨像基本一致，而北京故宫菩萨像项圈与项
链合为一体，加之二者由犍陀罗二龙系珠变为二龙衔珠式样，呈现在中土发展状态。参见李静杰：《犍陀罗
文化因素在中国的传播发展》，《大美之佛像：犍陀罗艺术》，文物出版社，2017年。

[3]　〔日〕水野清一、长广敏雄：《雲冈石窟》（第12卷第17洞），京都：京都大学人文科学研究所，1954年，
北壁立面图。

图一五　京都藤井有邻馆藏传三原出土西
晋前后金铜弥勒菩萨立像
（出自《中国仏教彫刻史論》图版1）

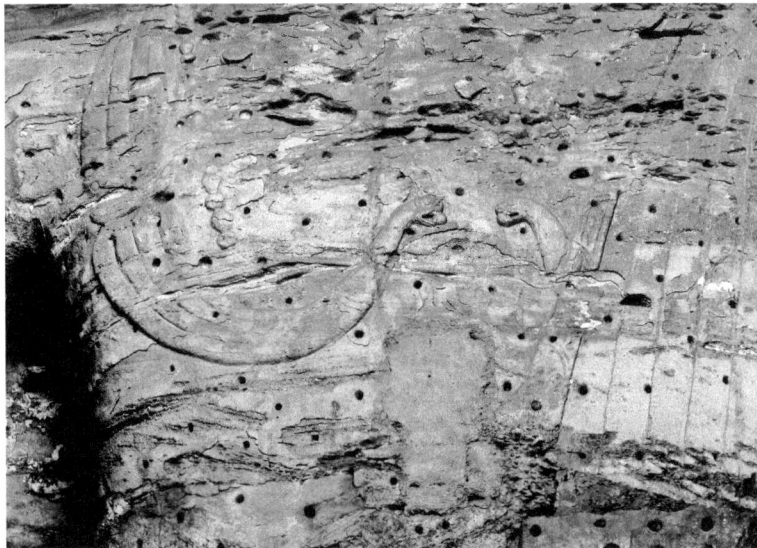

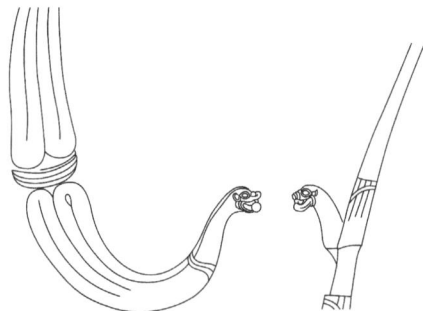

图一六　大同云冈北魏中期17号窟主尊弥勒菩萨坐像局部及其线图
（线图出自《雲岡石窟》第12卷第17洞本文北壁立面图）

图一七　丹阳三城巷梁文帝萧顺之建陵南侧柱础
（出自《南朝陵墓雕刻艺术》75页）

础（图一七）[①]。这是已知最早出现于江南地区的此类图像，可能关联北方西晋十六国至北魏二龙衔珠图像，其二龙各衔一珠表现又不同于此前北方实例，暂且不知北方是否曾经存在，抑或南朝加以创新的结果。

唐代实例见于安阳中晚唐修定寺塔拱门浮雕[②]，中央一正面龙首，两侧表现一对相向侧面龙首，其中左侧者（以物象自身为基准，下同）口衔球状宝珠（图一八）。此处二龙衔珠图像用作装饰，意涵应该不限于装饰本身，在世俗观念中，

①　南京博物院编著、徐湖平主编：《南朝陵墓雕刻艺术》，文物出版社，2006年，75页。

②　李静杰：《安阳修定寺塔唐代浮雕图像分析》，《故宫学刊》（第五辑），紫禁城出版社，2009年。

人们相信作为水神的龙王能够给予适量降水，衔珠或许还有带来财富的用意。修定寺塔浮雕主题表现转轮圣王七宝图像，象征弥勒下生净土世界，其产生可能具有官方背景，恐非全然修定寺僧徒意志所为，已而此处施用二龙衔珠图像似乎还有等级意味。

图一八　安阳中晚唐修定寺塔拱门局部线图
（据1973年维修前原状描绘）

　　元明时期，一些手镯采用二龙衔珠图像装饰。诸如，临澧新合元代窖藏出土银镯（图一九）[①]、苏州博物馆藏苏州盘溪元代晚期曹氏墓出土金镯（图二〇）[②]、荆州博物馆藏蕲春明荆王府墓地出土金镯（图二一），三者形制相近，二龙所衔之珠均固定在一端龙口中，以便于手镯开合。其中后两者为金质，墓主分别为割据一方的吴王张士诚之母和荆王府家人，均属于王侯级别，前者银质

图一九　临澧新合元代窖藏出土银镯及其局部
（出自《湖南宋元窖藏金银器发现与研究》图版204）

图二〇　苏州博物馆藏苏州盘溪元代晚期曹氏墓出土金镯

图二一　荆州博物馆藏蕲春明荆王府
墓地出土金镯

① 　湖南省博物馆：《湖南宋元窖藏金银器发现与研究》，文物出版社，2009年，图版204。

② 　苏州市文物保管委员会、苏州博物馆：《苏州吴张士诚母曹氏墓清理简报》，《考古》1965年第6期。

手镯的使用者级别应相对较低,然其伴随其他大宗金银器出土,表明又非等闲之辈。由此看来,二龙衔珠手镯可能与身份等级关联,这或许也是此类手镯发现数量比较有限的缘由。

可见,在犍陀罗二龙系珠基础上演变而来的二龙衔珠图像,脱离菩萨项链装饰表现以后,多用于装饰高级别建筑或高等贵族手镯,绝少用于一般物件装饰。这种情况,与龙神作为天子象征物的属性不无关系,这可能是二龙衔珠图像不甚流行的主要原因。

(2)二龙系珠及其衍生图像

北魏中期(439—493),受到新一轮犍陀罗文化因素东传的影响,地处北魏首都平城的云冈石窟流行二龙系珠图像。在四川南梁与隋代石刻造像中,还出现二龙系珠衍生图像。

① 二龙系珠图像

云冈二期(470年前后—493)洞窟菩萨项链普遍采用二龙系珠造型,一对龙首相对昂起作双"U"字形构图,集合了犍陀罗二龙系珠与二人系珠两种造型因素。各实例二龙系珠表现又存在某些微观差异,大体可分三种情况。其一,属于二期前段的7号窟主室后壁弥勒菩萨交脚坐像(图二二),二龙首左右分开,口衔吊坠宝珠绳索的各端,还保留着犍陀罗二龙系珠图像的影子。此实例龙首有角,五官清晰。高平张壁村大佛山摩崖浮雕弥勒菩萨交脚坐像

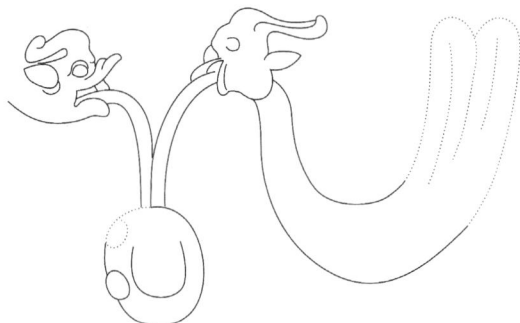

图二二 大同云冈北魏中期7号窟主室后壁弥勒菩萨坐像及其局部线图

（图二三），造型具有模仿类似前例的迹象，其项链二龙首亦左右分开，系珠部位因残破不明，是为大同造型因素向晋东南传播的实证。其二，属于二期后段的13号窟明窗东壁菩萨像（图二四）、11号窟东壁弥勒菩萨交脚坐像之一（图二五），以及11号窟南壁弥勒菩萨交脚坐像之一（图二六）等，二龙首相接，共系一条吊坠宝珠绳索的各端。该组实例龙首犄角有无不定，五官比较清晰，呈现由具体形象而简化抽象的变化趋势。其三，同属于二期后段的11号窟东壁弥勒菩萨交脚坐像之二（图二七）、11号窟南壁西半弥勒菩萨交脚坐像之二（图二八）等，同样二龙首相接，然已不再系珠。此二例非但没有刻画龙角，一者甚至省略五官表现，显现二龙系珠图像发展至尾声迹象。这些实例大多出现在云冈石窟之中，说明当时北魏首都平城，在东西方文化交流中占据十分优越的位置，而且拥有改造外来文化的力量。这些实例的宝珠或作小球状，或作小花形，多简洁、小巧，改变了犍陀罗多棱宝珠的形体结构，但二龙系珠用于项链的传统没有变化。

图二三　高平张壁村大佛山北魏中期弥勒菩萨坐像

图二四　大同云冈北魏中期13号窟明窗
　　　　东壁菩萨像局部线图

引人注目的是，在汉文化地区始终没有出现犍陀罗二人系珠图像踪迹，究其原因，显然是东西方文化差异使然。此外，敦煌莫高窟北凉275号窟北壁上层二阙形龛之间壁画菩萨像[1]，以及莫高窟北魏中期254号窟南壁弥勒菩萨交脚坐像（图二九）[2]，用作项链的一对龙

---

[1]　敦煌文物研究所：《中国石窟·敦煌莫高窟·第一卷》，北京：文物出版社；东京：株式会社平凡社，1982年，图版12。

[2]　敦煌文物研究所：《中国石窟·敦煌莫高窟·第一卷》，北京：文物出版社；东京：株式会社平凡社，1982年，图版34。

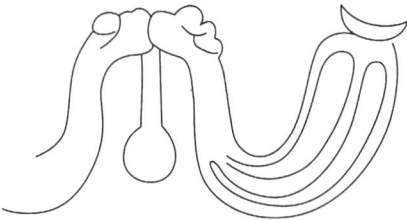

图二五　大同云冈北魏中期11号窟东壁
弥勒菩萨坐像之一及其局部线图
（八木春生摄）

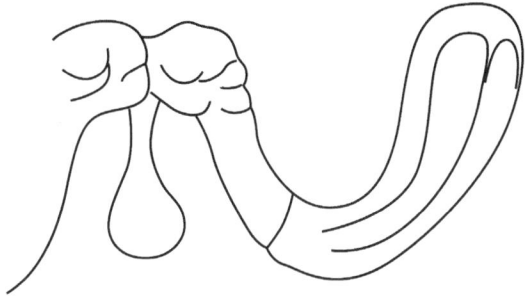

图二六　大同云冈北魏中期11号窟南壁弥勒菩萨
坐像之一及其局部线图
（八木春生摄）

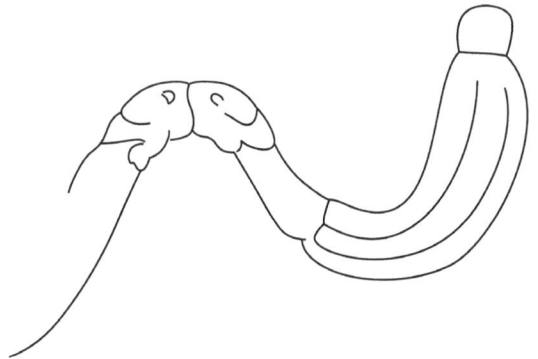

图二七　大同云冈北魏中期11号窟东壁弥勒菩萨坐像之二
及其局部线图
（八木春生摄）

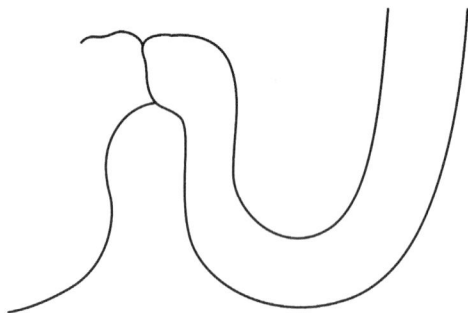

图二八　大同云冈北魏中期11号窟南壁弥勒
菩萨坐像之二及其局部线图
（八木春生摄）

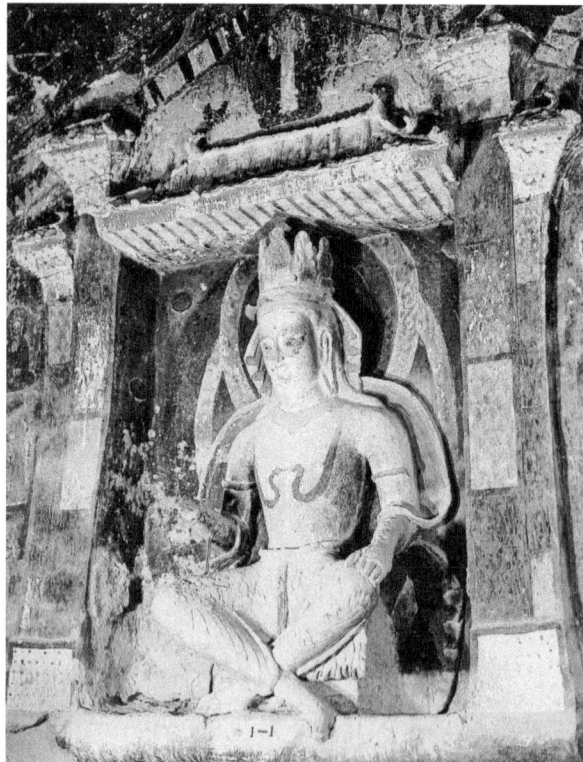

图二九　敦煌莫高窟北魏中期254号窟南壁弥勒菩萨坐像
（出自《中国石窟·敦煌莫高窟·第一卷》图版34）

首相对昂起，呈现双"U"字形构图，颇似前述云冈北魏中期17号窟主尊弥勒菩萨像项链，体现了北朝偏早期造型特征。

以上可见，犍陀罗二龙系珠图像传入汉地后发生诸多变化。起先是西晋前后二龙衔珠造型，其二龙首相对斜向内下方的构图保持着犍陀罗模式。云冈一期洞窟实例沿用了此前出现的二龙衔珠造型，其一对龙首相对昂起的双"U"字形构图，可能采用了犍陀罗二人系珠构图形式，形成此后云冈二龙系珠基本构图模式。云冈二期前段洞窟实例，采用二龙口衔吊坠宝珠绳索各端的造型，仿佛是犍陀罗二龙系珠与二人系珠造型的混合体。云冈二期后段洞窟实例或二龙接首共系一珠，或二龙接首不系宝珠，造型日益简洁抽象化了。

那么，何以在云冈石窟出现大量模仿犍陀罗二龙系珠图像，这与当时的政治形势密切关联。5世纪中叶，北魏太武帝统一黄河流域，控制河西走廊，再次打开通向西域的门户，一时间中原北方与西域文化交流畅通无阻，已而在云冈石窟开凿过程中大量地吸收犍陀罗文化因素成为可能。

②二龙系珠衍生图像

四川南梁至隋唐之际菩萨像表现的二龙系珠衍生图像，是犍陀罗文化因素进一步中国化的反映。成都万佛寺遗址出土南梁菩萨立像项链二龙系珠图像（图三〇），其宝珠作联珠环绕的圆环状，环中系缚一只乌龟，造型十分奇特，二龙形体也变成中国有爪形态，脱离了犍陀罗无爪龙造型模式。绵阳开元寺隋代菩萨立像[①]，项链刻画二有爪龙系缚图案化乌龟，为前者的简化形式。此二实例传递两方面信息，一者大体沿袭犍陀罗以来用作项链的二龙系珠图像传统，二者愈加注重采用中国自身的文化因素，如郫县竹瓦铺出土东汉龙虎系璧图像画像石（图三一）[②]，造型和构图与上例图像比较多有相通之处。广元皇泽寺隋唐之际28号龛左胁侍菩萨像（图三二），其二龙系珠图像表现在两小腿前的通身璎珞上，已经超出项链适用范围，而且所系之珠变成莲花宝珠形态，预示二龙系珠图像已走到历史尽头。引人注目的是，上述南梁、隋代实例不仅具有二龙系珠特征，还多少带有二龙戏珠意味，成为联系这两种图

图三〇　成都万佛寺遗址出土南梁菩萨立像及其局部

图三一　郫县竹瓦铺出土东汉龙虎系璧图像画像石拓本
［出自《中国美术全集·画像石画像砖（二）》426、427页］

① 绵阳碧水寺藏。四川省文物考古研究院、绵阳市文物局：《绵阳龛窟——四川绵阳古代造像调查研究报告集》，文物出版社，2010年，图版46。

② 四川博物院藏。信立祥：《中国美术全集·画像石画像砖（二）》，时代出版传媒股份有限公司、黄山书社，2010年，426、427页。

像的纽带。上海博物馆藏唐前期菩萨像（图三三），菩萨项牌之上浅浮雕二龙昂首相对，有角而无爪，形体特征及构图形式近于北魏中期二龙系珠图像，似乎它们之间存在传承关系，然此者无系珠表现，可视为二龙系珠图像的残存形式。

图三二　广元皇泽寺隋唐之际28号龛左胁侍菩
萨像及其局部线图

图三三　上海博物馆藏唐前期菩萨像及其局部
(齐庆媛摄)

图三四　成都万佛寺遗址出土盛唐前后
菩萨头像

在唐代菩萨像中，还见有二背向摩羯鱼之间加饰宝珠的造型。诸如成都万佛寺遗址出土盛唐前后菩萨头像宝冠饰物（图三四）、同遗址出土盛唐前后菩萨倚坐像小腿前缨络饰物（图三五）、波士顿美术馆藏初唐菩萨立像小腿前缨络饰物①，其二背向摩羯鱼衔接处装饰莲花宝珠。该造型与上述二龙系珠衍生图像相近，尤其施用部位和莲花宝珠形态，与前述广元皇泽寺隋唐之际28号龛左胁侍菩萨像二龙系珠造型相仿，影响关系历历在目，不过，两者并非属于同一系统，应该另有来源。德里博物馆藏北方邦鹿野苑遗址出土笈多朝观音菩萨冠饰（图三六），以及秣菟罗考古博物馆藏北方邦秣菟罗出土笈多朝两尊佛立像头光，都见有二背向摩羯鱼衔接处加饰宝珠的造型，是为这种图像的源头所在。鹿野苑菩萨像与万佛寺菩萨像的此种图像，都表现在头饰上，真切地反映了这种图像的传承情况。就这种图像来源地和最初引入地来看，应该从南海路传播而来。

（3）一龙系珠及其衍生图像

隋代前后，在此前二龙系珠及其衍生图像的影响下，某些菩萨项链装饰流行一龙系珠或其衍生图像，这是一种全然中国化表现形式。

① 一龙系珠图像

一龙系珠，即一正面龙首口衔绳索系坠宝珠的表现。该图像可以看作二龙系珠的变体，见于北方地区隋代前后某些菩萨像项链装饰。

如前所述，在云冈二期后段洞窟中，出现二龙接首共系一条吊坠宝珠绳索上端的造型，如果将二龙首合二为一并正面表现，便形成一龙系珠图像。诸如，河北博物院藏曲阳修德寺遗址出土隋代菩萨立像（图三七），项链下端龙首系坠一球状宝珠，造型简洁、雅致。青州市博物馆藏青州龙兴寺遗址出土隋代菩萨立像（图三八），项链下端龙首系坠一组五个圆形宝珠，造型协调而美观。青州云门山、驼山隋代摩崖浮雕菩萨像等，还出现项链下端龙首系坠璎珞的表现，应为一龙系珠造型的再发展。

② 一龙系珠衍生图像

在关中与四川隋代前后菩萨像之中，项链部分出现一龙系珠衍生图像，有些实例作形象的乌龟形体，有些实例乌龟变得抽象。这是在一龙系珠基础上，吸收前述成都南梁菩萨像所见二龙系坠乌龟因素的结果，具有浓厚地域色彩。诸如，华盛顿弗瑞尔美术馆藏隋代金铜菩萨立像（图三九）、芝加哥自然博物馆藏隋代菩萨立像（图四〇）②，分别作乌龟形貌和圆形坠饰，比较可知，后者为前者的简化形式。二者造型具有关中地方风格，应为四川因素影响下的产物。广元皇泽寺隋唐之际28号龛左右胁侍菩萨像，项链下端龙首各系坠一只

① 台北故宫博物院：《海外遗珍·佛像》（1），台北故宫博物院，1986年，图版70。

② Osvald Siren, Chinese Sculpture From the Fifth to the Fourteenth Century, London Ernst. Ltd, 1925, p.85, pl.316.

图三六　德里博物馆藏北方邦鹿野苑遗址
出土观音菩萨立像局部

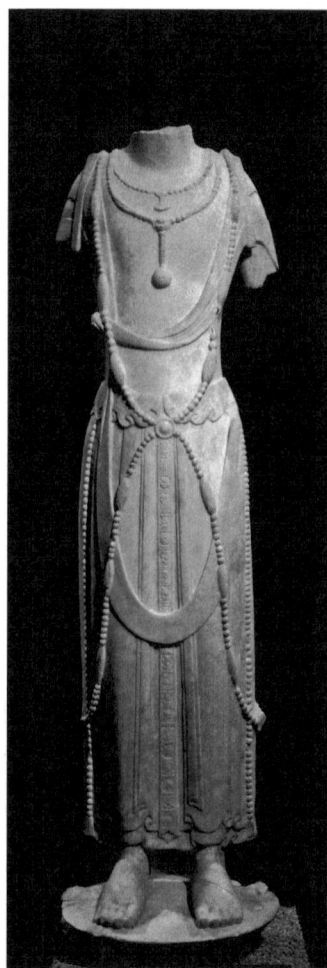

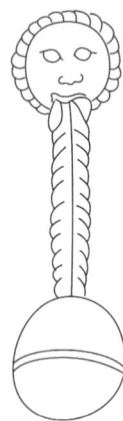

图三五　成都万佛寺遗址出土盛唐前后菩萨
坐像及其局部

图三七　河北博物院藏曲阳修德寺遗址
出土隋代菩萨立像及其局部线图

图三八　青州市博物馆藏青州
龙兴寺遗址出土隋代菩萨立像
及其局部线图

图三九　弗瑞尔美术馆藏隋代金铜
菩萨立像

图四〇　芝加哥自然博物馆藏隋代菩萨立像
（出自Chinese Sculpture From the Fifth to the
Fourteenth Century. pl.316）

乌龟（图四一、图四二），其中左胁侍菩萨系缚乌龟的四足和头部又分别变成一只小乌龟，造型奇巧灵动，在前述成都南梁菩萨像所见二龙系坠乌龟造型基础上获得新发展。该像通身璎珞上同时刻画二龙系珠图像，进一步说明二龙系珠给予一龙系珠图像的影响。

以上可知，在犍陀罗二龙系珠、二人系珠造型基础上，西晋以来直至隋代前后依次产生二龙衔珠、二龙系珠和一龙系珠图像。这些图像大多用于菩萨项链装饰，保持着犍陀罗以来的传统，唯有二龙衔珠图像后来用于装饰其他物件，多少有些世俗化意向。

二、汉地二龙拱珠图像

二龙拱珠，即二龙左右相背倒立，后身缠绕在一起并各伸一后爪相对拱起一颗宝珠的表

图四一　广元皇泽寺隋唐之际28号龛右胁侍菩萨像局部　　图四二　广元皇泽寺隋唐之际28号龛左胁侍菩萨像局部

现。这种图像约肇始于东魏，北齐、隋代缓慢发展，盛行于唐代，元明清时期稀疏地延续下来。这种图像受到其特定结构制约，自出现以来始终与碑碣联系在一起，少许用于装饰拱门券面。在典型二龙拱珠图像创立前后，还存在一种非典型二龙拱珠图像。

1. 非典型二龙拱珠图像

　　北朝、隋代，一度流行二龙前身交缠并相对拱爪，或相对的二龙分别拱起一颗宝珠图像，与典型二龙拱珠图像关联，又有所不同，数量也比较有限，可名之为非典型二龙拱珠图像。

　　其一，二龙前身交缠并相对拱爪图像。大同云冈北魏中期12号窟后室拱门顶部（图四三），二龙前身交缠，龙首相对，各伸一前爪相对拱起，大体继承了汉代以来传统。如新野出土东汉画像砖（图四四）[①]，二龙首相背朝向外方，后身以穿壁形式交缠在一起，各伸一后爪并相对拱起。二者龙身交缠并拱爪的部位恰好相反，但表现意向没有实质差别，与其后流行的典型二龙拱珠图像密切关联。

　　其二，相对的二龙分别拱起一颗宝珠图像。沁县南涅水石刻馆藏南涅水出土北魏晚期988

---

① 新野县汉画像砖博物馆藏。俞伟超、信立祥：《中国画像砖全集·河南画像砖》，四川出版集团、四川美术出版社，2006年，图版115。

图四三　大同云冈北魏中期12号窟后室拱门顶部及其线图

图四四　新野出土东汉画像砖拓本
（出自《中国画像砖全集·河南画像砖》图版115）

号造像塔（图四五）、赵县隋大业年间赵州桥栏板浮雕（图四六）①，二龙作相向俯冲之势，各伸内侧前爪并分别拱起莲花宝珠。此构图似乎与汉代二龙拱璧图像关联，如西安出土西汉画像砖②、西安未央区出土汉代画像砖（图四七）③，二龙相向而立，各伸一前爪作拱璧状。所不同者，汉代二龙拱起一物，况且所拱之物为璧而非珠。可以说上述二龙相向而立并分别拱起莲花宝珠图像，是将汉代以来二龙相向而立并拱璧造型，与北朝、隋代流行莲花宝珠结合的结果。但二龙没有交缠后身，亦非拱起一珠造型，依然有别于典型二龙拱珠图像。

　　上述北朝、隋代实例所见二龙交缠和拱珠图像，各自具备典型二龙拱珠图像的部分特征，但毕竟没有将两个特征组合在一起，这种图像入唐以后不复流行。

---

①　史岩：《中国美术全集·雕塑编·4·隋唐雕塑》，人民美术出版社，1988年，图版15。

②　陕西历史博物馆藏。信立祥：《中国美术全集·画像石画像砖（三）》，时代出版传媒股份有限公司、黄山书社，2010年，577页。

③　西安博物院藏。徐湖平：《中国画像砖全集·全国其他地区画像砖》，四川出版集团、四川美术出版社，2006年，图45。

图四五　沁县南涅水石刻馆藏南涅水出土
北魏晚期988号造像塔

图四六　赵县隋大业年间赵州桥栏板
（出自《中国美术全集·雕塑编·4·隋唐雕塑》图版15）

图四七　西安未央区出土汉代画像砖拓本
（出自《中国画像砖全集·全国其他地区画像砖》图45）

2. 典型二龙拱珠图像

东魏、北齐之世，出现二龙左右相背倒立，后身缠绕在一起，各伸一后爪相对拱起一颗宝珠的典型二龙拱珠图像，其后盛行于唐代并稀疏地延续到元明清时期。

那么，二龙拱珠图像究竟从何而来？就造型而言，具备二龙左右相背倒立且后身缠绕在一起，并各伸一后爪相对拱起一颗宝珠两个特征。二龙左右相背倒立且后身缠绕在一起的蟠螭额碑碣，东汉已经流行开来，北魏晚期开始应用于佛教造像碑，这应该是二龙拱珠图像的一个来源。北魏晚期以来，日益流行的宝珠图像，应为二龙拱珠图像的另一来源。典型二龙拱珠图像就是这两种因素结合的结果，前述非典型的二龙拱珠图像，则是促成这一组合的探索过程。

典型二龙拱珠图像绝大多数应用于碑碣，有时也用于门额。通常，在碑碣前后两面额部，采用浮雕或减地平雕形式表现二龙左右相背倒立，后身缠绕在一起，各伸一后爪相对拱起一颗宝珠，前后两面刻画龙王形体往往一致或相近。碑碣侧面表现垂下的正面龙首，基于碑碣大小、厚度差异，前后表现一、二、三对龙王不等，多者乃至四对。

东魏、北齐时期在蟠螭额碑碣中，二龙相对拱爪表现流行开来，但二龙拱珠表现还比较少见。这一时期二龙拱珠碑碣，见于登封嵩阳书院藏嵩阳观东魏天平二年（535）造像碑（图四八）、洛阳关林藏北齐天保五年（554）造像碑（图四九），两者二龙相对拱起的各爪趾平行排成一长列，其上承托的附桃形光宝珠十分小巧，宛如一叶花瓣点缀其间，宝珠还没有受到重视，反映了典型二龙拱珠的原始形态，或许洛阳地区就是这种造型的起源地。石窟见于安阳小南海北齐天保元年至六年（550—555）中窟（图五〇），二龙两后爪合抱硕大附桃形光宝珠，宝珠已然成为着力表现的对象，开启唐代成熟二龙拱珠图像先河。

进入唐代，二龙拱珠图像获得巨大发展，所知实例基本为碑碣，诸多佛教、道教乃至世俗蟠螭额碑碣，往往采用二龙拱珠形式表现，宝珠成为表现的重心所在，且呈现多样化趋势，实例多集中在关中及邻近地区。其一，西安碑林博物馆藏华阴华岳庙唐开元十三年

图四八　登封嵩阳书院藏嵩阳观东魏天平二年（535）造像碑及其局部

图四九　洛阳北齐天保五年（554）造像碑局部

图五〇　安阳小南海北齐天保元年至六年
（550—555）中窟门额

（725）述圣颂碑（图五一），二龙相对拱起的各爪趾平行排成一列，其上承托附桃形光火焰光宝珠，造型接近东魏、北齐同类图像，宝珠形体则有所变大，从中可以看出来自北朝影响和唐代新发展情况。其二，西安碑林博物馆藏西安梁家庄出土唐显庆三年（658）道德寺碑（图五二）、蒲城博物馆藏唐大中三年（849）造像碑（图五三），二龙拱起一颗硕大火焰光宝珠，宝珠的主体性加强。其三，西安碑林博物馆藏西安东郊中兴路窑厂出土中唐前后碑首（图五四）、西安碑林博物馆藏西安西郊出土唐元和元年（806）慧坚禅师碑（图五五），二龙拱起承托在仰覆莲台座上的硕大火焰光宝珠，宝珠的主体性得到进一步强化。其四，山西艺术博物馆藏临猗武周天授三年（692）造像碑（图五六），二龙拱起附火焰光双核宝珠，造型别出心裁。其五，临潼博物馆藏临潼晚唐感应寺碑（图五七）二龙拱起硕大宝珠中生出缠枝蔓草，类似宝珠曾流行于南北朝后期，唐代仅见此孤例，或许吸收了两个世纪以前的文化因素。后四种二龙拱珠表现反映了唐代新发展情况。

图五一　西安碑林博物馆藏华阴华岳庙唐开元
十三年（725）述圣颂碑局部

图五二　西安碑林博物馆藏西安梁家庄出土唐显庆三年
（658）道德寺碑局部

图五三　蒲城博物馆藏唐大中三年（849）造像碑局部

图五四　西安碑林博物馆藏西安东郊中兴路窑厂出土中唐前后碑首

图五五　西安碑林博物馆藏西安西郊出土唐元和元年（806）慧坚禅师碑局部

图五六　山西艺术博物馆藏临猗武周天授三年（692）造像碑局部

图五七　临潼博物馆藏临潼晚唐感应寺碑及其局部线图

宋代及以后，二龙拱珠图像数量锐减，宝珠形态也发生改变，已知实例集中在辽西地区。诸如义县奉国寺藏元大德七年（1303）"重修大奉国寺之碑"（图五八）、奉国寺藏明万历三十年（1602）"重修奉国寺记"碑（图五九）、奉国寺藏清光绪十年（1884）碑（图六〇），此三者出自同一地点，图像多有继承之处。第一、三者宝珠形体较小，几乎被龙爪包裹，上方刻画熊熊火焰，第一者还刻画两道盘旋上升的光芒，火焰、光芒已然成为表现的重心，第二者螺旋纹宝珠上方刻画火焰。义县奉国寺藏清康熙四十五年（1706）"重修大奉国寺"碑（图六一），螺旋纹宝珠形体沿袭了上述第二者模样，与上述实例不同的是此者二龙以前爪拱珠，显然来自二龙戏珠图像因素。

图五八　义县奉国寺藏元大德七年（1303）
"重修大奉国寺之碑"局部

图五九　义县奉国寺藏明万历三十年（1602）
"重修奉国寺记"碑局部

图六〇　义县奉国寺藏清光绪十年
（1884）碑局部

图六一　义县奉国寺藏清康熙四十五年
（1706）"重修大奉国寺"碑局部

以上可知，在北朝、隋代，非典型与典型二龙拱珠图像并行发展，但只有后者延续到后世，究其原因，与这种图像的应用对象碑碣密切关联。北朝、隋代的非典型二龙拱珠图像，多出现在载体的横长方形区间，不在意二龙是否交缠和龙爪如何拱珠。然而，当用于碑碣额部或石窟门额之时，便采用了汉代以来二龙首分别垂向两侧，后身交缠在一起的蟠螭额框架结构，在中间二龙后爪拱起的小区间加刻一枚宝珠，无疑最为合理。当时大概受到非典型二龙拱二珠图像影响，产生典型二龙拱珠图像，继而大兴于唐代，成为唐代碑碣额部图像的基本构图模式。其后二龙拱珠额碑碣稀疏地延续到明清时期，与二龙戏珠额碑碣并行发展，主要空间则让位于后者。这种图像始终没有能够成为日常生活中一般化装饰。

三、汉地二龙戏珠与一龙戏珠图像

二龙戏珠，即二龙张口欲吞、用爪戏耍宝珠的图像，以一龙代替二龙便成为一龙戏珠图像。入唐以后，二龙戏珠与一龙戏珠图像一时兴起并迅速流行开来，直至明清，成为中国最具影响力的装饰图像之一。其中二龙戏珠图像，两宋时期人们名之为"二龙争珠"[①]，不晚于明代早期，又被替换为"二龙戏珠"并流行至今[②]。可以具体分为二龙戏一珠及其衍生图像、二龙戏二珠及其衍生图像、一龙系珠图像三种，每种又包括旋绕式表现、对置式表现。相关实例数量众多，且具有浓厚民间与民俗文化色彩，获得充分发展。

二龙戏珠与一龙戏珠图像出现之始即是成熟形态，似乎不存在形成期。那么，该种类图像何以突然出现？当今所知最早出现的二龙戏珠与一龙戏珠图像，几乎为唐代铜镜，一概采用旋绕式构图。与之内容最为接近的，则是当时普遍应用于碑碣额部半圆形面的二龙拱珠图像。如果将左右对称构图的二龙拱珠图像加以改造，应用于圆形平面，应该不难形成二龙戏珠、一龙戏珠图像。再者，前述成都万佛寺遗址出土南梁菩萨立像、绵阳开元寺隋代菩萨立像项链装饰，兼有二龙系珠、二龙戏珠造型特征，此两者亦有机地联系起来。

1. 二龙戏一珠及其衍生图像

二龙戏一珠，即二龙戏耍一颗宝珠的图像。可细分为旋绕式表现、对置式表现，各有其衍生形式。流行于唐宋时期、元明清时期两个阶段，主要用于铜镜、碑碣、建筑装饰。

（1）旋绕式二龙戏一珠图像及其衍生图像

旋绕式二龙戏一珠图像，指二龙首尾相继且旋绕中间一颗宝珠的表现形式，旋绕方向或顺时针或逆时针不定。还见有个别以其他动物代替二龙而戏珠的衍生图像。主要经历唐宋和明清两个发展阶段，唐宋时期基本应用于装饰铜镜，明清时期基本应用于装饰建筑，呈现由

---

① （北宋）道原：《景德传灯录》卷13《前凤穴延沼禅师法嗣》："（僧）问'二龙争珠谁是得者？'师曰'得者失。'僧曰'不得者又如何？'师曰'珠在什么处？'问维摩默然，文殊赞善。"（《大正藏》第51册304页中）；福建泉州开元寺南宋嘉熙二年（1238）至淳祐十年（1250）东塔，基坛嵌板浮雕图像题名"二龙争珠"。

② （明）宋濂等：《元史》卷48《天文志》："大明殿灯漏。灯漏之制高丈有七尺，架以金为之。其曲梁之上，中设云珠，左日右月。云珠之下复悬一珠。梁之两端饰以龙首，张吻转目，可以审平水之缓急。中梁之上，有戏珠龙二，随珠俯仰，又可察准水之均调。凡此，皆非徒设也。"（中华书局，1976年，994页）

铜镜扩展到建筑的趋势。

  ① 旋绕式二龙戏一珠图像

  旋绕式二龙戏一珠图像，唐宋时期多用于铜镜装饰，宋元明清时期多用于建筑装饰。就唐宋时期铜镜而言，均以球状纽为宝珠，二龙表现形式多样。诸如西安博物院藏唐代铜镜（图六二），在葵花形铜镜的镜背内区，二龙驾雾腾云呈逆时针方向前后旋绕，各自回首并张口欲吞宝珠。其龙王刻画精细，颇有力量感。赤峰博物馆藏辽金铜镜（图六三），在圆形铜镜的镜背，二龙呈顺时针方向前后旋绕宝珠，张口舞爪。其龙王线条洒脱流畅，遒劲有力，依然带有某些唐代风韵。哈尔滨市阿城区金上京历史博物馆藏阿城新民六村出土金代铜镜（图六四），在圆形铜镜的镜背，二龙腾云驾雾呈逆时针方向前后旋绕宝珠，其中一龙用爪拱并张口欲吞宝珠，另一龙在宝珠上方张口舞爪，二者在对称中求得差异。其龙王形体颇多屈曲变化，线条则显得滞涩、僵硬，力量和神气有所不足。此三者图像创意相近，应来自共同的母本，造型又各有不同。

图六二　西安博物院藏唐代铜镜

图六三　赤峰博物馆藏辽金铜镜

图六四　哈尔滨市阿城区金上京历史博物馆藏
阿城新民六村出土金代铜镜

  就元明清时期建筑而言，多见于琉璃照壁、御路和华表浮雕。其中，照壁和御路浮雕表现在长方形区间中，二龙头尾颠倒，左右或上下排列，大体呈旋绕式配置。照壁实例如大同和阳街明洪武（1368—1398）末年九龙壁（图六五）[①]、澄城文庙明万历四十四年（1616）

---

①   原为朱元璋第13子代王朱桂王府的照壁，长45.5、高8、厚2.2米。

图六五　大同和阳街明洪武（1368—1398）末年九龙壁

九龙壁（图六六），前者以大海和祥云为地，二龙呈顺时针方向旋绕宝珠，宝珠周围火焰升腾，场景开阔，龙王气势恢宏。后者以山花或海水为地，二龙呈顺时针或逆时针方向旋绕宝珠，其宝珠近松塔状，周围包裹叶片。表现意向接近前者，而龙王威猛程度有所不如。此两者构图与造型风格相近，明显具有前后发展关系。

图六六　澄城文庙明万历四十四年（1616）九龙壁

御路实例如曲阜孔庙清雍正年间（1723—1735）大成殿御路浮雕（图六七）[1]，以浮云为地，二龙呈顺时针方向旋绕宝珠，宝珠周围火焰缭绕，构图及造型接近前述大同和阳街明洪武末年九龙壁图像。昌平明万历十二至十八年（1584—1590）定陵裬恩殿月台御路浮雕（图六八），以下方福山寿海为背景，上方浮云为地，一龙一凤呈逆时针方向旋绕一珠，宝珠周围火焰升腾，虽非二龙戏珠图像，显然为二龙戏珠图像影响下产物。所以采用一龙一凤图像，则是出于陵寝安葬皇帝、皇后身份的需要。华表浮雕二龙绕柱盘旋，呈上下旋绕式配置。如沈阳清福陵后金天聪三年（1629）—清顺治八年（1651）神道南端西侧华表（图六九）、神道北端东侧华表（图七〇），二龙追逐、戏耍一颗散发着火焰的多层球状宝珠，图像表现和配置变得稠密、繁缛，缺乏灵动感觉，预示这种图像发展进入尾声。

②旋绕式二龙戏一珠衍生图像

构图形式一如旋绕式二龙戏一珠图像，作为主要物象的二龙则更换为其他动物。实例见于赤峰博物馆藏喀喇沁旗哈达沟门出土唐代摩羯团花纹鎏金银盘（图七一）[2]，在银盘上面中心，二摩羯鱼呈顺时针方向旋绕一颗火焰宝珠。这是在二龙戏珠图像流行背景中，以印度摩羯鱼图像替代二龙因素的结果。

（2）对置式二龙戏一珠及其衍生图像

对置式二龙戏一珠图像，指二龙左右对置并戏耍中间一颗宝珠的表现形式。还有异形

---

① 〔日〕常盘大定、关野贞：《支那文化史蹟》（第11辑），东京：法藏馆，1940年，图版XI3。

② 喀喇沁旗文化馆：《辽宁昭盟喀喇沁旗发现唐代鎏金银器》，《考古》1977年第5期。与此摩羯团花纹鎏金银盘伴出，还有唐德宗时宣州刺史刘赞上供朝廷的卧鹿纹鎏金银盘，二者均作葵花形制，花卉纹样及其布局也比较接近，推测为相近时间制作的中唐器物。

图六七　曲阜孔庙清雍正年间（1723—1735）大成殿御路浮雕
（出自《支那文化史蹟》第11辑图版Ⅺ3）

图六八　昌平明万历十二至十八年（1584—1590）定陵祾恩殿御路浮雕及其局部

图六九　沈阳清福陵后金天聪三年（1629）—
清顺治八年（1651）神道南端西侧华表

图七〇　沈阳清福陵后金天聪三年（1629）—
清顺治八年（1651）神道北端东侧华表

二龙戏耍一颗异形宝珠的衍生形式。主要流行于宋元明清时期，多用于装饰碑碣、建筑和器物。

①对置式二龙戏一珠图像

对置式二龙戏一珠图像发展时间明显滞后，应在旋绕式二龙戏一珠图像影响下产生。约一半应用于碑碣，另一半应用于器物和建筑。基于具体表现差异，可将相关实例分为四组。

第一组，在横长方形带或半环形带上，二龙相向张口欲吞宝珠，或同时举一前爪拱珠，涉及器物、哀册、碑碣和建筑，实例自五代至明清连绵不绝，广布在中原北方和江南。根据表现形式的微观差异，可以分为三个部分。其一，包括福州闽国永隆三年（941）崇妙保圣坚牢塔（今名乌塔）基坛浮雕（图七二）、辽宁省博物馆藏巴林右旗永福陵辽乾统元年（1101）道宗皇帝哀册（图七三）、

图七一　赤峰博物馆藏喀喇沁旗哈达沟门出土唐代摩羯
团花纹鎏金银盘

图七二　福州闽国永隆三年（941）崇妙保圣坚牢塔基坛浮雕及其线图

图七三　辽宁省博物馆藏巴林右旗永福陵辽乾统元年（1101）道宗皇帝哀册

吴县（今苏州市吴中区和相城区）南宋淳熙八年（1181）刊刻孝宗御书"石湖"铭刻（图七四）①、绍兴元至元二十五年（1288）儒学免税役圣旨碑（图七五）②、应县佛宫寺藏明万历二十二年（1594）铁狮（图七六），在带状空间刻画二龙各伸一前爪戏耍中间火焰宝珠，关联实例不仅涉及多种载体，持续时间亦十分长久。其二，建平勿沁图鲁村辽墓出土鎏金银冠（图七七）③、奈曼旗韦莲苏窖藏出土元代包金铜项饰（图七八）④，前者二龙前爪伫立，相对注视一颗火焰宝珠，其宝珠以灵芝形茎叶承托，后者二龙以爪相戏、张口欲吞附着

---

① 北京图书馆金石组：《北京图书馆藏中国历代石刻拓本汇编》，中州古籍出版社，1989年，第43册132页。
② 北京图书馆金石组：《北京图书馆藏中国历代石刻拓本汇编》，中州古籍出版社，1989年，第48册110页。
③ 冯永谦：《辽宁省建平、新民的三座辽墓》，《考古》1960年第2期。就同墓出土迦陵频伽鸟纹铜镜推测，该墓应属辽代早期。
④ 20世纪80年代出土，奈曼旗王府博物馆藏。张景明：《中国北方草原古代金银器》，文物出版社，2005年，图版156。

图七四 吴县南宋淳熙八年（1181）铭刻拓本
（出自《北京图书馆藏中国历代石刻拓本汇编》第43册132页）

图七五 绍兴元至元二十五年（1288）儒学免税役圣旨碑拓片
（出自《北京图书馆藏中国历代石刻拓本汇编》第48册110页）

图七六 应县佛宫寺藏明万历二十二年（1594）铁狮及其局部

图七七 辽宁省博物馆藏建平勿沁图鲁村辽墓出土鎏金银冠及其线图

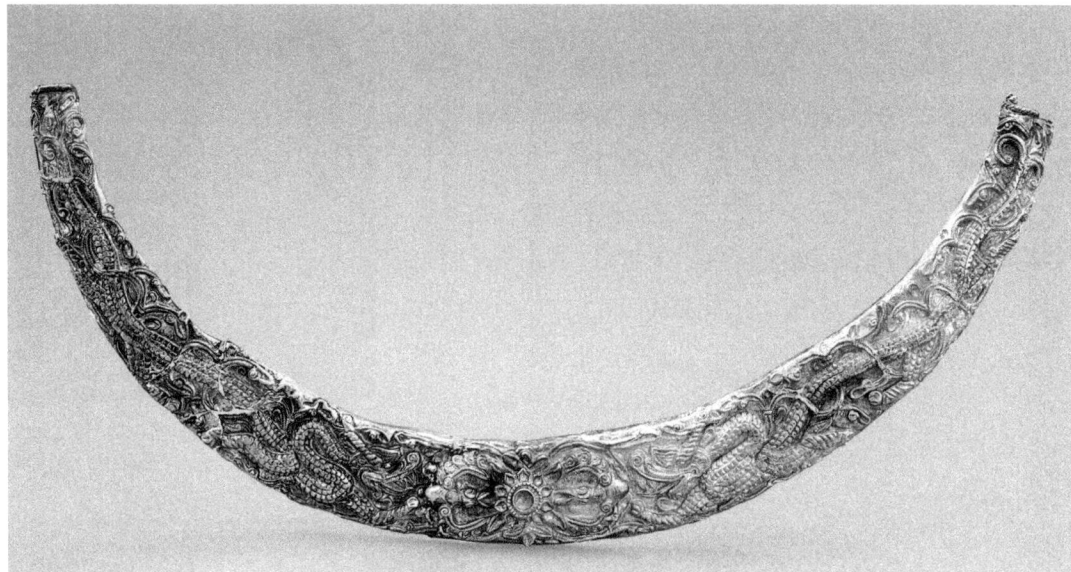

图七八　奈曼旗韦莲苏窖藏出土元代包金铜项饰
（出自《中国北方草原古代金银器》图版156）

于金刚杵的宝珠，二者均应用于器物且造型独特。其三，灵丘觉山寺辽大安六年（1090）佛塔门（图七九）、沈阳清福陵后金天聪三年（1629）—清顺治八年（1651）正红门后面（图八〇），在半圆券面上刻画二龙戏耍中间火焰宝珠，分别作吐舌、举前爪戏耍姿态。

图七九　灵丘觉山寺辽大安六年（1090）佛塔门

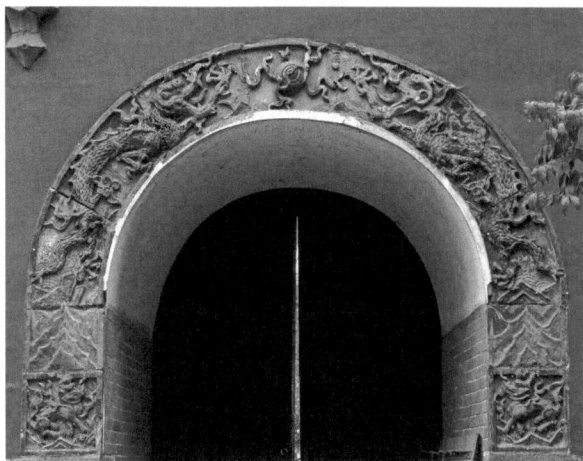

图八〇　沈阳清福陵后金天聪三年（1629）—清顺治八年（1651）正红门后面

　　第二组，在碑碣额部半圆形面上，二龙头下尾上，呈俯冲回旋之势，张口舞爪，冲向两尾之间火焰宝珠，实例见于宋元清代碑碣，分布于江南和山西。包括宁波天童山南宋淳熙五年（1178）刊刻孝宗御书"太白名山"碑（图八一）①、句容元至顺三年（1332）加封孔子父

---

① 京都东福寺圣一国师圆尔于南宋淳祐元年（1241）带回拓本，现藏京都东福寺。奈良国立博物馆：《聖地寧波》，奈良：奈良国立博物馆，2009年，图版149。

母制碑（图八二）①、太谷净信寺藏清道光六年（1826）
"重修净信寺碑记"（图八三）。三者构图一致，均采用
减地平雕方式表现，前二者龙体与宝珠造型明显具有承袭
发展关系，前二者与后者之间似乎亦存在源流关系。

　　第三组，以二龙后身交缠的蟠螭结构为基础，在碑碣
额面左右二龙回首反顾额间宝珠，改变了龙首垂于碑侧的
做法，实例见于清代碑碣，分布在中原北方。包括清徐东
于宝梵寺藏清嘉庆二年（1797）"重修宝梵寺记"碑（图
八四）、汝州风穴寺藏清嘉庆十三年（1808）"重修白云
寺上容堂暨禅堂斋堂记"碑（图八五）、应县佛宫寺藏清

图八一　宁波天童山南宋淳熙五年（1178）碑拓本
（出自《圣地宁波》图版149）

图八二　句容元至顺三年（1332）加封孔子父母制碑拓本
（出自《北京图书馆藏中国历代石刻拓本汇编》第49册133页）

图八三　太谷净信寺藏清道光六年（1826）碑局部

同治五年（1866）"重修佛宫寺记"碑（图八六）。均为
高浮雕造型，此组二龙戏珠图像虽然表现形式有所创新，
但构图显得局促，苍龙形体缺乏流动感。

　　第四组，表现为头下尾上的倒龙形式，二龙张口舞爪
戏耍中间火焰宝珠，见于清代器物和碑碣。包括波士顿艺
术博物馆藏清乾隆年间（1736—1795）铜壶（图八七）、
高平万寿宫藏清光绪二十年（1894）"补修记"碑（图
八八）、高平万寿宫藏清光绪二十八年（1902）"补修
正殿记"碑（图八九）。其中，前者高浮雕表现，主题纹
样之间密布着云朵。后二者之间有明显继承关系，减地平
雕，龙首造型十分繁缛，戏耍一颗宛如坠落的火焰宝珠。
此组二龙戏珠图像造型刻画追求繁缛，画面缺乏灵动和优
美，已处于大衰落状态。

图八四　清徐东于宝梵寺藏清嘉庆二年（1797）碑局部

① 北京图书馆金石组：《北京图书馆藏中国历代石刻拓本汇编》，中州古籍出版社，1989年，第49册133页。

图八五　汝州风穴寺藏清嘉庆十三年（1808）碑局部

图八六　应县佛宫寺藏清同治五年（1866）碑局部

图八七　波士顿艺术博物馆藏清乾隆年间
（1736—1795）铜壶

图八八　高平万寿宫藏清光绪二十年（1894）碑局部

图八九　高平万寿宫藏清光绪二十八年（1902）碑局部

泉州开元寺南宋嘉熙二年（1238）至淳祐十年（1250）东塔基坛嵌板浮雕图像（题记"二龙争珠"；图九〇），盘旋云间二龙各自回首争夺带有火焰宝珠，二龙首、龙尾高低错落，在总体对称构图中巧妙制造非对称造型，摆脱一般化刻板模式，在对置式二龙戏一珠图像群体中显得别具一格。

图九〇　泉州开元寺南宋嘉熙二年（1238）至淳祐十年（1250）东塔基坛嵌板浮雕二龙争珠图

② 对置式二龙戏一珠衍生图像

此指变形的二龙左右对置，并戏要一颗变形宝珠的表现形式。亚洲艺术博物馆藏清代木雕佛像（图九一），台座上浮雕一对苍龙相向飞来，各伸长舌勾连发出火焰宝珠。苍龙身躯、四爪变成缠枝蔓草，形体曲折、多变、自然、洒脱。汝州风穴寺藏清道光十七年（1837）"风穴山白云寺重修毗卢殿记"碑（图九二），龙爪化作蝙蝠翼形，宝珠变为元宝，希冀带来幸福与财富的用意不言而明。北京西山潭柘寺藏清宣统年间（1909—1911）"重修观音殿"碑额部浮雕（图九三），龙身通体由花叶连缀而成，宝珠作莲蕾之形，一派欣欣向荣风貌。上述实例将传统的二龙戏珠图像进行了再创造，赋予新时代气息，使得清代日薄西山的二龙戏珠图像闪现一抹夕阳之美。

2. 二龙戏二珠及其衍生图像

二龙戏二珠，即二龙各自戏要一颗宝珠的图像。可细分为旋绕式表现、对置式表现，各有其衍生形式。流行于宋元明清时期，主要用于铜镜、碑碣、建筑装饰，数量有限。

（1）旋绕式二龙戏二珠及其衍生图像

旋绕式二龙戏二珠图像，指二龙首尾相继旋绕，各自追逐并戏要一颗宝珠的表现形式，旋绕方向或顺时针或逆时针不定。还见有个别以其他动物代替二龙而戏珠的衍生图像。旋绕式二龙戏二珠图像及其衍生图像，所知实例一概应用于金朝铜镜和建筑，亦呈现由铜镜扩展到建筑的趋势，似乎是一种地域性很强的装饰图像。

① 旋绕式二龙戏二珠图像

旋绕式二龙戏二珠图像，实例如哈尔滨市阿城区金上京历史博物馆藏阿城白城出土金代铜镜（图九四）、延安清凉山金代早期第4窟天井浮雕（图九五），两者外围都刻画云气纹，

图九一　亚洲艺术博物馆藏清代木雕佛像及其局部

图九二　汝州风穴寺藏清道光十七年（1837）碑局部

图九三　北京西山潭柘寺藏清宣统年间
（1909—1911）碑局部

图九四　哈尔滨市阿城区金上京历史博物馆藏
阿城白城出土金代铜镜

图九五　延安清凉山金代早期4号窟天井浮雕线图

两颗宝珠一概为阴阳鱼形且尾端拖缀一束火焰，龙尾缠绕后爪，龙体力度感有所不足，二者图像存在明显承袭关系。或许来自金朝故都的文化因素，影响了金朝新占领区延安的同类图像。这种阴阳鱼形太极图较早实例，见于下述巴林右旗永庆陵辽泰康七年（1081）圣宗仁德皇后哀册，旋绕式二龙戏二珠图像晚出于后述辽代对置式二龙戏二珠图像，由此而言，金代流行的旋绕式二龙戏二珠图像以辽代造型因素为基础发展而来。

②旋绕式二龙戏二珠衍生图像

构图形式无异于旋绕式二龙戏二珠图像，主要物象二龙则更换为其他动物。实例见于甘肃省博物馆藏金代铜镜（图九六），以海水为地，二异形鱼首尾相继，呈顺时针方向旋绕镜纽，各自追逐一阴阳鱼形宝珠，宝珠拖缀一束火焰。该异形鱼体如鲤鱼，头如龙王，翼似蝙蝠，形成兼有水陆空行能力的神圣动物，可能寓意连年有余、吉祥如意。鲤鱼形体本是金代双鱼铜镜因素，两颗宝珠及其造型与前述阿城白城出土金代铜镜一致，连同龙头因素一并考虑，该铜镜粉本应受到金代双鱼和二龙戏珠铜镜双重影响，似为金朝占领关陇地区期间物品。

（2）对置式二龙戏二珠图像

对置式二龙戏二珠图像，指二龙左右对置并各自戏耍一颗宝珠的表现。构图形式近似二龙戏一珠表现，出现时间又晚于后者，推测两者存在渊源关系。

已知实例分布于中原北方和江南，涉及辽宋元明清五朝，载体主要为碑刻、建筑，另有一件织绣可作为必要补充。包括巴林右旗博物馆藏辽重熙十八年

图九六　甘肃省博物馆藏金代铜镜

图九七　巴林右旗博物馆藏辽重熙十八年（1049）庆州
白塔相轮樘出土橙色罗地联珠云纹绣

（1049）庆州白塔相轮樘出土橙色罗地联珠云纹绣（图九七）[①]、韩城市博物馆藏韩城元代高神殿阑额浮雕（图九八），二龙左右对置，后者以迦陵频伽鸟（残损）为中心配置。苏州南宋绍兴二十四年（1154）刊刻徽宗御笔赐项举之书铭刻（图九九）[②]、晋城青莲寺藏清嘉庆二年（1797）"重修东顶记"碑（图一〇〇），二龙线刻或减地平雕，一对头下尾上倒龙各以前爪攫取一颗火焰宝珠，造型遒劲有力。朝阳祐

图九八　韩城市博物馆藏韩城元代高神殿阑额及其局部

---

① 德新、张汉君、韩仁信：《内蒙古巴林右旗庆州白塔发现辽代文物》，《文物》1994年第12期。

② 北京图书馆金石组：《北京图书馆藏中国历代石刻拓本汇编》，中州古籍出版社，1989年，第43册53页。

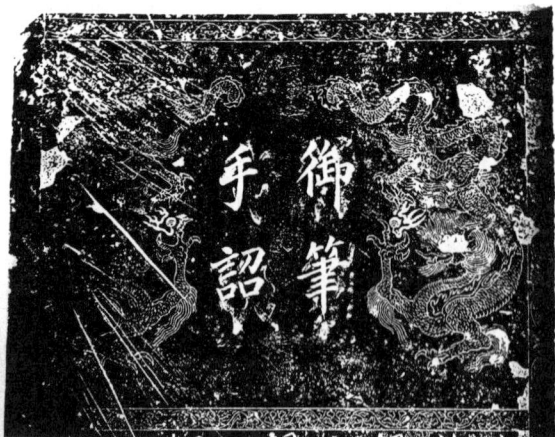

图九九　苏州南宋绍兴二十四年（1154）铭刻拓本
（出自《北京图书馆藏中国历代石刻拓本汇编》第43册53页）

图一〇〇　晋城青莲寺藏清嘉庆二年（1797）碑局部

顺寺清康熙四十六年（1707）天王殿券门（图
一〇一），中间多出一龙，是出于券面整体构图
的考虑。

3. 一龙戏珠图像

一龙戏珠，指一龙首尾相继旋绕，追逐并戏
耍一颗宝珠的图像，旋绕方向顺时针或逆时针不
定。就现有实例可知，唐代为主要发展期，宋辽
金时期依然有所流行，明清尚有实例。大部分用
于装饰铜镜，小部分用于装饰其他器物，也有用
于建筑装饰的情况。基于具体表现差异，相关实
例大体可以分为三组。

图一〇一　朝阳佑顺寺清康熙四十六年（1707）天王殿券门

第一组，数量相对较多，均为铜镜，葵花形者占多数，也有圆形、菱花形者。唐代铜镜
居主流，其余只有一面金代铜镜。包括陕西历史博物馆藏西安东郊郭家滩出土唐代铜镜（图
一〇二）、神木市博物馆藏唐代铜镜（图一〇三）、华盛顿弗瑞尔美术馆藏唐代铜镜（图
一〇四）、京都泉屋博古馆藏唐代铜镜（图一〇五）、纽约大都会艺术博物馆藏唐代铜镜（图
一〇六）、哈尔滨市阿城区金上京历史博物馆藏阿城双城三村出土金代铜镜（图一〇七）。以
镜纽为宝珠，龙王首尾相继呈顺时针或逆时针方向旋绕，约半数首尾之间留有空隙，半数首尾
连在一起，龙王张口作欲吞宝珠状。其中，唐代铜镜一概在边缘点缀朵朵浮云，龙王四爪伸向
四个方向，气势雄浑。这些唐代实例尽管图像创意相同，具体表现又各有差异，呈现追求个性
化表现倾向。一面金代铜镜巧妙地将菱花形边缘做成如意状云头，形成鲜明时代特征。

第二组，数量相对较少，均为唐代器物。包括浙江省博物馆藏唐代铜镜（图一〇八）、
扬州博物馆藏扬州万家福工地出土唐代三彩盘（图一〇九），后者作葵花形，似乎模仿铜镜
而来。龙王首尾连接，合身围住宝珠，作张口欲吞宝珠状。这种首尾紧密缠绕在一起的表
现，目前仅见于江浙地区，或许是一种区域性造型特征。

图一〇二　陕西历史博物馆藏西安东郊郭家滩
出土唐代铜镜

图一〇三　神木市博物馆藏唐代铜镜

图一〇四　华盛顿弗瑞尔美术馆藏唐代铜镜

图一〇五　京都泉屋博古馆藏唐代铜镜

图一〇六　纽约大都会艺术博物馆藏唐代铜镜

图一〇七　哈尔滨市阿城区金上京历史
博物馆藏阿城双城三村出土金代铜镜

图一〇八　浙江省博物馆藏唐代铜镜

图一〇九　扬州博物馆藏扬州万家福工地出土
唐代三彩盘

　　第三组，有一定数量，见于不同种类器物、哀册和建筑，涉及唐、辽、金、明、清五朝。包括洛阳博物馆藏唐代铜镜（图一一〇）、内蒙古自治区文物考古研究所藏奈曼旗辽开泰七年（1018）陈国公主墓出土鎏金银奁（图一一一）①、辽宁省博物馆藏巴林右旗永庆陵辽泰康七年（1081）圣宗仁德皇后哀册（图一一二）、房山龙门口村金太祖陵出土石椁（图一一三）②、峰峰矿区文物保管所藏明代三足炉（图一一四）、沈阳清福陵后金天聪三年（1629）—清顺治八年（1651）正红门内侧东翼墙（图一一五）。龙王首尾接近围合成团圆

图一一〇　洛阳博物馆藏唐代铜镜

图一一一　内蒙古自治区文物考古研究所藏奈曼旗
辽开泰七年（1018）陈国公主墓出土鎏金银奁

---

① 内蒙古自治区文物考古研究所、哲里木盟博物馆：《辽陈国公主墓》，文物出版社，1993年，40、41页。

② 首都博物馆藏。信立祥：《中国美术全集·画像石画像砖》（三），时代出版社传媒股份有限公司、黄山书社，2010年，561页。

图一一二 辽宁省博物馆藏巴林右旗永庆陵辽泰康七年（1081）圣宗仁德皇后哀册

图一一三 房山龙门口村金太祖陵出土石椁东壁拓本
［出自《中国美术全集·画像石画像砖》（三）561页］

图一一四 峰峰矿区文物保管所藏明代三足炉

图一一五 沈阳清福陵后金天聪三年（1629）—清顺治八年（1651）正红门内侧东翼墙

状，龙头内缩于中心位置，作张口欲吞宝珠状。

以上可知，二龙戏珠与一龙戏珠图像出现，可能是改造并利用二龙拱珠图像的结果。这种图像一经出现便迅速普及开来，唐宋时期主要应用于装饰铜镜，元明清时期大多应用于装饰碑碣和建筑。宋代以来，二龙系珠图像几乎销声匿迹，二龙拱珠图像也趋于式微，唯有二龙戏珠和一龙戏珠盛行于世，影响直至于今。所以形成这种格局，大概在于二龙系珠、二龙拱珠图像可施用载体有限，况且不像二龙戏珠、一龙戏珠图像那样生动活泼、深入人心。

承上所述，受到犍陀罗二龙系珠和二人系珠图像影响，中国自西晋以来先后出现二龙衔珠图像、二龙系珠及其衍生图像、一龙系珠及其衍生图像，大多用于菩萨像项链装饰，分布在中原北方和四川，主要流行于南北朝隋代。传统二龙缠绕造型与佛教宝珠因素结合，在北朝后期促成二龙拱珠图像，基本用于碑碣装饰，有唐一代盛行于中原北方，宋元明清时期稀疏地持续流行。在改造并利用二龙拱珠图像基础上，唐代创造出二龙戏珠和一龙戏珠图像，入宋以后几乎取代上述其他图像而流传至今。二龙戏珠包括二龙戏一珠及其衍生图像、二龙戏二珠及其衍生图像，各有旋绕式表现和对置式表现，主要用于装饰铜镜、碑碣和建筑，大多分布在中原北方，少许波及江南地区（表一）。

表一　二龙系珠、二龙拱珠、二龙戏珠与一龙戏珠图像演化表

二龙系珠	犍陀罗	二龙系珠（约二、三世纪）
		二人系珠（约二、三世纪）
	汉地	二龙衔珠（约4—19世纪）
		二龙系珠→衍生图像（约5世纪后半叶—6世纪）
		一龙系珠→衍生图像（约6世纪后半叶）
二龙拱珠		非典型二龙拱珠（约5世纪下半叶—6世纪）
		典型二龙拱珠（约6—19世纪）
二龙戏珠 一龙戏珠	二龙戏一珠	旋绕式二龙戏一珠→衍生图像（约7—19世纪）
		对置式二龙戏一珠→衍生图像（约10—19世纪）
	二龙戏二珠	旋绕式二龙戏二珠→衍生图像（约12—13世纪）
		对置式二龙戏二珠→衍生图像（约11—18世纪）
	一龙戏珠（约7—17世纪）	

总体而言，二龙系珠、二龙拱珠、二龙戏珠与一龙戏珠图像，呈现次第繁荣的发展格局，构成中国传统装饰图像的重要内容。二龙系珠图像基本用于菩萨像项链装饰，二龙拱珠、二龙戏珠与一龙戏珠图像则用于装饰铜镜、碑碣、建筑等物件，中原北方始终是主要发展区域。

［原文见李静杰、齐庆媛：《二龙系珠与二龙拱珠及二龙戏珠的图像系谱》，《石窟寺研究》（第6辑），科学出版社，2016年。该课题涉及资料几乎没有限量，笔者一时难以获取更多，所得结论不能没有偏差，尚待有识之士加以完善］

The Ancestry of Two Dragons Biting the Rope of Bead, Two Dragons Arching the Bead with Claws and Two Dragons Playing with the Bead

Abstract: After the Gandhara image of two dragons biting the rope of the bead was spread in the Han Dynasty, it was transformed and developed into a Chinese style, mostly used for the decoration of Bodhisattva necklaces in the Southern and Northern Dynasties and the Sui Dynasty, distributed in the north of the Central Plains and Sichuan. The combination of the traditional winding shape of two dragons in the Han Dynasty and the Buddhist beads promoted the image of two dragons arching the bead with claws in the late Northern Dynasty, basically used for the decoration of steles. It was popular in the north of the Central Plains in the Tang Dynasty and continued the popularity sparsely in the Song, Yuan, Ming and Qing Dynasties. Originated in the Tang Dynasty, the image of two drangons playing with the bead has lasted till now, widely used in the decoration of bronze mirrors, steles and buildings, becomes a popular image among the people. The images of two dragons biting the rope of the bead, two drangons arching the bead with claws and two drangons playing with the bead presented a prosperous development pattern, which constituted an important part of traditional Chinese decorative images and played an important role in ancient social life.

三兔共耳图像的新发现新思考

内容提要：备受瞩目的敦煌莫高窟三兔共耳图像，从哪里来，寓意何在？一直困扰着学界和关心它的人们。笔者一次巴基斯坦考察见闻，发现犍陀罗出土三兔共耳图像资料，推测是敦煌同类图像的直接前身或源头。三兔共耳图像可能在日常生活中偶然地想象、创造出来，又在6世纪频繁的东西方人群交往过程中传播至中土，一种富于生活情趣的普通事物，实在难以说明有何宗教、天文等文化内涵。

来过敦煌、了解敦煌、迷恋敦煌的人们，可能不会忘记，一种令人心动、让人回味的图像——三兔共耳。三只兔子共用三只耳朵又完整无缺，前后追逐而无法超越，异乎寻常的设计思维，耳目一新的艺术造型，置于任何时间、地方，任人评点，都不能找出些微瑕疵。说它是创造却显得那样自然，论它是艺术又见不得半点雕饰，无论你用何种语言、修辞赞美它的佳处，似乎都不为过。然而，敦煌三兔共耳图像从哪里来，隐藏着何种创作动机，一直困扰着学界和关心它的人们，笔者一次犍陀罗考察见闻，促使这一问题有所转机。

1. 敦煌三兔共耳图像及其研究情况

三兔共耳图像不仅在敦煌，纵使在中国、在世界都留下光辉的一页。以往学界所知10世纪以前的三兔共耳图像，都集中在敦煌莫高窟。据学界统计，莫高窟18个洞窟藻井绘制三兔共耳图像，从隋代持续到晚唐，分别是隋代305号、383号、397号、406号、407号（图一）、416号、420号、427号8个洞窟，初唐205号（图二）1个洞窟，中唐144号、200号、237号、358号、468号5个洞窟，晚唐127号、139号、145号、147号4个洞窟，另有416号、427号2个洞窟壁面边饰此种图像。

表现在藻井中的三兔共耳图像一概处在井心部位，形成窟顶的中心。三兔呈头内脚外、等距、环形排列，实例多数沿顺时针方向、少许沿逆时针方向旋转奔跑。各兔左右耳分别与相邻兔一耳重叠，看似共用三只耳朵，三耳形成等边三角形状。藻井圆心多涂成绿色并围绕莲瓣，示意三兔处在莲蓬之上，兔身多白色，少数灰褐等色，以区别于背景色调，基本构图应是在莫高窟北朝以来莲花藻井表现基础上，添加三兔共耳元素的复合造型。每只兔子前腿奔、后腿蹬，各腾空而起、奋力追逐，既不能超越前者，又无法抛下后者。三兔狂奔不已、循环往复，时间仿佛飞快地流动，观者不由得为兔子的辛苦所感动，静态洞窟因此而产生动态感，让置身于其中的人们感受到自然界的灵动和生机。

三兔共耳图像因其巧夺天工的设计和造型，引起人们浓厚兴趣，近20年来出现不少专题

图一　敦煌莫高窟隋代407号窟藻井
（出自敦煌网站）

探索。就代表性研究而言，余俊雄认为兔子是佛的本生，三兔代表竖三世与横三世佛，三兔共耳设计关联中国民间三鱼共头、两子共头（四喜娃）等共用形造型法[①]。英国苏·安德鲁等以莫高窟16个洞窟藻井三兔共耳图像为引子，列举12—15世纪西亚、西欧、藏地的陶瓷与金属器物、钱币和建筑装饰三兔共耳图像，涉及佛教、基督教和伊斯兰教文化，以为三兔共耳图像可能产生于波斯萨珊或古希腊文化，由粟特人带往敦煌，敦煌以外的欧亚实例多集中在13世纪前后，可能关联伴随蒙古西征和十字军东征产生的文化交流[②]。英国大卫·辛马斯特从益智游戏视角，列举若干与三兔共耳相近的共用形图像[③]。赵燕林梳理了莫高窟16个洞窟藻井三兔共耳与其他元素组合和颜色变化情况，认为三兔图像有关北斗、月神信仰，是中国传统文化、佛教文化与其他文化的有机结合，寄寓着子孙繁衍的理念[④]。陈振旺等将莫高窟藻井三兔共耳图像增加到18例，并找到2个洞窟壁面边饰实例，认为三兔共耳图像是隋代佛教发展到特定阶段，佛教思想和中国传统星象崇拜、道家神仙思想相互渗透而产生的图式，是敦煌画师在借鉴传统图案基础之上融合外来文明的原创[⑤]。总体来说，学界已经弄清楚6—15世纪亚欧大陆三兔共耳图像的大致流行情况，就其来源和含义做了种种推测，实际上这些推测大多缺乏确凿、有力的依据，只不过是假说而已。

① 余俊雄：《敦煌藻井"三兔共耳"图案初探》，《2004年石窟研究国际学术会议论文集》，上海古籍出版社，2006年。
② 〔英〕苏·安德鲁、克里斯·查普曼、汤姆·格利沃斯：《探索连耳三兔神圣的旅程》，《2004年石窟研究国际学术会议论文提要集》，敦煌研究院（内部资料），2004年。
③ 〔英〕大卫·辛马斯特：《三兔、四人、六马及其他装饰图案》，《2004年石窟研究国际学术会议论文集》，上海古籍出版社，2006年。
④ 赵燕林：《莫高窟三兔藻井图像来源考》，《艺术探索》2017年第31卷第3期。
⑤ 陈振旺、彭艳萍：《中西文化交流视野下莫高窟三兔共耳纹来源再议》，《艺术百家》2020年第1期。

图二　敦煌莫高窟初唐205号窟顶部及藻井
（出自敦煌网站）

图三　斯瓦特比尔·克特·格万代遗址出土陶塑三兔共耳图像
（出自*Archaeological Museum Saidu Sharif, Swat. A Guide*, p.87）

2. 犍陀罗三兔共耳图像及其与敦煌关联

2018年7月，笔者三人考察犍陀罗遗存过程中，在白沙瓦大学杂书堆发现《斯瓦特塞杜沙里夫考古博物馆向导图册》，一本极其简略、轻薄的小册子，其中刊载着一幅类似圆形瓦当的陶塑浮雕插图（图三），没有标注出土信息①，以为出自塞杜沙里夫遗址。近来，经刘易斯、王德路博士协助查询相关资料②，得知该陶塑实际出土于斯瓦特的比尔·克特·格万代（Bir-Kot Ghwandai）遗址。该遗址贵霜时期为佛教文化区，残留着诸多佛教遗迹，而陶塑出土于沙希时代（Shahi period，9—11世纪）219号房间，1992年巴基斯坦政府考古局发掘，斯瓦特考古博物馆收藏。

该陶塑直径7.5厘米，红陶。浮雕图像分内外两区，内区三只卧兔头内脚外呈环形排列，共用三只耳朵，三兔前方各长出一丛草，尽显安闲自在情态，外区环列30个联珠纹样。从质地和造型观察，应是模制后在陶窑中烘烤所成，当时可能批量制作，推测至少在斯瓦特附近有所流行。此种陶塑当初可能用作建筑装饰构件，而且应该成组存在，实际仅在晚期建筑中发现一个，不排除晚期居民沿用早期遗物之可能。

巴基斯坦北部斯瓦特河谷地带，早在阿育王时期（前3世纪中叶）佛教已经传布到这里，犍陀罗早期（1世纪前后）、中期（二、三世纪）佛教造作繁荣一时，延续到犍陀罗晚期（四、五世纪）。比尔·克特·格万代遗址出土三兔共耳陶塑没有明确年代，外区装饰疏朗排列的大颗粒联珠纹样，具有波斯萨珊朝（224—651）文化特征，这种联珠纹样8世纪之后少有流行，由此推测该浮雕似乎不是犍陀罗早中期遗物，大概制作于犍陀罗晚期或嚈哒统治时期（5世纪中叶—567年）。三兔共耳图像到底是广义犍陀罗（包含狭义犍陀罗、斯瓦特、

① Makin Khan, Archaeological Museum Saidu Sharif, Swat, A Guide, Saidu Sharif, 1997, p.87.该向导图册标记为三鹿。实际身体形态、耳朵与身体比例无不契合兔子特征，全然没有长颈、叉角等鹿特征。

② 斯瓦特考古博物馆存目编号：A.M.S.INV. No.B.K.G1519。红陶，直径7.5厘米，1—3世纪。出土于斯瓦特的比尔·克特·格万代遗址。M. Ashraf Khan, Gandhara Sculptures in the Swat Museum, Saidu Sharif Archaeological Museum, 1993, p.179；比尔·克特·格万代遗址位于比尔·克特村向东通往卡拉卡山口3公里处，1992年巴基斯坦政府考古局发掘。该遗址包含主塔、佛龛和周围数座礼拜小塔，发现2—10世纪大量石雕，以及一个舍利函、铜器、陶器。该陶塑发现于比尔·克特·格万代遗址219号房间，此房间有几个沙希时代（Shahi period，9—11世纪）陶罐，除此之外缺乏有效的断代依据。认为陶塑具有装饰壁面的功能。Callieri, Pierfrancesco, Italian Archaeological Mission, Bīr-Koṭ-Ghwaṇḍai 1990-1992: A Preliminary Report on the Excavations of the Italian Archaeological Mission, IsMEO, Napoli: Istituto universitario orientale, 1992；Anna Filigenzi, The Three Hares from Bir-Kot-Ghwandai:Another Stage in the Journey of Widespread Motif, Studi in Onore Di Umberto Scerrato, Istituto Itliano Per L'Africa E L'Oriente, Napoli, 2003. 该文认为此陶塑三兔共耳图像可能关联古印度占星术或佛教兔本生故事，兔子和月亮存在联系，并列举了敦煌、中亚、西亚、欧洲、北非例子，推测随着伊斯兰教活动于中世纪传入欧洲。

塔克西拉、迦毕试等地）文化因素，还是外来文化因素，就所知仅有资料无法进一步推断。

比尔·克特·格万代遗址三兔共耳图像为卧兔形象，不同于莫高窟作奔跑状三兔共耳图像，但只是动作不同而已，二者设计思想和构图形式没有两样。况且，既然能够想象趴卧状三兔共耳图像，一样可以创造奔跑状三兔共耳图像，后者或许在斯瓦特，抑或在广义犍陀罗曾经流行过，只是没有被发现而已。在敦煌隋代洞窟壁画中，以联珠纹样为代表的波斯萨珊朝文化因素急剧增加，三兔共耳图像于此时出现在莫高窟，极有可能是当时活跃的粟特人带来犍陀罗文化因素之结果，莫衷一是的敦煌三兔共耳图像来源问题有了比较可靠线索。

那么，犍陀罗三兔共耳图像怎样传播到敦煌之地呢？斯瓦特紧邻北部克什米尔地区，那里有向北通往新疆叶城、喀什的喀喇昆仑山谷走廊，沿途广布着佛教流行期的岩刻图像和题记[1]，留下土人生活和行旅往来的印记，再从新疆西端转而向东，塔里木盆地南北两缘各有一条道路通往敦煌，汉代以来成为东西方交通干道。5世纪初高僧法显经由和田，向西穿越喀喇昆仑山口进入斯瓦特地区[2]，就是一个典型实例。犍陀罗通往敦煌之路自然环境十分严酷，但始终都不能阻挡东西方经济、文化交流的热情和欲望，上述艰难而快捷的通道，应该就是犍陀罗三兔共耳图像传入敦煌之路。

以往研究者们基于对三兔共耳图像起源的猜测，赋予其种种象征意涵。反观斯瓦特比尔·克特·格万代遗址三兔共耳图像，充溢着情趣、祥和、艺术之美，给人们带来愉悦、轻松的气氛，更像自然又富于想象力的偶然所为，实在难以与宗教、天相等文化现象联系在一起，其产生可能本来没有多么复杂。那么，表现在莫高窟藻井的三兔共耳图像是否被赋予新的含义？北朝石窟莲花藻井象征佛国净土的意涵不言而喻，学界几乎没有异议，添加三兔共耳图像之后，洞窟因此产生生灵动氛围。之所以没有选择卧兔而作奔兔造型，其中缘由应该就在于制造动态效果，置身其中的人们心想不停奔跑的兔子，一时间仿佛自身也活跃起来，不知不觉间多了几分愉悦。如果说兔子多产，寓意子孙繁衍、生活富足，就卧兔而言或许有几分道理，对于飞奔兔子来说似乎离题太远。三兔共耳图像来自日常生活，可能产生于一念之间，因为喜闻乐见而传播四方，大概创造者都没有想象能有多少象征意义，事实可能也是如此。

无论在中国还是在印度，公元前几个世纪已经流传月中兔故事。诸如，中国战国晚期屈原《天问》所云顾菟、长沙马王堆汉墓出土西汉早期帛画月中兔[3]，印度约前3世纪巴利文《本生》（Jataka）316号《兔本生谭》故事所述，帝释天在月轮上绘制兔子形象等[4]。比尔·克特·格万代出土陶塑三兔共耳图像，三兔所在圆圈之外表现一周联珠纹样，与拜城克孜尔约六、七世纪34号窟券顶壁画月中兔周围以联珠纹表现星辰做法相近（图四）[5]，克孜

① Jettmar K, Zwischen Gandhara und den Seidenstrassen, Felsbilder am Karakorum Highway: Entdeckungen Deutsch-Pakistanischer Expeditionen 1979-1984, Mainz: Verlag Philip von Zabern，1985；〔巴基斯坦〕艾哈默德·哈桑·达尼著、赵俏译：《喀喇昆仑公路沿线人类文明遗迹》，中国国际广播出版社，2011年。

② （东晋）沙门释法显撰、章巽校注：《法显传校注》，中华书局，2008年，11—29页。

③ 湖南省博物馆、中国科学院考古研究所：《长沙马王堆一号汉墓》，文物出版社，1973年，上册38、下册图版71。

④ 《本生经》316号《兔本生谭》（悟醒译），《南传大藏经》第34册243—247页。

⑤ 新疆维吾尔自治区文物管理委员会、拜城县克孜尔千佛洞文物保管所、北京大学考古系：《中国石窟·克孜尔石窟·第一卷》，文物出版社，1989年，图版78。

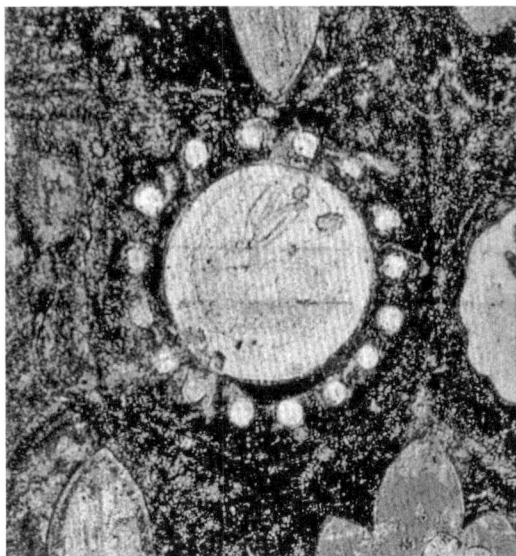

图四 拜城克孜尔34号窟券顶天相图月轮
（出自《中国石窟·克孜尔石窟·第一卷》图版78）

尔壁画月中兔无疑为印度文化的体现，以此推测比尔·克特·格万代出土陶塑或许关联印度文化月中兔传说。

继敦煌石窟之后，三兔共耳图像在西亚、西欧和藏地再次流行开来，这些图像从何而来？又是新问题。再次流行的实例多是与敦煌同型的奔跑状三兔共耳图像，但是，这绝非意味着一定来自敦煌，如前所述，犍陀罗极有可能创造并流行过奔跑状三兔共耳图像。犍陀罗文化消亡之后，相关遗迹依然存在，一些文化传统也会流传下来，犍陀罗文化因素仍然能够传播至周边乃至更远的地方。犍陀罗处在东亚、南亚、中亚和西亚交会地区，与其说西方三兔共耳图像来自敦煌影响，毋宁说受到犍陀罗影响可能性更大一些。

敦煌莫高窟隋唐三兔共耳图像多表现在显著位置，连续发展300年之久，受到学界重视理所当然。相对而言，犍陀罗三兔共耳图像迄今仅见于斯瓦特地区，载体又是不起眼的小型陶塑，长期以来鲜有人提及，没有受到学界重视也在情理之中。这次偶然的发现，为探索三兔共耳图像提供新视点、新思维，犍陀罗孕育的文化因素在敦煌发扬光大，古印度与中国就这样不知不觉地连接起来了。

（原文见李静杰、齐庆媛、李秋红：《三兔共耳图像的新发现新思考》，《美术大观》2022年第2期。本稿基于新资料做了微观调整）

The New Discovery and New Thinking of Three Rabbits Sharing Ears Image

Abstract: Where did the high-profile image of three rabbits sharing ears in Dunhuang Mo Kao Grottoes come from and what was its implication? It has been puzzling the academia and people who care about it. During an investigation in Pakistan, the writer found that the image of three rabbits sharing ears unearthed in Gandhara presumably was the direct predecessor or the source of similar images in Dunhuang. The image of the three rabbits sharing ears might be accidentally imagined and created in daily life and also spread to China in the process of frequent exchanges between the East and the West in the 6th century. It was a common thing rich in life interest, difficult to explain the religious, astronomical and other cultural connotations.

安阳修定寺塔唐代浮雕图像

内容提要：修定寺塔图像象征地表现了中古佛教理想世界，反映了多种文化因素交汇融合情况，是一座拥有巨大挖掘潜力的文化宝库。创建于北齐的修定寺塔后来经过重建和修缮，现存浮雕图像约完成于盛唐、中唐之际，可能受到武则天推行印度转轮圣王观念影响，装饰以转轮圣王七宝为主题的图像，符号化地表现了弥勒下生时出现的美好世界景象。修定寺塔宝帐形制、塔门、青龙与白虎方位神，继承了汉文化传统因素，宝帐图像菱形布局和诸多几何形图样，以及胡旋舞人等，则受到西域文化因素影响。修定寺塔以其精湛的浮雕，萦绕其间的异域风情，以及对佛教理想世界的仰慕，让关心它的人们流连、回味、思考。

　　修定寺塔坐落在河南安阳西郊清凉山麓（图一、图二），以其装饰图像的丰富多彩、华美精湛，引起历史、考古与美术史学界极大关注和兴趣。三十年来，学界就修定寺塔涉及的诸多问题，从不同视角进行了考察，仁智互鉴。其中也不免存在一些不实或不确的看法，有些方面问题则被忽视，尚未得出整合性观点。鉴此，笔者以学界披露资料和实地调查所得资料为基础，围绕浮雕图像展开分析，力图比较客观、完整地认识修定寺塔文化内涵。

图一　修定寺塔远观

图二　修定寺塔近视

一、修定寺塔研究与寺塔概况

1. 修定寺塔研究状况

修定寺塔研究，包括考古调查，始建、再建、修缮年代探讨，浮雕图像内涵及其背景分析，以及复原考察等多个相互关联的问题点。修定寺塔自20世纪70年代进入学界视线以来，日益受到研究者重视，相关资料被越来越多地挖掘出来，认识也不断深化，历史上真实的修定寺塔面目日渐清晰地显露于世人。

1961年，河南文物部门重新发现此塔，1973年以来进行了仔细调查并加以修缮。1979年，河南文物部门刊载修定寺塔调查简报[①]，该塔建筑及浮雕图像资料始公之于世。1982年，国务院公布修定寺塔为全国重点文物保护单位。1983年，河南文物部门编写《安阳修定寺塔》报告书刊行[②]，比较详尽地披露了70年代的调查成果，公布诸多图像资料及相关碑刻文字资料，成为此后学界研究的基础。报告认为修定寺塔创建于北朝后期，现存塔身为唐代重修遗迹，基本符合实际情况，关于砖雕图像的认识则十分有限。

今修定寺塔因寺得名，修定寺以其塔的存在而受到学界关注，修定寺成为修定寺塔考察不可分割的部分。1979年张桂生刊文，提出修定寺为北齐法上创建说[③]。囿于资料，此说不甚符合实际情况，但最早注意到《续高僧传》卷8《法上传》记述，于修定寺塔研究颇有价值。1981年张之刊文[④]，基于塔门额相州刺史苻氏题记考证，提出修定寺塔建于唐乾元元年至宝应元年间（758—762），此说亦不甚妥当，然依据苻氏官职名称考察修定寺塔历史，为一新着眼点。其人还注意到民国年间范寿铭、顾燮光《河朔访古新录》记述，对了解修定寺塔晚期历史有很大帮助。同年，杨宝顺、孙德萱刊文[⑤]，再次分析了苻氏题记中官职废置情况，又结合门楣上游人题记，认为苻氏题记时间在唐乾元二年以后咸通以前（759—860），还集录砖雕上所见五代以来诸多题记资料，为判断修定寺塔及其拼砌砖雕的年代提供重要依据。1996年温玉成刊文[⑥]，指出修定寺塔门额相州刺史题记苻氏，即《新唐书》著录的苻璘，进而判断修定寺塔大约建于唐建中四年至贞元十一年（783—795），将此问题探索引向深入。2002年李裕群刊文[⑦]，找出清嘉庆四年（1799）赵希璜《安阳县金石录》卷13《补遗》相关著述，并刊录修定寺唐开元年间两件碑刻的早年拓片资料，就修定寺与修定寺塔的创建和沿

① 河南省博物馆、安阳地区文管会、安阳县文管会：《河南安阳修定寺唐塔》，《文物》1979年第9期。
② 河南省文物研究所、安阳地区文物管理委员会、安阳县文物管理委员会：《安阳修定寺塔》，文物出版社，1983年。
③ 张桂生：《修定寺创建考》，《河南文博通讯》1979年第4期。
④ 张之：《修定寺方塔始建年代考》，《中原文物》1981年第2期。
⑤ 杨宝顺、孙德萱：《安阳修定寺塔的研究》，《中原文物》特刊（河南省考古学会论文选集），1981年。
⑥ 温玉成：《豫北佛教文物丛考》，《河南文物考古论集》，河南人民出版社，1996年。
⑦ 李裕群：《安阳修定寺塔丛考》，《宿白先生八秩华诞纪念文集》（下），文物出版社，2002年。

革，以及修定寺塔原状问题进行了比较细致分析。2003年宿白刊文①，进一步考证符璘事迹，提出现存修定寺塔修建及其模制砖雕完成于唐建中三、四年间（782—783），深化此问题讨论。2005年曹汛刊文②，认为《安阳县金石录》之《补遗》著者赵希璜的考证结果，即塔门额题记符氏为《宋史》记述的符昭愿为是，所谓苻（符）氏之说纯属子虚乌有，大功德主并不意味建塔、修塔。从实际情况来看，塔门额题记符氏官职，与文献、石刻所见唐代符璘或宋代符昭愿的官职比较，均有很大出入，无论哪一说都难以认作定论，相对来说唐代官职特征多一些，因此这一话题的讨论还没有完结。其人所云大功德主不意味建塔尚可，与修塔无关的说法恐过于绝对。曹汛进而认为，现存修定寺塔东北角与西南角柱础为北齐遗物，西北角与东南角柱础为隋代遗物，表明该塔北齐初建，隋代重建，并依据唐开元年间碑刻记述判断重建于隋开皇三年（583）。文物工作者勘察发现，东北角柱础浮雕十二瓣瘦削的宝装莲花，莲花之下装饰一周缠枝忍冬纹样，其余三角柱础浮雕八瓣丰满的宝装莲花（西南角柱础剥蚀严重），无缠枝花卉装饰。关于柱础的年代，《安阳修定寺塔》报告指出东北角柱础早于唐代，李裕群找到与此柱础造型相近的南响堂山像座实例，确认为北齐遗物。另外三角柱础，学界多认为唐代遗物。事实上，那种丰满的宝装莲花造型普遍见于唐代像座，曹氏在没有充分说明理由的前提下，断定为隋代遗物，有些让人费解。唐碑说得也很清楚，在北周武帝灭法期间该塔幸免于难，开皇三年仅仅是命人修理寺院并更改名称而已，绝无重建此塔的相关记述或信息暗示。2006年钟晓青刊文③，通过对修定寺塔周围出土砖雕分析，指出那些砖雕构件所在建筑物的体量，仅相当于现存修定寺塔身的1/3，不适用于该塔，可能为一种小比例佛塔或佛帐式建筑物的壁面装饰构件，从建筑学角度深化了对这些构件的认识，关于其年代分析则不够充分。

2005年金子典正刊文④，指出砖雕图像主题为转轮圣王七宝，其图像与弥勒下生信仰关联，并找出4例可供比较的南北朝隋唐时期转轮圣王七宝图像资料，实质性地推进了对修定寺塔砖雕图像的认识。文章还认为，《安阳修定寺塔》刊录的修定寺塔周围出土砖雕带有隋至初唐特征，而没有北朝遗物，并基于文献所见隋文帝作转轮圣王的些许踪迹，提出隋代修定寺塔可能已经装饰转轮圣王七宝图像，继而推测现存唐塔砖雕某种程度地继承了隋塔作法，这些认识具有一定见地，但与实际情况可能存在不小差距。2006年郭露妍刊文⑤，同样指出砖雕表现了转轮圣王七宝，并且与弥勒下生信仰关联。同年其人另文指出⑥，修定寺塔宝帐式造型、砖雕的菱形配制和镶嵌方式，以及胡人舞蹈、编制纹样等与波斯祆教文化密切关联，不

① 宿白：《大功德主苻（符璘？）重修安阳修定寺塔事辑》，《燕京学报》（新十五期），北京大学出版社，2003年。

② 曹汛：《安阳修定寺塔的年代考证》，《建筑师》2005年第4期；曹汛：《期望修定寺，碑刻考证与建筑考古》，《建筑师》2005年第5期。

③ 钟晓青：《安阳修定寺塔出土模砖再探讨》，《文物》2006年第3期。

④ 〔日〕金子典正：《安阳修定寺塔装饰浮彫博考—図案の意味と塼による塔荘厳の由来を中心に—》，《奈良美術研究》2005年第3号。

⑤ 郭露妍：《安阳修定寺塔七政宝砖雕装饰图案探源》，《西北美术》2006年第3期；郭露妍：《修定寺塔"七政宝"砖雕图案探源》，《装饰》2006年第12期。

⑥ 郭露妍：《试论修定寺塔装饰中的祆教文化因素》，《书画艺术》2006年第5期。

失为有见地的看法，但关于图像传承及时代性问题的论述尚不够充分，所谓修定寺塔原初为祆祠的推测也难以求证。

此外，1982年杨宝顺、孙德萱、孙士杰刊文[①]，前述1983年出版《安阳修定寺塔》报告与1987年杨宝顺文章[②]，阐述了修定寺塔建筑特点、砖雕形制及其复制工艺，有助于从建筑和工艺角度了解修定寺塔内涵。

综上所述，研究者就修定寺塔关联诸多问题进行了循序渐进的考察，认识越来越靠近历史真实。但是，诸家研究多不同程度地存在这样或那样的缺陷，如果不进行整合性分析，恐难以分辨哪些认识更合乎实际。关于砖雕图像的丰富内涵，尤其反映文化交流与融合情况的认识，则有待进一步加强。

2. 修定寺与修定寺塔概况

依据相关的碑刻、文献资料，以及前人研究成果，可以大体了解修定寺和修定寺塔兴废情况。

据唐开元七年（719）《大唐邺县修定寺传记》碑述（图三）[③]，安阳修定寺系北魏孝文帝敕建，时名天城寺。进入东魏，昭玄都维那（东魏副僧职）法上移居此寺，大将军、尚书令高澄更名为城山寺。北齐初文宣帝再易名为合水寺，以法上为昭玄大统（北齐最高僧职）[④]，并"封方十里，禁人樵采射猎，仍给武官兵士，守卫修营。三时视觐，四事无阙"。法上"以什物余积，□□（《安阳县金石录》卷13作'拟建'）支提（即佛塔）"，推测为今修定寺塔前身。寺院隆盛，崇重于时。北周建德六年（577），"邺城三县两千余寺，限十日内并使爨除，此寺于时亦同毁灭。赖□（《安阳县金石录》卷13作'使'）者深重三宝，不忍全除，虽奉严敕，才烧栏槛阶砌，砍去露盘仙掌而□（《安阳县金石录》卷13作'已'）。是以齐国灵迹，此塔独存也"。隋开皇三年（583）敕令修理，寺院再兴，如北齐日，改名作修定寺。唐武德七年（624），寺院再遭废黜。贞观十年（636），"依旧名置立"。至开元七年（719）立碑日，碑文无述，寺院似无大变易。其后，修定寺名一直沿用至今。

如学界指出，修定寺塔东北角柱础为北齐旧式，《大唐邺县修定寺传记》碑记述则暗示当初即装饰砖雕，推测唐代修定寺塔可能原地重建。基于前述关于塔门额相州刺史苻氏题记的研究，学界比较倾向于中唐时期重修现存修定寺塔。门额唐咸通十一年（870）游人题记表明，其时距离修定寺塔重修过去一段时间了。至于装饰转轮圣王七宝为主题的砖雕完成时间，结合下文图像风格分析，或许当盛唐、中唐之际。据北宋乾德三年（965）《大宋天城山

① 杨宝顺、孙德萱、孙士杰：《安阳修定寺唐塔雕砖的复制工艺》，《文物》1982年第12期。
② 杨宝顺：《修定寺塔的建筑特点与修整复原研究》，《中原文物》1987年第2期。
③ 碑已残缺，仅存原有文字的1/3左右。河南省文物研究所、安阳地区文物管理委员会、安阳县文物管理委员会：《安阳修定寺塔》，文物出版社，1983年，图版125；北京图书馆藏早年拓本基本保存全文。北京图书馆金石组：《北京图书馆藏中国历代石刻拓本汇编》，中州古籍出版社，1989年，第21册115、116页。
④ 记述其人纲领东魏、北齐佛教事务近40年，统率僧侣200余万。参见（唐）道宣：《续高僧传》卷8《法上传》，《大正藏》第50册485页上—486页上。

图三　唐开元七年（719）《大唐邺县修定寺传记》碑阴与碑阳拓本
（出自《北京图书馆藏中国历代石刻拓本汇编》第21册115、116页）

修定寺奉敕存留记》碑述①，会昌法难（844—846）时佛像被拆除，而修定寺塔未遭破坏，且免遭后周世宗法难（955）厄运。又，元皇庆元年（1312）《清凉山修定寺功德记》碑述②，元世祖至元四年（1267）至十三年（1276），修定寺曾经大规模修建。再据明成化十九年（1483）石刻③，似入元以后修定寺屡遭兵火焚烧，但宝塔尚存，经宣德六年（1431）以后修

---

① 碑所在不明。（清）武亿撰、赵希璜补遗：《安阳县金石录》卷13，《续修四库全书》第93册，上海古籍出版社，2002年。

② 《清凉山修定寺功德记》："至元（丁）卯年（四年）春簸时揆日，（法皓）鸠匠命工，遂塑十地菩萨、十六罗汉，精巧庄严，千态万状；观音之堂，弥勒之阁，张马腾虬，勾心斗角。……凡法堂寮舍，帑庾庖厨向未备者，□建以新之；荒废者，补缉而完之。……于至元十三年秋九□（月），始落其成。"河南省文物研究所、安阳地区文物管理委员会、安阳县文物管理委员会：《安阳修定寺塔》，文物出版社，1983年，图版128。

③ 云"南山老宿……宣德六年游方……修定。先朝兵火焚屡，微存宝塔一所。发心修理，暮（募）化坛（檀）那，鸠集工匠，前后殿堂，左右廊庑一百余间。塑化佛像，诸天罗汉，庄严千态，焕然一新"。河南省文物研究所、安阳地区文物管理委员会、安阳县文物管理委员会：《安阳修定寺塔》，文物出版社，1983年，图版129。

图四　修定寺塔南壁图像（1973年维修前原状）
（出自《安阳修定寺塔》图版5）

造，房舍达到百余间。其后续有修建。清末荒废，民国初年已寺宇无存，唯宝塔孑然耸立。新中国成立以前，修定寺塔砖雕屡遭不法分子盗窃，当地群众遂以石灰抹壁予以保护。20世纪70年代，河南文物部门清除涂壁石灰，修定寺塔露出本来面目。

修定寺塔坐北面南，作单层方形攒尖顶状，由基础、塔身和塔顶三部分构成。据《安阳修定寺塔》记录，20世纪30年代旧塔通高约20米，现存塔身高9.3米，面宽8.3米，塔身与塔顶约占总体高度的5/6。塔身与塔檐均由模制砖雕拼砌而成（图四—图七）。由唐宋时期碑刻资料可知，时称该塔为"宝帐"，即仿幔帐形状制作。

图五　修定寺塔南壁立面图
（塔身部分据1973年维修前原状描绘，塔檐部分据维修后现状描绘）

图六　修定寺塔北壁图像（1973年维修前原状）
（出自《安阳修定寺塔》图版7）

图七　修定寺塔北壁立面图
（塔身部分据1973年维修前原状描绘，塔檐部分据维修后现状描绘）

　　如下文所述，修定寺塔砖雕图像，有如一部反映中古理想世界与文化交流的丰厚著述，有着无尽的文化魅力。笔者以两次实地调查及多年来收集相关资料[1]，并参考前人研究成果，试图进一步阐释砖雕图像的文化内涵。

二、修定寺塔宝帐及其图像

1. 宝帐的意涵

　　《大唐邺县修定寺传记》碑述："师（法上）以什物余积，□□（拟建）支提。有一工人，忽然而至，入定思虑，出观剖镌。穷陶甄之艺能，□□（《安阳县金石录》卷13作'竭雕'）镂之微妙；写慈天之宝帐，图释主之金容。虽无优之役龙神，无□□（《安阳县金石录》卷13作'以加'）也。"又，《大宋天城山修定寺奉敕存留记》（《安阳县金石录》卷13）碑述："慈氏宝帐，异事奇工，乃法上之修也。"此二碑刻称其塔为"慈天

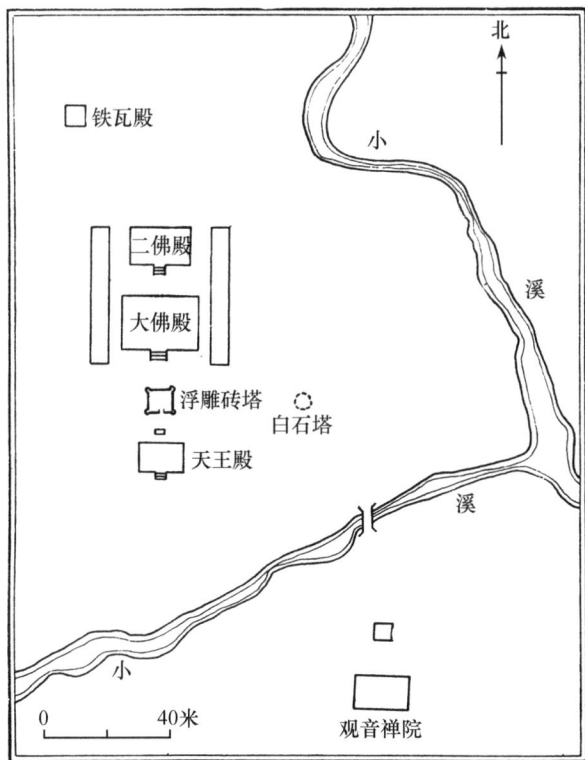

图八　修定寺平面示意图
（出自《安阳修定寺塔》图2）

宝帐"或"慈氏宝帐"，慈氏即弥勒，所谓慈天可能是慈氏与天之结合，意谓天上之弥勒。那么，可以理解为弥勒之天宝帐，抑或弥勒宝帐，亦即弥勒居止的帐幕，前者更强调了宝帐的神奇和不平凡。弥勒则有菩萨与佛的区分，应何所指？弄清这一问题须考虑多方面情况。

　　就修定寺布局来看，塔位于寺院的中下方（图八），从相关文字记述分析，这种布局应是出于整体策划的结果。一条学界没有发现，也是有关修定寺最早文献资料，即隋开皇十七年（597）费长房撰《历代三宝纪》卷12云："（法）上所服素纳袈裟，一钵三衣外，更无积聚。诸受请供，感世利财，起一山寺，名为合水。山之极顶造兜率堂，常愿往生，觐睹弥勒。四事供养百五十僧。"[2]兜率堂，顾名思义就是弥勒菩萨所居兜率天宫，于山顶置立兜率天宫的模拟建筑，其意自明。今修定寺正上方清凉山顶的建筑基址（图九），或即当初天宫所在地。就同一事件，《续高僧传》卷8《法上传》云："所得世利造一山

[1]　笔者于2005年7月共清华大学艺术史论系研究生谷东方、廖苾雅进行了初步调查，2008年7月与日本早稻田大学肥田路美教授及本系研究生齐庆媛、林志镐一起进行了补充调查。再者，笔者考察巴黎集美博物馆藏敦煌藏经洞出土绢画降魔图期间（李静杰：《五代前后降魔图像的新发展——以巴黎集美博物馆所藏敦煌出土绢画降魔图为例》，《故宫博物院院刊》2002年第6期），基于相关图像的相似性，亦曾注意到修定寺塔表现七宝图像的情况，但多年来仅限于收集相关资料，直至今日才落实于文字。

[2]　《大正藏》第49册105页上。

图九　清凉山顶建筑基址

寺，本名合水，即邺之西山今所谓修定寺是也。山之极顶造弥勒堂，众所庄严，备殚华丽。四事供养百五十僧。"①此行文与《历代三宝纪》仿佛，应来源于前者并略加改动。但弥勒堂称名到底指弥勒菩萨，还是弥勒佛所居之堂，文义变得模糊。开元三年（715）《唐相州邺县天城山修定寺之碑》记："又有龙华瑞塔，降于忉利；雀离仙图，来于天竺。"②所谓龙华，为弥勒菩萨由兜率天宫下生成佛，三次说法度人处的龙华树，龙华瑞塔则是与弥勒成佛关联之塔，应指今修定寺塔前身，学界已有共识，所谓"慈天宝帐"或"慈氏宝帐"，即下生弥勒佛所居帐幕。于是，山顶殿堂与山腰修定寺塔，形成具有教义联系的上下配置，也就是说上生弥勒菩萨所居兜率天宫、下生弥勒佛三会说法宝塔构成上下呼应关系。而且，山腰部位东西相望的雀离浮图③、龙华瑞塔，又形成现世释迦佛与未来弥勒佛的教主传承关系。由此而言，山顶兜率堂与山腰慈氏宝帐、雀离浮图，形成具有教义联系的严密建筑组合，这是以往没有究明的重要内容。

　　就弥勒经典来说，弥勒下生经在先，弥勒上生经在后，后者不见有梵文本，可能产生于西北印度地区。就弥勒造型而言，在西北印度犍陀罗雕塑中弥勒菩萨一般作为修行者表现，同时见有少许兜率天上弥勒菩萨，而在阿富汗巴米扬石窟、新疆龟兹石窟壁画中，兜率天上

① 《大正藏》第50册485页中、下。

② （清）武亿撰、赵希璜补遗：《安阳县金石录》卷13。行文所见忉利即忉利天，此天又名三十三天，为欲界下起第二天，处须弥山顶，众神之主帝释天所居。而弥勒菩萨所居兜率天为欲界第四天，处须弥山上方空中，忉利天与弥勒下生无干，只是基于修辞需要借用而已。至于雀离仙图，古印度有二：一者为东魏杨衒之：《洛阳伽蓝记》卷5《宋云行记》所述北印度雀离浮图，在今巴基斯坦白沙瓦附近，与中国佛教关系密切。另一者为初唐义净：《大唐西域求法高僧传》卷上《那烂陀寺》所述中印度那烂陀寺之雀离浮图。雀离浮图用语亦属修辞借用，内涵不可思议之用意。

③ 李裕群认为碑记所云雀离浮图指修定寺塔东部，于北齐天保五年（554）落成并隋开皇十年（590）重修的"释迦牟尼舍利塔"，应属正确。

弥勒菩萨表现成为常态①。值得注意的是，巴米扬约开凿于6世纪末叶的西大佛龛，推测其天井壁画表现了兜率天上弥勒菩萨，高55米的西大佛则是下生弥勒佛像，两者形成弥勒上生与下生组合②。而且，在三叶形佛龛顶部券腹的下缘绘制垂下幔帐（图一〇）③，形成弥勒大佛的宝帐，与修定寺塔"慈氏宝帐"意义没有本质区别，都是为了庄严弥勒下生世界。

图一〇　阿富汗巴米扬西大佛龛天井壁画幔帐
（出自《世界美術大全集·東洋編·第15卷·中央アジア》插图166）

　　《历代三宝纪》卷12云："（法上）常愿残年，见三宝复，更一顶礼慈氏如来。业行既专，精诚感彻，心如注水。遂属开皇，至尊龙飞，佛日还照。上果情愿，病服袈裟。弟子杠（扛）舆升山寺顶，合掌三礼弥勒世尊，右绕三周。讫还山下，奄然而卒，九十余矣。"④道

---

① 〔日〕宫治昭：《インドにおける弥勒図像の変遷》，《論叢仏教美術史》，东京：吉川弘文馆，1986年；〔日〕宫治昭著、李静杰译：《弥勒信仰与美术——从印度到中国》，《艺术史研究》（第八辑），中山大学出版社，2006年。

② 〔日〕宫治昭：《バーミヤーン石窟の天井壁画の図像構成—弥勒菩薩·千仏·飾られた仏陀·涅槃図—》，《佛教藝術》1990年第191号；〔日〕宫治昭著、李静杰译：《巴米扬——文明的十字路》，《故宫学刊》（第三辑），紫禁城出版社，2007年。

③ 〔日〕田边胜美、前田耕作：《世界美術大全集·東洋編·第15卷·中央アジア》，东京：小学馆，1999年，插图166。

④ 《大正藏》第49册105页上。此文献比较《续高僧传》卷8《法上传》记述有所出入，后者记录法上逝于北周大象二年（580），非隋开皇。

出法上内心深处的弥勒信仰情结，所谓山寺顶之弥勒世尊①，应指前述兜率堂中弥勒菩萨。何以没有言及慈氏宝帐即佛塔中设置弥勒佛，而特意瞻仰弥勒菩萨，推测这里潜藏着法上希望往生兜率天，然后随弥勒菩萨下生，值遇弥勒成佛并三会说法的用意。不然，无以说明法上当时的心情和举动。可见，修定寺建筑设置与佛教教义和僧侣修行、信仰之间密切关联。

《大宋天城山修定寺奉敕存留记》云："自隋历唐，有会昌之难，佛像虽降，宝帐弗圮。"由知，会昌法难中拆除修定寺塔中佛像，其像当为下生弥勒佛。今日塔内无所遗存，而塔门额上浮雕盛中唐之际风格三佛像，中间者倚坐说法为当时流行的弥勒佛造型，两侧结跏趺坐说法佛无特定属性标志，难以确认，突出弥勒佛则无疑义②。

弄清慈氏宝帐的内涵之后，继续分析《大唐邺县修定寺传记》"有一工人，忽然而至……虽无优（忧）之役龙神，无以加也"③，以及《大宋天城山修定寺奉敕存留记》"异事奇工"记述。后者显然针对前者概括描述，二者都强调了修定寺塔建设工程的不可思议，以下两条文献可以帮助我们了解其中的佛教内涵。

其一，东晋法显《法显传》云："度岭（即葱岭）已，到北天竺。始入其境，有一小国，名陀历，亦有众僧，皆小乘学。其国昔有罗汉，以神足力将一巧匠上兜率天，观弥勒菩萨长短色貌。还下，刻木作像。前后三上观，然后乃成像。长八丈，足跌八尺，斋日常有光明，诸国王竞兴供养。今故现在于此。"④记述法显游历至陀历国（今克什米尔），见到木刻弥勒菩萨巨像。传说往昔罗汉施神通之力，携带巧匠三次上升兜率天，观察弥勒菩萨相貌，方得刻成。通过神奇传说故事，表述弥勒菩萨像的不平凡来历。

其二，唐玄奘、辩机《大唐西域记》卷8《摩揭陀国》云："（菩提伽耶）精舍既成，招募工人，欲图如来初成佛像。旷以岁月，无人应召，久之，有婆罗门来告众曰，'我善图写如来妙相'。众曰，'今将造像，夫何所须'。曰：'香泥耳，宜置精舍之中，并一灯照。我入已，坚闭其户，六月后乃可开门。'时诸僧众皆如其命。尚余四日未满六月，众咸骇异，开以观之，见精舍内佛像俨然，结跏趺坐，右足居上，左手敛，右手垂，东面而坐。……相好具足，慈颜若真。唯右乳上图莹未周，既不见人，方验神鉴。众咸悲叹，殷勤请知。有一沙门宿心淳质，乃感梦，见往婆罗门而告曰，'我是慈氏菩萨，恐工人之思不测圣容，故我躬来图写佛像'。……众知灵鉴，莫不悲感。于是乳上未周，填厕众宝，珠缨宝冠，奇珍交饰。"⑤记述玄奘游历印度菩提伽耶期间，听闻菩提寺中释迦成道像，为弥勒菩萨

① 此处冠以世尊（世所尊重之意）称呼，使内在含义变得模糊。

② 李静杰：《唐宋时期三佛图像类型分析——以四川、陕北石窟三佛组合雕刻为中心》，《故宫学刊》（第四辑），紫禁城出版社，2009年。

③ 即阿育王造八万四千塔故事。（西晋）安法钦译：《阿育王传》卷1《本施土缘》："王还于本处，便造八万四千宝箧，金银琉璃以严饰之。一宝箧中盛一舍利。复造八万四千宝瓮、八万四千宝盖、八万四千匹彩以为装校。一一舍利付一夜叉，使遍阎浮提。其有一亿人处造立一塔。于是鬼神各持舍利，四出作塔。……造塔已竟，一切人民号为正法阿恕伽王。广能安隐（通'稳'），饶益世间，遍于国界而起塔庙，善得滋长，恶名消灭。天下皆称为正法王。"（《大正藏》第50册102页上、中）

④ 《大正藏》第51册857页下、858页上。

⑤ 《大正藏》第51册916页上、中。

变现婆罗门所制作，即具有装身具的所谓菩提瑞像。

以上二文献分别借助传说故事，说明弥勒菩萨像与释迦成道像之神奇，告诉人们其像乃天工所成，非人力所能及。这样便使造像蒙上神秘色彩，有助于增强人们的恭敬供养之心。那么，《大唐邺县修定寺传记》碑的记述，难道不是出于同样的目的和用意吗？借助神秘工人到来和他的超凡技艺，表述慈天宝帐无与伦比的工艺和华美。而且，上述两条文献内容均与弥勒菩萨关联，慈天宝帐中主尊则是弥勒佛，内容上也有可比之处。这样看来，《大唐邺县修定寺传记》碑的撰述，很可能参考了上述文献或从中受到启发。"慈天宝帐"用语，可谓匠心独运。

《安阳县金石录》卷13《补遗》，收录北宋熙宁五年（1072）安阳韩正彦《修定寺宝塔留题》诗云："①（笔者所加符号，下同）魏齐去今逮千年，岁月淹乎如跳丸。②山头旧寺已五改，惟有陶塔依然完。③此塔固与常塔异，鬼神夜垒磨琅玕。④当时规模非世有，肖形上拟天人冠。⑤阴工故欲露绝巧，千态万状劳刻剜。"著者就修定寺见闻有感而发，第①、②句描写历经沧桑岁月（实际500年左右），几经修缮的寺院已大变其样，只有当年（应为重修之后者）那座砖雕拼砌的宝塔傲然挺立。第③、④、⑤句描述那是一座非常之塔，外形好似天人的宝冠（暗指塔檐外出如帽檐，帷幕装饰宛如桂冠上悬挂的璎珞，大概当时的塔顶也似帽顶吧），如果不是鬼斧神工造化之作，谁者堪为？从这些描绘语言中不难看出，著者十分了解修定寺的碑刻记述及传闻故事，其人感慨宝塔装饰工艺之不可思议，暗示前述"有一工人忽然而至"的神奇事迹。此留题诗句透露北宋人对修定寺塔感想，实在难得。

2. 宝帐的形制与图像

现存修定寺塔呈模仿宝帐的方形单层攒尖顶状。宝帐各面均由作为塔檐的帐头、作为塔身的帷幔，以及作为帐构的立柱构成。

塔檐部分向外上方倾斜，一定程度上起到遮蔽雨水，保护壁面的作用。修复前仅西南部塔檐部分残留，据此可以复原以前的塔檐结构及配置图像。塔檐拼砌砖雕图像分上下五层（图一一—图一五）。

图一一　修定寺塔北壁塔檐与塔身上部线图
（塔身部分据1973年维修前原状描绘，塔檐部分据维修后现状描绘）

图一二　修定寺塔南壁塔檐局部

图一三　修定寺塔北壁塔檐局部线图
（据1973年维修后现状描绘）

图一四　修定寺塔西北角檐部及柱头仰视

图一五　修定寺塔西北角檐部及柱头仰视线图
（据1973年维修后现状描绘）

由上而下第一层为图案化花卉，菊花式花朵与莲花式花朵相间排列，两者均作内外双层花瓣（图一六），这种团花韵味的花卉图案流行于初唐以后。其中四角处花朵作适合角部空间的三瓣式莲花（图一七）。第二层为裸体力士，庞眉大目，肌肉隆起，孔武有力，左侧身者与右侧身者相间排列（图一八）。飘带缠身，迎风而动，力士仿佛游弋水中，转角部分变

图一六　塔檐第一层花卉局部线图

图一七　修定寺塔西南角塔檐第一层及其线图

图一八　塔檐第二层力士及其线图

化成腹部及下肢重叠，两内侧手重叠的奇妙造型（图一九）。裸体力士造型比较鲜见，其块状肌肉表现接近盛唐前后的力士像，如山西榆社县化石博物馆藏大同寺遗址出土力士像（图二〇）。第三层舞龙与近乎裸体女力士相间排列，两者之间装饰桃形上下叠垒而成的柱状图样（图二一、图二二）。其中女力士，博发垂下，塑造密集小圆点以示卷曲。此女力士像突出腹部与双乳表现，可与山西长治市博物馆藏红星厂唐墓出土，初盛唐之际胡人敞怀女俑比较（图二三），卷发造型暗示他们可能来自西域。

　　第四层为高度图案化花卉，相对的两叶片中长出条形卷曲花瓣，上下层花瓣以及相邻两组花瓣相互勾连，花瓣中央为花芯和花蕊，繁缛而有生机（图二四）。花卉下端叶片的表现形式，与下述帐楣第四层石榴果相似，可能是石榴果变形表现。此花卉与西安何家村出土盛

图一九　修定寺塔檐第二层转角处双头力士线图

图二〇　榆社县化石博物馆藏榆社
大同寺遗址出土盛唐前后力士像

图二一　修定寺塔檐第三层女力士及其线图

图二二　修定寺塔檐第三层舞龙及其线图

图二三　长治市博物馆藏红星厂唐墓出土初盛唐之际胡人女俑及其局部

图二四　修定寺塔檐第四层花卉局部线图

唐前后鎏金银盒图样有相似之处（图二五）[1]，银盒底面中央宝相花周围刻画6个相互叠压的石榴形果，各在顶端表现盛开花朵，创意与前者类似，反映了两者制作年代相去不远[2]。第五层花绳与彩铃相间配置，花绳中间有花结垂下。第四层各丛花卉之间分别现出丝带，垂至第五层打成花结，上下形成一个整体。

塔檐以下壁面为帐身，由帐楣、帘幕两部分构成。四面均为划一化的中轴线对称布局，只有正面（南面）券门部分独立设计，东、西、北三面画面内容完全一致。约占墙壁高度1/3的壁面上部为帐楣，帐楣分上下七层（图二六、图二七）。

由上而下第一层为斜向连续表现的花绳，相邻两花绳之间由"S"形条带连接（图二八）。

---

① 陕西历史博物馆、北京大学考古文博学院、北京大学震旦古代文明研究中心：《花舞大唐春：何家村遗宝精粹》，文物出版社，2003年，图版21。

② 这种宝相花式的图样形式主要流行于武则天至盛唐。齐东方：《唐代金银器研究》，中国社会科学出版社，1999年，139—144、167—177页。

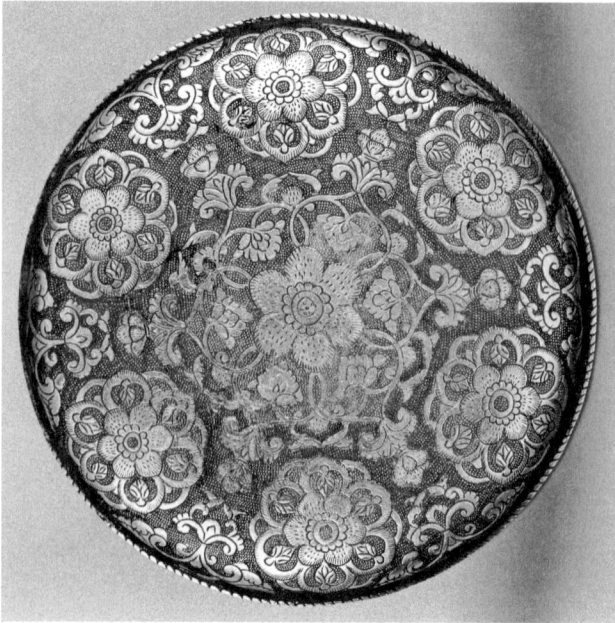

图二五　西安何家村出土盛唐前后鎏金银盒
（出自《花舞大唐春：何家村遗宝精粹》图版21）

图二六　修定寺塔南壁帐楣右侧

类似花绳实例见于巴米扬164号窟、拜城克孜尔新1号窟壁画（图二九）[①]，反映了与中亚、西域的联系。第二层从左至右分别为交脚坐正面力士（图三〇）、单盘腿坐歪头力士（图三一）、兽面（图三二），三者一组循环往复。其交脚坐力士卷发、卷髭，穿胡靴，发型具

---

① 〔日〕樋口隆康：《バーミヤーン：京都大学中央アジア学術調査報告》（第3卷），京都：同朋舍，1984年，Fig.104。

图二七　修定寺塔北壁帐楣左侧线图
（据1973年维修前原状描绘）

图二八　修定寺塔北壁帐楣第一层局部线图
（据1973年维修前原状描绘）

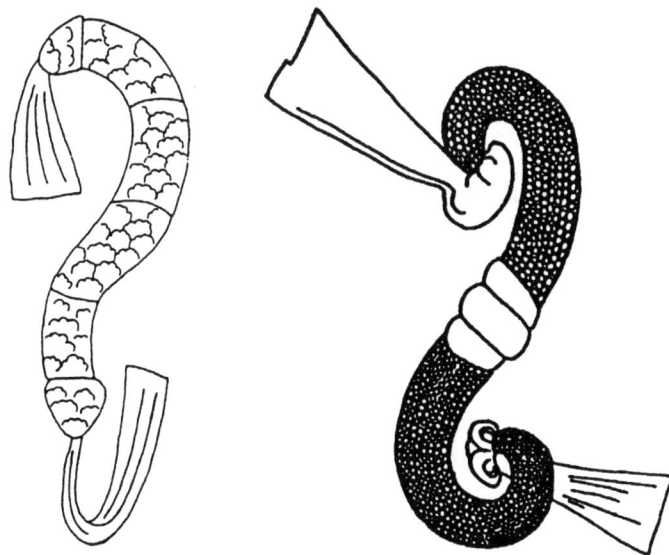

图二九　巴米扬164号窟、拜城克孜尔新1号窟壁画花绳线描图
（出自《バーミヤーン：京都大学中央アジア学術調査報告》第3卷Fig.104）

图三〇 旧金山亚洲艺术博物馆藏修定寺塔帐楣第二层正面观力士及其线图

图三一 旧金山亚洲艺术博物馆藏修定寺塔帐楣第二层侧面观力士及其线图

欧罗巴人种特征。欧罗巴人向中亚、西域发展不晚于青铜时代，前4世纪下半叶随着亚历山大东征，欧罗巴人越来越多地来到西北印度、中亚，尔后，移居此地的欧罗巴人与当地活动的游牧人混合发展，以至在西北印度、中亚乃至西域文化中，能够发现众多欧罗巴人活动迹象。如传巴基斯坦犍陀罗出土的贵霜朝泥塑王侯头像（图三三）①、新疆新和杜勒杜尔-阿

① 〔日〕田边胜美、前田耕作：《世界美術大全集・東洋編・第15卷・中央アジア》，东京：小学馆，1999年，图版96。

图三二　修定寺塔帐楣第二层兽面线图

图三三　传巴基斯坦犍陀罗出土贵霜朝泥
塑王侯头像
（出自《世界美術大全集·東洋編·第15卷·中央
アジア》图版96）

图三四　新疆新和杜勒杜尔−阿库尔佛寺遗址出土婆罗门头部壁画
（出自《世界美術大全集·東洋編·第15卷·中央アジア》图版283）

库尔（Duldur-Aqur）佛寺遗址出土婆罗门头部壁画（图三四）[1]，比较形象地刻画出欧罗巴人面貌。不过，在中古时代的汉文化地区，欧罗巴人似乎不被看作独立人种，而视为广义胡人的组成部分，雕塑作品也难以分得十分清楚。如邯郸北响堂山北洞北齐火神王像（图三五），面形已经汉民族化，浓密的卷曲胡须则具有欧罗巴人特征，脚穿胡靴又呈现中亚等地胡人特征。可以说第二层交脚坐力士造型具有欧罗巴人与胡人混合特征，其胸部块状肌肉又呈现盛唐前后样式。

第三层衔环龙头与图案化莲花相间排列（图三六、图三七）。第四、五、六层为缨络，悬挂在第三层龙头衔环上，形成一个整体（图三八）。缨络由花结和仿金属饰物连缀而成，一长一短相间排列，以"U"形

① 〔日〕田边胜美、前田耕作：《世界美術大全集·東洋編·第15卷·中央アジア》，东京：小学馆，1999年，图版283。

图三五　邯郸北响堂山北洞北齐火神王像

图三六　修定寺塔帐楣第三层龙头线图

图三七　修定寺塔帐楣第三层莲花线图

图三八　修定寺塔南壁帐楣第三—六层局部及其线图
（据1973年维修前原状描绘）

图三九　石榴树与石榴

花绳将邻近的短缨络分别连缀起来，长缨络下端垂饰彩铃或卷须。各"U"形花绳上方表现三个一组的石榴形果，蒂端相连，类似自然界石榴的生长状态（图三九）。石榴原产于以伊朗高原为中心的西亚周围地区，张骞通西域后传入我国。西亚实例如德黑兰瑞匝-阿巴斯（Reza Abbasi）博物馆藏波斯阿契美尼德朝石榴形金饰（图四〇）、伊朗北部出土波斯萨珊朝石榴形银罐（图四一）[①]、德黑兰玻璃与陶瓷（Glassware and Ceramic）博物馆藏波斯萨珊朝石榴形玻璃瓶（图四二）、萨珊朝宫殿遗址出土泥塑石榴浮雕（图四三）[②]，这些实例上下纵跨千年，反映了那个地方盛产石榴和人们热爱石榴的情况。新疆实例见于焉耆锡科沁明屋出土六、七世纪泥塑浮雕石榴果台座（图四四）[③]，中原北方实例如邯郸南响堂山北齐7号窟天井浮雕石榴（图四五）、安阳灵泉寺隋开皇九年（589）大住圣窟天井浮雕石榴（图四六），此一时间从西域到中原北方石榴图像流行，应与

图四〇　德黑兰瑞匝-阿巴斯博物馆藏波斯
阿契美尼德朝石榴形金饰

图四一　伊朗出土波斯萨珊朝石榴形银罐
［出自《東洋美術の装飾文樣》（植物文篇）插图46］

① 〔日〕林良一：《東洋美術の装飾文樣》（植物文篇），京都：同朋舍，1992年，插图46。
② 〔日〕林良一：《東洋美術の装飾文樣》（植物文篇），京都：同朋舍，1992年，插图47。
③ 〔英〕ロデリック・ウィットワィールド：《西域美術・3・大英博物館スタイン・コレクション染織・彫塑・壁画》，东京：讲谈社，1984年，单色图版156。

图四二　德黑兰玻璃与陶瓷博物馆藏
波斯萨珊朝石榴形玻璃瓶

图四三　伊朗波斯萨珊朝宫殿遗址出土泥塑石榴浮雕
［出自《東洋美術の装飾文様》（植物文篇）插图47］

图四四　焉耆锡科沁明屋出土六、
七世纪泥塑浮雕石榴果台座
（出自《西域美術·3·大英博物館スタイ
ン·コレクション染織·彫塑·壁画》单色
图版156）

粟特商人活跃背景关联。入唐以后石榴图像显著增多，延续了北朝晚期以来的势头。

第三—六层以花结为主要特征，还包括龙首（或兽首）衔环、花绳、仿金属饰件等组合的璎珞形式，在南北朝末期、隋代石刻菩萨像中有所流行。诸如，西安市文物保护考古研

图四五　邯郸南响堂山北齐7号窟天井浮雕石榴与飞天

图四六　安阳灵泉寺隋开皇九年（589）大住圣窟天井浮雕石榴与飞天

究院藏西查村出土北周与隋代之际菩萨像（图四七）、山东诸城出土北齐与隋代之际菩萨像（图四八）[1]、山西榆社县化石博物馆藏大同寺遗址出土北齐与隋代之际菩萨像（图四九）等，如此广大区域流行复杂的璎珞，尤其花结的出现截然有别于以往的璎珞形式。值得注意的是，这些实例所见花结与璎珞形式类似修定寺塔同类图样，但花结还没有达到后者那样复杂程度。修定寺塔花结和璎珞表现，推测正是这些北朝末期与隋代纹样的发展形式。

---

① 诸城市博物馆：《山东诸城发现北朝造像》，《考古》1990年第8期。

图四七　西安市文物保护考古研究院藏西查村出土北周与隋代之际菩萨像

图四八　山东诸城出土北齐与隋代之际菩萨像

图四九　榆社县化石博物馆藏大同寺遗址出土北齐与隋代之际菩萨像

　　第七层表面为编织菱形网状绳幔，里面为编织扁圆形绳幔，里外交错排列，使得所有绳结出现在菱形或扁圆形之中。菱形绳幔下端悬挂彩铃、花穗（图五〇）。编织纹样为中古波斯流行的装饰因素，常见于宫殿建筑的壁面装饰①，其后传播到中亚、西域及其以东地区。如阿富汗南部库赫-伊赫瓦贾（Kuh-i Khwaja）安息帕提亚朝与波斯萨珊朝之际（3世纪前后）建筑物壁面残留的泥塑装饰（图五一）②，所见两条装饰带，一条表现"卍"字形纹样，另一

图五〇　修定寺塔北壁帐楣第七层局部线图
（据1973年维修前原状描绘）

条表现连环纹样。拜城克孜尔约五、六世纪167号窟天井壁画也见有编织纹样（图五二）③，其中一外抹角表现中间填充花朵的编织"亚"字形绳索图样，另一外抹角表现大"卍"字

①　深井晋司、田边胜美认为，希腊人将壁面泥塑装饰工艺带往西亚，在当时希腊人集中的地方，建筑物壁面泥塑装饰也比较发达。〔日〕深井晋司、田边胜美：《ペルシア美術史》，东京：吉川弘文馆，1983年，91页。实际，这种工艺进一步发展了西亚固有的偏爱几何形设计的造型传统。
②　〔日〕深井晋司、田边胜美：《ペルシア美術史》，东京：吉川弘文馆，1983年，91页，插图14。
③　新疆维吾尔自治区文物管理委员会、拜城县克孜尔千佛洞文物保管所、北京大学考古系：《中国石窟·克孜尔石窟·第二卷》，文物出版社，1997年，图版178。

图五一　阿富汗库赫-伊赫瓦贾3世纪前后建筑物
壁面泥塑装饰线图
（据《ペルシア美術史》插图14描绘）

图五二　拜城克孜尔167号窟天井壁画纹样
（出自《中国石窟·克孜尔石窟·第二卷》图版178）

图五三　修定寺塔基周围出土初唐砖雕
（出自《安阳修定寺塔》图版62）

纹中填充花朵图样。两实例"卍"字纹以及其间填充其他图样的表现形式一致，表明二者文化因素的亲缘关系。此二实例绳索编织纹样，与修定寺塔编织绳幔有所不同，但意匠相通之处不容否认。在修定寺塔基周围出土的初唐砖雕图像中，见有编织菱形网状绳幔（图五三），据此推测，至迟在初唐修定寺塔图像制作已经接受从西方传来的这种因素。

帐楣以下的帘幕部分约占墙壁高度的2/3，不是张开或束在角柱的帷幕，而是帐楣之下悬挂六列缨络形成的帘式帐幕。六列缨络与主题图像相间排列。每列缨络包括六个组成缨络主体的不同形式菱形花结和顶端神兽，上下两个菱形花结之间用形式相同的"亚"字形小花结连缀起来（图五四、图五五）。菱形花结由上而下，第一者兽首口衔花结，兽两下肢穿过带孔并脚踩两下端花结，两手扶上，造型充溢力量感（图五六）。

第二者花结两侧和下方连缀编织带并悬挂彩铃等物（图五七）。第三者花结之中装饰花朵（图五八）。第四者绸带缠绕圆环并在中央打结形成轮状物（图五九）。第五者绸带缠绕菱形物并在中间打结（图六○）。第六者花结与花缨、彩铃组合成坠饰（图六一）。起连缀作用的"亚"字形花结中央亦装饰花朵。整体来看，各种编织花结构成诸列璎珞的主体。

宝帐四角为砖雕拼砌成的多面体角柱，角柱实际充当帐构的立柱。立柱砖雕为统一的四瓣宝相花图像。立柱与两侧墙壁之间为龙身缠绕的细柱（图六二）。立柱顶端为龙头，形成龙从柱下盘绕上升，由柱顶钻出的设计。帐幔四角设置龙头作法，十六国时期已有先例[①]，可知修定寺塔所见这种做法有其传统因素来源。

如上所述，帐构（立柱）、帐头、帐身（帐楣、帘幕）共同构成宝帐的形体。帐幔原本施设床上，用于遮风、避虫、保暖、防尘。王室、贵族帐幔装饰华丽的饰物，兼有象征身份、地位的功用[②]。在汉文化中，至迟西汉以来帐幔已成为重要的生活用具。帐幔施用于佛像、舍利，显然具有庄严佛事，恭敬供养的内涵。

从现存实物观察，北魏晚期以来帐幔装饰普遍应用于佛教物质文化之中，如浮雕或壁画所见维摩诘所在小帐，而更多地见于佛龛装饰。如龙门古阳洞北壁289号龛北魏晚期龛楣装饰（图六三）[③]，其龙首衔花绳表现形式直至唐代盛行不衰，修定寺塔类同造型继承了以往传统。但以花结为主要特征的璎珞造型，南北朝、隋代尚不流行。入唐以后，流行设置宝帐以贮藏舍利的做法。实例之一，陕西扶风法门寺封闭地宫中出土唐咸通十五年（874）宝帐（图六四）[④]，

图五四　修定寺塔北壁帘幕璎珞之一上半与下半线图
（据1973年维修前原状描绘）

---

① （东晋）陆翙：《邺中记》：邺都（今河北临漳）"至后赵石虎，三台更加崇饰，甚于魏初。……三台相面，各有正殿，上安御床，施蜀锦流苏斗帐，四角置金龙头衔五色流苏"。（元）葛逻禄乃贤：《河朔访古记》。

② 易水：《文物丛谈：帐和帐构——家具谈往之二》，《文物》1980年第4期。

③ 刘景龙：《古阳洞：龙门石窟第1443窟》（第2册），科学出版社，2001年，拓片125。龛内造像为初唐雕刻。

④ 陕西省考古研究院、法门寺博物馆、宝鸡市文物局等：《法门寺考古发掘报告》（上），文物出版社，2007年，图162。

图五五　修定寺塔帘幕璎珞花结之一及其线图

图五六　修定寺塔帘幕衔璎珞神兽及其线图

图五七　修定寺塔帘幕璎珞局部之一及其线图

图五八　修定寺塔帘幕璎珞局部之二及其线图

图五九　修定寺塔帘幕璎珞局部之三及其线图

图六〇　修定寺塔帘幕璎珞局部之四及其线图

图六一　修定寺塔帘幕璎珞局部之五及其线图

图六二　修定寺塔西北角柱局部及其线图
（据1973年维修前原状描绘）

图六三　洛阳龙门古阳洞北壁289号龛北魏晚期龛楣拓本
[出自《古阳洞：龙门石窟第1443窟》（第2册）拓片125]

图六四　扶风法门寺地宫出土唐咸通十五年（874）宝帐线图
[出自《法门寺考古发掘报告》（卷上）图162]

帐檐铭刻"景龙二年（708）……法藏等造白石灵帐一铺，以其舍利入塔"。此帐由双层盝顶、帐身、须弥座构成，盝顶帐檐饰宝相花。帐身部分于帐楣上悬挂三种形式相间排列的璎珞，其璎珞似仿照珍珠、宝石、贵金属等制作，四角透雕类竹节形圆柱。须弥座装饰人面、花卉，以及金刚、力士等图像。实例之二，陕西临潼庆山寺塔地宫出土唐开元二十九年（741）宝帐（图六五）①，帐楣题刻"释迦如来舍利宝帐"。构造大体如前例，唯顶上设置莲花宝珠，帐身刻画涅槃图像亦有所不同。四川巴中石窟盛唐佛龛，普遍存在施设双层盝顶宝帐的情况（图六六）。由唐代舍利宝帐、佛龛宝帐实物推测，双层盝顶宝帐应为当时比较流行的形式。当年的修定寺塔亦不排除同一造型的可能性。观察20世纪30年代修定寺塔图片，塔檐虽为单层，塔顶形状则大体接近上述舍利宝帐、佛龛宝帐，应该说保留着唐代旧式。值得注意的是，上述实例一由璎珞组成的帘式帐幕，与修定寺塔幔帐相近，实例二帐顶的莲花宝珠，类似20世纪30年代修定寺塔的宝刹。如此看来，修定寺塔宝帐形制具有盛唐特征。

　　在宝帐边框与帐楣、帘幕之间，因菱形配置而形成的一周三角形区域，填充图案化花卉。上下边者为等腰锐角三角形砖雕，左右侧边者为等腰钝角三角形砖雕。其中上边砖雕为倒三角

① 东京国立博物馆：《宫廷の荣华：唐の女帝・则天武后とその时代展》，东京：NHK出版，1998年，图版37。

形，在仰莲花瓣上伸展出六条菊花状花瓣，中间两瓣相互勾连（图六七）。下边砖雕为正三角形，伞状布幔下坠饰花结与菊花状花瓣（图六八）。左右侧边三角形钝角向内，一种为石榴形果为中心的变形花卉（图六九），另一种为莲花为中心的变形花卉相间排列（图七〇）。这些

图六五　临潼庆山寺塔地宫出土唐开元二十九年（741）
"释迦如来舍利宝帐"
（出自《宫廷の栄華: 唐の女帝・则天武后とその時代展》图版37）

图六六　巴中南龛盛唐84号龛楣

图六七　修定寺塔帐身顶部三角形砖雕及其线图

图六八 修定寺塔帐身底部三角形砖雕及其线图

图六九 修定寺塔帐身右边三角形砖雕及其线图

图七〇 修定寺塔帐身左边三角形砖雕及其线图

花卉高度图案化，布局仿佛1/4宝相花。

3. 塔门图像

塔门即宝帐前面的入口，由券门、券梁、券楣与门框、门额组成，占据帐身下部中央位置（图七一—图七三）。这种结构与北朝、隋唐时期建筑物构造十分相像。

首先考察券门、券梁与券楣的图像。使用券砌方法构筑门口，两汉、魏晋时期已经流行开来，其后普遍应用于佛教建筑。北朝石窟窟门及佛龛制作往往采用拱券形式，实际是对券砌建筑的模仿。修定寺塔券门则直接应用了传统的券砌技术，其浮雕图像也较多地继承了以往的因素。

券楣上部中央表现一正面观龙首，口衔券梁（图七四），两侧为一对面向中央的侧面观

图七一　修定寺塔南面塔身线图
（据1973年维修前原状描绘）

图七二　修定寺塔门线图
（据1973年维修前原状描绘）

图七三　修定寺塔门局部

图七四　修定寺塔门券楣中央龙首及其线图
（据1973年维修前原状描绘）

龙首（图七五）。用龙作建筑门额装饰沿袭了古老的传统，以龙即蟠螭装饰碑额的做法东汉已开始流行，南北朝后期以后亦应用于佛教碑刻及石窟窟门、佛龛。诸如，龙门古阳洞南壁北魏晚期111号龛龛梁尾端龙首反顾（图七六）[①]，安阳小南海北齐前期西窟窟门券楣二龙尾部交缠，龙首下垂，口衔帐幔（图七七）。这些早期的龙纹图像，应为修定寺塔券楣同种因素的来源。山东长清灵岩寺唐天宝二年（743）方塔，券门上方浮雕一正面观龙首，之上表现二交缠对视的侧面观苍龙（图七八），其正面观龙首造型和表现位置十分接近修定寺塔者，三龙并存也有助于理解修定寺塔门券楣图像的来源。

修定寺塔门券楣二侧面观龙首之下，表现一对裸体操蛇之人（图七九、图八〇）。操蛇者胸部肌肉作块状表现，一如唐代力士。其浓眉、大目、高鼻、长髭面貌，全然胡人特征。这样看来，操蛇似乎反映了胡人技艺[②]。从相关实物资料来看，四川自初唐至中唐石窟或摩崖

图七五　修定寺塔门券楣两侧龙首

① 刘景龙：《古阳洞：龙门石窟第1443窟》（第2册），科学出版社，2001年，拓片161。

② 姜伯勤：《中国祆教艺术史研究》，生活·读书·新知三联书店，2004年，242、243页。该文认为，中亚出土安息帕提亚朝后期诸多操蛇女神塑像与祆教降伏毒蛇的教义有关。修定寺塔操蛇之人图像无疑与当时胡人活动关联，是否与祆教联系，还缺乏可信依据加以说明。

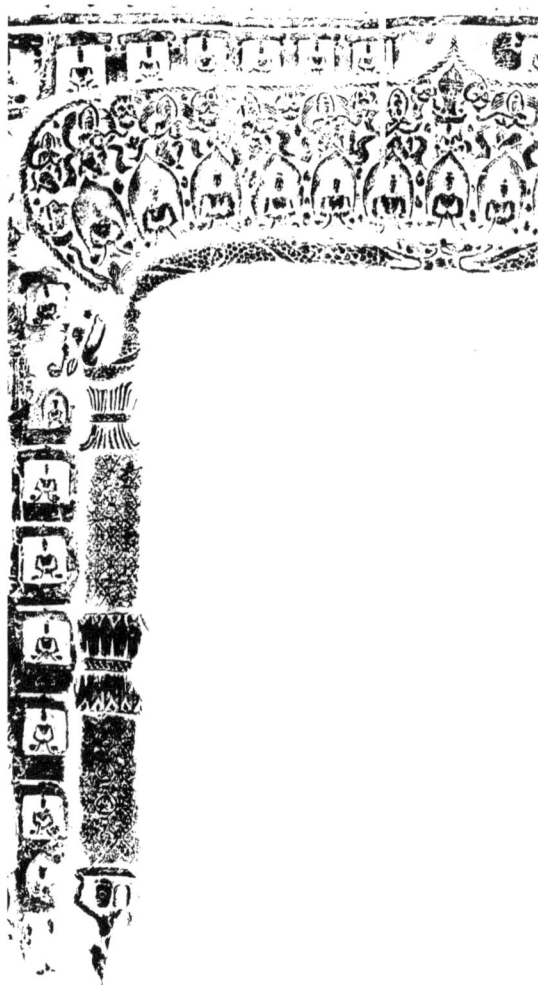

图七六　洛阳龙门古阳洞南壁北魏晚期111号龛局部拓片
［出自《古阳洞：龙门石窟第1443窟》（第2册）拓片161］

图七七　安阳小南海北齐前期西窟窟门

图七八　长清灵岩寺唐天宝二年（743）
方塔下层正面

图七九　修定寺塔门两侧券楣操蛇者

图八〇　修定寺塔门两侧券楣操蛇者线图
（据1973年维修前原状描绘）

造像，一度流行作为天龙八部之一的大蟒神摩睺罗伽，通常该神头上生长龙头或蛇头，有时颈挎蟒蛇。巴中水宁寺盛唐8号龛雕刻属于后者，此人高鼻深目，两手操持蛇身（图八一），造型孔武有力，与修定寺塔者具有可比性。大阪市立博物馆藏《送子天王图》白描（图八二），其中一披发胡人脖颈搭一条龙头长蛇，以手操持，似乎受到天龙八部造型影响。其人双目近似兽类，大口露出獠牙，与修定寺塔操蛇者意趣相同①。此外，在西安地区唐代墓葬中，武则天时期随葬陶俑出现操蛇镇墓兽，头生角、爪足。盛唐、中唐时期，操蛇镇墓兽变得面目狰狞，长髭耸起，脚踏怪兽②，这种镇墓兽与天龙八部流行时间一致，很可能在后者影响下产生。这样看来，修定寺塔操蛇者的出现，可能与上述天龙八部及操蛇镇墓兽的流行有关。操蛇之神表现在券楣下端，处在门楣浮雕佛像两侧，显然具有佛教守护神的职能。

图八一　巴中水宁寺盛唐8号龛摩睺罗伽

图八二　大阪市立博物馆藏《送子天王图》局部
（出自《中国历代绘画精品·人物卷·卷1》图版10）

券梁为编织菱形纹与连环纹浮雕相间排列（图八三），门柱也具有同样装饰。石窟窟门或佛龛施用券梁的做法，自北魏晚期已十分流行，通常为素面或作为龙身形式的雕刻，而表

---

① 启功：《中国历代绘画精品·人物卷·卷1》，山东美术出版社，2003年，图版10。此画传为盛唐吴道子作品，启功认为是宋代吴道子画派的壁画粉本小样。笔者认为，该白描画人物造型带有某些宋代特征，启功所言有一定道理。操蛇者具有浓厚域外文化特点，初盛唐为中外文化交流最频繁时期，入宋以后则大为减退，操蛇者造型最有可能出现在初盛唐时期，推测此白描画可能参考唐代作品制作。

② 中国社会科学院考古研究所：《新中国的考古发现和研究》，文物出版社，1984年，584页。

图八三　修定寺塔门券梁与门楣浮雕线图
（据1973年维修前原状描绘）

图八四　和田丹丹乌里克遗址出土六、七世纪泥塑背光残片
（出自《世界美術大全集·東洋編·第15卷·中央アジア》插图205）

现编织纹样尚属罕见。上述洛阳龙门古阳洞南壁北魏晚期111号龛，束莲式龛柱上雕刻编织菱形网状纹样，菱形之中表现呈"十"字形配置的忍冬叶片，虽然不是出现在龛梁，意义没有两样。新疆和田丹丹乌里克遗址出土六、七世纪泥塑背光残片（图八四）[①]，背光外缘的券梁作等距离束带状，券梁上浮雕复瓣莲花，制作技法与修定寺塔券梁存在较多可比性。类同者还见于后述巴基斯坦Zar Dheri寺院遗址出土的释迦佛从三十三天降下图像中的拱门，反映了与西域方面文化交流情况。

券门内顶部图像为大菱形框架中排列小菱形，并在小菱形中填充"十"字形花朵的布局（图八五）。券门内两侧壁门框外部嵌砌宝相花浮雕方砖（图八六），宝相花外层呈八瓣形状，相邻的两花蕊勾连，勾连的花蕊上又现出花朵。此宝相花造型与日本奈良东大寺正仓院北仓所藏盛唐金银平脱镜颇有相似之处（图八七）[②]。方砖宝相花的轮廓如平脱镜葵花状外形，均作八曲，两花朵的细部纹样与勾连方式亦别无二致，反映了盛唐前后的造型特征。

门柱上端东西两外侧分别嵌砌青龙、白虎浮雕长方砖（图八八、图八九）。龙、虎于云雾中作翻腾俯冲之势。两者为四神中东、西方位神灵，居门口侧，兼司守护佛教职责。龙、

---

① 〔日〕田边胜美、前田耕作：《世界美術大全集·東洋編·第15卷·中央アジア》，东京：小学馆，1999年，插图205。

② 正仓院事物所：《正倉院宝物·北倉》（增补改訂），东京：朝日新闻社，1987年，图版77。

图八五　券门内顶部图像

图八六　券门内侧壁宝相花方砖

图八七　奈良东大寺正仓院北仓所藏盛唐金银平脱镜
（出自《正仓院宝物·北仓》图版77）

虎图像设置直接继承了传统流行的同类图像。

在龙、虎两外侧，上方与之平行部位分别嵌砌一稍大长方砖，各自浮雕一四臂力士
（图九〇、图九一）。力士袒裸上身，束发，系宝缯并装饰花朵。其东侧力士左第一手握
拳，右第一手握棒，左第二手操金刚杵，右第二手上举。西侧力士左第一手下垂，右第一手
残缺，左第二手握扇形宝珠，右第二手握三股叉。除四臂和持物外，造型一如盛唐力士。在
现有佛教遗存中，四臂力士实例罕见。此四臂力士造像的出现推测存在两种可能，其一受到

图八八　修定寺塔门西东外侧白虎与青龙

图八九　修定寺塔门西东外侧白虎与青龙线图

图九〇　修定寺塔门西东外侧力士

图九一　修定寺塔门西东外侧力士线图

密宗明王造型影响[1]，但只限于四臂这一相似点。其二受到祆教神祇造型影响[2]，实例见于西安井上村北周大象二年（580）史君墓石椁门神（图九二、图九三）[3]，其神由地神承托，穿戴铠甲，头发蓬松，束缯带并装饰花朵，四臂与发饰为其相似点，持物与装束的差异依然很大。就唐代佛教石窟或地面建筑物罕见以四臂力士作守门神的情况分析，似乎受到祆教多臂神祇影响的可能性更大。

图九二　西安井上村北周大象二年（580）史君墓石椁

在青龙、白虎与四臂力士浮雕以下的墙裙，图像已全然不存，无法做出推测。

其次，考察门框与门额图像。在左右门框外侧面与相对的内侧面，施用减地平刻兼线刻方式表现缠枝牡丹花卉（图九四—图九七）。缠枝花卉尤其是缠枝忍冬，自南北朝以来随着佛教物质文化普及而流行开来，而缠枝牡丹直到初唐后半才出现并有所流行。缠枝牡丹实际是中国固有花卉牡丹，组合到外来缠枝造型之中而形成的，其繁茂、富贵体现了唐文化的气质和精神，修定寺塔者亦然。门楣两侧中央位置各自突出一椭圆状物，其上分别浮雕一朵宝相花，象征门簪，说明模仿木结构而来（图九八）。

---

① 多面多臂原为印度教（4世纪前后，婆罗门教吸收佛教、耆那教教义和民间信仰演化而成）神祇特征。在6世纪及其以前的杂部密教阶段，已经流行多面观世音造像。进入7世纪，正纯密教形成以后，密教明王造像普遍吸收了印度教多面多臂特征。唐玄宗开元年间（713—741）正纯密教传入中国。

② 波斯琐罗亚斯德教，以及在中亚、中国发展而形成的祆教遗存中多面多臂神祇，与印度教、佛教神祇的关系还有待研究。

③ 西安市文物保护考古所：《西安北周凉州萨保史君墓发掘简报》，《文物》2005年第3期。

图九三　西安井上村北周大象二年（580）史君墓石椁右侧与左侧门神

图九四　修定寺塔门框内侧
面浮雕牡丹花卉局部

图九五　修定寺塔门框外侧面浮
雕牡丹花卉局部

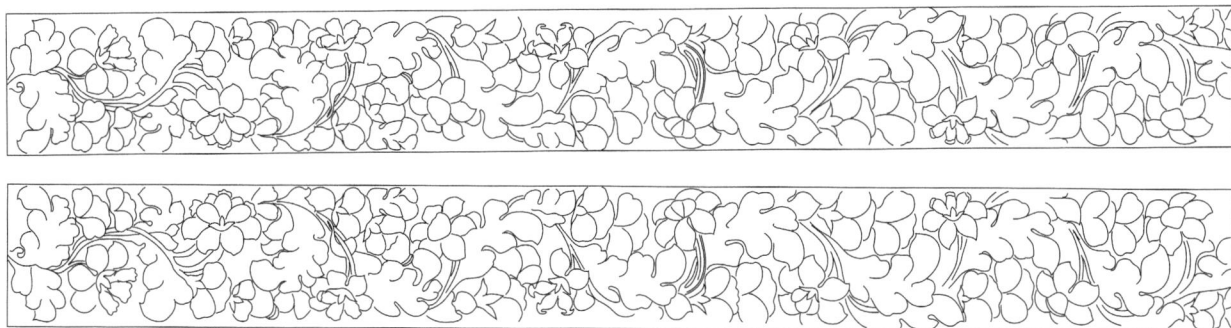

图九六　修定寺塔门框内侧对面浮雕牡丹花卉线图

图九七　修定寺塔门框两外侧面浮雕牡丹花卉线图

图九八　修定寺塔门楣两侧浮雕牡丹花卉与门簪

　　门额半圆形嵌板浮雕造像，中央为三佛，三佛两侧各自表现弟子、菩萨、天王（图九九）。人物躯体缺乏隆起和曲线变化，颈部矮短，面部肌肉松弛，表情呆滞，不见武则天、玄宗开元年间的生气，呈现天宝年间至中唐衰落状态的造型特征。援引曲阳修德寺遗址出土天宝五载（746）佛像（图一〇〇）、五台佛光寺出土天宝年间（742—756）佛像（图一〇一），两者僧祇支上打蝴蝶结，外着中衣垂领式袈裟，肩部瘦削，双目微睁，与修定寺塔三佛相像，暗示它们所处时代比较接近。中原北方地区唐代佛教石刻造像，于武则天至开元年间达到高潮，进入天宝年间，无论规模还是质量都迅速衰落，尔后直到唐末鲜有造作。基于这一背景，修定寺塔门额造像上限应不早于天宝年间。

图九九　修定寺塔门额浮雕图像及其局部

图一〇〇　北京故宫博物院藏曲阳修德寺遗址
出土天宝五载（746）佛像

图一〇一　山西博物院藏五台佛光寺出土
天宝年间（742—756）佛像

　　在门额的半圆形边缘，浮雕两列周围环绕联珠的椭圆形宝珠纹样带。联珠为古波斯文化
的重要因素，至迟北魏中期已经出现线形联珠纹样。周围环绕小联珠的圆形或椭圆形宝珠状
纹样带，据所知资料出现于北齐时期，隋唐时期盛行。联珠纹样带有浓郁西域色彩，这种纹
样的流行显然与崇尚胡文化的背景相关，修定寺塔者也不例外。

　　此外，援引太原王家峰村北齐武平二年（571）徐显秀墓门图像（图一〇二）[①]，进一步
说明修定寺塔门图像的来源。此墓门结构与修定寺塔比较没有显著差别，图像亦显现一定的
连续性。徐显秀墓门框彩绘左右扣合式缠枝忍冬纹，扣合形成的葫芦形空间及顶部表现图案
化石榴形果。门楣上浮雕五朵花卉象征门簪。门额图像减地平雕并彩绘，中央一龙首衔胜[②]，
两侧为衔花对鸟，似朱雀。门框两外侧壁面各自绘制一执鞭守门侍者。左右门扇下半分别绘
制衔花卉青龙、白虎，上半各自绘制一衔花卉的兽首、鸟身、蹄足动物，推测为千秋、万岁
之属。与修定寺塔门比较，二者均在门口上方中央位置表现龙头，似乎在于表述尊贵、神圣

①　山西省考古研究所、太原市文物考古研究所：《太原北齐徐显秀墓发掘简报》，《文物》2003年第10期。

②　胜本为西王母的冠饰，逐渐演化成仙界的象征，表现在墓葬门楣上，应该内含祈望墓主升仙的用意。河南
邓州南朝画像砖墓的门楣也见有胜的表现。河南省文化局文物工作队：《邓县彩色画象砖墓》，文物出版
社，1958年。

图一〇二　太原王家峰村北齐武平二年（571）徐显秀墓门与门扇线图
（出自《文物》2003年第10期）

的用意。在门口或门扇东西两侧分别表现青龙、白虎，具有方位守护神的意义。门框表现缠枝花卉、门楣采用花卉形式表现门簪，尽管具体表现形式不同，内涵没有两样。不过，墓门与塔门性质毕竟不同，后者以四臂力士代替前者的侍者。尤其重要的是，前者出现胜及类似千秋、万岁图像，表述了祈求墓主人升仙的意图，明显有别于后者。这样看来，修定寺塔门结构及图像因素的主体由传统发展而来。

4. 菱形格布局

宝帐的四面帐身帘幕部分呈菱形配置。东、西、北三面分别由横6排，纵12列，计72个完整菱形，以及上、下、左、右各半个菱形区域组成，正面券门及其附属图像以外的壁面一如其他三面。各个菱形区域之间用编织纹带间隔，菱形区域的四角即编织带的交接点，为"十"字形对称的宝相花（图一〇三）。每个菱形区域内用一块独立砖雕，长对角线68厘米，短对角线47厘米。

菱形纹样曾普遍用于楚地战国铜镜、汉代空心砖装饰，但魏晋至南北朝前期几乎中断发展。南北朝后期再次出现的菱形装饰纹样，比较集中地分布在陆路丝路沿线，且经常与波斯萨珊系统联珠纹样伴生，暗示这一时期的菱形纹样与西域方面的联系。众所周知，在以伊朗为中心的西亚地区几何纹样极其发达，菱形纹样也是其中的重要因素。波斯实例，如伊拉克

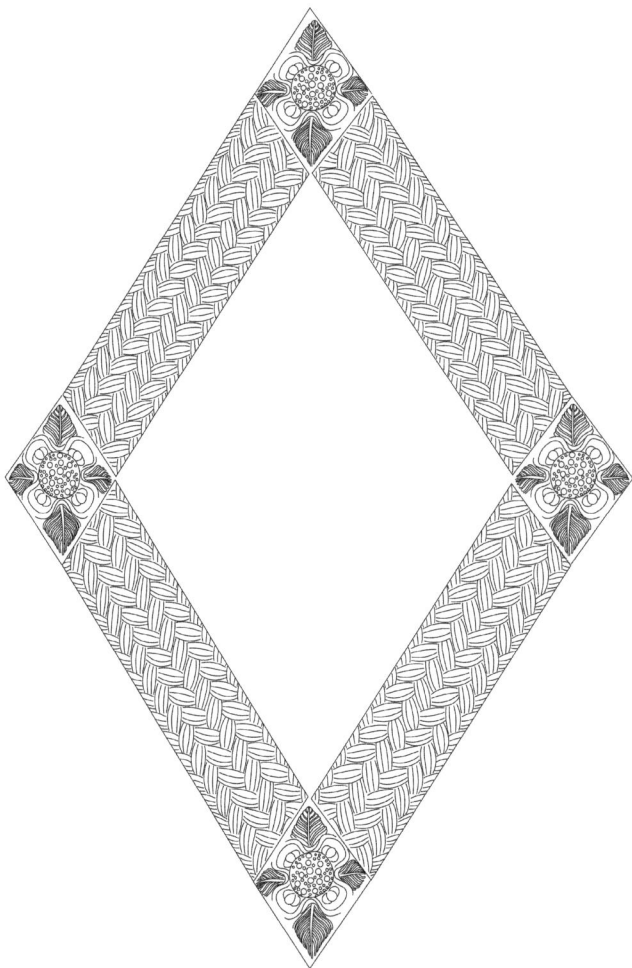

图一〇三　修定寺塔菱形装饰边带线图

哈特拉（Hatra）出土安息帕提亚朝2世纪前后utal王像（图一〇四）[①]，utal王身着由联珠线连成的菱形格纹样长袍，菱形格中装饰花朵，头戴菱形格纹样尖顶帽，两肩垂下编织带的情况亦值得注意。伊朗国家博物馆藏伊斯法罕出土波斯萨珊朝早期石柱头（图一〇五），在菱形网格带中装饰花朵，艾尔米塔什博物馆藏波斯萨珊朝鎏金银瓶（图一〇六），瓶身四面各装饰一个相互连接的菱形纹样，菱形之中表现动物，邻接的二菱形交叉点处装饰花朵。可以说菱形纹样成为受中古波斯人们欢迎的一度比较流行的纹样。这种纹样向东波及影响到西北印度、中亚、西域及以东地区。在中亚、西北印度，阿富汗贾拉拉巴德的哈达东北泰西里·贡代伊（Tyahiri·Gunndei）贵霜朝遗址建筑阶梯两侧护墙浮雕嵌板，中央表现菱形格纹样带，菱形格中装饰花朵，菱形格纹样带两外侧表现忍冬蔓草纹样带（图一〇七）[②]。斯瓦特考古博物馆藏斯瓦特尼毛格拉姆（Nimogram）贵霜朝遗址出土浮雕嵌板，菱形格纹样中装饰花朵（图一〇八），与上述哈达浮雕的表现方式完全一致。在新疆、河西走廊，楼兰出土3世纪前后木雕构件（图一〇九）[③]，菱形格的交叉点处表现圆圈。拜城克孜尔六、七世纪中心柱窟券顶天井的券腹壁画本生、因缘图像，普遍采用均等的菱形格式布局，而且画面周围用三角形填充，做法一如修定寺塔。克孜尔石窟壁画供养人服饰也见有装饰菱形纹样的情形，如199号窟甬道侧壁约六、七世纪供养人像之一，着菱形纹样长袍，菱形格中装饰圆圈，相邻另一菩萨上衣则绘制联珠圆圈纹样（图一一〇）[④]。敦煌莫高窟隋427号窟中心柱东向面胁侍菩萨塑像，衣服上绘制联珠线组成的菱形纹样，菱形格中表现环绕联珠圈的花朵，菱形格交叉点处装饰花朵（图一一一）[⑤]。以上诸实例呈现众多一

① 〔日〕新规矩男：《大系世界の美术·第2卷·古代西アジア美术》，东京：学习研究社，1975年，图版126。

② 〔法〕ピエール·カンボン：《ハッダの仏塔再考—国立ギメ東洋美術館における復元作業を終えて—》，《佛教藝術》第293号，2007年。

③ 〔英〕ロデリック·ウィットワィ-ルド：《西域美術·3·大英博物館スタイン·コレクション染織·彫塑·壁画》，东京：讲谈社，1984年，单色图版30。

④ 新疆维吾尔自治区文物管理委员会、拜城县克孜尔千佛洞文物保管所、北京大学考古系：《中国石窟·克孜尔石窟·第三卷》，文物出版社，1997年，图版214。

⑤ 敦煌文物研究所：《中国石窟·敦煌莫高窟·第二卷》，北京：文物出版社；东京：株式会社平凡社，1984年，图版53。

图一〇四　伊拉克哈特拉出土安息帕提
亚朝2世纪前后utal王像及其局部线图
（出自《大系世界の美術・第2卷・古代西アジ
ア美術》图版126）

图一〇五　伊朗国家博物馆藏伊斯法罕出土波斯萨珊朝早期石柱头

图一〇六　艾尔米塔什博物馆藏波斯
萨珊朝鎏金银瓶

图一〇七　阿富汗哈达东北泰西里·贡
代伊贵霜朝遗址建筑阶梯两侧护墙
（出自《佛教藝術》第293号ピエール·カンボ
ン文）

图一〇八　斯瓦特考古博物馆藏斯瓦特
尼毛格拉姆贵霜朝遗址出土浮雕嵌板

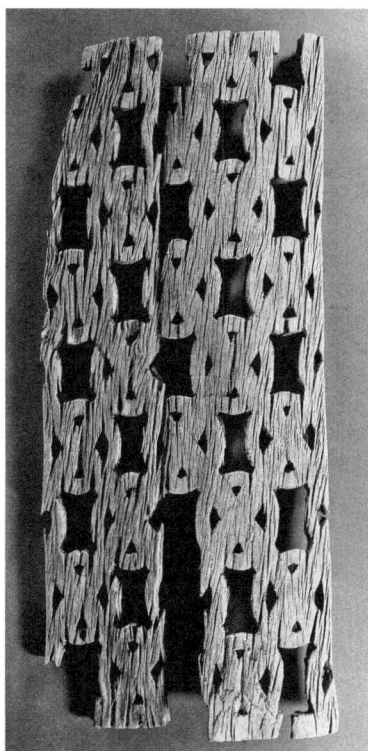

图一〇九　楼兰出土3世纪前后木雕构件
（出自《西域美術·3·大英博物館スタイン·コレ
クション染織·彫塑·壁画》单色图版30）

图一一〇　拜城克孜尔199号窟甬道侧壁约六、七世纪供养人像及其局部
（出自《中国石窟·克孜尔石窟·第三卷》图版214）

图一一一　敦煌莫高窟隋代427号窟菩萨塑像着衣局部线图
（据《中国石窟·敦煌莫高窟·第二卷》图版53绘制）

致性，即以菱形为骨架，在菱形格中间与交叉点处表现花朵或圆圈，有时与联珠纹样共存，表明它们有共同的起源并呈现由西向东发展态势。修定寺塔壁面浮雕菱形布局的出现，推测正是基于这样的背景。

观察修定寺塔壁面装饰的菱形结构，菱形格自身为编织带纹样，菱形格交叉点处表现花朵。其编织带纹样与上述伊拉克哈特拉出土安息帕提亚朝utal王像双肩挎带纹样相仿，菱形格交叉点处装饰花朵的做法也与上述诸实例一致。再者，塔门顶部由菱形格花纹砖券砌而成，其菱形格中装饰花朵，与上面列举实例的做法相同。这样看来修定寺塔菱形格布局的由来，可以追溯到西域、中亚乃至西亚，是北朝后期以来频繁中西文化交流的产物。

三、修定寺塔主题图像

1. 转轮圣王七宝图像的表现和内涵

转轮圣王（或作转轮王、轮王，Cakravarti-raja）是古印度社会意念中理想帝王，见于婆罗门教、耆那教、佛教诸文献，在佛教中尤其受到重视。人民寿命八万四千岁或无量岁时出兴于世，身具三十二相，能够飞行空中，又名飞行皇帝。后秦佛陀耶舍与竺佛念译《长阿含经》卷18《世记经·转轮圣王品》云："佛告比丘，'世间有转轮圣王，成就七宝，有四神德。云何转轮圣王成就七宝，一金轮宝，二白象宝，三绀马宝，四神珠宝，五玉女宝，六居士宝，七主兵宝'。"[1]转轮圣王转其轮宝而降伏四方，故名转轮圣王。该经描绘出以须弥山为中心立体世界的构成，须弥山四周为四大部洲人间世界，不同转轮圣王之轮宝有金、银、铜、铁四种，如其次第统领四、三、二、一大洲，金轮王领四洲，银轮王领东、西、南三洲，铜轮王领东、南二洲，铁轮王领南赡部洲（即阎浮提）。

---

① 　《大正藏》第1册119页中。

　　修定寺塔帐身四面帘幕部分，在六列璎珞以外空间，作为主题表现转轮圣王七宝图像，以及具有组合关系的供养、护法图像（图一一二—图一一六）。转轮圣王七宝以轮宝为中心，向左、右外侧依次为女宝、藏宝、马宝、象宝、兵宝、珠宝。作为原始佛教典籍的阿含经记述了转轮圣王七宝的基本情况，下文依据阿含经中最早形成的《长阿含经》，解释本组转轮圣王七宝图像的内涵。

　　其金轮宝（图一一七），中心为一高高突起的花朵代表轮轴与轮辖，花朵周围为八个石榴形果代表轮辐，大概藉助石榴果籽实繁多寓意，象征佛教的繁荣昌盛，之外圆环代表车

图一一二　修定寺塔南面帐身右半与左半图像

图一一三　修定寺塔北面帐身图像线图

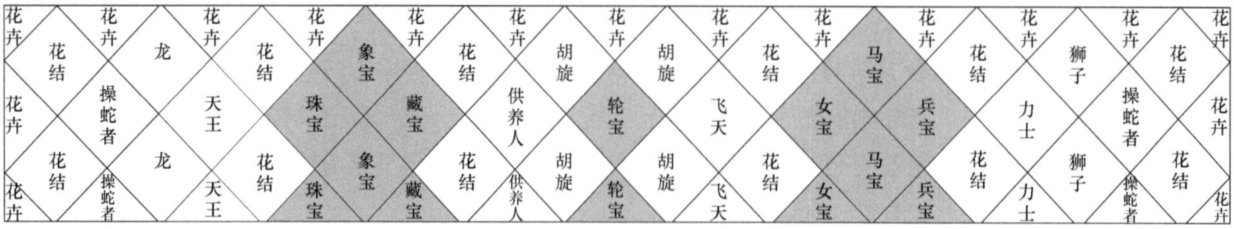

花卉	花卉		花卉	花卉	花卉		花卉	花卉		花卉	花卉		花卉	花卉		花卉	花卉		花卉	花卉	
	花结	龙	花卉	花结	象宝	花卉	花结	胡旋	花卉	花结	马宝	花结	花卉	狮子	花结	花卉					
花卉	操蛇者	龙	天王	珠宝	藏宝	供养人	轮宝	胡旋	飞天	女宝	兵宝	力士		狮子	操蛇者	花卉					
	花结	操蛇者	天王	花结	象宝	花结	胡旋	花结	飞天	花结	马宝	花结	力士	花结		花结					
花卉		花卉	天王	珠宝	藏宝	供养人	轮宝	胡旋	飞天	女宝	兵宝	花卉	花卉	操蛇者	花卉						

图一一四　修定寺塔北面帐身图像配置示意图

图一一五　修定寺塔北面帐身右半图像线图

图一一六　修定寺塔北面帐身左半图像线图

图一一七　修定寺塔七宝之轮宝及其线图

轮。边缘八个花瓣与八个叶片相间排列，形成八角形构造，推测适合以手转动的缘故而作这种轮廓。轮宝周围充满云气纹，或许暗示此为飞来之物吧。《长阿含经》卷18《世记经·转轮圣王品》云："云何转轮圣王金轮宝成就，若转轮圣王出阎浮提地，刹利水浇头种[①]，以十五日月满时，沐浴香汤，上高殿上，与婇女众共相娱乐，天金轮宝忽现在前。轮有千辐，其光色具足，天金所成，天匠所造，非世所有，轮径丈四。……转轮王即召四兵，向金轮宝……以右手摩扪金轮语言，'汝向东方，如法而转，勿违常则'。轮即东转。时，转轮王即将四兵随其后行。……东方诸小国王见大王至，以金钵盛银粟，银钵盛金粟，来诣王所。……次行南方、西方、北方。随轮所至，其诸国王各献国土，亦如东方诸小王比。"[②]轮宝位列七宝首位，所到之处望风披靡，不战而屈人之兵，它作为转轮圣王的标志性物象，处在修定寺塔宝帐各面中央位置，在情理之中。

　　象宝与马宝背负鞍鞯（图一一八、图一一九），其上驮火焰宝珠，脚踏浮云。《长阿含经》卷18《世记经·转轮圣王品》云："自然象宝忽现在前，其毛纯白，七处平住，力能飞行，其首杂色，六牙纤臏，真金间填。……转轮王欲自试象，即乘其上，清旦出城，周行四海，食时以还。……自然马宝忽现在前，绀青色，朱鬃尾，头颈如象，力能飞行。……转轮

①　刹利即刹帝利，系古印度四种姓中的第二等级，为王者、武士阶层，国家政权的掌控者。
②　《大正藏》第1册119页中、下。

图一一八　旧金山亚洲艺术博物馆藏修定寺塔七宝之象宝及其线图

图一一九　修定寺塔七宝之马宝及其线图

圣王欲自试马宝，即乘其上。清旦出城，周行四海，食时已还。"①古印度军队由象、马、车、步四种兵组成，象兵尤其威力强大，与马兵一起，构成转轮圣王七宝的两个重要因素。修定寺塔象宝六牙与经典记述一致，象宝、马宝行在云头上或许是迅疾如风的表现。象、马负载宝珠的表现涉及文化交流背景，容后文叙述。

珠宝生在莲瓣中间（图一二〇），周围火焰升腾，下方点缀云气。《长阿含经》卷18《世记经·转轮圣王品》云："自然神珠忽现在前，质色清彻，无有瑕秽。……以此宝珠置高幢上，于夜冥中赍幢出城，其珠光明照一由旬。现城中人皆起作务，谓为是昼。"②强调了珠宝神奇的照明作用。

图一二〇　修定寺塔七宝之珠宝及其线图

女宝行在云头之上（图一二一），面颊丰硕，头顶束发高髻，两侧对称各扎二双环髻，并装饰花朵，帔帛自头后垂下。身着长袍，阔袖大摆，胸部束带，足登云头靴。左手握帔帛，右手托宝珠。具有盛唐、中唐人物造型特征。《长阿含经》卷18《世记经·转轮圣王品》云："玉女宝忽然出现，颜色溶溶，面貌端正。……冬则身温，夏则身凉，举身毛孔出

图一二一　修定寺塔七宝之女宝及其线图

栴檀香。"①女宝不仅集中了人间女性优点，而且带有超凡的不可思议特征。珠宝和女宝均处在云头上，告诉人们本非人间所有，与七宝中其他宝物相比，突出作为瑞象的功能。

藏宝长髯浓须（图一二二），头顶小冠，着交领长袍，足登云头靴，左手执笏板，右手外伸，行在云头上，一派道士打扮。《长阿含经》卷18《世记经·转轮圣王品》云："居士丈夫忽然自出，宝藏自然，财富无量。居士宿福，眼能彻视地中伏藏。"②藏宝可使财宝自然涌现，供王者享用。

兵宝胡须浓重（图一二三），顶盔贯甲，左手提棒槌，右手举宝剑，行云头上。《长阿含经》卷18《世记经·转轮圣王品》云："主兵宝忽然出现，智谋雄猛，英略独决。"③兵宝智勇双全，有吓退三军之势。藏宝与兵宝为国家职能的代表者，强调了转轮圣王的威力。

转轮圣王七宝为修定寺塔浮雕图像核心内容，象征转轮圣王及其世界的存在。那是中古社会佛教热情高涨时期，人们心灵中期待的理想帝王及其丰乐国土。与唐代弥勒下生经变比较，修定寺塔图像中不见寿命绵长、一种七收、树上生衣、龙王降雨、夜叉洒扫等美妙场景，只是采用转轮圣王世界的象征转轮圣王七宝，符号化地表现了这个幻想世界，传达了人们渴求理想社会的愿望。

① 《大正藏》第1册120中。

② 《大正藏》第1册120中。

③ 《大正藏》第1册120下。

图一二二　修定寺塔七宝之藏宝及其线图

图一二三　修定寺塔七宝之兵宝及其线图

2. 转轮圣王七宝图像的由来

转轮圣王世界观念以及转轮圣王七宝概念，随着佛教传入中国。为了准确地把握修定寺塔转轮圣王七宝图像的由来，及其在同类图像中的位置，有必要简述经典记载转轮圣王七宝的各种情况，以及印度、中国转轮圣王七宝图像流行情况。观察表一可知，主要记述转轮圣王七宝情况的佛教经典，可以粗略分为阿含经、顶生王本生经、佛传、弥勒下生经四个系统。在四个系统经典中，轮宝（或称作金轮宝）一概占据七宝首要位置，这是由以太阳为原型的轮宝的重要作用所决定的。其余六宝次序不定，总体而言象宝、马宝、珠宝分别占据第二、三、四位，玉女宝、主藏臣宝、主兵宝依次占据第五、六、七位。以下逐一阐述各系统经典中转轮圣王、七宝，以及相关图像遗存情况。

表一　诸经典所见转轮圣王七宝

所出典籍种类	七宝名称与次序	第一	第二	第三	第四	第五	第六	第七
阿含经系统	后秦佛陀耶舍共竺佛念译《长阿含经》（《大正藏》第1卷）卷18《世记经·转轮圣王品》	金轮	白象	绀马	神珠	玉女	居士	主兵
	南朝·宋求那跋陀罗译《杂阿含经》（《大正藏》第2卷）卷27	金轮	象	马	神珠	玉女	主藏臣	主兵臣
顶生王本生经系统	东晋瞿昙僧伽提婆译《中阿含经》（《大正藏》第1卷）卷15《王相应品·转轮王经》	轮	象	马	珠	女	居士	主兵臣
	三国·吴康僧会译《六度集经》（《大正藏》第3卷）卷4《顶生圣王经》	金轮	白象	绀色马	明月珠	玉女妻	圣辅臣	典兵臣
	西晋法炬译《顶生王故事经》（《大正藏》第1卷；属于中阿含经单本）	轮	象	绀马	珠	玉女	居士	典兵
	北凉昙无谶译《文陀竭王经》（《大正藏》第1卷；属于中阿含经单本）	金轮	白象	绀色马	明月珠	玉女妇	圣辅臣	主兵臣
	北宋施护译《顶生王因缘经》（《大正藏》第3卷）	轮	象	马	摩尼珠	玉女	主藏神	主兵神
佛传系统	后汉竺大力共康孟详译《修行本起经》（《大正藏》第3卷）	金轮	神珠	玉女	典宝藏臣	典兵臣	绀马	白象
	三国·吴支谦译《太子瑞应本起经》（《大正藏》第3卷）	金轮	神珠	绀马	白象	玉女	贤鉴	圣导
	南朝·宋求那跋陀罗译《过去现在因果经》（《大正藏》第3卷）	金轮	白象	绀马	神珠	玉女	主藏臣	主兵臣
弥勒下生经系统	东晋瞿昙僧伽提婆译《增壹阿含经》（《大正藏》第2卷）卷33《等法品》	轮	象	马	珠	玉女	居士	典兵
	西晋竺法护译《佛说弥勒下生经》（《大正藏》第14卷）	轮	象	马	珠	玉女	典兵	守藏
	后秦鸠摩罗什译《佛说弥勒下生成佛经》（《大正藏》第14卷）	金轮	象	马	珠	女	主藏	主兵
	后秦鸠摩罗什译《弥勒大成佛经》（《大正藏》第14卷）	金轮	白象	绀马	神珠	玉女	主藏臣	主兵臣

《长阿含经》卷18《世记经·轮转圣王品》叙述，转轮圣王治世时，大地平整，无有害

图一二四　拜城克孜尔123号窟天井壁画转轮圣王七宝图像局部
（出自《中国石窟·克孜尔石窟·第三卷》图版204）

虫毒蛇之类，众宝自现。四季适宜，温润调和，人民炽盛，衣食自然①。同经卷6《转轮圣王修行经》阐述转轮圣王世界国土丰饶，人民安乐，强调以正法即佛教理念治理国家，否则将走向衰微结局②。南朝宋求那跋陀罗译《杂阿含经》卷27叙述相近，应视为同一系统（《大正藏》第2卷）。该系统转轮圣王为古印度社会具有普遍意义的理想帝王，其存在以佛法治理为前提。拜城克孜尔123号窟中心柱后甬道券顶，壁画转轮圣王七宝图像（图一二四）③，或许基于阿含经表现，该窟整体图像在德国探险队考察时已残缺不全，难以进一步确认。

顶生王本生经系统转轮圣王，见于东晋瞿昙僧伽提婆译《中阿含经》卷15《王相应品·转轮王经》。云："刹利顶生王便于后时观法如法，行法如法。……修行布施……若其国中有贫穷者，即出财物，随时给恤。……彼亦得转轮王，亦成就七宝。……彼天轮宝即没不现。失天轮已，刹利顶生王而不忧戚，但染欲着欲，贪欲无厌，为欲所缚，为欲所触，为欲所使。不见灾患，不知出要，便自出意治国。以自出意治国故，国遂衰减，不复增益。"④认为转轮圣王须以佛教法则治国，清心寡欲，勤于布施。特别强调抑制欲望的重要性，这是贯穿单品顶生王本生经的基本精神。诸单品顶生王本生经情节相近，应同出一源。记述顶生王用佛法治理国

---

① （后秦）佛陀耶舍、竺佛念译：《长阿含经》卷18《世记经·转轮圣王品》："转轮圣王治此阎浮提时，其地平正，无有荆棘、坑坎、堆阜，亦无蚊虻、蜂蝎、蝇蚤、蛇蚖、恶虫。石沙、瓦砾自然沉没，金银宝玉现于地上。四时和调，不寒不热。其地柔濡，无有尘秽，如油涂地，洁净光泽，无有尘秽。转轮圣王治于世时地亦如是。地出流泉，清净无竭，生柔濡草，冬夏常青，树木繁茂，花果炽盛。……自然粳米，无有糠糩，众味具足。时有香树，花果茂盛，其果熟时，果自然裂，出自然香，香气馥熏。复有衣树……出种种衣。复有庄严树……出种种庄严具。复有鬘树……出种种鬘。复有器树……出种种器。复有果树……出种种果。复有乐器树……出众乐器。……转轮圣王治于世时，阿耨达龙王于中夜后起大密云，弥满世界而降大雨。如构牛顷，雨八味水，润泽周普，地无停水，亦无泥淖，润泽沾洽，生长草木。犹如鬘师水洒花鬘，使花鲜泽，令不萎枯，时雨润泽亦复如是。又时于中夜后空中清明，净无云曀，海出凉风，清净调柔，触身生乐。圣王治时，此阎浮提五谷丰贱，人民炽盛，财宝丰饶，无所匮乏。"（《大正藏》第1册120页下、121页上）

② （后秦）佛陀耶舍、竺佛念译：《长阿含经》卷6《转轮圣王修行经》："乃往过去久远世时，有王名坚固念，刹利水浇头种，为转轮圣王，领四天下。时，王自在以法治化，人中殊特，七宝具足。……王告子曰，当依于法，立法具法，恭敬尊重，观察于法，以法为首，守护正法。又当以法诲诸婇女，又当以法护视教诫诸王子、大臣、群寮百官，及诸人民、沙门、婆罗门，下至禽兽，皆当护视。……自此以前，六转轮王皆展转相承，以正法治。唯此一王（指继承转轮王位的太子）自用治国，不承旧法，其政不平，天下怨诉，国土损减，人民凋落。"（《大正藏》第1册39页、40页中）

③ 〔德〕阿尔伯特·冯·勒柯克、恩斯特·瓦尔德施密特著，管平、巫新华译：《新疆佛教艺术》（下），新疆教育出版社，2006年，616—619页；新疆维吾尔自治区文物管理委员会、拜城县克孜尔千佛洞文物保管所、北京大学考古系：《中国石窟·克孜尔石窟·第三卷》，文物出版社，1997年，图版204。

④ 《大正藏》第1册521页上、中。

家，圣王七宝具足，所欲众宝，应念而降。其后，王运神通力升三十三天。然而，当顶生王欲望滋长，乃至觊觎三十三天王位之时，迅疾坠落阎浮提，失去神通，七宝散灭①。以此告诫人们，欲望是祸害的根源。在东南印度安德拉邦克里希纳河中下游的阿玛拉巴提（Amaravati）、贾伽雅佩塔（Jaggayyapeta）、龙树窟（Nagarjunakonda）等地，出土一些约二、三世纪顶生王本生或与之关联的浮雕图像。以贾伽雅佩塔出土转轮圣王七宝浮雕为例（图一二五）②，高大的转轮圣王头戴华丽宝冠，右手前举，似发号施令。头前后分置轮宝、珠宝，身前立女宝，身后立藏宝、兵宝，两足前后分别为马宝、象宝，是为七宝具足。在头前后空隙处，垂下由方形货币连缀成的五条线带，那是顶生王应念而雨钱币的表现，依然保留着顶生王本生的痕迹，宫治昭教授敏锐地注意到这一点③。古印度转轮圣王图像与此本生故事密切关联，与那些主要取材于顶生王本生的浮雕图像比较，该转轮圣王七宝图像已经脱离故事情节，所传达意旨似乎在于凸显转轮圣王的英武和力量。

图一二五　安德拉邦贾伽雅佩塔出土转轮圣王七宝图像
［出自《世界美術大全集·東洋編·第13卷·インド（1）》图版106］

　　佛传系统转轮圣王之一种见于单独佛传经典，另一种出现在普通经典夹杂的因缘佛传之中。单独佛传经典以三国吴支谦译《太子瑞应本起经》为代表，记述释迦前生继儒童菩萨之后，作转轮圣王飞行皇帝时七宝涌现④，是连接本生与佛传的一个环节。在陕西兴平北魏皇兴

---

① （西晋）法炬译：《顶生王故事经》："曩昔久远时有大王名顶生，真法之王，治化人民无有卒暴，七宝具足。……以法治化不加刀杖。……王便生是念，我欲使雨七宝于我宫中。……即七日之中雨七宝。……我今欲往至三十三天……诣彼善法讲堂……与释提桓因同坐。……此是天帝所坐处，百台围绕皆七宝成，一一台有七百阁，一一阁有七七玉女，一一玉女有七七使人，皆是释提桓因所领。尔时阿难，顶生王复生此念，我今当移释提桓因，于此三十三天治化诸天。尔时阿难，顶生王适生是念，即于释提桓因坐处堕阎浮利，及四部兵失神足，举身皆痛，犹如人欲死时，轮宝灭，象宝命过，马宝亦终。……以此方便，阿难当知，乃至五欲而无厌足，染着于欲，聚集藏贮，欲无厌足。所谓足者至贤圣道，然后乃足。"（《大正藏》第1册822页中—824页上）
② ［日］肥塚隆、宫治昭：《世界美術大全集·東洋編·第13卷·インド（1）》，东京：小学馆，2000年，图版106。
③ ［日］宫治昭：《南インドの転輪聖王の図像　—マンダータル王説話図を中心に—》，《マンダラの諸相と文化（下）：胎蔵界の卷》（頼富本宏博士還暦記念論文集），京都：法藏館，2005年。
④ （三国吴）支谦译：《太子瑞应本起经》卷1："（儒童）菩萨承事定光，至于泥曰，奉戒护法。寿终即生第一天上，为四天王。毕天之寿，下生人间，作转轮圣王飞行皇帝。七宝自至，一金轮宝，二神珠宝，三绀马宝朱鬃鬣，四白象宝朱髦尾，五玉女宝，六贤鉴宝，七圣导宝。八万四千岁，寿终即上生第二忉利天上，为天帝释。寿尽又升第七梵天，为梵天王。如是上作天帝，下为圣主，各三十六反，周而复始，及其变化，随时而现。或为圣帝，或作儒林之宗，国师道士，在所现化，不可称记。菩萨于九十一劫，修道德，学佛意，通十地行，在一生补处。后生第四兜术天上，为诸天师，功成志就，神智无量。期运之至，当下作佛，托生天竺迦维罗卫国。"（《大正藏》第3册473页中）

五年（471）佛像背面图像之中（图一二六）①，转轮圣王飞行皇帝与七宝组合表现，为基于《太子瑞应本起经》表现的实例②。其图像将定光佛授记本生与托胎灵梦等佛诞生前后的情节连接起来。

图一二六　陕西兴平北魏皇兴五年（471）佛像背面局部

普通经典夹杂因缘佛传中关于转轮圣王七宝记述，如东晋瞿昙僧伽提婆译《增壹阿含经》卷28《听法品》记述，释迦佛上升三十三天为母说法之后，由须弥山顶顺三道宝阶降下时，优钵华色比丘尼设法优先礼拜佛陀，化现为转轮圣王的情形③。1999年，东京国立博物馆考察队在巴基斯坦西北边境州hazara地区的扎尔·德里（Zar Dheri）寺院遗址，出土一百余件石刻浮雕造像④，从中复原出一组表现释迦佛从三十三天降下图像（图一二七、图一二八），

---

① 1949年以前出土，西安碑林博物馆藏。林树中：《中国美术全集·雕塑编·3·魏晋南北朝雕塑》，人民美术出版社，1988年，图版69；王树村：《中国美术全集·绘画编·19·石刻线画》，上海人民美术出版社，1988年，图版2。

② 李静杰：《造像碑佛本生本行故事雕刻》，《故宫博物院院刊》1996年第4期；李静杰：《北朝时期定光佛授记本生图像的两种造型》，《艺术学》第23期，台北艺术大学美术史研究所，2007年。

③ （东晋）瞿昙僧伽提婆译：《增壹阿含经》卷28《听法品》："尔时世尊……往至三十三天……如来母摩耶将诸天女至世尊所。……释提桓因告自在天子曰，'汝今从须弥山顶至僧迦尸池水作三道路，观如来不用神足至阎浮地'。自在天子报曰，'此事甚佳。正尔时办'。尔时自在天子即化作三道，金、银、水精。是时，金道当在中央，侠水精道侧、银道侧化作金树。……尔时世尊……便诣中道，是时梵天在如来右处银道侧，释提桓因在水精道侧，及诸天人在虚空中散华烧香，作倡伎乐娱乐如来。是时优钵华色比丘尼闻如来今日当至阎浮提僧迦尸池水侧，闻已便生此念，四部之众、国王、大臣、国中人民靡不往者，设我以常法往者，此非其宜，我今当作转轮圣王形容，往见世尊。是时优钵华色比丘尼还隐其形，作转轮圣王形，七宝具足。所谓七宝者，轮宝、象宝、马宝、珠宝、玉女宝、典兵宝、典藏宝，是谓七宝。尔时世尊将数万天人从须弥山顶来，至池水侧。是时世尊举足蹈地，此三千大千世界六变震动。是时化转轮圣王渐渐至世尊所，诸小国王及人民之类各各避之。是时化圣王觉知以近世尊，还复本形，作比丘尼礼世尊足。"（《大正藏》第2册705—708页上）

④ 〔日〕小泉惠英：《ザールデリー遺跡出土石彫群の復元の考察》，MUSEUM（东京国立博物馆研究志）第606号，2007年。

其三道宝阶（缺失）右侧下方表现着乘马车的转轮圣王，车后七宝导从，小泉惠英考证为优钵华色比丘尼化现为转轮圣王的场面[①]，这也是犍陀罗雕刻中目前唯一能够确认的此类题材。佛传经典系统的转轮圣王，比较单纯地作为理想帝王或美好事物存在。

以上三系统经典陈述转轮圣王的侧重点有所不同，但都在转轮圣王自身。而弥勒下生经系统关于转轮圣王阐述，将重心转移到转轮圣王世界，亦即人们幻想天下太平，寿命延长，衣食无忧的净土。

弥勒下生经典数量较多，其中后秦鸠摩罗什译《佛说弥勒下生成佛经》，描绘了一个无与伦比的美好世界[②]，唤起佛教信徒极大信仰热情，后世弥勒下生变相多以此经为据。目前已知中国最早弥勒下生经变相为四川成都万佛寺出土南朝梁造像碑[③]，该碑仅存上半，正面表现须弥山及转轮圣王七宝[④]，现在只能确认马、象、珠三宝，其余大部剥落，背面表现兜率天上弥勒菩萨和弥勒下生成佛三会说法（图一二九、图一三〇）[⑤]。此浮雕七宝与弥勒下生图像关联表现，应象征转轮圣王世界的存在，从须弥山上走下的人物推测为将下生成佛的

①　〔日〕小泉惠英：《古代インドの従三十三天降下図 —パキスタン・ザールデリー遺跡出土品を中心に—》，MUSEUM（东京国立博物馆研究志）第598号，2005年。

②　（后秦）鸠摩罗什译：《佛说弥勒下生成佛经》："是时阎浮提地，长十千由旬广八千由旬，平坦如镜，名华软草遍覆其地。种种树木华果茂盛，其树悉皆高三十里。城邑次比，鸡飞相及，人寿八万四千岁。……女人年五百岁，尔乃行嫁。是时有一大城名翅头末……福德之人充满其中。以福德人故，丰乐安隐（稳），其城七宝上有楼阁，户牖轩窗皆是众宝。……有大力龙王名曰多罗尸弃，其池近城，龙王宫殿在此池中。常于夜半降微细雨，用淹尘土，其地润泽譬若油涂……巷陌处处有明珠柱……灯烛之明不复为用。城邑舍宅及诸里巷，乃至无有细微土块，纯以金沙覆地，处处皆有金银之聚。有大夜叉神名跋陀波罗赊塞迦常护此城，扫除清净。若有便利不净，地裂受之，受已还合。人命将终，自然行诣冢间而死。时世安乐，无有怨贼劫窃之患，城邑聚落无闭门者，亦无衰恼水火刀兵及诸饥馑毒害之难。人常慈心恭敬和顺。……其诸园林池泉之中，自然而有八功德水，青红赤白杂色莲花遍覆其上，其池四边宝阶道，众鸟和集。……果树香树充满国内。……流水美好味甘除患，雨泽随时谷稼滋茂，不生草秽一种七获。……其国尔时有转轮王名蠰佉……王有七宝，金轮宝、象宝、马宝、珠宝、女宝、主藏宝、主兵宝。又其国土有七宝台，举高千丈，千头千轮，广六十丈。又有四大藏，一一大藏各有四亿小藏围绕。……此四大藏纵广千由旬，满中珍宝各有四亿，小藏附之。有四大龙王各自守护。此四大藏及诸小藏自然踊出。……其城中有大婆罗门主名曰妙梵，婆罗门女名曰梵摩波提，弥勒托生以为父母。……弥勒菩萨观世五欲致患甚多……修无常想，出家学道……即以出家日得阿耨多罗三藐三菩提。……尔时弥勒佛于华林园，其园纵广一百由旬，大众满中。初会说法九十六亿人得阿罗汉，第二大会说法九十四亿人得阿罗汉，第三大会说法九十二亿人得阿罗汉。"（《大正藏》第14册423页下—425页上）

③　四川博物院藏。东京国立博物馆、朝日新闻社：《中国国宝展》，东京：朝日新闻社，2004年，图版120。

④　李静杰：《五代前后降魔图像的新发展：以巴黎集美美术馆所藏敦煌出土绢画降魔图为例》，《故宫博物院院刊》2002年第6期，注释37。

⑤　赵声良进行了具体解读。赵声良：《成都南朝浮雕弥勒经变与法华经变考论》，《敦煌研究》2001年第1期。成都万佛寺出土南梁风格的所谓"刘宋元嘉二年（425）"造像碑，以及同万佛寺出土南梁二菩萨造像碑浮雕故事图像，应该不是传统认知的法华经变等内容，而是佛传故事。参见李静杰：《造像碑佛本生本行故事雕刻》，《故宫博物院院刊》1996年第4期；李静杰：《四川地方における南朝期の仏伝彫刻について》，《密教图像》第19号，京都，2000年。

图一二七　巴基斯坦扎尔·德里寺院遗址出土释迦佛从
三十三天降下浮雕图像
（出自MUSEUM第598号小泉惠英文）

图一二八　扎尔·德里寺院遗址出土释迦佛从三十三
天降下浮雕图像中转轮圣王线图
（据MUSEUM第598号小泉惠英文插图线描）

图一二九　成都万佛寺遗址出土南梁造像碑正面与背面上部
（出自《中国国宝展》图版120）

图一三〇　成都万佛寺遗址出土南梁造像碑正面上部两侧局部线图

弥勒菩萨①。唐代典型实例见于安西榆林窟中唐第25窟弥勒变相②，其主藏宝不同于此前用人物表现的情况，而用箱状物体代替，并且轮、藏、象、马四宝之上装饰宝珠（图一三一），与修定寺塔象宝、马宝载以宝珠的情况一致，颇值得注意。载以宝珠的马宝、象宝图像，见于印度那兰陀寺出土帕拉朝以降魔成道为主体的释迦八相图（图一三二）③。上述榆林窟第25窟为吐蕃占领敦煌期间开凿，其壁画内容与风格明显带有若干帕拉朝因素，也就是说帕拉朝美术因素通过吐蕃传往河西走廊。修定寺塔同一表现或许经过这种渠道吸收了印度的文化

---

① 该造像所见从须弥山降下人物的身份问题，如果就道路由须弥山腰通向阎浮提地，以及三人沿路而行的画面分析，接近释迦佛上升忉利天为母说法后，由梵王、帝释天胁侍回到阎浮提的场景。但是，《增壹阿含经》卷28《听法品》记述，释迦佛从忉利天降下时，自在天子化作三道宝阶，从须弥山顶通向阎浮提，释迦佛居中，梵王、帝释天于两侧各行一道护持释迦佛，与画面比较存在差距。而且，经典所谓优钵华色比丘尼化作转轮圣王的情节，在画面中全然不见。这样看来，难以说须弥山两侧七宝图像与佛传情节关联。就现存图像内容来说，须弥山下表现一高浮雕大华盖，说明其下有一尊高大造像，再结合背面表现兜率天上弥勒菩萨和弥勒下生成佛三会说法情形，推测从须弥山降下人物正是弥勒菩萨从兜率天下生托生人间的情景。那么华盖之下造像应为弥勒佛，须弥山两侧七宝则是弥勒下生时转轮圣王世界象征。当然，基于佛教立体构成的三界世界观，欲界六天由下而上分别为四天王天、忉利天（又名三十三天）、夜摩天、兜率天、乐变化天、他化自在天，忉利天处须弥山顶上，而兜率天在须弥山上方虚空中，画面中人物从须弥山降下好似合乎释迦佛从忉利天降下记述，造成这种假象的原因，可能是难以用图像表现处在虚空中的兜率天所致。

② 敦煌研究院：《中国石窟·安西榆林窟》，北京：文物出版社；东京：株式会社平凡社，1997年，图版14。

③ Susan L.Huntington，The "Pala-sena" Schoos of Sculpture，Leiden：E.J.Brill，1984，pl.131.

图一三一　安西榆林窟中唐25号窟弥勒经变局部
（出自《中国石窟·安西榆林窟》图版14）

图一三二　那兰陀寺出土帕拉朝释迦八相图
（据*The "Pala-sena" Schoos of Sculpture*, pl.131描绘）

因素①。此二弥勒下生经变相实例所表述思想，与修定寺塔图像基本一致，在于打造弥勒下生时出现的美好世界。

基于前文论述，唐宋时期关于修定寺塔所谓"慈天宝帐"或"慈氏宝帐"记述，显然就是指下生弥勒佛所居的宝帐。现存以转轮圣王七宝为核心的主题画面，理所当然表现了弥勒下生世界。引人注目的是，修定寺塔四角柱头各自表现一龙首，各角柱两侧表现龙身绕柱，于是形成四龙王分守四方的布局。这种图像配置与《佛说弥勒下生成佛经》所云转轮圣王世界，"有四大藏……四大龙王各自守护"记述十分契合，或许不是偶然吧。

3. 转轮圣王七宝图像产生的背景

观察修定寺出土遗物，以及相关文献和碑刻记述②，修定寺塔在隋代及其以前，几乎没有浮雕七宝图像的迹象。在北周武帝惨重灭法运动之后，隋文帝采取积极扶植、护持佛教政策，佛法重兴，于是有些知恩报恩的佛教徒以轮王美誉赞颂文帝，不过，文帝从未以政令形式推行转轮圣王观念。事实上，自佛教传入中国以来，以转轮圣王自居的皇帝只有武则天，其人甚至号称自身为弥勒下生成佛，将转轮圣王与弥勒佛结合成一体，绝后而空前。

观察表二及相关文献，武则天于永徽六年（655）被册封为皇后，显庆五年（660）高宗委以政事，上元元年（674）与高宗并称二圣。高宗逝后，旋即亲政，垂拱四年（688）人称"圣母神皇"。然而，武则天以女身君临天下，从根本上违背儒家思想规范，不得不从佛教经典中寻找依据，证明其君主地位的合理性③。于是颁行《大云经》，云印度净光天女以女身为转轮圣王，时人又造《大云经疏》，言则天是弥勒下生，作阎浮提主④。天授二年（691）四月"制以释教开革命之阶，升于道教之上"⑤。至此，舆论准备已经充分。

长寿二年（693）九月，"魏王承嗣等五千人表请加尊号，曰金轮圣神皇帝。乙未，太后御万象神宫，受尊号，赦天下。作金轮等七宝，每朝会，陈之殿庭"⑥。依据佛教经典，

---

① 前述金子典正文章述及，华盛顿弗利尔美术馆藏隋代卢舍那法界像胸前两侧有七宝中六宝（无轮宝）图像，采用宝珠庄严的形式表现，其马宝、象宝载以宝珠的造型与修定寺者无异。实际，该图像只是借用了七宝中六宝元素，（东晋）佛陀跋陀罗译：《大方广佛华严经》卷3《卢舍那佛品》："彼大地处有不可说佛刹微尘等香水海，众宝庄严，一切香摩尼宝王以为其岸。"（《大正藏》第9册413页中）应是六宝图像均以宝珠庄严的依据，尤其女宝、兵宝庄严成摩尼宝珠状头光，十分契合"一切香摩尼宝王"记述。再者，毕竟只出现七宝中六宝，缺少最重要的轮宝，也能够说明此六宝作为一切众宝而表现。参见李静杰：《北齐～隋の盧舍那法界佛像の图像解释》，《佛教藝術》第251号，东京：每日新闻社，2000年；李静杰：《北齐至隋代三尊卢舍那法界佛像的图像解释》，《艺术学》第22期，台北：觉风佛教艺术文化基金会，2006年。

② 如《大唐邺县修定寺传记》碑所述，修定寺于北魏孝文帝时期已经建置，北齐时期曾经修建佛塔，应即现存修定寺塔的前身，其后延绵发展。因此，这里出土了北齐、隋、唐乃至宋代遗物，但现已披露的隋代及其以前出土品之中没有七宝图像，也不见任何表现七宝图像的痕迹。

③ 陈寅恪：《武曌与佛教》，《历史语言研究所集刊》（第5本第2分），商务印书馆，1935年。

④ 汤用彤：《隋唐佛教史稿》，中华书局，1982年，24页。

⑤ （宋）司马光编著、（元）胡三省音注、"标点资治通鉴小组"校点：《资治通鉴》卷204《唐纪二十》，中华书局，1987年，6473页。

⑥ （宋）司马光编著、（元）胡三省音注、"标点资治通鉴小组"校点：《资治通鉴》卷205《唐纪二十一》，中华书局，1987年，6492页。

表二　武则天尊号变化情况

尊号	年月	所出典籍
高宗立为"皇后"	永徽六年（655）	《旧唐书》卷6；《新唐书》卷4；《资治通鉴》卷200（作11月）
高宗号"天皇"，则天号"天后"，时人谓之"二圣"	上元元年（674）	《新唐书》卷4；《资治通鉴》卷202（作8月）
"圣母神皇"	垂拱四年（688）五月	《旧唐书》卷6；《新唐书》卷4；《资治通鉴》卷204
改唐国号为"周""圣神皇帝"	天授元年（690）九月	《旧唐书》卷6；《新唐书》卷4；《资治通鉴》卷204
"金轮圣神皇帝"	长寿二年（693）九月	《旧唐书》卷6；《新唐书》卷4；《资治通鉴》卷205
"越古金轮圣神皇帝"	延载元年（694）五月	《旧唐书》卷6；《新唐书》卷4；《资治通鉴》卷205
"慈氏越古金轮圣神皇帝"	证圣元年（695）正月	《旧唐书》卷6；《新唐书》卷4；《资治通鉴》卷205
去"慈氏越古"号	证圣元年（695）二月	《旧唐书》卷6；《新唐书》卷4；《资治通鉴》卷205
"天册金轮圣神皇帝""天册金轮大圣皇帝"	天册万岁元年（695）九月	《旧唐书》卷6；《新唐书》卷4；《资治通鉴》卷205
停"金轮"等尊号罢"天册金轮大圣"号	久视元年（700）五月	《旧唐书》卷6；《新唐书》卷4；《资治通鉴》卷206
中宗上"则天大圣皇帝"号	长安五年（705）正月神龙元年（705）正月	《新唐书》卷4《旧唐书》卷6；《资治通鉴》卷207
遗制"去帝号"	神龙元年（705）十一月	《旧唐书》卷6；《资治通鉴》卷208
谥号"大圣则天皇后"谥号"则天大圣皇后"	长安五年（705）十一月神龙元年（705）十一月	《新唐书》卷4《旧唐书》卷6

转轮圣王出兴于世，七宝才会出现，武则天列七宝于朝会殿庭，难道不是其人以转轮圣王身份君临天下的祥瑞吗？不仅如此，天册万岁元年（695）正月，"又铸铜为九州鼎及十二神，皆高一丈，各置其方"[①]。神功元年（697）四月，"铸九鼎成，徙置通天宫。豫州鼎高丈八尺，受千八百石，余州高丈四尺，受千二百石。各图山川物产于其上，共用铜五十六万七百余斤"[②]。九鼎古来为天下一统的王政象征，尤其"遭圣则兴"的观念[③]，十分契合武则天的圣王政治。九鼎与七宝，中外并举，一儒家圣王之道象征，一佛教转轮王政治瑞应，武则天兼而有

---

① （宋）司马光编著、（元）胡三省音注、"标点资治通鉴小组"校点：《资治通鉴》卷205《唐纪二十一》，中华书局，1987年，6499页。

② （宋）司马光编著、（元）胡三省音注、"标点资治通鉴小组"校点：《资治通鉴》卷206《唐纪二十二》，中华书局，1987年，6517页。东都洛阳为武则天施政的主要场所，洛阳所在豫州之地，其鼎大过另外八州之鼎，情理俱合。

③ （汉）司马迁：《史记》卷28《封禅书》：汉武帝元狩六年（前117），"公卿大夫皆议请尊宝鼎。天子曰，'间者河溢，岁数不登，故巡祭后土，祈为百姓育谷。今岁丰庑未报，鼎曷为出哉'。有司皆曰，'闻昔泰帝兴神鼎一，一者壹统，天地万物所系终也。黄帝作宝鼎三，象天、地、人。禹收九牧之金，铸九鼎。皆尝亨鬺上帝鬼神，遭圣则兴。鼎迁于夏、商。周德衰，宋之社亡，鼎乃沦没，伏而不见。……唯受命而帝者，心知其意而合德焉。鼎宜见于祢，藏于帝廷，以合明应'。制曰：'可。'"（中华书局，1985年，1392页）又，秦始皇虽然统一天下，然其暴政不得人心，不久，秦帝国终至瓦解。（汉）司马迁：《史记》卷6《秦始皇本纪》："二十八年，始皇……欲出周鼎泗水。使千人没水求之，弗得。"（中华书局，1985年，248页）

之，于世人而言怎能说其人不是合法、圣明的君主呢。房山云居寺武周时期造像刊经碑题记，"清信女宋小儿敬造，上金轮圣神皇帝及师僧父母"，就是这一背景的产物（图一三三）。

图一三三　房山云居寺武周时期宋小儿造像刊经碑局部

证圣元年（695）加"慈氏越古金轮圣神皇帝"号，随即去"慈氏越古"号。尽管时间短促，弥勒佛与转轮圣王以国家政令形式结合在一起，堪称创举，为现实政治需要发展了弥勒下生经典的思想。时人张鷟《朝野佥载》卷5云："周证圣元年，薛师名怀义造功德堂一千尺于明堂北。其中大像高九百尺，鼻如千斛船，中容数十人并坐，夹纻以漆之。"[1]虽然没有明言大像的尊格，在当时以弥勒下生成佛比拟武则天君临天下的舆论高潮中，恐只有作为弥勒佛制作的可能。何况鸠摩罗什译《佛说弥勒下生成佛经》所谓"弥勒……身长千尺，胸广三十丈，面长十二丈四尺"[2]记述，与功德堂大像如此接近。久视元年（700）停"金轮"等尊号，而社会影响犹在。武周长安三年（703），佛教高僧及宰辅近臣在武则天所立长安光宅寺中兴建七宝台[3]，七宝之意似乎在于彰显武则天转轮圣王神威。其中长安三年萧元春造像记

---

① （唐）张鷟：《朝野佥载》卷5，《隋唐嘉话·朝野佥载》，中华书局，2005年，115页；（宋）司马光编著、（元）胡三省音注、"标点资治通鉴小组"校点：《资治通鉴》卷205《唐纪二十一》：天册万岁元年（695）记事云，"初，明堂既成，太后命僧怀义作夹纻大像，其小指中犹容数十人，于明堂北构天堂以贮之。堂始构，为风所摧，更构之，日役万人，采木江岭，数年之间所费以万亿计，府藏为之耗竭"。（中华书局，1987年，6498页）

② 《大正藏》第14册424页中。

③ 颜娟英：《武则天与长安七宝台石雕佛相》，《艺术学》第1期，台北，1987年。

云："慈氏应现，弥勒下生，神力之所感通，法界之所安乐。……敬造弥勒像一铺。"字里行间透露武则天为弥勒下生成佛之用意，亦符合上述《佛说弥勒下生成佛经》"其国土有七宝台，举高千丈，千头千轮，广六十丈"记述。鉴于这种情况，修定寺塔浮雕七宝图像纵使非创始于武则天执政期间，恐亦是其人所推行转轮圣王观念影响下的产物。

4. 其他菱形图像

七宝以外的菱形图像按功用可以分成两种。一种是用于供养的供养人、飞天和胡旋舞人。另一种是用于护法的天王、力士、狮子、苍龙和操蛇者。这些图像均以中央的轮宝为中心，左右成对表现，它们同时具有庄严的作用。

供养图像与轮宝毗邻配置。轮宝左右两侧分别表现飞天和供养人，二者成一对图像，均作女性形象（图一三四、图一三五）。飞天仰身飞行在漂浮的流云上，顾盼前方，双手托举宝珠，帔帛与裙裳迎风而动。供养人单腿跪坐，双手捧持附着莲花和火焰的宝珠，仅腰缠布带而已，余处裸露。飞天朝向中央飞来，供养人则身体向内侧倾斜，两者用宝珠供养轮宝所代表佛教或佛法的意涵十分明了。

在轮宝左右侧的上下方成对表现胡旋舞人（图一三六、图一三七）。舞人长须、络腮、卷胡，身着紧身衣，脚登胡靴，帔帛随体势飘动。左侧者右腿提起，双手举过头顶相合，右侧者戴尖顶帽，两腿弯曲并前后交错作旋转状，两臂左上右下，长袖起舞。胡人面貌与舞动姿态表明，这就是唐代一度风行的胡旋舞蹈。胡旋舞发端于中亚河中地区，随着

图一三四　修定寺塔供养人及其线图

图一三五　修定寺塔飞天及其线图

图一三六　旧金山亚洲艺术博物馆藏修定寺塔某面右侧胡旋舞人及其线图

图一三七　巴黎集美美术馆藏修定寺塔某面左侧胡旋舞人及其线图

北朝隋唐时期入华粟特人传往汉地，并在唐玄宗朝达到顶峰①。胡旋舞形象在北朝晚期以来的入华粟特人或他们后裔的墓葬中多有发现，诸如西安炕底寨村北周大象元年（579）安伽墓石榻围屏浮雕（图一三八）②、太原王郭村隋开皇十二年（592）虞弘墓石椁浮雕③、宁夏盐池窨子山武周前后第6号墓石门扇刻画（图一三九）④等，这些胡旋舞人的装束、面貌和动作，与修定寺塔所见者相仿佛。就人物身段来看，北朝、隋代图像更接近修定寺塔胡旋舞人，不同于唐代细腰造型。敦煌莫高窟初盛唐壁画中也见有不少胡旋舞形象，但多为女性造型⑤，与修定寺塔比较差异较大。修定寺塔胡旋舞人图像处在轮宝与供养人、飞天之间，意在用舞蹈供养佛教或佛法。

---

① （宋）欧阳修、宋祁：《新唐书》卷221《西域传》："康者……本月氏人。始居祁连山北昭武城，为突厥所破，稍南依葱岭，即有其地。……人嗜酒，好歌舞于道。……开元初，贡锁子铠、水晶杯、玛瑙瓶、鸵鸟卵及越诺、侏儒、胡旋女子。"（中华书局，1987年，6244页）；（唐）白居易：《胡旋女》："胡旋女，胡旋女，心应弦，手应鼓，弦鼓一声双袖举。回雪飘飘转蓬舞，左旋右转不知疲，千匝万周无已时，人间物类无可比。……天宝季年时欲变，臣妾人人学圆转。中有太真外禄山，二人最道能胡旋。"〔《全唐诗》（第7册），中华书局，1960年，4692、4693页〕

② 陕西省考古研究所：《西安北周安伽墓》，文物出版社，2003年，图版63。

③ 山西省考古研究所、太原市文物考古研究所、太原市晋源区文物旅游局：《太原隋虞弘墓》，文物出版社，2005年，图版36。

④ 宁夏回族自治区博物馆：《宁夏盐池唐墓发掘简报》，《文物》1988年第9期。

⑤ 刘慧芬：《胡旋舞与胡腾舞》，《文物光华·5》，台北故宫博物院，1991年。

图一三八　西安炕底寨村北周大象元年（579）
安伽墓石榻围屏局部
（出自《西安北周安伽墓》图版63）

图一三九　盐池窨子山武周前后6号墓石门扇刻画
（出自《文物》1988年第9期）

　　护法图像配置在其余六宝图像的外侧，临近壁面边缘位置。在左方兵宝、右方珠宝的外侧分别表现力士、天王，二者成一对图像（图一四〇、图一四一）。力士与天王经常出现在唐代一铺九尊造像组合中，即一佛、二弟子、二菩萨、二天王、二力士的队列，两者组合在转轮圣王七宝图像中，显然由来于一铺九尊造像因素。修定寺塔力士袒胸露腹，肌肉劲健，气势雄强。天王长须卷髭，身着铠甲，手握宝剑，孔武有力。力士与天王发髻上均系宝缯，饰花朵，造型大体可以与郑州开元寺塔基地宫出土盛唐前后力士、天王像比较（图一四二、图一四三）[①]。

　　在左方力士、右方天王的外侧上下方分别表现狮子、苍龙，二者成一对图像（图一四四、图一四五）。狮子昂首振尾，回首雄视。苍龙挥舞利爪，作俯冲之势。

　　在左方狮子、右方苍龙的外侧表现一对操蛇者（图一四六、图一四七）。其人袒裸上身，肌肉耸起，披散长发。壁面左方者卷须，跣足，左手攥蛇头，右手握蛇身。右方者双唇厚大，口出獠牙，穿胡靴，右手攥蛇头，左手握蛇身。口出獠牙受到佛教密宗明王造型影响，胡貌胡靴则暗示其外来属性。

　　供养图像和护法图像有规律地配制在七宝两侧，形成主从分别又富于变化的图像组合。

　　在修定寺塔每面墙壁的下部边缘镶嵌长条形砖块，各砖块浮雕划一的缠枝花卉，每块砖上两枝缠枝分别自左上方和右下方伸展并交缠，形成繁缛又流畅的纹样（图一四八）。长条

① 东京国立博物馆：《宫廷の栄華：唐の女帝·則天武后とその時代展》，东京：NHK、NHK プロモーション发行，1998年，图版33-2、图版33-4，解说为北宋遗物，恐有差错。

图一四〇　修定寺塔天王及其线图

图一四一　修定寺塔力士及其线图

图一四二　郑州开元寺塔基地宫出土盛唐前后天王像
（出自《宮廷の栄華: 唐の女帝・則天武后とその時代展》图版
33-2）

图一四三　郑州开元寺塔基地宫出土盛唐前后力士像
（出自《宮廷の栄華: 唐の女帝・則天武后とその時代展》图版
33-4）

图一四四　修定寺塔苍龙及其线图

图一四五　集美美术馆藏修定寺塔狮子及其线图

图一四六　修定寺塔某面右侧操蛇者及其线图

图一四七　修定寺塔某面左侧操蛇者及其线图

图一四八　修定寺塔身某面底边花卉砖雕及其线图

砖缠枝花卉图像围塔一周，一方面意味着宝帐图像的终结，另一方面似乎隐含着佛教像蔓草滋长一样，生生不息。

　　综上所述，修定寺塔图像象征性地表现了中古佛教理想世界，反映了多种文化因素交汇融合情况，堪称一座蕴藏丰富价值的文化宝库，拥有巨大挖掘潜力和探索空间。

　　修定寺塔宝帐形制、塔门及青龙、白虎方位神，继承了汉文化传统因素。宝帐图像菱形布局和诸多几何形图像，以及胡旋舞人、操蛇者等，由来于包括西亚、中亚和西域在内西方文化因素。修定寺塔自北齐创立之始，便与弥勒下生信仰结合起来，在唐代重建或修缮过程中，可能受到武则天推行转轮圣王观念影响，装饰以转轮圣王七宝为主题的浮雕图像，符号化地表现了弥勒下生时出现的美好世界。唐宋时期有关修定寺塔碑刻记述的传说故事，为宝塔增添了神奇和朦胧色彩。鉴于修定寺塔图像具有北朝后期至盛唐各阶段因素，个别不确定因素可能晚到中唐的实际情况，推测现存浮雕图像约完成于盛唐、中唐之际。具体来说，修定寺塔砖雕图像承载着勃然生机，各种物象具有若干玄宗开元年间（713—741）造型风貌，其间充溢着大量胡化成分，石刻三佛像则呈现造型衰落迹象，比较符合天宝年间（742—756）佛教造像面貌。如果就历史背景而言，安史之乱（755—763）过后一段时间，唐王朝和百姓无不希望摆脱国家凋敝、民生困苦的境地，重建盛唐的秩序与繁荣是每个国民的心愿，修定寺塔浮雕图像镶嵌于这一时期甚有可能。

　　［原文见李静杰：《安阳修定寺塔唐代浮雕图像分析》，《故宫学刊》（第5辑），紫禁城出版社，2009年。本稿在原文基础上做了微观调整］

The Relief Image of the Tang Dynasty in Xiuding Temple Pagoda in Anyang

Abstract: The image of the Xiuding Temple Pagoda symbolically represented the ideal world of medieval Buddhism, reflected the convergence of various cultural factors and was a cultural treasure house with great potential. Founded in the Northern Qi Dynasty the Xiuding Temple Pagoda was rebuilt and repaired later. The existing relief images were completed in the heyday of the Tang Dynasty and the middle of the Tang Dynasty. It might be influenced by the idea of the Indian Cakravarti promoted by Empress Wu Zetian, the decoration of the images with the theme of the seven treasures of the Cakravarti symbolized the beautiful world scene that Maitreya was born in. The tent shape of Xiuding Temple Pagoda, the gate of the pagoda and the black dragon and the white tiger both representing direction inherited the traditional factors of Han culture.The rhombic layout of tent images and many geometric patterns as well as the whirlwind dancers, etc, were influenced by Serindia cultural factors.With its exquisite reliefs, exotic customs and admiration for the ideal world of Buddhism, the Xiuding Temple Pagoda makes people concerned about it linger, recall and think.

附　记
Postscript

　　笔者在考察佛教物质文化过程中，有关中古中西方文化关系之遗存，越来越多地涌现在眼前，查阅相关学术史发现，其中有些尚未进入学界视野，有些虽被提及却不曾有过具体论述，有些经过初步研究而所得结论不足以全信。为了弄清这些遗存的来龙去脉，尽可能给学界和爱好者们提供起码的认知，十数年来，笔者相继做了一些零散的梳理和考释工作，现一并集成论丛。

　　本论丛基于各种文化现象原初发生地的不同，将它们划分为与古希腊罗马文化、与古波斯文化、与古印度文化交流这样三部分，但实际上，它们在中国发展过程中会出现多种文化交汇融合情况，不能够截然有别地加以区分。此诸西方文化因素，附着载体包括饮食器、服饰、家具、葬具、地面建筑、石窟等，不仅常见于日常生活中，还被用于丧葬事务，更广泛地出现在佛教文化中，渗透到当时社会生活的诸多方面。本论丛主要收录世俗生活关涉内容，全然佛教性质的文化交流内容不在其中。

　　本论丛着眼于学界薄弱环节，三部分各个子课题独立成章，彼此之间没有必然联系，每部分所占比例与著者观察对象之多寡相关，不能准确地反映当时发生过的文化交流频次。本稿着力于一个个具体问题的阐述，非系统性、全面性论述。涉及问题侧重于两个方面，一者厘清各种遗存在中国的发展脉络，另一者探索其西方来源。由于视野和资料的局限性，有些子课题阐释不能连成完整证据链，一时难以得出有力、可靠的结论，只能算作尝试性探索，有待将来不断加以完善。论丛应用资料源于学界披露者，以及实地调查所得者，论述过程采用考古类型学与美术史图像学结合之方法梳理、分析。

　　论丛中4篇分别与李秋红、齐庆媛、相宛升女士合作完成，属于共同学术成果。王德路博士细致入微地校订全稿，发现众多琐碎问题。张鹏飞博士绘制诸分布图，齐庆媛博士绘制修定寺塔等线描图，又有刘易斯、李秋红博士协助查询资料。此诸君子竭诚助力斯书，劳苦且用心之至，让笔者感恩于怀。张文梅女士英译论丛部分内容，辛苦现于字斟句酌间。

　　科学出版社董苗女士为编辑出版此书付出许多努力，谨致谢忱。

　　论丛未注明出处图片，为笔者在历年实地调查中拍摄所得。

　　《法显传》跋语云："知诚之所感，无穷否（路）而不通；志之所将，无功业而不成。成夫功业者，岂不由忘夫所重，重夫所忘者哉。"1400年前的训导，字字真金，诚我辈之心声。

作 者 简 介

李静杰

1963年生，河北平泉人，文学博士，清华大学教授。先后攻读吉林大学、北京大学考古学学士与硕士课程，以及名古屋大学美术史学博士课程。曾就职于河北省文物研究所（现河北省文物考古研究院）、故宫博物院，2002年任清华大学副教授，2007年转任教授。主要从事佛教物质文化研究，关于中国佛教图像反映思想信仰的探索取得长足进展。

科学出版社互联网入口　赛博古二维码

文物考古分社
电　话：010 - 64009636
邮　箱：arch@mail.sciencep.com

www.sciencep.com

（K-3886. 01）

ISBN 978-7-03-076612-0

9 787030 766120 >

定价：228.00 元